Stephanie Dowrick
ZU ZWEIT
ALLEIN

Stephanie Dowrick

ZU ZWEIT
ALLEIN

Über Nähe und Distanz

aus dem Englischen von
Maja Ueberle-Pfaff und Susanne Hoebel

Frauenoffensive

Dieses Projekt wurde unterstützt von:
The Commonwealth Government of Australia
through the Australia Council,
its arts funding and advisory body.

1. Auflage, 1995
© Stephanie Dowrick 1991
Originaltitel: Intimacy and Solitude
© deutsche Übersetzung: Verlag Frauenoffensive, München 1994
(80802 München, Knollerstr. 3)

ISBN 3-88104-261-X

Druck: Clausen und Bosse, Leck
Umschlaggestaltung: Frauke Bergemann, München

Dies Buch ist gedruckt auf Papier aus chlorfrei gebleichtem Zellstoff.

INHALTSVERZEICHNIS

TEIL III: Alleinsein: Erkenne dich selbst

Frisch verliebt – mal wieder • Begehren statt Sex • Die
sexuelle Begegnung: die große Enthüllung?

Dieses Buch umspannt eine solche Vielzahl von Themen, daß ich in den Jahren, die ich damit zugebracht habe, immer wieder gefragt wurde, warum ich es mir aufgebürdet habe. Alle möglichen Emotionen schwangen in der Frage mit, von Neid, daß ich mich mit so umfassenden Erfahrungen befasse, bis hin zu ungläubigem Staunen, daß ich es wage, mich zweier Themen, die so unerschöpflich sind wie Nähe und Alleinsein, Distanz, anzunehmen.

Eine knappe Antwort, die persönlich gefärbt ist, ist die, daß ich anfing, über diese Thema nachzudenken, weil ich mir der eigenen Stärke in fast jedem Lebensbereich sicherer war als im ganz persönlichen. Ich wollte unbedingt zu Nähe fähig sein, konnte aber nicht sicher sein, daß ich es war (beziehungsweise bin). Doch was um alles in der Welt bedeutet es, „zu Nähe fähig zu sein", und warum fällt es manchen Menschen leicht, Vertrauen und Verbundenheit – wenn sie denn Teilaspekte von Nähe sind – zu erleben und als Bereicherung zu empfinden, während sie für andere schwierig, ja sogar unmöglich sind? Wieso lieben es manche Menschen – zu denen ich gehöre –, allein zu sein, und fühlen sich unter Druck, wenn sie nicht genug Gelegenheit zum Alleinsein haben, während andere es um jeden Preis vermeiden müssen, selbst wenn es bedeutet, daß sie die Gesellschaft eines Menschen suchen, der ihnen gar nicht besonders angenehm ist?

Welche Unterschiede bestehen zwischen Menschen? Woher rühren sie? Inwieweit sind es oder können es von uns geschaffene Unterschiede sein?

Bei dem Versuch, einigen dieser Fragen nachzugehen, machte ich die Erfahrung, daß ich mich den Themen Nähe und Distanz mit der ruhelosen Neugier einer Autorin näherte, die an sich selbst das gleiche psychische Phänomen erkennt, das auch um sie herum zu beobachten ist. Obwohl es an gutem Willen nicht mangelt und wir genau wie alle anderen das Bedürfnis haben, zu lieben und geliebt zu werden, können wir da, wo es um unsere engsten Beziehungen geht, uns selbst und die, die uns am nächsten sind, immer wieder zutiefst verletzen.

Im Verlauf meiner Arbeit, und besonders als ich mit den Interviews begonnen hatte, erkannte ich, daß sich in dem Themenkreis Nähe und Distanz die verschiedenen Vorstellungen, die Menschen von sich haben, widerspiegeln. Gleichzeitig entstand in mir das Bedürfnis, Fragen der geschlechtsspezifischen Unterschiede zu untersuchen, was darin begründet liegt, daß für Männer und Frauen Alleinsein und Zusammensein häufig ganz verschiedene Bedeutungen haben, über die sie sich nicht verständigen können. Ich wollte die Entstehung dieser Unterschiede und ihre Wirkung ergründen und der Frage nachgehen, was wir verändern können, beziehungsweise ob eine Veränderung wünschenswert ist.

Um diese Unterschiede zu verstehen, habe ich mit vielen Menschen gesprochen, die ihre engste Beziehung zu einem Menschen desselben Geschlechts haben, und mit ebenso vielen, die ihre PartnerInnen für eine sexuelle Beziehung eher nach konventionellen Mustern aussuchen. Die Vielzahl der Ansichten, die dabei zutage traten, war sehr aufschlußreich und spricht deutlich aus dem vorliegenden Buch. Sie beleuchtet außerdem das Paradoxon von *Zu zweit allein*, von Nähe und Distanz, das besagt, daß es genauso viele Arten gibt, Nähe auszudrücken und mit sich selbst im Einklang zu sein, wie es Menschen gibt. *Und die Unterschiede zwischen den Menschen sind nur gering.*

Das Buch hat eine umfassende theoretische Grundlage. Nähe und Distanz in ihren vielfältigen Erscheinungsformen sind Themen, derer sich Autorinnen und Autoren aus vielen Disziplinen, insbesondere aus Psychoanalyse, Philosophie und Geschlechterpolitik, angenommen haben, aber auch DichterInnen und ErzählerInnen. Doch die Psychoanalyse ist der Bereich, aus dem die griffigsten und nützlichsten Einsichten stammen, mit Hilfe derer wir erkennen, wie die Dinge so werden, wie wir sie erleben, und inwieweit sie auch anders sein könnten.

Dieses Buch ist jedoch weniger eine theoretische Abhandlung als eine Sammlung gemeinsamer Erfahrungen. Besonders die Interviews, die ich zusammengestellt habe, beleben die theoretischen

Erkenntnisse. Das Erzählen von Geschichten ist kein von der Theorie getrennter Bereich; im Gegenteil, die beiden Teile ergänzen sich. So hält *Zu zweit allein* sich selbst den Spiegel vor: Wie die Menschen ihr Selbst erleben, spiegelt die Art und Weise, wie sie andere Menschen erleben (als vertrauensvoll, liebevoll, wirklich/unwirklich, als Quelle von Sorge oder Freude).

Natürlich bedeutet das nicht, daß wir zu anderen Menschen werden, je nachdem, ob wir allein oder mit anderen zusammen sind. Vielleicht verhalten wir uns in Gesellschaft anders als allein, aber dieses Verhalten entstammt derselben Quelle: unserem Vertrauen oder dem Mangel an Vertrauen in unsere Existenz; unserem Vertrauen oder dem Mangel an Vertrauen in die Richtigkeit der Existenz der anderen.

Diese Ideen gehen auf psychoanalytische Theorien der britischen Schule der Objektbeziehungen, auch als Interpersonal-Relations-Theorie bekannt, zurück. Donald W. Winnicott, Harry Guntrip und W.R.D. Fairbairn haben einleuchtende Erklärungsmuster dafür entwickelt, wie wir zu Erwachsenen werden, deren Fähigkeit zur Selbstliebe ebenso unterschiedlich entwickelt ist wie die Freiheit, sich auf andere Menschen einzulassen.

Doch auch andere haben, ohne es zu wissen, bei diesem Buch Pate gestanden. Die Betonung, die in *Zu zweit allein* auf Eigenverantwortung gelegt wird, geht auf Alfred Adlers Überzeugung zurück, daß wir weniger durch die Ereignisse in unserem Leben (die wir nicht immer kontrollieren können) beeinflußt werden als vielmehr durch unsere Reaktion auf diese Ereignisse (die wir schon eher „wählen" können). Das Buch hat sich auch der Theorien des am Existentialismus orientierten Psychotherapeuten Irvin D. Yalom bedient, der mich davon überzeugt hat, daß ein volles Leben erst dann möglich ist, wenn wir uns den grundlegenden Fragen gestellt haben, die da sind: Tod, Freiheit, Isolation und Sinnlosigkeit. Wie wir diese Fragen angehen oder ihnen ausweichen, hat eine nachhaltige Wirkung auf unsere Erfahrung von Nähe und Distanz sowie Verbundenheit und Freiheit – und auf unser Bewußtsein von uns selbst und von anderen.

Jungs Gedanken sind ebenso wie die von Freud in das Buch eingegangen, denn die Psychoanalyse ist vor allem eine Theorie des Unbewußten, und es ist unmöglich, ein Buch wie dieses zu schreiben, ohne fortwährend daran zu erinnern, daß in dem Erleben von Alleinsein und Nähe das, woran wir uns nicht erinnern und was unserem Bewußtsein nicht zur Verfügung steht, häufig ebenso vorhanden ist (und manchmal viel lebhafter) als das, was wir bewußt analysieren können.

Das Buch ist, beziehungsweise ich bin auch von Roberto Assagioli beeinflußt. Assagioli hat ein reiches Erbe hinterlassen, mit Hilfe dessen die Sinngebung für jeden Einzelnen eher zu einer Lust denn zu einer Last wird.

„Sinn", so sagte Carl Jung, „macht eine Menge, vielleicht sogar alles, erträglich."

Ich glaube, Jung hatte recht. Wenn dieses Buch ein Ziel verfolgt, dann möchte es den Sinn der Ereignisse, die uns am meisten angehen und am wichtigsten für uns sind, aufdecken: Was hat Nähe an sich, das mich bereichert oder sich mir verschließt? Warum bin ich allein, wenn ich mit einem anderen Menschen zusammensein möchte? Bietet mir das Alleinsein eine leichte Fluchtmöglichkeit angesichts der Schwierigkeiten, die Nähe mir aufgibt? Warum weiß ich nicht, was ich will?

Wenn wir den Sinn entdecken, sehen wir unsere Möglichkeiten, Einfluß zu nehmen und für uns Entscheidungen zu treffen, in einem anderen Licht.

Die ungewöhnlich breitgefächerte theoretische Basis und die persönlichen Erkenntnisse, die so facettenreich sind, weil ich in Neuseeland, Großbritannien und Australien gelebt und zudem viel Zeit in Deutschland und den USA verbracht habe, fügen der Spannweite von *Zu zweit allein* das Ihre hinzu. Und das wiederum wird durch die Verschiedenartigkeit der Menschen, deren Geschichten in das Buch eingeflossen sind, betont sowie durch meine eigenen Erfahrungen: meine Rückschläge, Erfolge und Träume, was Nähe und Alleinsein bedeuten können oder könnten. Ganz wichtig sind auch die verschiedenen Rollen, zwischen denen ich wechsle, die aber alle untereinander verbunden sind: Autorin, Herausgeberin, Lehrerin, Psychotherapeutin und, ganz wichtig, Mutter.

Dies Buch zu schreiben, hat mich an meine Grenzen geführt. Oft war ich kurz davor, den verrückten Zwang, der mich dazu gebracht hatte, einer der umfassendsten Fragen nachzugehen, mit der Menschen sich auseinandersetzen müssen, zu verfluchen. Allein der Umfang des Projekts war ein wahrer Härtetest. Doch dann, als ich es am dringendsten brauchte und am wenigsten erwartete, hatte ich plötzlich eine Vorstellung von der Leserin dieses Buches.

Nicht, daß ich der Meinung bin, es gibt nur einen Typ von LeserIn für dieses Buch. Im Gegenteil, ich bin mir sicher, daß es durch seine Offenheit vielen Menschen das Gefühl vermitteln wird, daß es auch für sie einen Platz darin gibt. Doch ohne die Vorstellung von einer Leserin sah ich mich in einer Ich-Beziehung ohne ein „Du". Das war keine Nähe, und es machte auch keinen Spaß.

Wenn ich kein „Du" erkennen kann (in diesem Fall du, die Leserin/der Leser), dann ist auch mein Wissen über das „Ich" begrenzt: Dieser Punkt ist zentral für das, was dieses Buch über Nähe sagen will. Die Arbeit an *Zu zweit allein* bedeutete für mich eine ganz praktische Lektion zu dieser Theorie. Als das „Du" der Leserin sich abzuzeichnen begann, wurde mein schreibendes „Ich" kühner. Da erst begann das Buch zu leben.

Das absurde, ängstliche Bedürfnis, alles sagen zu wollen, was zum Thema Nähe und Distanz wichtig ist, verlor sich. Ich bezog Kraft aus dem Wissen, daß einige Lücken gefüllt werden würden, und zwar durch die Leserin, jede für sich, und daß andere Lücken bleiben würden – offene Stellen, Orte zum Verweilen, Pausen.

Das mußte ich mir wieder ins Gedächtnis rufen: Der Platz zwischen den Worten zählt auch.

Stephanie Dowrick

Die Hoffnung schläft in deinen Knochen wie ein Bär,
der auf den Frühling wartet,
daß er aufstehen und gehen kann.

Marge Piercy: *Stone, Paper, Knife*

Es ist wieder einmal geschehen.

Du wolltest deine Ruhe haben. Du hast dich ein wenig rastlos und gereizt gefühlt. Du wolltest dich mit einem Buch oder der Zeitung zurückziehen, doch plötzlich entflammte ein Streit. Derselbe Streit, den ihr schon tausendmal hattet. Dieselben häßlichen Worte; dieselbe Macht zu verletzen. Und jetzt ist deine Partnerin/dein Partner davongestürmt und hat geschworen, niemals zurückzukehren. Und du? Du sitzt da, jegliches Wohlgefühl ist verflogen, statt dessen plagen dich Schuldgefühle und Wut und die nur zu bekannten Selbstvorwürfe.

Oder vielleicht ist es nie soweit gekommen.

Vielleicht sitzt du, Abend für Abend, allein zu Hause. Nicht weil du es so wünschst, sondern weil du nie eine Person gefunden hast, die in dir das Gefühl geweckt hat, daß du sie lieben, ihr vertrauen könntest. Du weißt, daß deine Gesellschaft angenehm ist. Doch an diesem Abend und an den meisten anderen Abenden will es dir nicht so scheinen. Du bist ruhelos und einsam. Es fehlt dir etwas.

Was dir fehlt, ist das Leben, das du eigentlich leben möchtest. Du weißt nicht, warum. Du weißt nicht, wie du das ändern kannst.

Die meisten von uns wollen lieben und geliebt werden. Doch im Zeitalter der Kommunikation per Knopfdruck wissen die meisten von uns weniger über sich selbst und die Beweggründe anderer Menschen als über fast jedes andere Thema.

Oftmals verhalten wir uns auf eine Art und Weise, die uns schockiert und unglücklich macht, oder aber wir fühlen uns hilflos, wenn andere Menschen uns enttäuschen oder sich weigern, so zu sein, wie wir sie gern hätten.

Vielleicht fällt es uns schwer, an unserer eigenen Gesellschaft Spaß zu haben. Vielleicht haben wir Schwierigkeiten, wir selbst zu sein oder uns auf eine Art und Weise zu verhalten, die ausdrückt, wer wir sind.

Vielen unseren Schwierigkeiten liegt der Mangel an bewußtem Verständnis dafür zugrunde, daß wir alle Nähe zu anderen Menschen brauchen ebenso wie eine auf Selbsterkenntnis gegründete, fruchtbare Beziehung mit dem eigenen Selbst. Wir alle müssen das empfindliche, sich ständig verändernde Gleichgewicht zwischen Abhängigkeit und Unabhängigkeit, zwischen Offenheit gegenüber anderen und Hinwendung zu uns selbst bewahren. Wir alle haben das Bedürfnis nach Nähe und Distanz – doch müssen wir gegenüber den Bedürfnissen der Menschen um uns herum, die sich von unseren unterscheiden und sogar in Konflikt damit stehen, offen bleiben.

Wie wir uns selbst erleben, spiegelt sich in der Art und Weise, wie wir mit anderen Menschen umgehen und sie erleben: Wir können unsere Mitmenschen nicht besser kennen, als wir uns selbst kennen; wir können ihnen nicht mehr vertrauen, als wir uns selbst vertrauen. Wenn wir uns unseren Gefühlen und Gedanken verschließen, können wir nicht lernen, uns auf andere Menschen einzulassen und ihre Gefühle und Gedanken ernst zu nehmen.

Es ist möglich, dem eigenen Bedürfnis nach Nähe und Alleinsein gerecht zu werden, gleichzeitig offen zu bleiben für die Bedürfnisse anderer, deren Zufriedenheit auch uns selbst betrifft. Es ist zwar nicht leicht, aber es ist möglich. Am Anfang dieses Prozesses, und in seiner Fortführung, steht Selbsterkenntnis.

Vielen Menschen ist bei diesem Gedanken nicht wohl; sie verwechseln Selbsterkenntnis mit Selbstbezogenheit. Doch ist das Verständnis und die Akzeptanz des eigenen Selbst eine absolute Voraussetzung für einen befriedigenden wechselseitigen Kontakt mit anderen Menschen. In der Tat ist es so, daß Selbstkenntnis von Selbstbezogenheit wegführt, hin zu dem luxuriösen Zustand, in dem du „dich selbst vergessen" kannst, um dich deinem Leben zuzuwenden.

Sich selbst zu kennen und einen Einblick in die eigene Gefühlsgeschichte zu haben; zu wissen, was du tust und im großen und ganzen auch, warum du es tust; sich selbst zu vertrauen und ein solides Vertrauen in die eigene emotionale Zukunft zu haben: Diese subtile, wechselhafte Kombination wird es dir normalerweise ermöglichen, dich in deiner Gesellschaft wohlzufühlen, mit deinem Selbst im reinen zu sein, andere Menschen zu akzeptieren und ihnen gegenüber aufmerksam zu bleiben, auch wenn sie sich nicht so verhalten, wie du es dir wünschen würdest.

Wenn du Nähe und Alleinsein zusammenbringst, erkennst du, daß diese Bedürfnisse in wechselseitiger Beziehung zueinander stehen: Dein Wissen über andere nimmt in dem Maß zu, wie dein Wissen über dich selbst wächst; du brauchst einerseits Beziehungen und hast andererseits das Bedürfnis, deine Einzigartigkeit ausdrücken; du brauchst Nähe und Schutz ebenso wie Eigenständigkeit; du brauchst Verständnis und möchtest dennoch deine Geheimnisse bewahren.

Diese Wünsche sind ganz normal, können aber leicht miteinander in Konflikt geraten. Dann scheint das, was du hast, das genaue Gegenteil von dem zu sein, was du willst. Nähe wird dann fast zu einer ausweglosen Falle, und Alleinsein kann umschlagen in unerträgliche Einsamkeit. Und wem sollst du die Schuld dafür geben? Dir selbst? Der Mutter? Dem Partner? Dem Leben?

Und wenn du die Schuld zugewiesen, gewütet und mit dir gehadert hast, was dann?

Danach kommt die fruchtbare Änderung der eigenen Sichtweise, mit der auch neue Sinninhalte und eine neue Bereitschaft, weiterzumachen, kommen: Wir alle haben Zugang dazu, auch wenn es uns manchmal sehr weit entfernt scheint. Denn wenn du dir deines Bedürfnisses nach Nähe und Alleinsein nur dumpf bewußt bist, oder wenn du glaubst, du hast Bedürfnisse, die nicht erfüllt werden können, dann sinkt auch das Gefühl der persönlichen Stärke. „Ich befinde mich in einer schrecklichen/langweiligen/beängstigenden Situation, aus der ich mich nicht befreien kann." „Ich bin so einsam, niemand will mich." „Ich fühle mich benutzt/ausgenutzt/mißverstanden: Etwas Besseres darf ich wohl nicht erwarten."

In einer Welt, die immer mehr außer Kontrolle gerät, kann ein solcher Mangel an persönlicher Stärke düster und beängstigend wirken. Da scheint es eine rationale Reaktion zu sein, wenn man sich auf sich selbst konzentriert und nur im Eigeninteresse handelt.

Doch ist das eine Reaktion, die deine Ängstlichkeit nur verstärken und deinen inneren Lebensmut noch weiter sinken lassen wird, während sie dich gleichzeitig von der Wärme, dem Humor und der Verbindung abkapselt, die zwischenmenschliche Beziehungen – bei allen Problemen – dennoch bieten können.

Zu zweit allein versteht diesen Konflikt und die Verwirrung, die daraus resultiert. Es unterstützt den lebenslangen Prozeß, in dem du entdeckst, wie du lohnende und bereichernde Kontakte zu anderen Menschen knüpfst und dabei nicht das Gefühl dafür verlierst, wer du bist und was du willst.

Es bietet keine Rezepte, wie du glücklich wirst. So verführerisch eine schnelle Lösung auch sein mag, der Mensch ist zu komplex und undurchschaubar, als daß diese Herangehensweise sich auf lange Sicht bezahlt machte. Das soll nicht heißen, daß dieses Buch keine praktischen Informationen bereithält. Für die meisten von uns ist es sehr aufschlußreich zu erfahren, wie andere Menschen mit Schwierigkeiten, die unseren ja ganz ähnlich sind, umgehen.

Doch dies Buch geht noch weiter. Es ermöglicht dir, Bewußtsein über die einst getroffenen Entscheidungen zu erlangen und zugleich neue Möglichkeiten zu erforschen. Beim Lesen des Buches wirst du deine eigene emotionale Geschichte verstehen lernen: die Ereignisse und das Gewebe von Gefühlen, die dich zu der gemacht haben, die du bist. Aus dieser Erforschung – und den daraus resultierenden Erkenntnissen – entsteht die Möglichkeit, dauerhafte und lohnende Veränderungen da vorzunehmen, wo sie nötig sind. Diese Erfahrung kann die Art und Weise verwandeln, wie du deine einzigartige innere Welt sowie die äußere Welt, in der wir alle leben, wahrnimmst.

TEIL I

MEIN SELBST: BIN ICH DAS WIRKLICH?

„Komm, setz dich zu mir",
sagte ich zu mir,
und obwohl es unsinnig ist,
streckte ich meine Hand aus
als kleines Zeichen des Vertrauens,
und wir setzten uns zusammen auf den Zaun.
Michael Leunig

1. KAPITEL

Lerne dein Selbst kennen

Zwei Erwachsene sitzen auf einer Parkbank.

Es ist sonnig, aber kalt. Die Bank steht – etwas ungewöhnlich – mitten auf einer Wiese mit struppigem Gras. Während die beiden da so sitzen, mit einem kleinen Zwischenraum, kommen drei Hunde aus einem Dickicht gerannt. Sie jagen wild umher, bellen, verknäulen sich ineinander, trennen sich und rasen wieder aufeinander zu, sie verschwinden hinter den dicken Stämmen der alten Bäume und fegen dann wieder über die Wiese.

Dann kommen zwei Kinder ins Bild. Sie sind ungefähr sieben oder acht Jahre alt und halten sich eng umschlungen. Sie haben die Köpfe zusammengesteckt, während beide gleichzeitig reden. Sie lachen, lassen voneinander ab, knuffen sich zärtlich, bevor sie sich mit den Hunden zu balgen beginnen und vor Wonne kreischen und kichern.

Die Kinder verschwinden für einen Moment; dann kehren sie zurück. Jedes schiebt einen Kinderwagen, in dem jeweils ein Kleinkind sitzt. Die Kleinen krähen vor Vergnügen, während die Wagen schneller rollen. Die Hunde kommen dazu. Sie dürfen doch mitspielen? Die Kinder in den Wagen lachen laut vor Vergnügen, während ihre kleinen Füße einen Freudenrhythmus in die Luft trommeln.

Auch du und ich waren einst fähig, unsere Freude mit jeder Faser unseres Körpers auszudrücken. Auch wir wußten einst, was wir wollten, und forderten es ein. Wir konnten uns ganz dem Moment hingeben. Mit nur wenigen Vorurteilen oder vorweggenommenen Vorstellungen konnten wir uns anderen nähern und andere an uns heranlassen.

Was ist mit uns geschehen?

Warum erscheint uns der Ausdruck von Freude, von Spontaneität, selbst von Zuneigung als ein gewichtiges Problem, über das wir diskutieren und uns Sorgen machen müssen; ein Problem, an das wir mit neuen Strategien herangehen, deren Wirkung wir beobachten und beurteilen, um uns dann selbst zu beurteilen?

Es wäre ganz falsch, Kindheit zu idealisieren, aber wir müssen uns doch fragen, ob es der Preis für das Erwachsensein ist, daß man sich verletzbar, unbeholfen, angespannt, verschlossen, bedürftig und einsam fühlt. Daß man fröstelnd und verkrampft auf einer Parkbank sitzt, vielleicht neben jemandem, den man gut kennt, während die Kinder und die Hunde ihr Lebendigsein voll ausleben.

Irgendwo auf dem langen Weg zwischen Kindheit und Erwachsensein verlieren viele, vielleicht die meisten von uns den Kontakt zu den lebenszentralen Fähigkeiten, mit Hilfe derer wir merken, was wir brauchen, und wissen, wie wir es bekommen; mit Hilfe derer wir erkennen, was wir fühlen, und es auch ausdrücken können; mit Hilfe derer wir uns mit Vertrauen und Selbstvertrauen anderen nähern und es zulassen können, daß die anderen sich uns nähern.

Ein Teil des Problems mag ganz leicht erkennbar sein. Vielleicht stellen wir Ideale für zwischenmenschliche Interaktionen auf, denen nur Engel gerecht werden könnten. Dann ist die Enttäuschung unvermeidbar. Andere Aspekte des Problems sind wahrscheinlich weitaus komplexer und haben mit unserem persönlichen Wirrwarr aus Ängsten, Konflikten und Verteidigungsstrategien zu tun.

Was die meisten von uns wollen, scheint ganz einfach. Wir möchten lieben und geliebt werden. Wir möchten uns mögen, statt uns zu verachten. Wir möchten das Gefühl haben, daß wir unser Leben gestalten und daß unser Leben mehr oder weniger so verläuft, wie wir es wollen.

Das scheinen keine überspannten Forderungen, dennoch wissen wir – wenn wir das eigene Leben betrachten oder das von FreundInnen und Nachbarn –, daß wir nur einen Teil dieser Forderungen und häufig gar keine umsetzen können.

Vielleicht sind die Dinge doch nicht so einfach, wie sie sich zunächst dargestellt haben. In unseren engsten Beziehungen – mit uns selbst allein und mit anderen in Nähe – fühlen wir uns häufig besonders inkompetent und unwissend und scheinen besonders unfähig zu sein, das zu bekommen, was wir wollen.

Viele von uns wenden sich hoffnungsvoll der Außenwelt zu, wenn sie sich angesichts dieser Schwierigkeiten überfordert fühlen. Vielleicht gibt es da eine Person, die uns vor uns selbst retten kann? Andere haben diesen Optimismus nicht und fühlen sich zu Einsamkeit verdammt, oder sie leben neben einem anderen Menschen ohne Hoffnung auf Erfüllung.

Merkwürdig daran ist nur: Ganz gleich, ob wir voller Hoffnung oder niedergedrückt und verunsichert nach außen schauen, wir blicken – teilweise zumindest – in die falsche Richtung.

Das liegt daran, daß wir in allen unseren Beziehungen mit unserem Selbst beginnen. Wie wir uns in uns selbst fühlen, wieviel oder wie wenig wir von uns selbst wissen oder wie lebendig wir uns fühlen – all das wirkt sich auf die Qualität der Zeit aus, die wir mit uns selbst verbringen, ebenso wie auf die Qualität der Beziehungen, die wir zu Mitmenschen haben. Besonders dann, wenn diese Beziehungen so eng sind, daß man von Nähe sprechen kann.

Wie du dich selbst erlebst, mag sogar darüber entscheiden, ob du an diesem kalten, sonnigen Tag von der Parkbank aufstehen und von der Person weggehen kannst, die dich verletzt hat; ob du dich ihr zuwenden und ihr sagen kannst, was du fühlst und was du willst; ob du ihre Hand nehmen und mit ihr aus dem Park gehen kannst oder ob du in kaltem, tödlichem Schweigen sitzen bleibst.

Nähe – die Nähe zu dir selbst, wenn du mit dir allein bist, oder die Nähe zu Mitmenschen in Augenblicken des Austausches und der Verbundenheit – spiegelt deine innere Welt wie sonst nichts. Nähe kommt von innen, sie fängt mit deinem Selbst an.

Die Vorstellung vom Selbst steht nicht unumstößlich fest. Die Vorstellung vom Selbst oder dem Selbstgefühl kannst du kaum füllen. Doch wie du dein Selbstgefühl *erlebst*, hat eine so überdeutliche Wirkung auf die Art und Weise, wie du „In-Verbindung-Stehen" erlebst – sei es mit anderen, was wir „Nähe" nennen, sei es mit dir selbst, was wir „Alleinsein" nennen –, daß wir Nähe und Alleinsein erst erörtern können, wenn wir herausgefunden haben: *Wer* fühlt Nähe? *Wer* erlebt Alleinsein? *Wer* fühlt sich manchmal hundeelend und dann wieder überschwenglich gut? *Wer* kann sowohl liebevoll als auch garstig sein?

Die Antwort auf diese Frage: *Wer ist es?* zu finden, steht im Mittelpunkt dieses Buches, insbesondere auch deswegen, weil das Ziel der Nähe – das Gefühl, daß eine andere Person mich gut kennt; das Gefühl, daß ich eine andere Person kenne – erst dann erreichbar ist, wenn ich selbst eine Vorstellung darüber gewonnen habe, *wer* nach Nähe sucht und *wem* ich mich nähere.

Wenn wir das *Wer* erforschen, erhalten wir Antworten wie „Ich" oder „mein Selbst".

Und das ist erst der Anfang.

Nicht nur eine Frage der Identität

Was ich als *Selbst* beschreibe, kann das, was wir gemeinhin als Identität bezeichnen, umfassen, es geht aber darüber hinaus. Identität ist etwas, das von außen übergestülpt werden kann und das sich auf dem Lebensweg verändert.

Stellen wir uns zum Beispiel vor, daß wir beide uns an einem öffentlichen Ort begegnen, vielleicht in einer belebten Flughafenlounge. Stellen wir uns vor, daß wir einander anrempeln, wodurch ja die normale Wachsamkeit Fremden gegenüber durchbrochen wird. Nachdem wir gelacht, uns entschuldigt und wieder gesammelt haben, mustern wir uns gegenseitig. Du schätzt mein Alter und lächelst. Ich höre etwas in deiner Stimme, das mir gefällt. Ich mag deinen Regenmantel. Einen ähnlichen hatte ich Jahre zuvor selbst. Wir fangen an zu reden.

Ich erzähle dir, daß ich schreibe und seit sieben Jahren in dieser Stadt lebe, daß ich zwei lebhafte Kinder habe und unmöglich wieder umziehen kann, obwohl ich etwas unruhig bin. Du erzählst mir, daß du Innenarchitekt warst und jetzt Pfarrer werden willst. Du hast keine Kinder, aber seit fünfzehn Jahren eine Partnerin, der du offenbar sehr zugetan bist.

Wenn wir uns trennen, haben wir eine ganze Menge Informationen ausgetauscht, die weitaus komplexer sind als die visuellen Zeichen, die wir in dem Moment unseres Zusammenpralls empfangen haben. Wir wissen gegenseitig über die familiäre und berufliche Identität Bescheid. Wir haben etwas über die politische und gesellschaftliche, vielleicht sogar die moralische Einstellung erfahren. Vielleicht haben wir auch emotionale Bereiche erspürt, die für uns beide von Wichtigkeit sind. Aber haben wir etwas über das Selbst des anderen erfahren?

Über das Selbst zu sprechen oder zu schreiben, ist enorm schwierig, weil wir so wenig Konkretes darüber sagen können, aber auch, weil wir im täglichen Leben so wenig Übung darin haben, die Bedeutung des Selbst zu erforschen.

Beschreibungen des Selbst lassen sich nicht in vertraute Worte fassen. Sogar in einem ganz offenen Gespräch werden wir kaum fragen können: „Wer bist du, abgesehen von deiner Identität?" Doch genau in dieses Gebiet – das jenseits der vertrauten Merkmale wie Beruf, Wohnort, Kinder, Religion liegt – müssen wir uns vorwagen, wenn wir die Herausforderung von Nähe und Alleinsein annehmen und wenn wir „ganz wir selbst" sind oder sein wollen.

Einige der Begrenzungen dessen, was mit „Selbst" gemeint sein kann, machen die folgenden Zeilen deutlich:

Ich habe einen Körper, *aber ich bin nicht mein Körper.*

Ich habe Gefühle, *aber ich bin nicht meine Gefühle.*

Ich habe Wünsche, *aber ich bin nicht meine Wünsche.*

Ich habe einen Verstand, *aber ich bin nicht mein Verstand.*

Piero Ferrucci fragt: „Wer hat diese Bereiche beobachtet?"

Und die Antwort?

„Es ist dein Selbst. Das Selbst ist kein Bild oder Gedanke; es ist das Wesentliche, das diese Bereiche beobachtet hat, das jedoch mit keinem von ihnen identisch ist."

Piero Ferrucci ist Psychosynthese-Therapeut. Die Theorie der Psychosynthese und ihrer geleiteten Meditationen sind das Erbe von Roberto Assagioli, einem italienischen Psychoanalytiker und Zeitgenossen Freuds, dessen Unzufriedenheit mit der Psychoanalyse sich aus der Wahrnehmung herleitete, daß Freuds Weltsicht im menschlichen Unglück steckenblieb und sich nicht genügend mit den existentiellen Fragen der Menschen befaßte: Wer bin ich? Warum bin ich hier? Wofür lebe ich? Auf unterschiedliche Weise haben all diese Fragen eine Wirkung auf unser Urteil darüber, wer und was in unserem Leben von Wichtigkeit ist und wie wir es anstellen, das, was wir unserer Meinung nach wollen und brauchen, auch zu bekommen.

Mit Hilfe dieser Beschreibung Ferruccis – vom Selbst als einer Essenz, die alle Bereiche des Menschen wahrnimmt: Körper, Gefuhl, Sehnsüchte, Verstand – verstehen wir, daß das „Selbst" nicht dasselbe wie das „Ego" ist. Das Ego ist der Mittelpunkt des Bewußtseins und ermöglicht uns, in der Welt zu funktionieren. Es ist der vernünftigste Teil des Menschen, wahrscheinlich der Teil, der zur Arbeit geht, im Geschäft freundlich lächelt und Kindern und alten Leuten über die Straße hilft. In weniger öffentlichen Momenten kann unser Ego mit unseren Instinkten, auch „Es" genannt, dem ungezähmten Teil in uns, der sich unserer Erkenntnis entzieht, weil er unbewußt ist, in Konflikt geraten.

Nach Freud verstehen wir „das Ego als den Teil des Es, der durch den direkten Einfluß der äußeren Welt geprägt wird. Seine Beziehung zum Es ist wie ein Mann auf dem Rücken eines Pferdes, der die größere Kraft des Pferdes zügeln muß."

Freuds Definition deutet auf einen Kampf zwischen den Instinkten und dem sogenannten zivilisierten Verhalten hin, der fortwährend überwacht werden muß. Wahrscheinlich stimmt das aber so nicht. Freuds Metapher wird erst dann nützlich, wenn wir daran denken, daß wir manchmal auf eine Art handeln, die wir nicht als „wir selbst" wiedererkennen, oder wenn wir zu etwas gedrängt werden, das im Widerspruch zu dem steht, was wir normalerweise tun sollten oder würden.

Wenn wir das wissen, wissen wir auch, daß dies viel seltener geschieht, wenn wir uns draußen bewegen, als wenn wir zu Hause sind, also in unseren eigenen vier Wänden, oder wenn wir uns mit einer anderen Person „zu Hause fühlen" und die Wachsamkeit fallenlassen.

Diese undurchsichtigen Bereiche von ungerufenen und sogar unwillkommenen Sehnsüchten oder vernunftlosem Verhalten, von dramatischen Gefühlen und wilden Brüchen sind die emotionale Landschaft, in der wir uns mit unseren Nächsten bewegen. Im Zusammensein mit ihnen sind wir am wenigsten durch unser vernünftiges Ego geschützt; wir schockieren sie und überraschen sie damit, und häufig genug schockieren und überraschen wir uns selbst.

Wer wird denn überrascht? Wer legt ein so unerklärliches und unvernünftiges Verhalten an den Tag? Oder andersherum gefragt:

Wer fühlt sich vom Gewicht der Forderungen, Bedürfnisse und Erwartungen der anderen erdrückt?

Wieder ist es unser Selbst, das Selbst, das keinen Körper hat, auf das wir nicht zeigen, das wir nicht beschreiben können, doch dasselbe Selbst, das von anderen geliebt, geschätzt, verstanden und respektiert werden will.

Der Wert der inneren Wirklichkeit

Menschen, die ein Selbstgefühl haben, haben auch eine innere Wirklichkeit, die fast so kostbar wie das Leben selbst ist, denn sie spielt deutlich in die Art und Weise, wie du dich selbst erlebst und dich auf andere beziehst, hinein. Das Gefühl einer inneren Wirklichkeit gibt dir das, was Marie-Louise von Franz, eine Kollegin Jungs, den „festen Boden in dir selbst" nannte, der dir wiederum das Gefühl der inneren Wirklichkeit vermittelt. Dieser Gedanke ist so wunderbar und nützlich, daß ich ihn in seiner Vollständigkeit einbringen möchte. Von Franz meint, daß die Erfahrung des Selbst uns das Gefühl vermittelt, im eigenen Inneren auf festem Boden zu stehen „wie auf einem Fleckchen Ewigkeit, das auch der physische Tod nicht anrühren kann".

Die Vorstellung von einem „Fleckchen Ewigkeit" wird nicht allen einleuchten, doch das Bild vom „Gefühl, im eigenen Inneren auf festem Boden zu stehen", ergibt sicherlich für viele Menschen einen Sinn.

Wenn du diesen festen Boden spürst, kannst du dir selbst vertrauen und wahrscheinlich dich selbst lieben; dich anderen Menschen zuwenden und ihnen in Beziehungen unterschiedlicher Nähe vertrauen. Wenn du dich innerlich verunsichert fühlst, sind Selbstvertrauen und Selbstliebe schwer erreichbar. Wenn du allein bist, hast du möglicherweise ein Gefühl des Mangels und machst dir Vorwürfe, statt das Alleinsein zu genießen. Die Hinwendung zu anderen Menschen ist vielleicht mehr wie das Suchen nach einer Krücke statt das Geben und Nehmen von Liebe. Sie kann sogar eine Art Vergeltung sein. Damit will ich sagen, daß eine Person, deren Selbstgefühl nicht stabil ist, sich vielleicht anderen nur zuwenden kann, um sie zu verletzen. In ihrer Weltsicht sind ihre

Handlungen defensiv, nach dem Motto: „Ich kriege dich, bevor du mich kriegst." Sie bewirken jedoch, daß dieser Mensch eine mögliche Beziehung und damit vielleicht eine gute Heilungschance ausschlägt.

Auch die Handlungen und Reaktionen der Menschen, die eine innere Wirklichkeit spüren, können manchmal unvorhersehbar und unerklärlich sein. Das Gefühl der Wirklichkeit soll auch nicht als unbeweglich (oder stagnierend) verstanden werden. Auch sie sind dem Urteil und den Reaktionen ihrer Mitmenschen ausgesetzt. Doch sie sind nicht abhängig von deren Macht, ihnen „Status", „Akzeptanz", „Liebe" oder „Sinn" geben oder entziehen zu können.

- Sie können sich dafür entscheiden, mit anderen Menschen zusammenzusein.
- Sie scheuen nicht vor dem Kontakt mit anderen zurück, noch brauchen sie die Gesellschaft anderer, um sich zu vergewissern, daß sie leben.
- Sie können sich für das Alleinsein entscheiden, ohne das Gefühl zu haben, zur Einsamkeit verdammt zu sein.
- Sie wissen, daß sie jemand sind.
- Sie sind frei, sich selbst als gegeben hinzunehmen.
- Sie sind, wie die meisten von uns gern sein möchten (*und werden können*).

Diese doppelte Fähigkeit, sich einerseits selbst treu zu sein und sich andererseits als gegeben hinzunehmen, ist in den meisten Menschen mal mehr, mal weniger deutlich ausgeprägt. Ich weiß, daß es bei mir so ist. Doch in manchen Menschen ist sie so gut wie gar nicht ausgeprägt, was manchmal tragische Auswirkungen hat, denn ohne ein einigermaßen sicheres Selbstgefühl vermißt du Sicherheit in dir selbst, an diesem geheimnisvollen, nicht festmachbaren Ort, wo Herz und Vernunft, Träume, Gefühle und Gedanken in ständig wechselnder Gewichtung durcheinanderstolpern.

Kristina steht für viele, wenn sie von ihren „Verstellungskünsten" spricht, derer sie sich bedient, wenn sie mit anderen Menschen zusammen ist.

„Ich beobachte mich immer, um zu sehen, ob ich unterhaltsam und interessant genug bin. Genug für wen? Genug, so daß die Leute nicht merken, daß ich mich selbst – gegen allen Anschein –

für einen schlechten Witz halte. Wenn sie wüßten, wie winzig ich mich innen fühle, würden sie mich nicht mögen. Es gibt kaum eine Verschnaufpause. Selbst innerhalb der Familie bin ich immer witzig und spritzig. Sie befinden sich alle in verschiedenen Stadien der Verzweiflung und des Wahnsinns, doch das wirklich Verrückte ist, daß keiner es je anspricht. Von außen sehen wir wie jede andere verhältnismäßig solide Familie aus. Zumindest glauben wir das. Eßt, trinkt, plaudert, erzählt, seid unterhaltsam. Das sind die Regeln in unserer Familie, und ich kann sie nicht brechen."

Ohne ein einigermaßen stabiles Selbstgefühl verbarrikadierst du dich womöglich gegen die Welt. „Ist mir doch egal, was die Leute denken, die Welt kann mich mal." Oder du bist, wie Kristina, besonders verletzlich in der „äußeren" Welt. Was deine PartnerIn, dein Chef, dein Nachbar oder sogar Fremde über dich denkt oder fühlt, kann dein Wissen von dir selbst – dem du nicht vertraust – umwerfen. *Das kommt daher, daß dein Zentrum, das Gefühl deiner persönlichen Stärke, nicht in dir selbst ruht.*

Ohne ein einigermaßen stabiles Selbstgefühl wirst du wahrscheinlich das Bedürfnis haben, dich an äußere Identifizierungsmerkmale zu klammern (Computer-Fachmann, Mathematikgenie) oder an festgefahrene emotionale Muster („Das Leben ist schrecklich. Wem kann ich die Schuld geben?") oder auch an Überzeugungen, die einen Sinnrahmen zu schaffen scheinen, doch potentiell einengen.

Ohne ein einigermaßen stabiles Selbstgefühl wird es dir schwer fallen, zu sagen oder gar zu wissen, was du denkst, fühlst, willst oder brauchst. Im Einklang mit den Wünschen anderer Menschen zu handeln, zu denken und zu fühlen, ist dann das einzige, das dir möglich erscheint.

Ohne ein einigermaßen stabiles Selbstgefühl können dir deine Beziehungen mit anderen Menschen übertrieben wichtig oder gefährlich unzuverlässig erscheinen. Robs Schmerz und Verwirrung illustrieren das. Er spricht über das Ende seiner fünfjährigen Beziehung mit Maggie.

„Ich weiß wirklich nicht, was da falsch gelaufen ist. Ich dachte, die Dinge liefen gut, dann erklärt mir Maggie plötzlich, daß sie es nicht mehr aushält, daß sie mich nicht mehr sehen möchte. Ich hatte nicht gemerkt, was los war, und das war noch schlimmer, als Maggie zu verlieren."

Was Rob zutiefst verletzt, was er aber nicht ausdrücken kann, ist die Tatsache, daß sein Wissen über das, was in Maggie vorging, begrenzt war durch das Wissen, das er von sich selbst hat.

Sich über das eigene Innenleben Gedanken zu machen, war nie Robs Art. *Wer bin ich? Was will ich? Wofür lebe ich?* sind Fragen, die Rob sich nie gestellt hat. Wie konnte er dann ein Gespür für das entwickeln, was in Maggies innerer Welt, dem Ort, den er einst erreichen wollte, vor sich ging?

Damit soll Rob nicht die ganze Schuld gegeben werden. Er ist ein warmherziger Mensch, der sich mit solchen Fragen vielleicht deshalb nicht abgegeben hat, weil er sie für irrelevant oder für zu selbstbezogen gehalten hat.

Dennoch gehören sie zu den relevantesten und am wenigsten selbstbezogenen Fragen, die sich Menschen stellen können.

Der Grund dafür ist der, daß man andere Menschen nicht besser kennen kann als sich selbst. Deine Fähigkeit, mit anderen zu fühlen – eine Fähigkeit, die zentral ist, wenn Nähe entstehen soll –, ist begrenzt durch die Fähigkeit, mit deinem Selbst zu fühlen. Das ist keine Selbstbezogenheit. Wie du im Verlauf der mannigfaltigen Erfahrungen, die in diesem Buch angesprochen werden, sehen wirst, führen diese Fragen weg von ängstlicher Selbstbezogenheit hin zu der wunderbaren, erstrebenswerten Fähigkeit, sich selbst, und nicht andere, als gegeben hinzunehmen.

Das Gefühl von Beständigkeit in deinem Leben

Das Selbstgefühl ist es auch, das ganz wesentlich zu einem Gefühl von Beständigkeit in deinem Leben beiträgt und gleichzeitig zu der Einsicht verhilft, daß dein Leben wie das Milliarden anderer Menschen und dennoch einzigartig ist.

Doch auch diejenigen unter uns, die dem Ideal am nächsten kommen, erfahren das Selbstgefühl nicht als eine Konstante. Es ist nicht so, daß du erwachsen wirst, ein fertiges „Selbst" vorfindest und dann dieses „Selbst" erlebst und Vertrauen darin setzt bis ans Ende deiner Tage.

Es gibt Menschen, deren Leben relativ frei von Selbstzweifeln ist. Doch bedeutet das keinen besonderen moralischen Vorteil. Menschen, die durch die Umstände – und oftmals unter wirklich schweren Bedingungen – gezwungen wurden zu fragen, wer sie sind und wo ihr Platz in der Welt ist, erleben häufig eine Bereicherung ihrer Lebensvisionen, im Gegensatz zu denen, deren Leben weniger von solchem inneren Konflikt bestimmt war. Diese Bereicherung macht das Leben nicht unbedingt leichter. Im Gegenteil, diesen Menschen drängt sich oft die unbequeme Frage auf, was sie mit ihren Mitmenschen überhaupt gemeinsam haben. Ich neige allerdings zu der Ansicht, daß ein von Zweifel geprägtes Leben ein volleres Leben ist.

Ob dein Selbstgefühl leicht entstanden oder hart erarbeitet ist – es wird immer Situationen geben, in denen du dich mehr *du selbst* fühlst als in anderen. Dein Selbstgefühl wird sich wahrscheinlich in Zeiten erhöhter Anspannung nicht so leicht einstellen wie in einer entspannten Phase. Auch mit manchen Menschen wirst du dich mehr du selbst fühlen als mit anderen. In Krisenzeiten – Tod, Geburt, das Ende einer Beziehung – wird sich das Gefühl *wer bin ich* besonders schwer orten lassen.

Im eigenen Leben bin ich mir bewußt, wie wichtig und wie schwierig es ist, ein Selbstgefühl, das ich nach außen trage – das Ich, das andere Menschen sehen – mit meinem inneren Selbstgefühl zusammenzubringen. Ich verstehe, daß es schwierig ist, eine innere Existenz (wie du dich selbst erlebst) zu haben, die sich deutlich davon abhebt, wie man wahrgenommen wird.

Als Kind war ich jahrelang überzeugt, daß ich nicht mein wahres Leben lebte. Ich glaubte zuweilen, ich würde aufwachen und mein richtiges Leben vorfinden. Und der Schmerz der Kindheit, hervorgerufen von einem Gefühl der inneren Unwirklichkeit – von gänzlicher Machtlosigkeit – stellt sich jetzt im Erwachsenenalter wieder ein.

Als ich Anfang bis Mitte zwanzig war, hatte ich mehrere Jahre einen immer wiederkehrenden, tief bestürzenden Traum, in dem ich herausfand, daß meine Mutter (sie starb, als ich acht war) nicht wirklich tot war, sondern im Krankenhaus lag und darauf wartete, daß ich sie retten würde. Im Traum fand ich das Krankenhaus, auch die Station, doch mit vor Panik heftig pochendem Herzen rannte ich auf dem Flur hin und her, voller verzweifelter Angst, daß ich sie nicht erkennen würde, daß ich sie ausliefern würde, wenn ich sie nicht erkannte, daß ich sie nicht retten könnte und folglich auch mich nicht vor dem nie enden wollenden Kummer bewahren könnte, sie zu vermissen.

Zehn Jahre später wurde mein zweites Kind, meine Tochter Kezia, geboren. Sie kam sieben Wochen zu früh auf die Welt, und da sie noch nicht weit genug entwickelt war, um gestillt zu werden, nahm man sie mir weg und brachte sie auf die Intensivstation, wo sie intubiert wurde. Mein Sohn Gabriel war damals erst vierzehn Monate alt, also ließ ich Kezia im Krankenhaus und versuchte zwischen zu Hause und Krankenhaus hin- und herzueilen und bei beiden Kindern gleichzeitig zu sein.

Die Intensivstation bot eine hervorragende medizinische Versorgung, kümmerte sich aber nicht um die Probleme, die für Säuglinge und Mütter aus der Trennung erwuchsen. Jedesmal wenn ich die Station betrat, hatte man Kezias Bettchen an eine andere Stelle geschoben, so daß ich zusätzlich zur Furcht, die sich im Aufzug einstellte, daß sie nicht mehr lebte (obwohl sie nicht in Lebensgefahr schwebte), die beschämende Angst spürte, daß ich meine kleine Tochter nicht wiedererkennen würde.

Am Tag, bevor ich mich entschloß, Kezia nach Hause zu holen, kam ich auf die Station – mit klopfendem Herzen, wie jedesmal – und fand sie nicht. Auf meine verzweifelte Frage, wo sie sei, antwortete man mir unbekümmert, sie sei auf die reguläre Abteilung verlegt worden. Voller Ärger und Wut, daß man sie und mich so lässig abfertigte, fand ich schließlich die Station und wurde wieder von dieser Angst erfaßt, daß ich sie nicht erkennen würde, daß ich sie nicht mitnehmen durfte, wenn ich sie nicht erkannte, und daß auch sie mich nicht haben würde, weil ich versagt hatte.

Schließlich fand ich sie und erkannte sie mit überschwenglicher Freude. Doch als ich sie in ihrem Bettchen in einer Reihe anderer Kinderbettchen liegen sah – die Säuglinge waren alle kräftig genug, um die Intensivstation zu verlassen, aber noch nicht kräftig genug, um nach Hause entlassen zu werden – und die Einsamkeit und Verlassenheit dieser vorübergehend mutterlosen Kinder spürte, wußte ich auf einmal, daß ich handeln und diese Wirklichkeit ändern mußte. Ich mußte Kezia nach Hause holen. Das tat ich, und endlich, nach mehreren Monaten des Gebrülls, erholte sie sich und entwickelte sich zu einem entzückenden kleinen Mädchen. Ich habe es überstanden, aber nicht ohne dafür zu zahlen und mit der unauslöschlichen Erinnerung, wie schnell das lebenswichtige Gefühl, im Innern auf festem Boden zu stehen, verschwinden kann.

Eine Trennung zwischen dem inneren Gefühl, das eine Person von sich hat, und ihrer Erscheinung nach außen läßt sich normalerweise nur zu einem hohen Preis aufrechterhalten, wobei das Gefühl der Sinnlosigkeit wächst, während das Gefühl, eigene Entscheidungen zu treffen, verschwindet. Eine solche Trennung entsteht leicht, wenn einem Kind nicht die Möglichkeit gegeben wird, sich von einem Trauma zu erholen oder darüber zu sprechen, so daß das, was das Kind innerlich empfindet, in der äußeren Welt keine Bedeutung hat. In einer solchen Situation läßt sich eine kaum zu ertragende Trennung zwischen Außen und Innen nicht vermeiden.

Ich glaube, daß es mir so ergangen ist. Der Tod meiner Mutter war ein doppelter Verlust. Ich verlor die Person, die mir die Welt bedeutete, die einzige, die überhaupt verstand, wie ich mich fühlte, die mich „wie ein Buch" hätte lesen können, die begriffen hätte, daß meine Ungezähmtheit und Wildheit Schrecken und entsetzliche Trauer verbergen sollten.

Eine ähnliche Trennung zwischen dem inneren Gefühl eines Kindes und der Art, wie es nach außen erscheint, kann entstehen, wenn die Familie sich nicht auf das Wesen des Kindes einstellen kann und sich dem Kind gegenüber verhält, als wäre es anders, als es tatsächlich ist. Auch wenn die Familie unbeugsame Ansichten darüber hat, wie sich ein Kind zu verhalten habe und was für ein Mensch es sein sollte, kann es zu dieser Trennung kommen.

Natürlich gibt es Menschen, die sich dieser Forderung nach Anpassung beugen, doch wenn das Kind oder der junge Mensch ein starkes *Wer-ich-bin*-Gefühl hat und dies den Vorstellungen der Familie nicht entspricht, kann der Kampf um eine übereinstimmende Wirklichkeit furchtbar sein.

Der Preis für ein eigenes Selbst ist häufig der Verlust von Liebe und Akzeptanz. Vielen ist dieser Preis zu hoch. Andererseits ist der

Preis der Anpassung ebenfalls hoch: der Verlust eines authentischen Selbstgefühls; der Verlust authentischer Beziehungen zu anderen Menschen; Ängste und Neurosen, die auf einen tiefen Konflikt hindeuten.

Für mich haben das Älterwerden, eine Therapie, das Schreiben und, vor allem, Mutter meiner beiden fordernden und heilenden Kinder zu sein, eine Annäherung der inneren und äußeren Wirklichkeit herbeigeführt. Allerdings kann ich mich nicht immer darauf verlassen. Manchmal reicht schon eine ganz alltägliche Situation, um mich aus dem Gleichgewicht zu bringen. In solchen Momenten habe ich das Gefühl, daß mir der Boden unter den Füßen weggerissen wird, daß ich meinen Mittelpunkt verliere oder daß ich am falschen Ort bin. Insgesamt beherrscht mich dann ein Gefühl äußerster Angst oder Leere, und ich habe das Bedürfnis, mich zurückzuziehen, mich auf mich selbst zu besinnen und mich zu heilen.

Gelegentlich, zum Beispiel wenn ich öffentlich reden soll – woran ich durchaus gewöhnt bin –, stellt sich ein Gefühl ein, als wäre ich innerlich völlig leergekratzt. Ich glaube, das Gefühl entsteht dann, wenn ich zulasse, daß die Erwartungen anderer Menschen sich meiner bemächtigen, *so daß mein eigenes Gefühl einer inneren Wirklichkeit verloren geht.* (Was ich will, geht dann in der Verwirrung meiner Erwartungen dessen, was andere Menschen von mir wollen, unter.) Dasselbe Gefühl kommt in mir auf, wenn die Erfahrung selbst mich zersplittert: wenn ich weiß, daß der Teil von mir, den ich zeige, als mein Ganzes verstanden wird, obwohl es doch nur ein Teil meiner selbst ist.

Wenn ich in meinen Erinnerungen noch weiter zurückgehe, weiß ich genau, daß ich während meines Studiums nicht in der Lage war, allein in die Cafeteria (das Zentrum des studentischen Lebens) zu gehen. Ich stellte mir vor, wenn die anderen mich allein sahen, dächten sie, ich hätte keine Freunde. Oder ich glaubte, daß ich ohne Begleitung *ein Niemand sei.* Und das konnte ich nicht ertragen. Natürlich war es mir unmöglich zu erkennen, daß alle anderen so sehr mit sich beschäftigt waren und sich um ihr eigenes Image sorgten, daß sie sich für mein Image nicht besonders interessierten. Auch begriff ich nicht, daß ich in dem Moment, in dem ich mich anderen Menschen und deren Urteil auslieferte, geringschätzig abtat, was ich von mir selbst wußte: *daß ich näm-lich wie alle anderen auch jemand war,* daß ich nicht ohne Freundinnen und Freunde dastand und durchaus liebenswert war. Dieses Wissen zerfloß angesichts meiner Vorstellung, was andere Menschen über mich dachten.

Diese Erfahrungen vom Auseinanderklaffen meines inneren und äußeren Selbst machen deutlich, daß das Gefühl einer inneren Wirklichkeit nicht als gegeben angesehen werden kann. Sie zeigen außerdem, wie kritisch wir uns selbst beurteilen, wenn unser Selbstgefühl (das Gefühl unserer Einzigartigkeit und unseres Wer-tes) schwindet oder nicht erreichbar ist. *Gerade dann, wenn wir uns selbst gegenüber Geduld und Nachsicht walten lassen sollten, verteilen wir besonders herbe Hiebe – von innen heraus.*

Wir tun das hauptsächlich, indem wir uns vorstellen, was andere Menschen von uns denken. „Bestimmt haben alle gedacht, ich sei ein kompletter Dummkopf." „Die waren nur nett zu mir, weil..." „Da kann ich nicht wieder hingehen. Die hassen mich bestimmt alle."

Diese Vorstellungen spiegeln in den seltensten Fällen das wider, was die Menschen über dich denken, denn *wenn dein Gefühl der inneren Wirklichkeit verunsichert ist, urteilst du gegen dich viel strenger und unnachgiebiger, als Außenstehende es jemals tun würden.*

Es gibt Menschen, deren Selbstvertrauen nicht zu erschüttern ist. Doch Selbstvertrauen bedeutet nicht unbedingt, auch ein Selbst-gefühl zu haben. (Hüte dich vor den Menschen, die auf alles eine Antwort haben!) Selbstvertrauen kann das Vertrauen in bestimmte Haltungen sein, die möglicherweise nicht mehr bedeuten, als daß du immer im Unrecht bist und die anderen immer im Recht.

Menschen, die zu allem eine Meinung haben und richtig und falsch mit Nachdruck unterscheiden, haben oft kein Interesse an ihrem inneren Leben. Überheblichkeit, besitzergreifendes Verhal-ten, Neid, Eifersucht, Vorurteile, Selbstbezogenheit, Sturheit: all diese Eigenschaften deuten nicht auf ein starkes Selbstgefühl hin, sondern auf die Verteidigungshaltung eines schwachen, zerbrechli-chen oder unbekannten Ich.

Wir alle machen uns zuweilen eines solchen Verhaltens schuldig. Wie könnten wir es vermeiden? Wir alle kennen Konflikt und Ambivalenz und wünschen uns oft zeitgleich zwei einander ausschließende Ergebnisse. Wenn diese Symptome überhandnehmen, machen sie fruchtbaren Kontakt mit anderen unmöglich, sie stehen buchstäblich zwischen einem Menschen und der Fähigkeit, die Gefühle des Gegenüber zu erspüren – *und sie ernst zu nehmen* –, eine für die Entstehung von Nähe wesentliche Fähigkeit.

Die Begegnung zweier Menschen und ihrem Selbst

Ein relativ stabiles Selbstgefühl ermöglicht es dir, eine Erkenntnis von großem Wert zu gewinnen: Du bist anderen Menschen ähnlich, doch mußt du dich nicht unnötig mit ihnen vermischen. „Sag mir, was du willst, ich kann deine Gedanken nicht lesen." „Es tut mir leid, daß du traurig bist. Ich bin bei dir in deiner Traurigkeit in dem Bewußtsein, daß *du* traurig bist, und nicht ich." „Ich bin böse und wünschte, du wärst tot." *Ich weiß, daß meine Gedanken nicht wahr werden.*

Dieses Sich-Absetzen von anderen Menschen muß nicht bewußt geschehen. Häufig erspürst du es nur oder fühlst es. Es ist der Ursprung für die wichtige und belebende Sicherheit, daß *ich lebe, nicht weil du es mir bestätigst*, und daß ich ein wertvoller Mensch bin, *egal, ob du das glaubst oder nicht.*

Da die meisten von uns sehr von den Meinungen anderer – oder was wir dafür halten – abhängig sind, kann die Beherzigung dieser Erkenntnis eine ungeheuer befreiende Wirkung haben. *Sie unterstützt dein Bewußtsein, daß du ein Recht darauf hast, so zu leben, wie du es willst, und daß deine Beziehung zu dir selbst intimer und wissender ist, als die Erfahrung eines anderen Menschen von dir je sein kann.*

Wenn du dich in deinem Leben wohlfühlst, machst du eine weitere wertvolle Erfahrung. Du kannst nämlich die Unterschiede zwischen dir und anderen Menschen als nicht bedrohlich für dich selbst erkennen. „Gerry redet nicht gern, deshalb vertraue ich mich meinen Freundinnen an." „Wenn Chris schlechte Laune hat, halte ich mich von ihm fern."

Doch je nachdem, wie weit du dich mit einer anderen Person „vermischt" hast, kann die Akzeptanz dieser Unterschiede auch schwerer fallen. Ich meine damit, daß Verwirrung darüber herrscht, wo du selbst aufhörst und der andere Mensch anfängt; wessen Bedürfnisse Vorrang haben und wem sie „gehören"; welche Gefühle existieren und wem sie gelten. „Wir müssen heiraten, bevor das Baby auf die Welt kommt. Meine Mutter besteht darauf." „Niemand in meiner Familie weiß, daß ich schwul bin. Das interessiert auch niemand."

Ich erinnere mich lebhaft an eine Mutter, die mir berichtete, wie erstaunt sie war, als ihre dreijährige Tochter die Klospülung allein und ohne die Überwachung der Mutter betätigen wollte. Für die Mutter war das eine ernste Zurückweisung. Das Kind ließ sie wissen, daß sie kein Anrecht auf das, was das Kind ausschied, hatte; die Mutter fühlte sich zurückgewiesen, weil es ihr unmöglich war, ihr Kind *als einen eigenständigen Menschen zu akzeptieren.*

Diese Vermischung von Emotionen, Bedürfnissen, sogar Gedanken kann sich auf eine Beziehung, in der viel auf dem Spiel steht, sehr störend auswirken. Manchmal ist die Vermengung so quälend, daß die einzige Lösung in rigoroser Trennung zu liegen scheint. Möglicherweise ist dieses Gefühl, hoffnungslos mit jemandem vermischt zu sein, der häufigste Grund, warum Beziehungen zerbrechen.

Virginia und Jim scheinen eine derartige Vermischung exemplarisch darzustellen. Virginia glaubt, daß sie in der Beziehung die Gefühle für zwei trägt. Ihrer Meinung nach besteht ihr größtes Problem darin, daß Jim dies nicht anerkennt und nicht begreift, welche Last es für Virginia bedeutet. Virginia beschreibt, wie das praktisch aussieht:

„Jim gibt nie zu, wenn er unglücklich ist. Ich merke auf einmal, daß ich die Kinder ohne besonderen Grund anschreie, und dann brüllt er mich an. Wochen später erzählt er dann vielleicht, daß irgend etwas an seinem Arbeitsplatz geschehen ist und er vermutlich deswegen so angespannt war. Aber ich bin die, die seinen Gefühlen Ausdruck verleiht. Ich weiß nicht, ob ich es noch viel länger aushalte, vor allem weil Jim mich jedesmal, wenn ich mit ihm darüber reden möchte, anschreit und sagt, wenn jemand hier verrückt sei, dann ich."

Was Virginia wütend macht, was sie aber nicht besonders gut in Worte fassen kann, ist Jims mangelnde Selbstverantwortung, eine direkte Folge seiner mangelnden Selbstkenntnis.

Verantwortung ist ein wesentlicher Bestandteil eines emotional voll entwickelten Lebens, doch dazu gehört auch die Fähigkeit, die Verantwortung für die eigenen Gedanken zu übernehmen, für deren Wirkung auf andere Menschen und auf uns selbst.

Die meisten von uns fühlen sich wenigstens zum Teil vermischt mit den Menschen, zu denen wir eine Bindung haben, wie Partnerinnen und Partner, Eltern oder ArbeitskollegInnen oder Menschen, für die wir uns verantwortlich fühlen, wie unsere Kinder. Das Gefühl, daß wir mit einem anderen Menschen vermischt sind – das wir oft als irritierend, klaustrophobisch, langweilig, frustrierend oder ärgerlich erleben –, ist eine Komponente in engen Beziehungen, die oft nicht erkannt wird, die Dinge aber komplizierter macht.

Eines Tages traf ich auf der Post Serena, die ihre Tochter Lisa davor zu bewahren versuchte, den gleichen Fehler wie sie zu machen und den falschen Mann zu heiraten. Serena klagte, daß ihre Tochter ihre Ratschläge zurückwies, statt sie dankbar anzunehmen. „Ich will ihr doch nur helfen", sagte die ratlose Mutter. Doch Lisa, die zu Hause und in Abhängigkeit von ihrer Mutter lebt, findet allmählich im Prozeß des Erwachsenwerdens ihren eigenen Weg und empfindet Mitleid und Ungeduld mit ihrer Mutter. Gleichzeitig ist sie verunsichert und fühlt sich zu dem Verlobten hingezogen, den ihre Mutter ablehnt, glaubt aber in ihrem mangelnden Selbstvertrauen, daß sie sich von ihrer Mutter nur trennen kann, wenn sie heiratet. In diesem Aufruhr der Gefühle ist Wut das, was die jüngere der beiden Frauen am leichtesten erkennen und ausdrücken kann. Ihr Selbstgefühl beziehungsweise ihr Selbstbewußtsein ist noch nicht ausgeprägt genug, als daß sie erkennen könnte, daß der Konflikt in erster Linie auf *unterschiedliche, miteinander in Konflikt stehende Bedürfnisse in ihr selbst* zurückgeht. Ihre Mutter ist ein willkommenes Ziel für ihre Wut, solange Serena bereit ist, dieses Ziel abzugeben.

Sobald Serena erklärt, daß es reicht und sie mit fünfundvierzig aufhören muß, ihre Tochter emotional zu gängeln, handelt sie aus

Liebe und dem Wunsch, die Tochter freizugeben. Möglicherweise ist das Selbstgefühl in Lisa noch so schwach, daß sie sich nicht selbst befreien kann. Dann heiratet sie vielleicht jemanden, der gar nicht besonders zu ihr paßt, führt eine unglückliche Ehe und gibt tagtäglich ihrer Mutter die Schuld dafür. Serena wird auch weiterhin für sie dasein, doch solange sie es zuläßt, daß ihre Tochter sie, die Mutter, verantwortlich macht, wenn sie unglücklich wird, werden die beiden sich aus der Wirrnis einer Beziehung, in der das Selbst und das Gegenüber nicht klar getrennt sind, nicht befreien können und dies als Einengung erleben.

Ohne ein stabiles Selbstgefühl können Beziehungen bedrohlich sein: Leicht kannst du dich überwältigt, gefangen oder verloren fühlen. Ohne dieses Selbstgefühl mag auch die Illusion, daß ein Wir größer und wünschenswerter als ein Ich ist, sehr verführerisch sein. Aber so erreichst du keine Nähe in der Beziehung. Vielleicht bedeutet es nur, daß du kein großes Vertrauen in die Eigenständigkeit deines Selbst hast. (Vielleicht können wir zwei mit einem unvollständigen Selbst uns zu einem vollständigeren Ganzen zusammentun.)

In einer Paarbeziehung wird dieses Denken leicht verstärkt, beziehungsweise hörst du auf, dich zu fragen, was du denkst und ob du denkst und *wer denkt.* Statt dessen widmest du vielleicht deine ganze Kraft der Aufgabe, deinem Partner zu erklären, was sie oder er denkt, fühlt, möchte und braucht. Für eine Hälfte in einer Paarbeziehung ist es sehr verführerisch, die Erforschung des eigenen Selbst aufzugeben und statt dessen der anderen Hälfte zu erläutern, wie sie oder er zu sein hat, *damit du glücklich sein kannst.*

Allerdings muß es nicht die andere Hälfte in einer Paarbeziehung sein, der wir die Schuld geben; es könnten ebensogut der Chef, die Regierung, das Bildungssystem, die Eltern sein. Die Variationen zum Thema Schuldzuweisung sind endlos, denn normalerweise bedroht es unsere Illusionen über uns selbst viel weniger, wenn wir das Hindernis für unsere Erfüllung in einem Menschen oder einer Sache sehen, statt die Herausforderung der emotionalen Selbstverantwortung anzunehmen.

Da unsere Gesellschaft Paarbeziehungen soviel Bedeutung beimißt, fällt es nicht schwer zu verstehen, warum ein Wir der beste Schutz gegen Einsamkeit zu sein scheint. Du atmest ein, und ich atme aus, und wir werden nie wieder allein atmen müssen.

Doch ein Wir-Sein, das das Alleinsein unmöglich macht und die getrennten Existenzen zweier verbundener Menschen leugnet, kann dein Gefühl von der Wirklichkeit als deiner eigenen ins Wanken bringen. Außerdem führt Wir-Sein immer zu einem klaustrophobischen Gefühl, zumindest für die eine Hälfte – vielleicht für die stärkere der beiden.

Das Wir-Sein kann auch ein *angepaßtes* Selbst sein. Viele Versuche wurden unternommen, eine nützliche Unterscheidung zwischen dem wahren und einem angepaßten Selbst zu treffen. Der Psychoanalytiker und Kinderarzt D. W. Winnicott nannte es das *falsche Selbst*, der Familientherapeut Murray Bowen das *Pseudo-Selbst,* die Psychoanalytikerin Alice Miller das *idealisierte, konforme Selbst* und Helene Deutsch die *Als-ob-Persönlichkeit.* Diese Begriffe deuten an, daß es sich um ein Selbst handelt, das auf Botschaften von außen reagiert und nicht von innen gelenkt wird.

Eine solche Person hat möglicherweise Eigenschaften, die in unserer Gesellschaft hoch angesehen sind. Sie (oder er) kann loyal, kooperativ und aufopfernd sein. Sie ist vielleicht eine ausgezeichnete Mitarbeiterin oder ein besonders hingebungsvolles Mitglied in einer religiösen Gemeinschaft. Genausogut kann sie ein rebellischer Mensch sein, dessen Auflehnung sich nach eingespielten Mustern vollzieht. (Zu randalieren, drogenabhängig zu sein oder auszusteigen, bedeutet noch längst nicht, die eigene Persönlichkeit auszudrücken.)

Eine Person, die allen Anzeichen nach ein angepaßtes Selbst hat, kann durchaus ein glückliches Leben führen. Doch sie entbehrt einige menschliche Freiheiten, die uns teuer sind: die Freiheit, die eigenen Gedanken zu kennen, sie freimütig auszudrücken, sich selbst treu zu sein.

Ein Mensch mit einem angepaßten Selbst erweckt oft den Anschein, besonders stabil zu sein, und sich selbst in- und auswendig zu kennen. Harry Guntrip sagt über diese Persönlichkeitsstruktur: „Je mehr es möglich ist, zuverlässige Vorhersagen über das Verhalten eines Menschen zu machen, desto weniger ist er ein Mensch mit einem wahren Selbst."

Lornas Geschichte scheint dies zu veranschaulichen.

„In der Schule war ich eine Versagerin, und als Reaktion auf die Enttäuschung meines Vaters übernahm ich in der Familie die Mutterrolle. Ich setzte da an, wo meine Mutter nicht mehr zurechtkam, und versuchte so Anerkennung zu erlangen. Ich kümmerte mich um nichts mehr; die Schule war mir sowieso egal, denn für mich war klar, daß ich nur die Zeit überbrückte, bis ich heiraten würde. Ich hatte keine Vorstellung von mir nach der Heirat. In den zwanzig Jahren meiner Ehe habe ich jedes Gefühl für mein Selbst verloren. Als ich mich aus dieser Ehe löste, habe ich auch mein Selbst wiedergefunden. Und für mich ist dieses Wiederfinden mit mir als Kind verbunden und nicht mit der lächerlich künstlichen Frau, die in allem konform war."

Wir alle legen das Verhalten eines angepaßten Selbst an den Tag, wenn unsere Gefühle und Bedürfnisse zurückgestellt werden müssen, damit wir in einer eng gewordenen Gesellschaft funktionieren. So müssen wir uns vielleicht auf die Zunge beißen, wenn unsere ehrliche Meinung als Beleidigung verstanden werden könnte, oder wir müssen ein Verhalten anderer ertragen, das uns ärgert, das wir vielleicht verachten, oder wir müssen jahrein, jahraus einer entfremdeten Arbeit nachgehen, um für die Familie zu sorgen.

Diese Anpassungen, auch wenn sie eine gewisse Unehrlichkeit gegenüber unserem eigentlichen Gefühl von Wahrheit und Gerechtigkeit bedeuten, müssen deinem Selbstgefühl nicht unbedingt schaden.

Wichtig hingegen ist, ob du trotz dieser Toleranz (beziehungsweise dieses Pragmatismus) die Fähigkeit hast, aus dir selbst heraus zu handeln, zu denken und zu sprechen; ob dein Schwerpunkt in dir liegt oder ob du das ungelöste Bedürfnis hast, dich an andere anzulehnen, *die über dein Leben mehr Macht haben als du.*

In diesem Fall mußt du dringend einen Weg findest, dir selbst treu zu sein. Der Kontakt zu dir und zu anderen wird erst hergestellt, wenn du weißt, *wer* in deinem Namen und durch deinen Körper handelt/denkt/fühlt/träumt.

Die Ziele der Selbstentdeckung gehören zum Leben.

Wenn du dich als wirklich empfindest – egal, ob du allein bist oder zusammen mit anderen – und wenn die anderen für dich auch da wirklich sind, wo sie sich von dir unterscheiden, dann kannst du dich glücklich schätzen.

Vergiß nicht, wer du bist

Das Selbstgefühl ist nichts Heiliges, das auf mysteriöse Weise zu dir kommt, sondern es wird geprägt von der Welt, in der du lebst. Wir werden durch eine Vielzahl von Faktoren geformt: von unseren genetischen/biologischen Anlagen, unserem Weltbild, unserem Persönlichkeitstyp, unserer Energie und Intelligenz, dem wirtschaftlichen und sozialen Status unserer Familie, der psychologischen Verfassung dieser Familie, den herrschenden nationalen und kulturellen Normen, unserem religiösen und sozialen Hintergrund usw.

Dennoch gibt es einige Aspekte des Selbst, die wir ungeachtet des Hintergrunds erkennen und verstehen können. Der Analytiker Winnicott tut das auf leicht verständliche Weise. Er erklärt, daß das Leben eines normalen Menschen durch Ängste, im Widerspruch miteinander stehende Gefühle, Zweifel, Frustrationen und durch positive Gefühle bestimmt wird. *Der wichtigste Aspekt ist, daß ein Mann oder eine Frau das Gefühl haben muß, sein oder ihr eigenes Leben zu leben.*

Wenn du zu diesem Buch gegriffen hast, weil du deine Beziehungen zu anderen Menschen verbessern willst, scheint die hartnäckige Betonung, daß du dein Leben leben mußt, ein überflüssiges Abweichen vom Thema. *Aber es ist der eigentliche Ausgangspunkt.*

Ein eigenes Leben zu leben, ist nicht gleichbedeutend mit mangelnder Offenheit für andere. Im Gegenteil können die Menschen, die von innen heraus das Gefühl haben, wirklich zu leben, nicht nur der eigenen Person gegenüber – die vielleicht als Erweiterung der eigenen Bedürfnisse gesehen wird – offen sein, sondern auch anderen Menschen gegenüber.

Die Menschen, deren Gefühl innerer Sicherheit schwach oder gar nicht ausgeprägt ist und die nicht genau oder überhaupt nicht wissen, was sie wollen, werden auch kein Gespür dafür haben, was andere Menschen fühlen – mehr noch: Sie werden nur schwer glauben, daß die Gefühle der anderen relevant sind.

Für mich war die Entdeckung faszinierend, daß dieses Gefühl, im Innern lebendig zu sein, sich auch auf eine Reihe Erinnerungen gründet, *zu denen du dich berechtigt fühlst*. Die Erinnerung, *wer du wirklich bist*, scheint wesentlich dafür zu sein, sich anderen Menschen ohne Schutzmaßnahmen, Härte oder das Gefühl der Unwirklichkeit zu nähern. Das liegt daran, daß deine Wirklichkeit in dir liegt. Sie gehört dir.

Nach mehr als zwanzig Jahren Erfahrung als Therapeut ist David Jansen zu dem Schluß gekommen, daß die Wiederentdeckung von Erinnerungen durch eine Therapie bei der Entwicklung der eigenen Identität, Individualität, Einzigartigkeit und Bedeutung sehr hilfreich sein kann – Bausteine im Entstehen eines Selbstgefühls.

Menschen ohne Erinnerungen haben kein Gefühl innerer Wirklichkeit. Sie können sich selbst nicht annehmen. Sie fühlen sich verloren, bis sie ihre Erinnerungen wiederfinden. Wenn du dich erinnerst, wer du bist, kannst du dich auch als gegeben hinnehmen.

Dann mußt du nicht morgens beim Aufstehen in den Spiegel sehen und dein Spiegelbild fragen, wer du denn bist, bevor du den Tag in Angriff nehmen kannst.

Emotionale Belastung bedroht jedoch das Gefühl, daß du ein von dir gewähltes Leben lebst, denn sie oder die dramatischen Umstände ihrer Entstehung erinnern dich daran, wie verletzbar du bist. Tod, Unglück, der plötzliche Verlust einer Hoffnung können dir den Boden unter den Füßen wegziehen, und der unangenehme Schwebezustand kann durchaus eine Weile anhalten.

Wenn du dich in einer Streßphase befindest, ist dein ganzes Erleben auf die Gegenwart oder die jüngste Vergangenheit gerichtet. Wahrscheinlich wirst du von Gefühlen überflutet, so daß dir die Möglichkeit genommen ist, auf andere Streßphasen zurückzublicken, die du überwunden hast. Und wenn es eine besonders schlimme Zeit ist, wirst du auch nicht in die Zukunft blicken können, in der Schmerz oder Streß erträglich sein werden. All das ist angemessen, ja gesund, wenn es sich um akuten Streß handelt. Bestimmt Streß aber dein ganzes Leben, ist er weniger gesund.

Wenn du glücklich bist, kann es ebenfalls passieren, daß die Erinnerung an die Vergangenheit vorübergehend verblaßt. Auch wenn du schon fünfmal verheiratet warst, diesmal „ist es anders". Du bist ein neuer Mensch, lebst nur in der Gegenwart.

Science Fiction- und Horrorfilme scheinen zu wissen, wie wichtig Erinnerung ist, sie haben das Motiv der verlorenen Seele – und den daraus entstehenden Terror – auf verschiedenste Weise verwendet: die Person, die nicht weiß, wer sie ist, woher sie kommt und wohin sie gehört.

Arthur J. Deikman, Autor des Buches *The Observing Self* (deutsch: *Therapie und Erleuchtung*), erklärt, daß sich die phänomenologische Basis des Wortes „Selbst" von vier Erfahrungsbereichen ableitet: 1. Gedanken, 2. Gefühle, 3. funktionale Fähigkeit, 4. das wahrnehmende Zentrum.

Deikman sagt, daß die Erinnerungen, die in alle vier Bereiche hineinspielen, in uns das Gefühl entstehen lassen, daß wir in der Zeit existieren.

Aber wir müssen uns fragen: *Wer erinnert sich?*

Krishnamurti sah „den kleinen Mann in sich" – eine ziemlich sexistische Beschreibung des Selbst – als *ganz aus Erinnerungen bestehend.*

Ken Wilber verdeutlicht dieses Bild von dem Selbst, das mit der Erinnerung verwoben ist, und sagt, daß die Beobachterin in dir, die soeben diese Seite liest, nichts weiter ist als ein komplexes Gebilde aus Erinnerungen, und dein Gefühl, daß du jetzt als eigenständige Einheit existierst, sich einzig und allein auf die Erinnerung gründet.

In einem Gespräch mit meiner Freundin Astrid erfuhr ich ein wunderbares Beispiel dafür, wie wichtig die Verbindung von Selbst und Erinnerung ist. Astrid ist Lehrerin, ihre Mutter starb, als sie zehn war. Ihr Vater, ein Arzt in einer deutschen Kleinstadt, heiratete kurz danach wieder. Seine neue Frau war eine energische, besitzergreifende Frau, die Astrids Gefühlen und wahrscheinlich auch ihrer Trauer keine große Bedeutung beimaß. Auch als Erwachsene hatte Astrid Schwierigkeiten, in sich das Gefühl der Zugehörigkeit zu finden, das von innen heraus kommt und bei einem bleibt. Besonders schwer fiel es ihr zu glauben, daß sie zu ihrer Familie gehörte.

Im Alter von vierzig Jahren, als der Tod ihres Vaters bevorstand, ging Astrid zu einer Therapeutin. Die paar Sitzungen haben ihr Leben dramatisch verändert.

„Ich habe Ellie, der Therapeutin, erzählt, daß ich als Kind immer mit unserer Haushälterin in der Küche gegessen habe. Ellie fand das schrecklich, ich nicht. Ich glaube, es hat mir ganz gut gefallen. Dann stellte Ellie Fragen zu diesen Mahlzeiten und wollte wissen, ob ich mich vom Eßzimmer ausgeschlossen fühlte. Ich erklärte ihr, daß ich jederzeit ins Eßzimmer gehen konnte, um mir vom Tisch der Erwachsenen etwas zu holen, das ich dann mit in die Küche nahm. Wichtig daran war, daß ich in Antwort auf Ellies Fragen Erinnerungen an eine Zeit wiederfand, in der ich mich frei im Haus bewegen und zu meinen Eltern gehen konnte, wann ich wollte. Nie wurde ich dafür bestraft. Ich entdeckte also, daß ich damals relativ frei gewesen war und mein Verhalten selbst bestimmen konnte. *Ich konnte entscheiden und gehörte dazu.*"

Diese Erinnerung war für Astrid lebenswichtig. Jetzt weiß sie, daß es eine Zeit gegeben hat, in der sich sich *dazugehörig* fühlte. Die schwierigen Jahre mit ihrer Stiefmutter überlagern diese Zeit, haben sie aber nicht völlig ausgelöscht. Mit dem Gefühl der Kontinuität – der Erinnerungen – zurück in eine Zeit, in der sie sich stark gefühlt hat, fühlt sich Astrid auch in der Gegenwart viel lebendiger und sieht der Zukunft mit positiven Erwartungen entgegen.

2. KAPITEL

Der feste Boden in dir

„Wirklichkeit von innen heraus" oder „auf festem Boden in dir selbst" sagt sich so leicht, aber es ist nicht unbedingt ebenso leicht, dies als Beschreibung der alltäglichen Erfahrung eines Menschen zu erkennen. Früher oder später kommt die Frage auf: Ist das Selbstgefühl auch so etwas, bei dem wir armen, fehlbaren Menschen versagen können?

Die knappe Antwort lautet „nein".

Auch wenn „Wirklichkeit von innen heraus" oder „auf festem Boden in dir selbst" nicht notwendigerweise Ausdrücke sind, die zu deinem Alltagswortschatz gehören, muß das nicht zur Folge haben, daß du nie ein Selbstgefühl erlangst.

Der Mangel an innerer Sicherheit geht zurück auf die Beziehung zu anderen Menschen oder auch das Fehlen einer guten Beziehung besonders in den prägenden Jahren der frühen Kindheit. Das ist ein grundlegendes Konzept der Psychoanalyse, denn in diesen Jahren werden Ereignisse nicht analysiert und vernunftmäßig betrachtet, sondern sie treffen ins Innere – und bleiben dort.

Doch die Beziehung zu anderen Menschen enthält auch das Potential für Freude, Wachstum und Lernen. Und dazu gehört die Entdeckung, daß alle Menschen mit nur wenigen Ausnahmen einen Weg zur inneren Wirklichkeit finden können.

Das geschieht nicht durch Verändern der Vergangenheit. Das ist nicht möglich. Du findest sie, indem du die Dynamik deiner Geschichte verstehst; indem du erkennst, wie die Vergangenheit deine Gegenwart beeinflußt, und – ebenso wichtig – indem du deine Haltung gegenüber den Ereignissen der Vergangenheit veränderst, was, wie Astrids Erinnerung an die Mahlzeiten in ihrer Kindheit gezeigt hat, deine Gegenwart und deine Zukunft zum Guten wendet.

Manchmal ergeben sich diese Haltungsänderungen allmählich

und natürlich. Manchmal bedarf es größerer Anstrengungen, möglicherweise der Hilfe einer Therapeutin oder einer guten Freundin oder einer zielgerichteten Selbstbefragung. *Als Ausgangspunkt ist das Gefühl wichtig – wie vage es auch sein mag –, daß dein Leben diese Aufmerksamkeit wert ist und es sich lohnt, dein Selbst zu entdecken.*

Ganz wesentlich für jede Haltungsänderung ist Erkenntnis. Damit ist nicht nur intellektuelles Wissen gemeint, sondern Erkennen auf einer tieferen Ebene, das deine Gefühle und deinen Körper aufrüttelt wie deinen Verstand, *denn es handelt sich um etwas, das du unbedingt erkennen mußtest.*

„Die Erleichterung war einfach überwältigend", erzählte mir Penny, „als ich erkannte, daß ich mich weit über die eingeschränkten Erfahrungen und das begrenzte emotionale Verständnis im Leben meiner Eltern hinausgewagt hatte und das seichte, emotional anstrengende Familienleben nicht zu wiederholen brauchte, das sie akzeptierten und sogar als normal betrachteten. Ich verspüre weder Wut noch Mitleid. Ich bin einfach nur dankbar, daß ich das Glück hatte und entschlossen genug war zu durchschauen, was da tatsächlich ablief, und mich zu weigern, es zu akzeptieren."

Penny ist eine warmherzige Frau Ende sechzig, die weinte, als sie sagte: „Wir wurden gelehrt, das Gebot *Liebe deinen Nächsten wie dich selbst* zu beherzigen, aber eigentlich hieß es für uns: Liebe deinen Nächsten und vernachlässige dich selbst. Sich selbst zu lieben galt als selbstsüchtig. Jetzt weiß ich, daß das Gebot besser heißen sollte: *Liebe dich selbst, dann kannst du deinen Nächsten lieben.* Allerdings habe ich den Großteil meines Erwachsenenlebens gebraucht, um das herauszufinden."

Leben mit Mutter

Wie unsere Beziehungen zu anderen Menschen aussehen – ob sie von zwanghaften Bedürfnissen, unfreiwilliger Isolierung oder relativ befriedigender Flexibilität bestimmt werden –, hängt hauptsächlich von der Entwicklung eines Selbstgefühls ab. Oder aber auch vom Fehlen einer solchen Entwicklung:

- Die Person, die sich sicher ist, daß sie ihr eigenes Leben lebt, kann in Interaktion mit anderen treten, ohne defensiv zu sein oder ihre Bedürfnisse in den Vordergrund zu stellen.
- Die Person, die eine innere Wirklichkeit hat, kann allein sein, ohne zu fürchten, daß sie dann aufhört zu existieren, sei es für sich selbst oder für andere. Sie weiß, daß sie für die Menschen, die sie liebt, in deren Gedanken wirklich existiert. Sie weiß überdies, daß sie nicht allein ist mit einem Niemand, sondern daß sie allein ist mit ihrer Phantasie, ihren Gedanken und Gefühlen, ihren Erfahrungen und Erinnerungen. Kurz, *sie ist allein mit ihrem Selbst.*

Die Liste der Dinge, die aus einem starken Selbstgefühl resultieren, ist beeindruckend, aber wer hat denn dieses Gefühl, ein eigenes Leben zu leben und eine Wirklichkeit in sich zu spüren, und wie ist es dazu gekommen?

Die Fähigkeit, sich allein wohlzufühlen, entsteht aus dem befriedigendem Zusammensein mit einem anderen Menschen. Mehr noch, das befriedigende Zusammensein mit einem anderen Menschen fördert die andauernde Fähigkeit, allein zu sein, ohne sich verloren oder einsam zu fühlen.

Es ist überaus nützlich, diese schlichte Erkenntnis zu verstehen. Viele Menschen, denen das Alleinsein schwerfällt, haben deswegen Schuldgefühle und verachten sich dafür (oder sie kennen sich selbst und ihre Fähigkeit, allein zu sein, zu wenig und füllen ihr Leben mit Arbeit, Menschen, Lärm, Alkohol und Drogen). Doch ist die Unfähigkeit, allein zu sein, weder ein moralisches Verbrechen noch eine lebenslange Strafe.

Worauf es ankommt, ist, wiederzuentdecken, was das Zusammensein mit anderen Menschen ausgemacht hat – wie das Gefühl der Zugehörigkeit erlebt wurde – und zwar besonders in der frühen Kindheit. Erst wenn diese Erfahrungen wenigstens teilweise verstanden sind, läßt sich auch begreifen, warum das Alleinsein als bedrohlich oder einengend empfunden wird.

Im Idealfall sorgt die Mutter für das hilflose Baby und tröstet es in den verschiedenen Lernstadien, in denen es erfährt, daß das Bedürfnis zwar innerlich empfunden wird, aber von außen befriedigt werden muß. Daraus lernt es, daß „Innen" und „Außen" nicht dasselbe sind, *so wenig wie das Selbst und die Andere dieselbe Person sind.*

Der nächste große Schritt ist für das Kind, sich probeweise von seiner Bezugsperson zu trennen, *ohne das Gefühl der Zugehörigkeit zu verlieren.* Anders ausgedrückt kann das Kind die Bezugsperson auch in ihrer Abwesenheit erfahren, genauso wie diese das Kind erfährt, auch wenn es nicht da ist.

Es fällt nicht schwer zu begreifen, daß dieses Vertrauensgefühl – daß wir jemanden auch abwesend haben können – sich auf deine erwachsenen Erfahrungen auswirkt, nämlich darauf, wie du Nähe und Alleinsein erlebst, ob du andere Menschen loslassen kannst oder nicht, ob du mit der Erinnerung an deine Erfahrung mit anderen Menschen allein sein kannst oder nicht.

Für das Kind gibt es nur die Gegenwart. Wenn die Mutter das Zimmer verläßt und das Kind zu schreien anfängt, sagt es damit möglicherweise „geh nicht". Vielleicht schreit es auch, weil es seine Mutter nicht daran hindern kann, das Zimmer zu verlassen, es sei denn, es schreit noch lauter, und die Mutter erträgt das nicht. Doch vielleicht schreit es auch aus der verständnislosen Angst, daß die Mutter für immer verschwindet und daß sie, was noch schlimmer ist, das sie verbindende Gefühl mitnimmt, daß es ein Jemand ist. Ohne ihre Gegenwart, die ihm versichert, daß es ein Jemand ist, ist es vielleicht ein Niemand. Es droht, vergessen zu werden.

Das bei Kindern so beliebte Versteckspiel ermöglicht es einem Kind, seine Angst, daß jemand verschwinden und *nicht wiederkehren könnte,* auszuagieren und zu überwinden. Und im Lauf der Zeit, wenn die Entwicklung des Kindes gut verläuft, lernt es sogar, daß es auch in Abwesenheit der Mutter weiterexistiert.

Ein Kind muß nicht die traumatische Erfahrung gemacht haben, daß ein Elternteil tatsächlich verschwunden ist, um diese Angst, ohne die mütterliche Überzeugung, Jemand zu sein, Niemand zu sein, zu erleben. Auch Kinder, deren Eltern fast immer anwesend sind und sich fast ständig um sie kümmern, erleben diese Angst.

Unsere Angst als Erwachsene ermöglicht uns einen Blick zurück auf die Panik des Kindes: daß niemand da ist und ich deshalb Niemand bin. Meine Angst an der Tür zur Cafeteria der Universität war ein Wiedererleben dieser Panik.

Wir können sogar mutmaßen, daß die Angst des Kindes vor der Dunkelheit nicht die Angst vor dem furchterregenden Jemand ist, der sich da versteckt hält, sondern davor, daß in der Dunkelheit *niemand* ist.

In Krisenzeiten wird das besonders deutlich.

Wenn die verlassene Geliebte erklärt: „Ich kann ohne sie/ihn nicht leben", dann sagt sie das aus Angst, daß sie ihr Selbstgefühl, das ja eine innere Erfahrung ist, gegen eine geliehene Identität außerhalb ihrer selbst eingetauscht hat. Das kann sie nicht mehr kontrollieren.

Sie ist überzeugt, daß die Person oder die Beziehung ihr eine Identität gegeben haben. Indem die Person sich entzieht, nimmt sie ihr ihre Identität. Sie ist nicht da; sie ist nicht da.

Auch wenn du ein relativ stabiles Selbstgefühl hast, bist du nicht vor der Frage gefeit, was geschehen wird, wenn du plötzlich oder zu lange allein bist. Auch wirst du weiterhin Menschen brauchen. Schließlich sehnen sich die meisten nach einer dauerhaften Verbundenheit. Die Probleme entstehen nicht, weil wir uns eine solche Verbindung wünschen oder sie haben, sondern weil wir glauben, daß wir ohne diese Verbindung nicht mehr lebendig oder nicht komplett oder nicht wert sind zu leben.

Die innere oder psychische Entwicklung des Kindes ist ebenso bemerkenswert wie sein körperlicher Fortschritt. Noch vor Ablauf des ersten Lebensjahres ist das Kind, dessen Leben in völliger Abhängigkeit begann, ansatzweise fähig, an den Menschen um sich her Anteil zu nehmen.

Mit nur achtzehn Monaten ist das Kind in der Lage, sich und seine Mutter als getrennte Wesen zu erkennen. Wenn die Versorgung des Kindes bis dahin gut war, kann das Kind in Abwesenheit der Mutter ihr Bild bewahren. Wenn die Mutter nicht zu lange abwesend und in ihrer Abwesenheit eine liebevolle Versorgung gewährleistet ist, empfindet das Kind sie als „gute Mutter", selbst wenn sie nicht da ist.

Damit ist der Anfang der Fähigkeit gegeben, jemanden selbst in deren Abwesenheit zu haben. Diese Fähigkeit prägt die Erfahrungen, die Heranwachsende mit Nähe (Ich bin bei dir; ich kann „genug" von dir haben) und Alleinsein (Ich bin allein mit meinen

Gedanken, Erinnerungen und Erfahrungen – *auf die ich ein Recht habe*) machen.

Doch selbst wenn die Kindheit nicht ideal verlaufen ist, muß das nicht ein Leben in Einsamkeit oder in unbefriedigenden Beziehungen heißen. Das Leben, das Schicksal, Glück und guter Wille schaffen immer wieder Gelegenheiten, ein Gefühl der Verbundenheit mit dem Ich und anderen entstehen zu lassen. Daß ich dieses Buch schreibe und du es liest, legt Zeugnis davon ab.

Ebensogut ist es möglich, daß in der Kindheit geradezu ideale Bedingungen herrschten, die oder der Erwachsene aber trotzdem das Gefühl für den festen Boden unter den Füßen verliert und sich in ein furchterregendes Chaos geworfen sieht, in dem das Wissen *wer ich bin* fast völlig abhanden kommt.

Ein schwindender Körper, ein schwindendes Selbst

Rebecca ist eine junge Frau, die kurz davor war, ihr Leben aufzugeben. Das führte zu einer emotionalen Krise, die ihre körperliche und emotionale Existenz ernstlich bedrohte.

Sie war zweiundzwanzig, als ich mit ihr sprach, und die Ereignisse, die sie beschreibt, lagen zwei oder drei Jahre zurück. Ihre Fähigkeit, sich zu analysieren, wäre selbst bei einem älteren Menschen ungewöhnlich gewesen, bei einem so jungen Menschen war sie geradezu verblüffend. Noch Wochen nach unserem Gespräch hatte ich ihre angenehme, etwas rauhe Stimme im Ohr und sah ihr lebhaftes, ausdrucksstarkes Gesicht vor mir.

Rebecca hat den Großteil ihres bisherigen Lebens in London verbracht. Sie stammt aus einer begabten jüdischen Familie und ist die jüngste von drei Geschwistern. Ihre Geschichte veranschaulicht die These, daß das Selbstgefühl eines Menschen Schwankungen ausgesetzt ist, aber auch – mit einiger Unterstützung und einer Portion Glück – wiederhergestellt werden kann.

Rebecca erzählte mir: „Ich war mir immer sehr bewußt, daß ich ein Individuum sein und als Individuum behandelt werden wollte, und insofern bin ich sehr verwöhnt. Ich glaube, ich war nie einfach eins der Kinder. Als Baby habe ich die Nahrung verweigert, und meine Mutter hat mir erzählt, daß sie an meinem Bettchen geweint hat. Es gehört zu ihrer Geschichte als Mutter, daß ich als Baby viel geweint und geschrien habe. Von uns dreien war ich immer diejenige, die so laut schrie, daß Dad es mir schließlich erlaubte, zwischen ihm und Mum im Bett zu liegen, denn genau dahin wollte ich, zwischen Mum und Dad, und die anderen beiden durften nicht mit ins Bett. Dad erlaubte es nicht. Er sagte: ‚Ich will meine Unabhängigkeit von den Kindern. Wenn ich schlafe, möchte ich schlafen.‘ Aber ich habe es geschafft. Deswegen wollte ich auch nicht zur Schule, denn da würde ich nicht länger als Individuum behandelt werden.“

Nach der Schule ging Rebecca nach Jerusalem, um Musik zu studieren.

„Ich habe kaum Hebräisch gesprochen und kam mit den Israelis nicht besonders gut klar. Meine Welt war klein. Meinen Freund habe ich zwei Jahre lang jeden Tag gesehen. Wir lebten getrennt von den anderen, abgetrennt von der Welt um uns, und bezogen uns immer mehr auf uns. Zunächst hatten wir israelische Freunde, dann hatten wir europäische Freunde, und dann hatten wir nur noch uns, und um diesen Mangel auszugleichen, haben wir ein unglaublich enges Leben für uns geschaffen. Wenn wir gegessen haben, war es nicht nur eine Mahlzeit. Wir taten, als lebten wir in einer indischen Gemeinschaft, und alles war indisch. Am nächsten Abend war es dann etwas anderes. Es war, als würden wir unseren Mangel an Kontakten dadurch ausgleichen, daß wir uns die Welt in unser Zimmer holten. Ich hatte keinerlei Verbindung mehr zur Außenwelt und redete auch nur noch mit diesem einen Menschen.

Unsere Phantasien waren nicht kindlich. Ich hatte das Gefühl, in einer warmen Höhle zu sein. Es war ein wunderbares Gefühl. Mein Freund teilte nicht nur die Fähigkeit für diese Phantasien, er schuf sie. Wir machten uns Puppen. In gewisser Weise war das sehr traurig, denn auf diese Weise schufen wir uns Menschen.

Wir wurden vom Staat Israel unterstützt. Wir wohnten in einer wunderschönen Wohnung und hatten nicht viel Geld. Wir studierten beide Musik, gingen aber immer seltener zu unseren Kursen und blieben immer häufiger zu Hause. Wir hatten diese Vorstellung, daß wir uns selbst genügten, daß wir niemand brauchten.

Er war Jazz-Musiker. Ich hörte auf, klassische Musik zu singen, und fing an, Jazz zu singen; er brachte es mir bei. Letztendlich war es nicht mehr Nähe, es war Besitz und Besesssenheit. Ich habe mich in die Beziehung gegeben. Die Beziehung war ich. Da war kein Unterschied mehr.

Als ich wieder nach England kam, war ich neurotisch und völlig zerstört. Wir hatten uns gegenseitig aufgefressen, und ich konnte mich nicht mehr sozial verhalten. Ich konnte nicht mehr reden, nicht mit Menschen sprechen. Jede öffentliche Situation war ein Alptraum für mich. Ich hatte jedes Gefühl für mich verloren."

Rebecca trat in ihre „anorexische Phase", wie sie selbst sagt.

„Das hatte sehr viel mit Selbstverleugnung und Mangel an Kontrolle zu tun. Im Grunde genommen hatte ich sowenig Macht damals, daß es jetzt um meine innere Macht über mich ging. Die Nahrungsverweigerung, Gewichtsabnahme, der Verlust meiner Periode, die Entleerung meines Inneren – all das wurde zwanghaft. Ich war nicht mehr normal und extrem puritanisch in meinen Ansichten. Alle mußten perfekt sein. Mein Bild von mir war völlig falsch. Das erkenne ich jetzt. Aber damals hatte ich mich verloren, ich hatte bestimmte Vorstellungen von dem, was ich wollte, aber das war völlig daneben.

Ich verschwand. Ich verschwand wirklich. Damals hatte es mehr damit zu tun, daß ich keine Kontrolle mehr hatte – nachdem ich die Kontrolle über die Beziehung mit dem Mann in Israel verloren hatte, wollte ich Kontrolle über etwas Eigenes. Es hatte auch damit zu tun, daß ich in der Außenwelt keine Kontrolle hatte. Indem ich mich diesem Mann gab, hatte ich die Welt verloren. Was hatte ich noch? Meinen Körper. Und damit befaßte ich mich jetzt.

Ich hatte das Gefühl, daß ich nicht mit anderen Menschen zusammensein konnte. Ich wollte nicht allein sein, aber ich konnte nicht mit anderen zusammensein. Entweder paßte ich nicht dazu, oder es lohnte sich nicht, oder es war nicht tief genug. Nach dieser intensiven Beziehung wollte ich nicht mit anderen zusammensein.

Ich fand eine Wohnung in einem Arbeiterviertel, das seine ganz eigene Kultur hat. Meine Schwester wohnte drei Häuser weiter, und es war toll. Ich renovierte die Wohnung, es machte richtig Spaß. Ich machte alles selbst. Und als ich fertig war, habe ich mich an meinen Computer gesetzt und angefangen zu schreiben.

Eine Woche lang klappte es großartig. Aber dann fing ich an, alles um mich herum zu hören. Ich hörte den Zug vorbeifahren. Ich hörte den Mann auf der Straße. Ich hörte die Frau unter mir husten, ich hörte alles.

Also stand ich auf, lief in der Wohnung umher und machte mir etwas zu essen. Wahrscheinlich etwas, das mir nicht bekam, wovon ich auf der Stelle Pickel bekam. Dann roch ich Gas. Und dann war da ein Leichengeruch. Ich roch eine Leiche in der Wohnung. Der Geruch war unter dem Fußboden, und plötzlich war mir die Wohnung, die ich selbst geschaffen hatte, widerwärtig. Ich konnte sie nicht ertragen, konnte aber auch nicht entkommen. Ich ging raus, aber da waren überall Menschen. Alte Frauen mit Kinderwagen. Junge Frauen, die wie alte Frauen aussahen und belegte Brote aßen und fünf Kinder im Schlepptau hatten. Und nirgendwo ein gutes Lebensmittelgeschäft. Alles war schmutzig, schmutzig, schmutzig. Ich machte sauber, und sofort war alles wieder schmutzig. Alles zusammen störte mich dermaßen, daß ich nicht arbeiten konnte. Und soviel Platz, so viele Zimmer.

Ich hatte drei Zimmer für mich, und meine Gedanken sprangen in der Wohnung umher und rollten sich aus wie ein Teppich, endlos. Ich konnte sie nicht mehr einholen. Ich konnte meine Gedanken nicht einfangen und bei mir behalten, weil mich alles störte, und die Störung war überall. So habe ich mich gefühlt. Meine Schwester hatte viel zu tun und war nicht da. Ich fühlte mich von der grauen ekligen Außenwelt in die Wohnung gesperrt, und plötzlich kamen die ganzen Möbel in ein Zimmer, bis ich völlig eingebaut war. Ich wurde erdrückt, bis ich nicht mehr atmen konnte, also rief ich den Gasmann an und sagte: ‚Ich rieche Gas in meiner Wohnung, und ich kriege Kopfschmerzen und Pickel davon. Können Sie bitte kommen?‘ Und er sagte: ‚Wie fühlen Sie sich?‘ Und ich darauf: ‚Mir ist übel. Es riecht hier so schrecklich, nach Tod. Ich ertrage das nicht.‘

Er kam und überprüfte die Gasleitungen. Dann sagte er: ‚Hier ist nirgendwo ein Leck. Keine Spur von Gas.‘

Ich sagte: ‚Aber ich rieche Gas. Es ist Gas da.‘

Er sagte: ‚Hören Sie zu, meine Liebe, da gibt's nur drei Dinge. Entweder haben Sie das ‚Downs-Court-Syndrom‘ (Downs Court war meine Adresse), dann sollten Sie schleunigst ausziehen. Oder Sie sind schwanger, und Ihnen ist deswegen schlecht. Oder Sie sollten meinen Freund aufsuchen, der ist nämlich Irrenarzt.‘

Was er sagte, schockierte mich so, daß ich anfing zu kichern. Schließlich hatte er absolut recht. Ich hätte zum Irrenarzt gehen sollen."

Diese Phase in Rebeccas Leben hatte ein positives Ende. Als wir uns wiedertrafen, erzählte sie mir, daß sie sich von ihren obsessiven Ängsten, hervorgerufen durch ihr schwindendes Selbst, ziemlich weit entfernt hatte und wieder normal essen konnte, einen Partner hatte, mit dem sie sich wohl fühlte, und eine Beziehung zu sich selbst aufgebaut hatte, in der sie sich sicher fühlte, so daß sie nicht allzu viel Zeit damit verbrachte, „darüber zu grübeln, wer ich nun eigentlich bin".

Rebecca hätte vielleicht die Bemerkung des Gestalt-Therapeuten Fritz Perls gefallen: „Wenn du dich in dir selbst wohl fühlst, dann liebst du dich nicht und haßt dich nicht, sondern du lebst ganz einfach." Selbstgefühl hat sehr verschiedene Formen, aber Selbstbesessenheit gehört nicht dazu.

Von einer Position der Sicherheit, die Selbsterkenntnis, Vertrauen und Akzeptanz dir geben, kannst du erkennen, daß in dir selbst der sichere Ort ist, den du nie ganz verläßt und zu dem du bewußt und bereitwillig zurückkehrst.

Die Vergangenheit wiederholen

Rebeccas Krise wurde durch eine Reihe intensiver Erlebnisse hervorgerufen, die sie in ihrer dramatischen Kombination zu überwältigen drohten. Die Geschichte eines unterentwickelten oder nicht vorhandenen Selbst könnte von jemandem stammen, die/der in der Vergangenheit verhaftet ist und unbewußt an dem klebt, was sie oder er in der Kindheit erfahren hat: an einem Zustand, in dem Wärme, Selbstvertrauen und Vertrauen fehlten. Ein solcher Mensch ist praktisch unfähig, spontan zu handeln, beziehungsweise, wie Alice Miller es ausdrückt, „aufgrund der Selbstachtung zu handeln, die sich auf die Authentizität der eigenen Gefühle gründet".

Alice Miller hat mit ihren Büchern einen großen Einfluß auf unsere Vorstellungen von der Kindheit und deren Auswirkungen auf das Erwachsenenleben. Sie schreibt, daß sie im Lauf ihrer

Arbeit viele Menschen in einem Erstgespräch bei der Wahl der/des TherapeutIn beraten hätte. In diesen kurzen Begegnungen hätte sie häufig die Tragödie eines Einzelschicksals mit ergreifender Klarheit und Intensität vor sich liegen sehen. Was als Depression beschrieben wurde, als Leere, Sinnlosigkeit, Angst vor einem armseligen Leben und Einsamkeit, habe sich in vielen Fällen als die Tragödie des verlorenen Selbst beziehungsweise als die Entfremdung vom Selbst enthüllt. Sie sagt damit nur, was fast alle, die mit menschlichen Bedürfnissen und menschlichem Unglück zu tun haben, bestätigen könnten.

Menschen, deren Selbst verkrüppelt ist, sind nicht an bestimmten Eigenschaften zu erkennen. Sie/wir sind möglicherweise schüchtern, zurückgezogen, hegen Selbstzweifel. Doch wie aus der Liste der Adjektive, mit denen das schwache oder zerbrechliche Selbst beschrieben wurde, zu sehen ist, können sie/wir ebensogut ein ungewöhnlich selbstbewußtes Leben in der Gegenwart führen, mit nur wenig Bezug zu den Ereignissen der Vergangenheit; ohne die Zeit, sich selbst zu hinterfragen; ohne Geduld für diejenigen, die sich an die großen Fragen über den Sinn des Lebens heranwagen.

Tyro ist ein Radiostar, der seine Ansichten, ohne ein Blatt vor den Mund zu nehmen, fünf Tage in der Woche einem riesigen Publikum über den Äther kundtut. Er ist auf seine Männlichkeit ausgesprochen stolz und kann sich nichts Schöneres vorstellen, als seine Freizeit unter Männern zu verbringen, die er gewöhnlich dazu überredet, auf die Reden ihrer Frauen nicht zu hören und die ganze Nacht mit ihm zu saufen. Tyro ist zweiundfünfzig.

Überrascht es zu hören, daß Tyros Mutter in seiner Kindheit sehr viel abwesend war? Er erinnert sich nicht an seine Wut auf sie. Er betrachtet sie als alberne Gans und behauptet, daß er und seine Brüder es ohne sie besser hatten. Er erinnert sich nicht an den Schmerz, wenn sie nicht da war, wenn er sie brauchte, wie jeder andere Junge auch. Statt dessen überredet er seine männlichen Freunde, ihre Frauen zu bestrafen – die sozusagen Tyros Mutter repräsentieren –, indem sie die ganze Nacht nicht nach Hause kommen. Er übt eine Pseudo-Macht über die Männer, ihre Frauen und seine Mutter aus, die er aus seinen Gefühlen verbannt zu haben glaubt.

Tyro würde es sicher nicht gern hören, daß sein Verhalten zwanghaft ist. Wer würde das schon. Er würde verächtlich schnauben, wenn man ihm nahelegte, daß er Wiederholungen der Ereignisse seiner Kindheit mit umgekehrten Vorzeichen durchspielt, um so eine Wendung herbeizuführen, die er als Junge nicht herbeiführen konnte. Wie wir alle möchte auch Tyro glauben, daß er sein Leben meistert. Doch es sieht so aus, als würden die Geschehnisse der Vergangenheit sein gegenwärtiges Leben bestimmen.

Solange Tyro sich der Vergangenheit nicht bewußt wird, wird sich seine Titelmusik endlos wiederholen.

3. KAPITEL

Der Anfang des Selbst

Eine überzeugende frühe Erinnerung an das Selbst bietet uns Charlotte Wolffs einfühlsame und aufschlußreiche Autobiographie *Innenwelt und Außenwelt.* „Noch früher ereignete sich ein anderer wesentlicher Vorfall; es war kurz vor meinem dritten Geburtstag. Nachdem man mich zum Mittagschlaf in mein Bett gelegt hatte, verspürte ich plötzlich den Drang, mich aufrecht hinzusetzen. Eine überwältigende Erregung ging durch meinen Körper. Ich fühlte meine eigene Gestalt, sah mich selbst zum ersten Mal in meinem Leben. Ich guckte meinen Körper an, als wäre ich außerhalb von ihm. Ich erlebte einen ersten ewigen Augenblick... Ich war in mein eigenes Leben getreten. Ich gehörte nicht länger in erster Linie meinen Eltern und meiner Schwester. Ich gehörte zuallererst und allen voran mir."

Ich liebe diesen Satz: *Ich gehörte zuallererst und allen voran mir.* Er drückt nicht Selbstbezogenheit aus. Er scheint im Gegenteil eine Erklärung von außergewöhnlicher Integrität. Für viele von uns jedoch, die von Anweisungen, wie und wer wir zu sein haben, *damit andere uns lieben*, bedrängt werden, scheint die Möglichkeit, ganz uns selbst zu gehören, in weiter Ferne zu liegen.

Von Geburt an versuchen viele ein Selbstgefühl aufrechtzuerhalten, das sich von dem von außen geforderten Pseudo-Selbst unterscheidet. Häufig erfahren Kinder, daß in ihr zaghaftes Gefühl einer inneren Wirklichkeit eingedrungen wird, daß es mißbraucht, herabgewürdigt, geleugnet oder zerstört wird, und das im Namen der Liebe.

Eltern nehmen für sich das Recht in Anspruch, mehr über ihr Kind „wissen" zu dürfen, als das Kind selbst über sein inneres Leben und seine Gefühle weiß – oder ihr Wissen für wertvoller als das Wissen des Kindes zu halten. Diese Haltung spiegelt sich in vielen Beziehungen unter Erwachsenen wider, in denen das Wunder der zaghaften Begegnung zweier Selbst verloren geht, weil das eine das innere Leben des anderen plündert und, was es vorfindet, benutzt, um die eigene Unsicherheit zu festigen. Auch das geschieht im Namen der Liebe.

Von Anfang an hast du auf Anweisungen, wie du zu sein hattest, empfindlich reagiert. Sie wurden dir direkt oder indirekt von denen vermittelt, die dich liebten und auf die du dich verlassen mußtest. Wenn diese Botschaften dir mitteilten, wie du zu sein hattest, um akzeptiert zu werden, und das stark von deinem Gefühl, *wer ich bin*, abwich, haben dich deine Erfahrungen sicherlich von deinem Selbst entfremdet und dazu geführt, daß du dich nicht wirklich lebendig gefühlt hast, oder daß du das Gefühl hattest, im Leben eines anderen zu leben, nicht in deinem eigenen.

Ein solches Schicksal ist nicht die Ausnahme, sondern eine der häufigsten Tragödien unserer Zeit.

Die Zerbrechlichkeit unserer Bedürfnisse zu gefallen, zu lieben und geliebt zu werden, wird deutlich, wenn wir die Notwendigkeit, menschliche Beziehungen einzugehen, wenigstens ansatzweise verstehen.

Die Psychoanalytikerin Melanie Klein erkannte, daß das Kind von Geburt an nicht nur von der Brust genährt wird, sondern eine Beziehung zu diesem Teil der Mutter entwickelt, der für das Kind die ganze Mutter darstellt.

Kleins Kollegen, wie sie Freudianer, hatten den Säugling als ein autoerotisches Wesen betrachtet, das in völliger Selbstbezogenheit gefangen ist. Doch wenn das der Fall wäre, wäre der Säugling nicht so abhängig von der emotionalen Fürsorge der Mutter, noch von ihrer Fähigkeit, eine Beziehung herzustellen, in der sie dem Kind sein Selbstgefühl nahebringt und ihm zu verstehen gibt, das es ein Jemand ist. Ihre liebevolle Aufmerksamkeit versichert dem Kind, daß es ein Wesen ist, das etwas bedeutet. Mehr noch, sie zeigt ihm, daß sie weiß, *daß ihr Dasein für das Kind auch etwas bedeutet.*

Diese wechselseitige Bedeutung wirkt sich später darauf aus, wie das Kind als erwachsener Mensch Nähe erlebt. *Du bedeutest mir etwas, und ich weiß, daß ich dir etwas bedeute.*

Ohne dieses Band zwischen zwei Menschen, daß sie sich gegenseitig etwas bedeuten, *daß sie erwünscht sind und selber wünschen*, wird es dem Säugling/Kind/Erwachsenen schwer fallen, sich selbst zu lieben und zu akzeptieren. Doch wenn es sich nicht selbst liebt und akzeptiert, wird es die Fähigkeit nicht entwickeln, *andere zu lieben und sich selbst der Liebe wert zu sehen.*

Verbindung zu einem Menschen in dessen Abwesenheit

* Die Mutter verinnerlichen;
* in ihrer Abwesenheit ein Bild von ihr haben;
* vertrauen, daß ihre Abwesenheit von ihrer Anwesenheit abgelöst wird.

Diese Stufen in der Entwicklung eines Kindes sind überaus wichtig und gehen dem voraus, was die amerikanische Psychologin Lillian Rubin als das „unabhängige, kohärente und durchgängige Selbstgefühl" beschreibt, ein Selbst, das einzigartig ist und losgelöst von allen anderen, das weiß, daß es „Ich" gibt ungeachtet dessen, was in einer Beziehung geschieht.

* „Die Geliebten in sich aufnehmen,
* ein Bild von ihnen in ihrer Abwesenheit haben
* und das Vertrauen, daß ihre Abwesenheit von ihrer Anwesenheit abgelöst wird.

Dies sind wichtige Schritte in einer Beziehung unter Erwachsenen, doch nicht leicht zu verwirklichen.

Virginia erinnert sich: „Als ich ganz frisch verliebt in Jim war, hatte ich nie ein Bild von ihm vor meinem geistigen Auge, zumindest sah ich ihn nicht als ganzen Mensch. Ich habe mich richtig geschämt. Es schien mir fast, als würde ich meine Liebe zu ihm leugnen. Ich erinnerte mich an Teile, seine Augenbrauen oder seinen Mund, oder manchmal an etwas, das er gesagt hatte, oder wie er sein Jackett über der Schulter trug. Oder ich erinnerte mich an den Geruch seines Jacketts. Ich konnte nie den ganzen Mann vor mir erstehen lassen. Ich mußte mir heimlich eins seiner Fotos ansehen, um sein ganzes Bild vor mir zu sehen. Es war weniger das Gefühl, daß er in seiner Abwesenheit unwiderruflich weg zu sein schien. Für mich war es eher so, daß er sich auflöste, wenn er nicht körperlich bei mir war."

Dieses Phänomen – die Erfahrung oder Erinnerung eines Menschen in „Einzelteilen" – ist erstaunlich häufig und für gewöhnlich ziemlich zermürbend. Es deutet auf Angst und vielleicht sogar auf einen Konflikt hin: Wir möchten eine Person in uns aufnehmen, sie „haben"; sie soll wirklich für uns sein, so wie wir wirklich für sie sein wollen; die Beziehung soll etwas sein, das du willst und „haben" oder als gegeben hinnehmen kannst.

Eine Reaktion auf diese Angst kann darin bestehen, von der anderen Person mehr und mehr zu fordern, vielleicht körperlich im Sex, manchmal in Gesprächen – zu fordern, daß sie mir zuhört, daß auch der letzte Gedanke noch geteilt werden muß. Doch wenn diese Verunsicherung von innen kommt, kann sie nicht genug bekommen.

Wenn es das Gegenüber ist, das nicht genug tut, oder wenn Situationen um dich her fortwährend nicht genug bieten, dann liegt das Problem nicht darin, daß es nicht genug vom anderen gibt, sondern daß dein Selbst nicht genügt, daß du nicht genug Vertrauen in dein Selbstgefühl hast, es dir nicht genug Sicherheit bietet.

Die psychosexuelle Entwicklung

Als Säugling und Kind hast du verschiedene Stadien der psychosexuellen Entwicklung durchschritten – oder auch nicht –, die in deinem erwachsenen Leben ihre Wirkung haben. Sie sind nirgendwo offensichtlicher (und du bist nirgendwo infantiler) als in der Art, wie du Kontakt zu anderen Menschen herstellst oder verweigerst – speziell zu denen, mit denen du dein Bett teilst,.

In der Freudschen Theorie werden diese Stadien oral, anal, phallisch (ödipal) und genital genannt. Bezogen auf Paarbeziehungen lassen sie sich auch als Stadien des undifferenzierten Verschmelzens, der Symbiose oder der Trennung bezeichnen. Fairbairn nennt diese Stadien Brust, Mutter, erwachsene Partner.

Das Erreichen des letzten Stadiums, in dem zwei Menschen sich aufrichtig als *erwachsene PartnerIn* erkennen, die nicht nur als Verkörperung ihrer gegenseitigen Bedürfnisse existieren, ist eine beträchtliche Leistung und im Zusammenhang mit Nähe ein Ziel, das sich lohnt.

Ich habe bereits erwähnt, daß du dich erst dann allein wohl fühlen kannst, wenn du Zusammensein als bereichernd erfahren hast. Ähnlich ist es auch mit den psychosexuellen Stadien, von denen *jedes einzelne ausführlich erfahren werden muß*, bevor du in das nächste eintrittst. (Was „ausführlich" bedeutet, ist natürlich eine Frage des Temperaments der einzelnen und keine absolute Größe.)

Wenn du ein Stadium durchschreitest, ohne es ausführlich erfahren zu haben, bleibst du – zumindest theoretisch – stecken. Das führt zu den bekannten scherzhaften Bemerkungen, wenn du die Aschenbecher leerst, obwohl noch geraucht wird (du steckst noch in der analen Phase), oder wenn du dir immer wieder etwas in den Mund steckst, während du sprichst (du bist in der oralen Phase steckengeblieben).

Wenn man diese Entwicklungsstadien als eine Art Progression betrachtet, führt das zu dem Bild, daß eine Persönlichkeit stufenweise gefestigt wird, bis die individuelle Identität geformt ist. Dann ist die Entscheidung, wann die Aschenbecher geleert werden oder der Mund vollgestopft wird, hoffentlich frei von Zwängen und das phallische Stadium des Ödipuskonflikts befriedigend gelöst. Hinsichtlich des letzten Punktes heißt das, du hast eine klare Vorstellung davon, daß du als Frau deinen Vater oder als Mann deine Mutter nicht besitzen kannst, daß du aber eines Tages, weil du gelernt hast, dich mit dem gleichgeschlechtlichen Elternteil zu identifizieren statt ihn töten zu wollen, einen Menschen – in der Regel einen des anderen Geschlechts – finden wirst, der den Platz des begehrten Elternteils in deinem Bett einnimmt.

Ist das Leben wirklich so leicht zu kalkulieren?

Daniel Stern, Kinderpsychiater und Wissenschaftler aus New York, hat verschiedene Überzeugungen ins Wanken gebracht, weil er sich gegen diese schematischen Unterteilungen der psychosexuellen und psychosozialen Entwicklung wendet. Stern argumentiert überzeugend, daß wir die verschiedenen Stadien durchschreiten, ohne sie aber hinter uns zu lassen, was die Freudschen und Post-Freudschen Modelle in ihrer Schematisierung behaupten. Ich verstehe das so, daß wir unserem Verhaltens- und Reaktionsrepertoire neue Möglichkeiten hinzufügen, daß aber die, die wir zu Anfang gelernt haben, in uns weiterexistieren – und als verschiedene Aspekte unseres Selbst verwirklicht werden können.

Mord kann zum Beispiel als Akt des infantilen Zorns interpretiert werden, daß die Welt nicht so ist, wie das Kind im Erwachsenen sie sich wünscht. Jedoch sind nur einige Menschen des Mordes fähig, die meisten aber können zwar mörderische Zornesausbrüche haben, sich aber gleichzeitig so verhalten, daß sie als normal und rücksichtsvoll gegenüber anderen gelten können – das hat sich in späteren Entwicklungsstadien herausgebildet.

In unseren engsten Beziehungen kann die Fähigkeit, durch die verschiedenen Stadien vor- und zurückzugleiten, besonders offensichtlich werden. Das Bild einer Abendgesellschaft drängt sich auf: Die Gäste treffen ein und benehmen sich, wie es sich gehört, die Gastgeber sind formvollendet höflich; nachdem einige Stunden vergangen und mehrere Flaschen geleert worden sind, brechen Gefühle hervor, heftige Worte werden gewechselt, der körperliche Ausdruck sprengt die Grenzen der Angemessenheit, Leben werden für immer verändert.

Symbiose: Tatsache oder Illusion?

Stern weicht von der Theorie, daß Kinder eine symbiotische Phase in ihrer Beziehung zur Mutter durchlaufen, radikal ab. Er ist der Ansicht, daß das Kind von Anfang an ein Konzept vom Selbst und dem Anderen hat.

Das ist für das Nachdenken über Nähe von weitreichender Bedeutung, da es die Vorstellung ernsthaft in Frage stellt, daß das Verschmelzen, das viele Menschen sich in einer engen romantischen oder sexuellen Liebesbeziehung ersehnen, eine Rückkehr zur Verschmelzung zu Beginn des Lebens ist, als Mutter und Kind eins waren. Dem ist nicht so, sagt Stern.

Zwischen dem Selbst und dem Anderen gibt es weder zu Beginn noch später in der Kindheit eine Verwirrung; es gibt also keine symbioseähnliche Phase. Stern argumentiert, daß die Verbindung mit einem Anderen subjektiv nur erfahren werden kann, wenn das Gefühl eines Kern-Selbst (das sich zwischen zwei und sechs Monaten entwickelt) und eines Kern-Anderen bereits existiert.

Von der traditionellen Sicht der Symbiose befreit, können wir die sinnvolle Annahme machen, daß das, was bisher Sehnsucht nach Verschmelzung oder Symbiose genannt wurde, viel eher das Verlangen nach Konfliktfreiheit ist.

Den meisten unter uns fällt es schwer zu akzeptieren, daß Konflikt ein fester Bestandteil unseres Lebens ist. Doch wie wir Konflikte und die Qualen der Ambivalenz erleben, wirkt sich entscheidend darauf aus, wie wir mit uns selbst und mit anderen leben.

Das traditionelle Bild vom Himmel als einem konfliktfreien Ort besagt eine Menge über die Gefahren des Erdenlebens, mit unseren unruhigen und konfliktgeladenen Gedanken und unseren Mitmenschen, die häufig nicht das tun, was wir wollen.

Auch das Bild von der idealen Beziehung, in der es keine Konflikte gibt, nimmt das Thema auf. Vielleicht wird die Illusion, daß wir einst konfliktfrei waren – und wieder werden könnten –, zu hoch geschätzt, als daß wir sie einfach fallenlassen können.

Noch etwas kommt hinzu. Die Sehnsucht nach Symbiose oder Verschmelzung kann auch die Sehnsucht sein, daß unsere Bedürfnisse erkannt und befriedigt werden, ähnlich wie in der vorsprachlichen Zeit, als die Mutter „wußte", was wir nicht ausdrücken konnten.

In engen Beziehungen ist das häufig eine wesentliche Forderung: Du sollst wissen, was ich will, ohne daß ich es sagen muß; du sollst meine unausgesprochenen Gedanken, selbst meine nicht formulierten Sehnsüchte erahnen; *du sollst meine Komplexität besser verstehen, als ich sie verstehe.*

Und wenn du das nicht schaffst? Dann habe ich das Gefühl, daß du mich nicht liebst.

Meine Gespräche mit zwei fröhlichen, zuverlässigen Menschen haben mir diesen Wunsch, ohne Worte verstanden zu werden, deutlich gemacht.

Margaretta und Tomas haben seit fünfzehn Jahren eine enge Beziehung. Sie kommen beide aus großen Familien, in denen den Bedürfnissen der einzelnen nur wenig Beachtung geschenkt wurde. In ihre Ehe brachten sie, wie sie rückblickend gelernt haben, wenig Selbsterkenntnis und dementsprechend geringe Erwartungen an emotionales Verständnis ein.

Im Lauf der Jahre haben sie dazugelernt, und jetzt wissen sie, daß sie Bedürfnisse haben, die weder materieller noch körperlicher Art sind. Sie klagen (getrennt voneinander) darüber, daß sie sich nach mehr sehnen. Worin besteht das „Mehr"? Warum gibt ihnen die andere Seite es nicht (instinktiv, natürlicherweise)? Und noch wichtiger, warum können sie nicht darum bitten?

Zum Teil liegt das daran, daß Margaretta und Tomas *ohne Worte verstanden werden wollen.* Für sie gehört das zur Liebe. Das ist aber noch nicht alles.

Wenn sie es riskierten, diese Bedürfnisse – die in die ungeschützten, verletzlichen Teile des Selbst reichen – zu artikulieren, riskieren sie auch den potentiellen Schmerz, daß die Bedürfnisse nicht befriedigt werden, daß sie ihre Verletzlichkeit gezeigt und letztendlich nichts gewonnen haben. (Dann geht es ihnen womöglich schlechter als vorher.)

Außerdem würden sie, wenn es ihnen gelänge, ihre Bedürfnisse zu artikulieren, auch betonen, daß sie nicht „Marg und Tom, das Paar" sind, sondern zwei eigenständige Menschen, *die dem jeweils anderen helfen sollen.* Diese Betonung der Unterschiedlichkeit scheint viel zu risikoreich.

Würde ich mit Margaretta und Tomas in einer Therapie arbeiten, würde ich sie dabei unterstützen wollen, ein besseres Selbstgefühl in sich zu entdecken, so daß sie allein stehen können; ich würde das Wir-Gefühl zurückdrängen wollen, durch das sie das Gefühl, „eins der Kinder" in den Familien ihrer Kindheit zu sein, ersetzt haben. Die Qualität ihrer Beziehung würde besser, und *ihre Erfahrung von sich selbst als Individuen* wäre befriedigender. Tatsächlich scheinen die befriedigendsten Beziehungen zwischen Menschen dann zu entstehen, wenn beide ein klares Selbstgefühl mitbringen und in der Verbindung mit anderen unterscheiden können:

- Ich und die/der Andere (du und ich, wir sind zwei – verbunden, aber nicht identisch);
- Vergangenheit und Gegenwart (das macht mich jetzt unglücklich, denn es erinnert mich an...);
- Innen und Außen (ich bin unglücklich, aber die Welt ist nicht unbedingt schuld daran);
- Gedanken und Gefühle (ich finde dein Verhalten abscheulich; ich bin verletzt und sauer).

Jedes Selbst hat dann ein klares Gefühl: *Wer bin ich, was will ich, was fühle ich, wohin gehe ich.* Das Wohlergehen der/des anderen liegt einem sehr am Herzen, es wird aber nicht mit dem eigenen Ich vermischt.

Ein verlorenes Ich oder gar kein Ich

Allein die Vorstellung, daß solch klare Differenzierung möglich ist, ist so attraktiv, daß du diese Gewißheit jederzeit haben möchtest. Dennoch bezweifle ich, daß sie möglich ist. Ein Mangel an Stimmigkeit, ein zeitweiliger Verlust des Selbstgefühls, auch ein dauerhaftes Gefühl, sich selbst verloren zu haben – all dies sind ganz normale Erfahrungen, die sich in der Regel aus Konflikten ergeben.

Bei mir entsteht dieses Gefühl, wenn ich eine Entscheidung treffen soll, was für unsere Kinder am besten ist, und gleichzeitig im Blick behalten möchte, was für mich in dem Teil meines Lebens, in dem ich nicht Mutter bin, akzeptabel wäre. Auf die schlichte Frage „Was willst du?" kann ich nicht immer eine klare Antwort geben.

Hilfreich ist es für mich, wenn ich:
- meine Konflikte klar benennen,
- meine Prioritäten festlegen,
- eine Entscheidung treffen kann.

Ich kann mir außerdem ins Gedächtnis rufen, daß ungelöste Konflikte Ohnmachtsgefühle, sogar Verzweiflung mit sich bringen und daß Verständnis und Geduld nötig sind.

Aber – welch eine Überraschung! – es gibt Zeiten, in denen das, was ich intellektuell als richtigen Weg erkenne, nicht im geringsten hilfreich ist. Die Verwirrung bleibt, ganz gleich, welchen Rat ich mir gebe. Am häufigsten geschieht das bei Fragen, die so mit Emotionen aus der Vergangenheit beladen sind, daß sie sich nicht einfach durch vernünftiges Handeln regeln lassen. Also muß ich akzeptieren, daß Unsicherheit gelegentlich einer Phase des Risikos und neuen, wertvollen Erkenntnissen vorausgeht. Und manchmal einfach einer längeren Phase der Verunsicherung.

In der Literatur finden sich nützliche Darstellungen dieses zeitweiligen Ich-Verlusts. In Isabel Colgates Roman *Deceits of Time* ist

Catherine Hillery jener durch und durch kompetente Typ Engländerin, deren gesellschaftliche Zugehörigkeit, Nationalität und Sicht der Ordnung der Dinge vollkommen stimmig sind. Doch das bewahrt sie nicht vor der Angst, daß sie „nicht genau weiß, wer die ‚richtige‘ Catherine Hillery ist".

„Catherine Hillery, Witwe eines Akademikers, mit beiden Beinen auf der Erde, unabhängig, humorvoll; Catherine Hillery, die Biographien schrieb, ins Theater ging, Söhne, Enkel und Freunde und zu allem und jedem eine Meinung hatte – sie schien verschwunden zu sein, vom Wind verweht, wie Asche davongetragen über den Waldboden unter den Bäumen von Wiltshire. Auf welchen Irrtümern, auf welchen Illusionen hatte sie das dürftige Konstrukt von Verbindungen zusammengezimmert, das sie für sich selbst hielt? Jetzt schien nur noch eine Alarmanlage dazusein, die ohne zentralen Auslöser funktionierte und Angstsignale aussandte, verworrene Botschaften über Urgefahren. Nachts saß sie mit wild klopfendem Herzen aufrecht im Bett. Am Tage bereitete sie sich seltsame kleine Mahlzeiten, um ihre Verdauungsprobleme in den Griff zu bekommen, oder sie saß unbeweglich im Sessel, in einem Zustand zwischen Schlafen und Wachen, aber immer angestrengt lauschend. Abends machte sie sich eine Liste der Dinge, die sie am nächsten Tag erledigen wollte, doch wenn der nächste Tag anbrach, tat sie nichts davon."

Vielleicht erkennst du dich in dieser einfühlsamen Beschreibung vom zeitweiligen Verlust des Selbst wieder. Meistens geht damit das Gefühl von Verwirrung, Nutzlosigkeit, Trübsinn oder Orientierungsverlust einher und weniger das Gefühl, *nicht zu wissen, wer die Führung hat.*

Der Verlust ist immer schmerzlich und meist beängstigend. Er kann dazu führen, daß die ganze innere Welt zusammenbricht und das gute Gefühl, sich selbst und andere zu akzeptieren, verschwindet.

Doch so schrecklich dieser zeitweilige Verlust des Selbst und die Verunsicherung auch sein mögen, sie sind nicht zu vergleichen mit der Erfahrung, überhaupt kein Selbstgefühl zu haben, praktisch jeglicher innerer Führung und Sinngebung zu entbehren und damit auch des Gefühls, daß andere Menschen wichtig sind.

Die meisten von uns verstehen unter Narzißmus die übertriebene Beschäftigung mit sich selbst. Eine narzißtische Person überbetont ihre Einzigartigkeit und achtet die Einzigartigkeit der anderen nur insofern, als sie zur Befriedigung ihrer Bedürfnisse dienen. Sie sieht die Dinge nur von ihrem Standpunkt, legt möglicherweise auch paranoide Züge an den Tag und sieht sich als Mittelpunkt auch jener Ereignisse, die ihr Leben nur indirekt betreffen.

Der narzißtische Mensch im normalen Verständnis hat Mühe zuzuhören und muß jedes Gespräch so wenden, daß es ihn zum Thema hat. Deine packende Geschichte wird ihn nicht anregen, Fragen zu stellen und Einzelheiten wissen zu wollen. Sie wird ihn unweigerlich an die Zeit erinnern, als...

Ein so beschriebener narzißtischer Mensch ist vielleicht in der psychiatrischen Terminologie gar kein Narziß. Wenn er neben seiner Selbstbezogenheit nur einen Funken Selbstbewußtsein hat, kann er seine Wahrnehmung und die Art, die Welt zu erleben, verändern. Möglicherweise kommt dieser narzißtische Mensch aus einer Familie, in der ihm nicht genügend Beachtung oder nicht *die Beachtung, die er brauchte*, geschenkt wurde. Aber es gibt Menschen, die wesentlich schlechter dran sind.

Bei Kafka sagt der Held der Geschichte „Gespräch mit dem Beter": „Es hat niemals eine Zeit gegeben, in der ich durch mich selbst von meinem Leben überzeugt war." Kafkas Beter ist völlig von anderen Menschen abhängig, um sich als lebendig zu erleben. Doch kann er ihrem Urteil trauen? Wahrscheinlich nicht.

Vertrauen – wesentlicher Bestandteil der wohltuenden Erfahrung von sich selbst – gehört sicher nicht zum emotionalen Vokabular eines Menschen, der von innen heraus nicht überzeugt ist, daß er lebt. Dieser Zustand heißt infantiler oder pathologischer Narzißmus. Zumindest in westlichen Ländern scheint der Mangel an Selbstgefühl, der Mangel an Wärme und Verbundenheit weit verbreitet. Christopher Lasch, Alexander Lowen, Philip Slater und Alice Miller gehören zu den AutorInnen, die das Phänomen des Narzißmus nicht nur als individuelle emotionale Behinderung untersucht haben, sondern als zweischneidiges gesellschaftliches Problem, d.h. ein Problem, das unsere Gesellschaft hervorgebracht hat und das jetzt von ihr gelöst werden muß. Sie haben unterschiedliche Sichtweisen, doch sind sie sich mehr oder weniger einig, daß

Narzißmus seine Ursache nicht in einem Übermaß, sondern in einem Mangel an Selbst hat und in einem Mangel an authentischen und spontan geäußerten Gefühlen.

Der narzißtische Erwachsene ist nicht jemand, der durch zuviel Beachtung „verdorben" worden ist, sondern jemand, dessen Leben verdorben ist, weil die, die ihn in seiner Kindheit versorgt haben, sein wahres Ich nicht erkannt haben und nicht darauf eingehen konnten. Statt dessen sahen sie die eigenen Bedürfnisse gespiegelt, oder sie sahen jemanden, der in ihre Bedürfnisse eindrang.

Wir kommen wieder auf das trostlose Bild zurück: Wenn wir nicht zu Beginn unseres Lebens *von außen* Anerkennung und Fürsorge erfahren haben, ist es schwer zu lernen, daß es *innen* jemanden gibt, dein Selbst, das sich um sich und seine Mitmenschen kümmern kann.

Alexander Lowen, der Begründer der bioenergetischen Therapie, behauptet, daß der stärkste Gefühlsausdruck eines narzißtischen Menschen „irrationale Wut und rührselige Sentimentalität" ist. Das heißt, diese Menschen müssen ihre Gefühle abtöten und „Sensationen" kultivieren.

Der amerikanische Autor Richard Sennett beschreibt das klinische Bild eines sogenannt narzißtischen Menschen als jemanden, der „sich innerlich tot fühlt, das Gefühl hat, nichts wert zu sein, und in der Außenwelt nichts von Wert sieht".

Sicherlich haben wir alle irgendwann erlebt, daß unsere Innenwelt in der Außenwelt gespiegelt wird. Ein einfaches Beispiel dafür ist die Erfahrung, daß die anderen uns am ehesten mit einem Lächeln begegnen, wenn wir selbst freundlich sind; geht es uns schlecht, legen wir uns bestimmt mit dem Kellner an, der uns übers Ohr hauen wollte.

Wessen Reaktionen von infantilem Narzißmus diktiert werden, reagiert auf die Außenwelt aus einer Haltung innerer Leere. Erst wenn im Inneren sich wesentlich etwas verändert, wird die Erwartung, daß die Außenwelt leer ist, sich nicht mehr bestätigen.

Sennett sagt, daß oberflächlich gesehen dieser Mensch sagt, „ich fühle nicht", dahinter aber liege, daß das Andere, der andere Mensch oder die Außenwelt, nicht zu fesseln vermag. Das Problem der Unzulänglichkeit ist zweischneidig. Ich bin unzulänglich; die sich um mich bemühen, erweisen sich dabei als unzulänglich für meine Bedürfnisse und sind also nicht „die Richtigen". Wer in diesem Dilemma gefangen ist, hat das Gefühl, daß die Menschen, die sich ihm nähern wollen, ihn verletzen und derart einengen, daß er nicht mehr atmen kann; also flieht er zum nächsten, der so lange als perfekt gilt, *bis er anfängt, sich zu bemühen.*

Für einen Menschen von solcher Verletzlichkeit besteht also *eine* große Gefahr, die der Nähe.

Ein wesentlicher Punkt in Sennetts Analyse ist der Hinweis, daß den anderen die Schuld gegeben wird, *obwohl der Mangel – auch wenn es schwerfällt, das zuzugeben – nicht in der Außenwelt existiert, sondern in einem selbst.*

Wenn es uns dreckig geht, hoffen wir vermutlich alle, eine Person zu finden, der wir die Schuld geben können, und eine, die uns retten wird: vor der Einsamkeit; vor dem Chaos in unserem Leben; vor den Krankheiten, die uns heimsuchen; vor den Partner-Innen, die uns langweilen; vor unserem Leben als Single; vor der Arbeit, die wir hassen.

Wir sind in ernsten Schwierigkeiten, wenn wir nicht erkennen, daß andere Menschen zwar neue Erkenntnisse und Unterstützung (und Unruhe und Schmerz) bringen können, daß sie uns aber nicht retten können: *Nur wir selbst können uns retten.*

Der narzißtische Mensch ist zu dieser Erkenntnis nicht fähig, da seine innere Wirklichkeit so wenig ausgeprägt ist, daß er fortwährend auf die Bestätigung von außen angewiesen ist. Die kann aber niemals ausreichen. Wenn dein Selbstgefühl nicht ausgeprägt ist, wird die Situation noch dadurch verschlimmert, daß du den Menschen, die dich zu lieben und zu bewundern scheinen, mißtraust. *Der Grund ist, daß du die Liebe der anderen erst annehmen kannst, wenn du dich selbst liebst.*

Wenn Menschen dich lieben, du dich selbst aber nicht liebst, wirst du früher oder später zu der Überzeugung kommen, daß sie sich irren, dumm sind oder selbst sehr bedürftig. Und schließlich wirst du sie auch so behandeln. Dann wird es ihnen schwerer fallen, dich zu lieben – deine Befürchtungen haben sich bestätigt.

Du hattest recht. Du bist nicht liebenswert.

Das bedeutet nicht, daß deine Gesellschaft nicht attraktiv ist. Es ist möglich, scheinbar sehr anziehend zu sein, eine liebenswerte Persönlichkeit zu haben, in Gesellschaft zu brillieren. Doch Nähe, wie Alleinsein, erfordert ein Bewußtsein der Verletzbarkeit, die dich dich verwundbar macht. Dann müssen die alten Freunde weg und neue her.

Heinz Kohut, Analytiker und Autor, wurde für seine Arbeit über Fragen des „Selbst" bekannt. Seine Theorien über Narzißmus erscheinen mir weniger einleuchtend als die von AutorInnen wie Lasch und Miller. Vielleicht liegt das daran, daß Kohut an den sozialen Bedingungen, unter denen infantiler Narzißmus „gelernt" und verstärkt wird, offenbar wenig interessiert ist.

Wir erwerben unser Selbstgefühl nicht in einem Vakuum. Narzißmus ist die „klinische Ideologie" unserer Zeit. Wir alle sind davon betroffen. Der narzißtische Mensch „erkennt" die Welt nur, insoweit sie ihn selbst betrifft. Die Nabe ist wichtig, das Rad interessiert ihn nicht. Über Begriffe wie Kooperation, Verbindung, Selbstlosigkeit kann der Narziß nur lachen.

Die narzißtische Persönlichkeit betrachtet die Welt und sieht eine Reflektion der eigenen Sinnlosigkeit und Menschen, die sie ausschließlich nach dem Grad ihres Nutzen für sich selbst bewertet. Die Auswirkungen des Narzismus – der Mangel an Selbstgefühl, an Gefühlen überhaupt, Interesselosigkeit – bedrohen unser aller Leben und das Überleben unseres Planeten.

Doch die Menschen der westlichen Gesellschaften – die, die sich lebendig fühlen, und die, die das nicht tun – finden es ganz normal, andere unter dem Aspekt zu betrachten, ob sie einen Nutzen haben, abzuschätzen, ob sie zu kennen dem eigenen Ansehen förderlich ist.

Wenn ich ein reicher alter Mann bin, ist es nur normal, daß ich mich mit deiner jugendlichen Schönheit schmücken möchte und du dich im Gegenzug meines fetten Kontos bedienst und so noch schöner strahlst.

Unsere Gesellschaften sind auf strukturellen Institutionen errichtet, die wirkungsvoll darüber entscheiden, ob jemand dazugehört oder ausgeschlossen ist, und so mit Nachdruck diejenigen, die zählen, von denen trennen, die bedeutungslos sind.

Die wenigsten möchten glauben, daß sie wegen ihres Vermögens, ihrer Zugehörigkeit zu einer Rockband, ihrer Penthouse-Wohnung, ihrer schönen Augen oder perfekt geformten Beine geliebt werden. Die meisten möchten „um ihrer selbst willen" geliebt werden. Doch was bedeutet das? Wer ist dieses Selbst unabhängig von Persönlichkeit, Charme und Besitz? Kennst du es überhaupt? Erträgst du es, mit dem Selbst, das du geliebt, anerkannt und geschätzt wissen willst, allein zu sein?

Das Schlimmste, das ein Kind zu narzißtischem Verhalten führt, ist, wenn die Familie zwischen sich und der Welt keinen Puffer errichtet. In diese Familie ist die Welt des ausgehenden zwanzigsten Jahrhunderts eingedrungen.

Die Feier des Goldenen Zeitalters

Natürlich gibt es nicht nur Kinder, die narzißtisches Verhalten lernen, sondern auch die, die von ihrer Umwelt mit Freude, Stolz und Bewunderung aufgenommen werden. Das Kind macht seine ersten Lernschritte und erfährt Ermutigung. Das ist das Goldene Zeitalter der Kindheit. Eine Phase, die sich im Erwachsenenalter im Honigmond einer romantischen Beziehung gewissermaßen wiederholt, wenn für eine kurze Zeit innere und äußere Konflikte weniger wichtig sind.

Während seines Goldenen Zeitalters sonnt sich das Kind in seiner Großartigkeit, und die Eltern sind noch nicht aus ihrer seligen Unwissenheit aufgeschreckt – wenn es ihr erstes Kind ist. Denn sobald das Kind seinen Willen und seine Vorlieben entdeckt, verliert es seine Allmacht, so wie die Eltern, die plötzlich entdecken, wie Weltkriege entstehen – um Fay Weldon zu zitieren.

Kindlicher Narzißmus ist normal und wünschenswert. Bestimmte Aspekte, wie Eigenliebe und der Wunsch, für sich und die Mitmenschen das Beste zu erreichen, werden auch im Erwachsenenleben wirksam sein. Kohut hat den nützlichen Begriff vom „grandiosen Selbst" geprägt und behauptet, daß die beste Grundlage für Ehrgeiz und Selbstachtung im Erwachsenenalter gelegt wird, wenn die Eltern des Kindes darauf eingehen. In befriedigenden Beziehungen unter Erwachsenen wird es wieder zu gegenseitiger Idealisierung und Bewunderung kommen, beide in gewisser Weise den inneren Zustand des jeweiligen Gegenüber widerspiegeln.

Zwischen achtzehn Monaten und dem dritten Lebensjahr – der Trotzphase – wird die Trennung von Mutter und Kind so weit vollzogen sein, daß das Kind seine Abhängigkeit erkennt (ein Erwachsener muß etwas für das Kind tun, ist aber nicht immer dazu bereit) und merkt, daß es seine Welt nicht einzig und allein nach eigenen Wünschen ordnen kann (obwohl es das auf jeden Fall weiter versucht!).

Das erwachende Bewußtsein des Kindes von den Gefühlen eines anderen Menschen ist, in den Augen von Selma Fraiberg, „ein wichtiger Faktor bei der Beherrschung des eigenen Verhaltens und der Begrenzung aggressiver Handlungen und Worte, *unserem Konzept eines zivilisierten Menschen*".

Das Goldene Zeitalter ist vorüber, die Suche nach dem Selbst geht weiter.

Das Kind, dem das Goldene Zeitalter versagt bleibt – weil seine Eltern emotional oder physisch nicht verfügbar sind, weil sie aggressiv oder chronisch depressiv sind, oder weil sie das Kind als schmückendes Beiwerk und nicht als Person betrachten –, wird es schwer haben, was zukünftige Beziehungen angeht. Dasselbe gilt für ein Kind, das von seinen Eltern als Fortsetzung ihrer selbst (oder ihrer Phantasie) bewundert wird, Konflikte nicht erleben und durchstehen darf und somit nicht erfährt, daß ein Bewußtsein von anderen grundlegend für emotionale Reife ist.

Verständnis für die Gefühle anderer

Die lebenswichtige Fähigkeit, sich vorstellen zu können, was jemand anders fühlt, und sich darauf einzulassen, hat ihren Ursprung in Eltern-Kind-Interaktionen.

Jedesmal, wenn Eltern und Kind einen Blick des Verstehens wechseln, entwickeln sie im Gegenüber – denn für die Eltern gilt das gleichermaßen – das Gefühl, daß sie etwas erleben, *was der oder die andere verstehen kann*, auch wenn er oder sie es nicht unbedingt bewundert.

Diesen Vorgang nennt Kohut *Spiegelung*. Stern wählt den subtileren Begriff *Einstimmung*. Er argumentiert, daß zwischenmenschliches Verständnis, das durch Einstimmung entsteht, eine wichtige

73

Rolle dabei spielt, wie das Kind lernt, daß innere Gefühlszustände Formen menschlicher Erfahrung sind, die es mit anderen *teilen* kann.

Ich würde hinzufügen, *die zu teilen sich lohnt.*

Dieses Konzept gibt es auch in Beziehungen unter Erwachsenen: der Blick, der mehr als Worte sagt; die Bestätigung, daß du verstehst, was ich fühle.

Der Wunsch, ohne Worte verstanden zu werden, wird oft mit Nähe assoziiert. Ein Augenblick ohne Worte, in dem beide glauben, der oder die andere fühlt dasselbe wie ich, kann ungeheuer bedeutungsvoll sein. Aber es ist auch ein Aspekt von Nähe, der zu Verwirrung und Schmerz führt, wenn du akzeptieren mußt, daß ich zwar verstehe, was du fühlst, *aber nicht unbedingt dasselbe fühle.*

Viele werden nur ungern an diese Unterschiede erinnert, denn wenn ich etwas anderes fühle als du, bedroht das dann nicht unsere Beziehung?

Zu lernen, daß es möglich ist, Gefühle zu verstehen, *ohne die Gefühle selbst unbedingt zu teilen,* ist eine echte Herausforderung. Ich bin nicht du, und du bist nicht ich – das ist eine Tatsache, die in Beziehungen verlorengehen kann.

Nach Christopher Rasch liegt die größte Hoffnung auf emotionale Reife in der kreativen Spannung zwischen Trennung und Vereinigung, zwischen Individuation und Abhängigkeit. „Wir finden diese Spannung in der Erkenntnis, daß wir andere Menschen brauchen und von ihnen abhängig sind, sie aber dennoch von uns getrennt bleiben und sich weigern, sich uns zu unterwerfen."

Es lohnt sich, dieses Ziel im Auge zu behalten.

4. KAPITEL

Wir holen uns unsere Macht zurück

Während der Arbeit an diesem Buch sah ich einen Dokumentarfilm, der mir deutlich vor Augen führte, wie schwierig es sein kann, die eigene innere Stärke und Orientierung anzuerkennen und nicht aus den Augen zu verlieren.

Der Film zeigte zwei namhafte Therapeuten dieses Jahrhunderts, die nacheinander mit derselben Frau arbeiteten: Carl Rogers und Fritz Perls, der Vater der Gestalttherapie. Rogers therapeutische Methode war durch sein offenes Verständnis für die Patientin gekennzeichnet, das sich in seinem gemäßigten Verhalten, dem rücksichtsvollen Forschen, der Bereitschaft, sich als auf „ihrer Seite" stehend zu zeigen, äußerte. Fritz Perls' Herangehensweise war im Vergleich zu Rogers eher ein Konfrontationskurs. Ich hatte jedoch den Eindruck, daß Perls derjenige war, der die Frau wirklich ernst nahm, und daß, wenn überhaupt, seine Arbeit ihr half und Antrieb gab – vorausgesetzt, sie konnte den Schock, daß ihre Verteidigungsstrategien niedergerissen worden waren und sie bloßgestellt wurde, überwinden.

Die Therapie-Sitzungen fanden zu Beginn der sechziger Jahre statt. Das Erscheinungsbild der Frau war äußerst „weiblich". Sie lächelte viel, besonders wenn sie Ereignisse schilderte, die ihr Schmerz bereitet hatten. Doch sie war ohne Zweifel eine mutige Frau, die sich zwei weltbekannten Therapeuten aussetzte, ganz abgesehen von den Tausenden, die den Film sahen.

Das Problem, das sie zur Diskussion stellte, befaßte sich mit ihrer Tochter und ihrer Unsicherheit, ob sie die Fragen der Tochter zu ihrer Sexualität ehrlich beantworten sollte. Die Frau war geschieden und hatte sexuelle Beziehungen zu Männern, bei denen die Wahrscheinlichkeit einer dauerhaften Beziehung eher gering war. Die Schuldgefühle, die sie deswegen hatte, überlagerten in gewisser Weise die Konflikte, die sie angesichts ihrer Rechte als

Frau einerseits und ihrer Verpflichtungen gegenüber ihrer Tochter andererseits verspürte. Sie wollte Entscheidungen treffen können, die ihr die Befriedigung ihrer Bedürfnisse ermöglichten, und zugleich ihrem und ihrer Tochter Bild von der Mutterrolle gerecht wurden.

Nachdem Rogers sie in Wärme gebettet hatte, sah das Publikum, wie die Frau verschwand und ein kleines Mädchen zum Vorschein kam. Rogers weigerte sich, die zentrale Frage zu beantworten, die sie immer wieder stellte: Wäre es für ihre Tochter verletzender, die Wahrheit zu hören oder von der Wahrheit ferngehalten zu werden? Er beharrte mit Recht darauf, daß sie eine eigene Antwort auf diese Frage finden müsse. Doch abgesehen von dieser Verweigerung konnte Rogers anscheinend nicht darauf verzichten, eine Vaterfigur darzustellen, einen weisen Mann, der bei dieser Begegnung nur das verstärkte, was die Gesellschaft die Frau bereits gelehrt hatte: daß „die Wahrheit" und „Antworten" außerhalb ihrer selbst zu finden seien.

Wie ich den Film verstanden habe, hat Rogers Auftreten als weiser alter Mann die Frau gehindert, eine Antwort zu finden. In der Interaktion mit ihm blieb sie im Verhaltensmuster des kleinen Mädchens bzw. der hilflosen Frau, zu dem man sie ermutigt hatte, stecken. Solange sie in den erlernten Ausdrucksformen ihres inneren Selbst verhaftet blieb, verlangte Rogers das Unmögliche, als er sie bedrängte, sich die Frage selbst zu beantworten. In der Interaktion wiederholten sich für sie einige extremen Konflikte der weiblichen Rolle: ihr Wunsch nach Autonomie und ihre Angst davor; ihr Bedürfnis nach Selbstbestimmung und nach Anerkennung; ihr Bedürfnis nach Trost für das kleine Mädchen, das in ihr noch lebendig war, und nach Trost für die erwachsene Frau, den sie am ehesten in sexuellen Beziehungen zu bekommen hoffte. Und das alles Anfang der sechziger Jahre, als es kaum einen Kontext für die Erforschung dieser komplexen Bedürfnisse gab, ohne der Frau das Gefühl zu vermitteln, ihre Probleme seien das Ergebnis eigenen Versagens.

Perls Methode unterschied sich drastisch. „Was soll dieses Lächeln?" „Warum treten Sie?" „Treten Sie ruhig weiter." „Wen treten Sie?" „Was machen Sie mit Ihren Händen?" „Machen Sie das noch mal." „Machen Sie das noch mal!"

Die Frau konnte kaum ihre Sätze beenden, und das Publikum verstand viel weniger als in der Sitzung mit Rogers, worum es ging. Doch die Gegensätze zwischen Reife und Kindlichkeit – sich an jemanden anlehnen versus den eigenen Mittelpunkt finden – wurden in dieser Sitzung viel stärker herausgearbeitet; außerdem trat in Reaktion auf Perls Angriffe eine kämpferische Frau zutage, die viel vertrauenerweckender wirkte als das kleine Mädchen, das durch Rogers sanftes Vorgehen zum Vorschein gekommen war.

Ich will hiermit nicht behaupten, daß die meisten von uns mehr Nutzen aus einer Konfrontation ziehen. Menschen müssen zunächst das Gefühl haben, daß sie voll und ganz akzeptiert werden, bevor sie sich auf eine Konfrontation einlassen können. Und Perls, der den Anschein erweckte, eine jüngere und weniger privilegierte Frau in die Enge zu treiben, verursachte mir leichtes Unwohlsein. Dennoch, die meisten von uns würden davon profitieren, ernst genommen zu werden, und Perls schien dazu auf jeden Fall fähig. Insbesondere schien er auf die innere Stärke und die Selbstbestimmtheit der Frau zu vertrauen und daran interessiert zu sein, einen Blick auf ihr eigentliches Ich zu werfen, das hinter dem erlernten, einengenden weiblichen Verhalten steckte, mit dem sie anderen gefallen wollte.

Es konnte nicht darum gehen, das Problem der Frau zu lösen, jedenfalls nicht, ohne weitere Probleme zutage zu fördern. Perls konnte nur die Tarnung zum Thema machen, die die Frau daran hinderte, ihr Problem in den Griff zu bekommen. Das tat er, indem er sie buchstäblich dazu drängte, die körperlichen Anzeichen ihres inneren Konflikts zu übertreiben, damit sie die unterdrückten Gefühle näher an die Oberfläche beförderte und die Probleme erkannte, die hinter der angeblichen Hilflosigkeit ihrer ursprünglichen Frage lagen.

Indem sie diese Probleme erkannte, wurde sie vielleicht in die Lage versetzt, entweder zu handeln oder aber zu akzeptieren, daß ihr der Preis für aktives Handeln und Veränderung zu hoch war. Untätigkeit ist auch eine Entscheidung.

Rogers und Perls sahen in der Patientin jeweils eine andere Frau, deren Bild von ihren Erfahrungen und Vorurteilen beeinflußt war. Wir dürfen wohl auch annehmen, daß auch die Frau sich als

Spiegelbild reflektiert sah. Das gesellschaftliche Bild von Frauen wurde ihr durch die öffentliche Kultur ihrer Zeit und ihrer Schicht vermittelt. Das Bild, das ihre Tochter von ihr hatte, und ihr Bild von diesem Bild der Tochter waren sicherlich eng gekoppelt an herrschende Vorstellungen von Moral und Anstand. In den Augen ihrer Liebhaber, die sie nicht liebte, sah sie sich möglicherweise als „sexy“, „leicht zu haben“, vielleicht auch als „eine, die man nicht heiratet“.

In den Augen ihres früheren Mannes sah sie wiederum ein anderes Bild von sich, und ein weiteres in den Augen ihrer Familie, die sicher das Scheitern ihrer Ehe bedauerte und bezweifelte, ob sie sich ein neues Leben aufbauen könnte.

Und wo war sie selbst in all diesen Bildern? Wer war das Selbst, das nicht nur ein Aspekt ihrer Identität als Mutter, Tochter, Geliebte, geschiedene Frau, Konsumentin war? Wer war das Selbst, das keine Selbstbezichtigungsgedanken hegte, das nicht ihre Bedürfnisse darstellte (anderen zu gefallen, sich selbst zu befriedigen), das nicht ihre Wünsche war (sich geliebt/attraktiv zu fühlen, eine Antwort auf ihre Fragen zu finden)?

Wer war das Selbst, das eine viel wertvollere Antwort für sie haben könnte als ein Außenseiter, auch wenn er Experte war? Existierte ein solches Selbst für sie?

Das wissen wir nicht.

Ich weiß allerdings dies: Je zerrissener du dich fühlst, desto weniger kannst du eine Entscheidung treffen, und je gefangener du dich fühlst, desto weniger spürst du, daß dir Entscheidungen offenstehen.

Auch wir, du und ich, sind einer Vielzahl an Stimmen und Beurteilungen ausgesetzt, es sei denn, wir haben uns völlig isoliert. Und jede Stimme wirkt auf uns, beeinflußt uns, stört uns, *weil* nämlich Konflikt ein Teil der menschlichen Existenz ist und *weil* wir nicht die Menschen ohne Brüche sind, die wir sein möchten. Deswegen sind wir in manchen Bereichen unseres Lebens tapfer und nobel und in anderen engherzig und berechnend. Vielleicht kann deswegen auch eine Person eine effektive und erfolgreiche TherapeutIn sein, während sie ihren PartnerInnen das Leben schwer macht.

Alfred Adler verdanken wir den nützlichen Begriff *Minderwertigkeitskomplex*. Wie jede andere Theorie können wir auch Adlers Werk rückblickend heftig kritisieren. Dennoch haben sich seine Erkenntnisse zum Teil in diesem Buch niedergeschlagen.

Adler stimmt mit Freud überein, daß die ersten sechs oder sieben Jahre eines Menschen ganz wesentlich die Richtung bestimmen, in der sich die emotionale Entwicklung des Erwachsenen vollzieht; doch er unterscheidet sich von Freud insofern, als daß er das Bewußtsein, statt des Unterbewußtseins, als zentrale Instanz einer Persönlichkeit erkennt. Das bedeutet, daß du von den Ereignissen der Vergangenheit beeinflußt bist, daß du aber nicht unbedingt von verdrängten Ereignissen, an die du keine Erinnerung hast und die du nicht kontrollieren kannst, beherrscht wirst. Folglich besteht die Möglichkeit, Nähe und Alleinsein auch dann als fruchtbar und lohnend zu erleben, *wenn die Erfahrungen der frühen Kindheit weit vom Ideal entfernt waren.*

Adler behauptete, daß du die Möglichkeit hast, bewußte Entscheidungen zu treffen und mehr Selbstbestimmung und Eigenverantwortung zu üben, als Freuds Sicht der Dinge zulassen würde. Das liegt daran, daß für Adler die Ereignisse der Kindheit für das Leben als Erwachsene weniger wichtig sind als *die Haltung dazu.*

In dieser Frage kann es keine absolute Wahrheit geben. Zu viele Variablen wie Temperament, Gene, Umwelt und Chancen wirken darauf ein. Die Annahme ist jedoch berechtigt, daß die negativen Auswirkungen von Erlebnissen der frühesten Kindheit am schwersten zu überwinden sind, obwohl Adlers Konzept der Selbstermutigung trotzdem greift.

Adlers Vertrauen in die Haltungen, die wir im Erwachsenenleben entwickeln können, und in die Macht der Selbstermutigung sind nicht zu verwechseln mit dem zeitgenössischen Trend der „Selbstverwirklichung" (der auch nicht mit der viel mühsamer zu erwerbenden „Selbsterkenntnis" identisch ist). Sogenannte Therapeuten, die dir weismachen, daß du bei einem teuren Wochenendkurs entdecken kannst, alle Hindernisse auf dem Weg zum Glück lägen in dir selbst und du müßtest dich nur entscheiden, Herrin oder Herr deines Erfolgs sein zu wollen, sind naiv und ausbeuterisch.

Adler war sich darüber im klaren, daß es biologische und soziale Bedingungen gibt (ich würde politische hinzufügen), die uns ganz offensichtlich einengen. Auch die Befriedigung von Gefühlen ist nicht für alle gleich zugänglich. Doch irgendwo zwischen „Erkenntnis ohne Mühe" und der Hölle der Verzweiflung ist Adlers Sicht angesiedelt, die dir mehr Macht zuspricht, als du manchmal in dir spürst.

Adler hatte vor allem Menschen im Blick, die durch das Erwerben von Selbsterkenntnis auch die Fähigkeit zur Selbstermutigung lernten. Daran mußte ich denken, als ich mit Rosie sprach, die – wie viele andere – an ihrem Arbeitsplatz gut funktionierte, aber in ihrem Privatleben eher scheiterte. Sie war zweimal verheiratet und hatte eine Menge Affären, die alle böse endeten.

In unseren Gesprächen kam sie immer wieder auf einen Punkt: In jeder Beziehung hatte sie nach kurzer Zeit das Bedürfnis, von ihrem jeweiligen Partner zu hören, warum er sich zu ihr hingezogen fühlte – obwohl sie wußte, daß dieses Insistieren sie weniger attraktiv machte. In ihren Augen war ihr Verhalten lächerlich und bewirkte genau das Gegenteil von dem, was sie eigentlich wollte. Sie beschrieb, daß sie zwanghaft die Bestätigung ihres Geliebten hören wollte, um so wenigstens vorübergehend ihren Mangel an Selbstbejahung vergessen zu können.

Doch ihre Forderungen trieben ihre Liebhaber zur Verzweiflung, so daß sie schließlich das Weite suchten. Sie sagte: „Ich war mir zunehmend unsicher, ob sie meinten, was sie sagten, oder ob sie es sagten, um ihren Frieden zu haben. Selbst wenn mein Mann oder ein Geliebter liebevoll und reizend war, löcherte ich ihn mit Fragen, ob er auch ehrlich sei."

Rosies erster Schritt zur Selbstermutigung bestand darin, ihr essentielles Alleinsein zu akzeptieren. Erst dann konnte sie lernen, sich selbst zu erkennen und zu vertrauen, und erst dann wußte sie, daß keiner die Leere in ihr, die ihr in der Vergangenheit soviel Angst bereitet hatte, füllen konnte.

„Ich mußte lernen, allein zu sein, denn es wurde zu einer Sucht, mit einem Geliebten zu sein. Es war mir unmöglich, mich selbst in den Griff zu bekommen, solange ich von der Anerkennung eines Mannes abhängig war."

Rosie ist überzeugt, daß ihr Alleinsein und ihre bewußte Entscheidung, allein zu sein, Teil eines langen Prozesses sind, in dem sie lernt, auf die eigene innere Stimme zu hören und sich nicht von den lauten Selbstzweifeln der Oberflächenstimme ablenken zu lassen. Sie hofft, daß die Zeit mit sich selbst ihr ein Gefühl davon geben wird, wer sie in ihren Augen, und nicht in den Augen eines anderen, ist.

Eine Person, die das Gefühl hat, sie existiere nur in den Augen ihrer Mitmenschen, ist praktisch sklavisch der Unberechenbarkeit des Urteils anderer ausgesetzt. Rosie wollte nicht länger Sklavin sein. Doch sie konnte diese Entscheidung treffen – und erkennen, daß die Entscheidung allein bei ihr lag –, weil sie nicht zutiefst verletzt war. Wenn jemand auch nicht das kleinste Fleckchen festen Boden in sich verspürt, sind „Entscheidungsmöglichkeit", „Wille" und „Mut" hohle Begriffe. Grund dafür sind nicht nur die frühen Kindheitserfahrungen; ohne Zweifel bringen wir schon unser ganz eigenes Wesen mit. Und manchmal scheint auch die beste und liebevollste Hilfe nicht auszureichen.

Dein Selbst zurücklassen

Die Zeitschrift *Vogue* verbreitet ihre eigene Sicht des Selbst: „Du bist, was du trägst und wie du lebst."

Zum Glück hat diese Definition einen noch geringeren Wahrheitsgehalt als die meisten anderen. In unserer Selbstbejahung haben jedoch Faktoren wie die Kleidung, die du trägst; die Art, wie du lebst; der Mensch, mit dem du lebst; *das Bild, das andere von uns haben*, großen Einfluß, den wir kaum leugnen können. Wir sind alle fortwährend davon geprägt, ob wir uns ermutigen oder nicht und wie wir das Urteil anderer über uns aufnehmen.

„In vielen Menschen meines Volkes", schrieb die politische Aktivistin und Sängerin Miriam Makeba, Südafrikanerin im Exil, „zeigt sich die Wirkung der Botschaft. Tag für Tag werden wir wie Schmutz behandelt; immer wieder sagt man uns, daß wir minderwertig sind. Es wird uns eingehämmert. Als erstes verschwindet die Selbstachtung. Du beginnst alles zu hassen, was schwarz ist... Wenn du anfängst, dich selbst zu hassen, und du siehst dich in einem anderen gespiegelt, hast du auch für den keine Liebe übrig."

Es ist sinnvoll, sich darüber klar zu werden, daß unser Urteil über andere (und deren Urteil über uns) unweigerlich eine Sache der Einstellung und des Vorurteils ist – dafür oder dagegen – und uns manchmal ziemlich kraß zeigt, wie stark oder wie wenig wir uns selbst akzeptieren können.

Je weniger wir uns selbst kennen und akzeptieren, desto härter fällt auch unser Urteil über andere Menschen aus und desto überzeugter sind wir von unserem Recht, andere beurteilen zu dürfen. Manchmal kommt noch infantiler Mangel an Selbsterkenntnis hinzu, Intoleranz gegenüber Unterschieden und eine engstirnige Selbstgerechtigkeit, die für andere schwer erträglich ist.

Manchmal richten sich deine schärfsten Urteile auch gegen dich selbst. Faith Reboin erklärt das: „Um mich als lesbische Großmutter akzeptieren zu können, mußte ich mein Selbstbild genau betrachten und die Bereitschaft entwickeln, es zu verändern. Dabei entdeckte ich ganz tief in mir einen Selbsthaß, eine Misogynie und eine Homophobie, von denen ich keine Ahnung hatte. Diese häßlichen Ansichten, über vier Generationen durch Botschaften von außen genährt, daß alte Frauen und Lesben keine wünschenswerten, normalen, interessanten, aktiven und annehmbaren Menschen sind, hatten sich perverserweise in meinem Denken niedergeschlagen – dem Denken einer alternden lesbischen Mutter. Ich mußte diese Trugschlüsse als Teil meines Denkens erst akzeptieren, um sie dann loszuwerden. Doch solche zerstörerischen Ansichten aufzugeben, ist erstaunlich schwierig, da Veränderungen so riskant und der Status quo zumindest vertraut ist."

Du entdeckst dein Selbst in der Gemeinschaft deiner Mitmenschen.

Du erreichst Selbstbewußtsein inmitten anderer.

Du bist anfällig für deine Umgebung.

Reiche, einflußreiche Männer scheinen bevorzugt zu sein, wenn es um das Selbst und die Akzeptanz der eigenen Person geht. Und es ist sicher wahr, daß Fragen über das Selbst und die Bedeutung des Lebens leichter zu erörtern sind, wenn man sich *mit Recht* als Jemand fühlt.

Doch abgesehen von der Selbstachtung, die womöglich nicht mehr Substanz als die Glasur auf einem Kuchen hat, bin ich nicht davon überzeugt, daß es denen, die reich, einflußreich oder typisch männlich sind, leichter fällt, ihr Selbst zu verstehen oder zu akzeptieren. Das Gegenteil ist häufig der Fall, denn Reichtum und das Streben nach Macht führen dazu, das Bewußtsein von den Bedürfnissen anderer und manchmal sogar von der Realität anderer auszuschalten, und zwar in gefährlichem Umfang.

In der Überzeugung der eigenen Überlegenheit gefangen zu sein, kann ebenso einengen wie die Überzeugung der eigenen Minderwertigkeit. Vielleicht fühlt man sich dann körperlich und gesellschaftlich nicht so unwohl, aber die psychischen Auswirkungen von Konformität, Sinnlosigkeit und fehlendem Ichbewußtsein kümmern sich nicht um Klassen-, Rassen- und Geschlechtergrenzen.

Möglicherweise muß eine Person das, worüber sie sich besonders identifiziert, erst verlieren, um ein Selbst zu entdecken, das nicht durch einengende Identifizierungsmerkmale begrenzt wird.

Ich habe ein großes Gehalt, aber ich bin nicht mein großes Gehalt.

Ich habe ein hübsches Gesicht, aber ich bin nicht mein hübsches Gesicht.

Ich habe viele Preise gewonnen, aber ich bin keiner meiner Preise.

Ich habe einen reichen Mann, aber ich bin nicht mein reicher Mann.

Ich habe ein schickes Auto, aber ich bin nicht mein schickes Auto.

Je besser du dich kennst und je mehr du dir vertraust, daß dein Handeln von einem Minimum an Konflikt und viel gutem Willen beherrscht wird, desto mehr kannst du dich anderen zuwenden. Die daraus entstehende Sicherheit läßt dich entdecken, daß enge Verbindung dein Selbstgefühl stärkt. Mehr noch, Verbindung zu anderen Menschen mehrt dein Wissen, *wer du bist*.

Doch wenn du durch Verbindungen zwischen dir und anderen deine Einzigartigkeit besonders deutlich erlebst, werden dann die Unterschiede zwischen dir und den anderen zu einem Problem? Unterschiede, die die meisten von uns so mühsam begreifen, wenn sie sie überhaupt begreifen.

Wir benutzen häufig Ausdrücke wie „ich habe mich mitreißen

lassen" oder „da habe ich mich vollkommen vergessen", wenn wir das Gefühl haben, wir hätten in bestimmten Situationen unser Selbst zurückgelassen. Musik ist hierfür das beste Beispiel. Auch ein Raum, in dem meditiert wird, kann diese Wirkung haben.

Die Erfahrung wird dadurch verstärkt, daß wir das mehr oder weniger bewußte Gefühl haben, *wir teilen sie mit anderen*. Vielleicht sind sie im selben Saal mit uns, vielleicht stellen wir uns auch nur andere vor, die dieselbe Musik zu einem anderen Zeitpunkt hören. Das Gefühl, eins zu sein mit anderen, wird uns ganz plötzlich bewußt, wenn das Erlebnis vorbei ist und wir wieder „zu uns selbst zurückkehren".

Manche Menschen stellen anhand von Beispielen die Trennung von Selbst und anderen in Frage. Gerhard Adler, ein Jungianer und Analytiker, beschreibt ein Seminar mit Jung, in dem dies deutlich wird.

„In dem Seminar wurden viele neue und aufregende Ideen diskutiert. Ich war von allem tief berührt und aufgewühlt. Zwei enge Freunde hatten ebenfalls an dem Seminar teilgenommen. Wir verließen das Clubhaus und gingen schweigend und konzentriert die Gemindstraße entlang. Ich war derjenige, der das Schweigen brach und sagte: ‚Heute hat er eigentlich über mich und meine wesentlichsten Probleme gesprochen und alle meine ungestellten Fragen beantwortet.' Ich werde nie die empörte Reaktion erst des einen, dann des anderen Freundes vergessen, die mir widersprachen: ‚Aber nein, er hat über meine Probleme gesprochen.' ‚Unsinn, es waren genau meine Fragen, die er beantwortet hat.' Wir hörten auf zu streiten und sahen uns an. Es wurde uns klar, daß ein Mann aus dem Zentrum seines Seins zu uns gesprochen hatte und daß diese Ebene alle unsere Persönlichkeiten einschloß und sie transzendierte."

Mystiker aus unterschiedlichen Traditionen unterstützen diese Sicht. Ein Zitat aus der Hindu-Schrift *Bhagavad Gita*:

Über die Paare hinausgegangen...
Denn der, der vom Paar befreit ist,
   ist leicht vom Konflikt befreit.

Im buddhistischen Text *Lankavatara Sutra* heißt es: „Die falsche Phantasie lehrt uns, daß solche Dinge wie Licht und Schatten, lang und kurz, schwarz und weiß unterschiedlich sind und unterschieden werden können, doch sie sind nicht unabhängig voneinander; sie sind lediglich unterschiedliche Aspekte derselben Sache, sie sind Begriffe einer Beziehung, nicht einer Realität. Die Bedingungen für ihre Existenz schließen sich nicht gegenseitig aus; in ihrer Essenz sind die Dinge nicht zwei, sondern eins."

Und im koptischen Thomasevangelium sagt Jesus: „Wenn ihr aus zwei eins macht und wenn ihr das Innere wie das Äußere macht und das Obere wie das Untere und wenn ihr aus dem Männlichen und dem Weiblichen eins macht, so daß das Männliche nicht männlich und das Weibliche nicht weiblich ist... dann werdet ihr in das Königreich eingehen."

Das ist ein aufregendes Paradox. Du machst die Erfahrung von deinem Selbst in der Gemeinschaft anderer.

Dadurch, daß eine andere Person von deiner Existenz und deinem Recht auf diese Existenz nach deiner Art überzeugt ist, findest du den festen Boden in dir selbst.

Von diesem Ort der inneren Realität kannst du dich anderen zuwenden – kannst dich vielleicht zeitweilig vergessen – und eine Verbindung zu ihnen herstellen.

In der Gemeinschaft anderer lernst du, *wer du bist.*

Wenn du dich sicher mit dir selbst fühlst, kannst du die Unterschiede wie die Ähnlichkeiten zwischen dir und den anderen schätzen.

Wenn du weißt, *wer du bist,* und darauf vertraust, *daß du bist,* kannst du auch allein sein. Nicht als Schutz gegen andere, auch nicht in Einsamkeit, sondern im Bewußtsein, daß du mit deinem Selbst allein bist.

Und wer ist das Ich?

Jemand mit Erinnerungen und Erfahrungen von anderen.

TEIL II

FRAUEN UND MÄNNER

Wenn du einem Menschen begegnest, triffst du als erstes die Unterscheidung „männlich oder weiblich".

Sigmund Freud

5. Kapitel

Mädchen oder Junge?

Keine Frau bringt einfach nur ein Kind zur Welt. Sie bekommt ein Mädchen oder einen Jungen, die zu einer Frau bzw. einem Mann heranwachsen.

Beschreibungen von Geburtserfahrungen schildern manchmal, daß die Eltern einen Moment lang dem Geschlecht des Kindes keine Beachtung schenken. Doch das ist keineswegs das Übliche. Die GeburtshelferInnen kündigen immer das Geschlecht des Kindes an, während es noch auf dem Weg ist: Es ist eine wesentliche Information mit tiefgreifender Wirkung auf die Beziehung der Eltern zum Kind, auf das Bild, das sich die Umwelt von dem Kind macht, und auf die Erfahrung, die das Kind von sich selbst hat. Das wiederum wirkt sich darauf aus, wie das erwachsen gewordene Kind sich selbst in Beziehungen und im Alleinsein darstellt.

Was auch immer dein Selbst ist, es wird durch deinen Körper vermittelt, der „weiblich" oder „männlich" signalisiert, und durch dein dir eigenes Verhalten, deine emotionalen Reaktionen und Haltungen, die sehr stark mit diesem Körper in Verbindung stehen. Dem biologischen Geschlecht zu entrinnen, ist schwer, fast unmöglich, und nirgends ist das offensichtlicher als in unseren engsten Beziehungen, in denen wir uns am meisten öffnen.

Natürlich sind wir mehr als nur das Produkt unserer Geschlechterkonditionierung. Der geschichtliche Zeitpunkt; die Bedingungen, unter denen du zur Welt kamst; die Einstellung der Eltern, die dich großgezogen haben: Alle diese Faktoren prägen unwiderruflich, *wer ich bin.*

Dabei spielt die Biologie eine große Rolle, ebenso wie dein Persönlichkeitstyp, dein Wille und dein individuelles Gefühl von deiner inneren Wirklichkeit und Freiheit. Vielleicht fühlst du dich von den Erwartungen der Gesellschaft an einen Menschen deines Geschlechts eingeengt. Vielleicht erlebst du dich als eine Person, die selbst entscheidet, wie sie sein möchte. Vielleicht hast du eine Beziehung mit einem Menschen desselben Geschlechts. Vielleicht hast du die Geschlechtsrollen mit deinem Partner des anderen Geschlechts getauscht. Doch wenn es darum geht, dein Selbst auszudrücken, ist es eher unwahrscheinlich, daß du dein Geschlecht überwindest oder daß du es für erstrebenswert hältst, das zu tun. Vielleicht erkennen wir nach zwei Jahrzehnten gegenläufiger Konditionierung, daß das Geschlecht ein wesentlicher Aspekt im Selbstverständnis eines Menschen ist und die „Überwindung des Geschlechts" in den meisten Lebensphasen ein eher zweifelhaftes Ziel darstellt.

Realistischer scheint es zu sein, aus einem inneren Gefühl der Sicherheit und Flexibilität jene Haltungen, Gefühle und Reaktionen *in dir selbst zu ermutigen*, die der angemessenste Ausdruck für dein Selbst sind, ungeachtet der Frage, ob das in den Augen der Gesellschaft den gängigen Geschlechtsstereotypen entspricht.

Das ist vielleicht ein lebenslanger Prozeß deiner Entdeckung des Selbst und des Anderen, doch selten führt er zur Androgynie. Du wirst nicht dadurch männlicher, daß du als Frau männliche Bereiche und das, was dir daran sinnvoll erscheint, übernimmst. Als Mann wirst du nicht weiblicher dadurch, daß du „die engen Hosen der Männlichkeit" – um Michael Kaufmann zu zitieren – ablegst und den Bereich der Frauen erforschst.

Was sich im Laufe dieses Prozesses ändert, ist nicht dein Geschlecht, sondern *deine Definition, was soziales Geschlecht bedeutet*. Anders ausgedrückt, du findest für dich in den verschiedenen Lebensstadien neue Definitionen dafür, was es bedeutet, eine Frau bzw. ein Mann zu sein. Das kann sehr befreiend sein, wenn es um die Beziehung zu dir und zu anderen geht.

Eine klare Analogie zu David Sterns Beobachtungen über Kinder tut sich hier auf: Es ist nicht so, daß sie verschiedene Stadien durchlaufen und sie dann hinter sich lassen, sondern sie *fügen* neues Verhalten *hinzu*, wenn ein neues Entwicklungsstadium erreicht ist.

Wahrscheinlich wirst du deine Weiblichkeit bzw. Männlichkeit auf eine dir angemessene Art und Weise ausagieren, auf der Basis deines Wissens über die Unterschiede zwischen den Geschlechtern; denn in den meisten Stadien deines Lebens *ist dein Wissen von dir selbst ganz wesentlich geprägt von dem, was du über Geschlechtsrollen weißt,* auch wenn das potentiell einengend sein kann.

Dieser Gedanke läßt sich noch weiterführen.

Die Etappen der menschlichen Entwicklung lassen sich skizzieren als:

- Ein vitales Bedürfnnis zu wissen, wer du in bezug auf dein Geschlecht bist (kindliches Verhalten), hin zu
- dem Ausagieren der Geschlechtsrolle oder zur Rebellion dagegen, wobei die Art und Weise zum Teil biologisch bestimmt und zum Teil sozial konstruiert ist (angepaßtes Verhalten – der meisten von uns die meiste Zeit), bis zu
- einem Verhalten, Denken, Fühlen, Träumen, Handeln, Reagieren, das sich daran orientiert, wie wir uns selbst treu bleiben können, unabhängig davon, ob diese Verhaltensweisen konventionellen Erwartungen an dein biologisches Geschlecht gerecht werden (wahres Verhalten).

Doch die Vorstellung, daß du dein Geschlecht völlig frei ausleben kannst, ist meiner Meinung nach illusorisch. Die meisten von uns sind zu sehr in den herrschenden Vorstellungen von Geschlechtsrollen verhaftet. Aber schon Flexibilität ist ein wichtiges Ziel, das das Verständnis und die Freiheit dir selbst gegenüber beeinflußt und dich von einengenden Vorurteilen, wie andere Menschen sich verhalten sollen, befreit.

„Ich selbst sein" wollen viele, die die enge Beziehung, in der sie leben, analysieren. Wenn es allerdings um Geschlecht geht, fühlt sich ein Großteil eingeengt, nicht weil sie das wollen, sondern weil sie sich nie besondere Gedanken darüber gemacht haben oder weil sie diesen Aspekt der Geschlechtsrollen für die Frage *Wer bin ich?* für eher nebensächlich halten.

Annas Geschichte zeigt, wie eine konventionelle und unreflektierte Einstellung zum Geschlecht ihr die Möglichkeiten, sie selbst zu sein, beschnitt und erst eine Veränderung ihrer Sichtweise ihr half, sie selbst zu sein.

Anna leitet ein erfolgreiches Müllverwertungsunternehmen. Sie ist fünfundfünfzig Jahre alt und sehr agil, gibt Parties und erweckt den beneidenswerten Eindruck einer geborenen Optimistin.

„Ich weiß schon, daß die Leute immer ungläubig den Kopf schütteln, wenn ich sage, daß Schönheit kein Segen ist. Zumindest war es das für mich nicht. Meine Mutter war auch schön, und zu ihrer Zeit war das von großer Bedeutung. Sie hatte eine gute Partie gemacht, und ich glaube, sie hielt ihre Schönheit für den Faktor, der ihr die Zuneigung meines Vaters sicherte. Wahrscheinlich hatte sie sogar recht. Deswegen glaubte sie, ein Besitzrecht an meiner Schönheit zu haben. Sie hatte eine schöne Tochter zur Welt gebracht – welch eine Tat. Sie war nicht neidisch, zumindest erinnere ich mich nicht daran, aber sie hat mich immer dazu angehalten, aus meinem Aussehen das meiste zu machen, auf eindeutig weibliche Art.

Ich studierte, ohne großen Erfolg, danach habe ich eine Reihe nicht besonders interessanter, aber gut bezahlter Jobs gehabt, die mir damals aber ganz gut gefielen. Ich war zweimal verheiratet und bekam in meiner zweiten Ehe schnell hintereinander zwei Kinder.

Dann starb mein Mann, gerade zu dem Zeitpunkt, als er und ich uns ein bißchen näher zu kommen schienen und die Kinder aus dem Gröbsten raus waren. Ich war am Boden zerstört. Unsere Ehe war keineswegs perfekt gewesen, doch ich erinnere mich an das Gefühl, daß mir die Chance für eine tiefere Bindung verlorengegangen war.

Auf jeden Fall warf ich mich ganz auf die Rolle der fröhlichen Witwe. Ich war nicht alt, knapp über dreißig. Und dann hatte ich ein Jahr darauf einen Schlaganfall. Es war fürchterlich. Ich dachte, ich sei tot. Nur, wenn ich tot war, warum hörte ich dann die Kinder, die Krach machten und sich wie Ungeheuer verhielten, während ich nicht mit ihnen reden konnte?

Ich war ewig im Krankenhaus. Meine Mutter war bereits gestorben, so daß Freundinnen sich um die Kinder kümmern mußten, und ich war zutiefst verunsichert und wußte nicht, ob ich überleben würde oder es überhaupt wollte.

Ich habe lange gebraucht, bis ich die Ärzte um eine Prognose bat. Sie murmelten alles Mögliche vor sich hin, woraus ich entnahm, daß mein Gesicht in Mitleidenschaft gezogen war. Und nicht nur mein Gesicht, sondern meine ganze linke Seite.

Mit viel Unterstützung wurde ich fast vollständig gesund. Viele Leute halfen mir, weil sie die Tatsache, daß ich so jung war (und einst eine Schönheit) und Kinder hatte und so weiter, anrührte. Nach einem Jahr hatte ich meine körperliche Bewegungsfähigkeit soweit wie heute wiedererlangt, und dann brach ich zusammen. Ich verlor meine Sprechfähigkeit erneut! Es war absurd. Wieder mußte ich ins Krankenhaus, diesmal in eine ziemlich teure Privatklinik, wo ich keinerlei Hilfe bekam und viel zu viele Pillen.

Doch dann hatte ich das Glück, eine Frau kennenzulernen, die ihr Kind verloren hatte und daraufhin einen Nervenzusammenbruch bekam. Ihr Mann war langweilig und egoistisch und für sie keine Hilfe. Also taten wir uns zusammen und halfen uns in Gesprächen gegenseitig aus unserer mißlichen Lage.

Als wir entlassen wurden, verließ sie ihren Mann und zog bei mir ein. Eine Weile hatten wir eine wunderbare sexuelle Beziehung, die ging jedoch so schnell, wie sie gekommen war. Die Freundschaft aber blieb, und wir wohnten weiterhin zusammen. Meine Kinder liebten sie, und sie liebte die Kinder.

Während dieser Phase überlegte ich mir, was Aussehen bedeutete. Ich war immer noch schön, aber nur ein schwaches Abbild meiner früheren Schönheit, die auf Symmetrie angewiesen war, und die fehlte jetzt. Das Merkwürdige allerdings war – und das war eine riesige Erleichterung –, daß eine Menge Gefühle, die damit zusammenhingen, auch verschwunden waren.

Was für Gefühle? Weiß der Himmel, welche genau, aber *weibliche* Gefühle, weiche, schöne Gefühle. Vielleicht hatte ich früher unbewußt gedacht, ich müßte mich für all die Bewunderung bedanken, indem ich mich wie die feminine Frau verhielt, die mein Aussehen vermuten ließ.

Ich hörte nicht auf einmal auf, innen drin weich und schön zu sein; während der Affäre mit Pat war ich auf jeden Fall sehr weich. Aber ich hatte nicht mehr das Gefühl, daß mein Äußeres geschaffen war, um zu gefallen, und daß mein Inneres dazu passen müßte, weil ich den Menschen sonst nicht gefallen, sondern sie verärgern würde.

Ich möchte immer noch gefallen, ich möchte immer noch gemocht werden. Doch jetzt bestimme eher ich, auf welche Art. Ich leite dieses Unternehmen so, wie es mir paßt, und offenbar paßt das auch den anderen. Es gefällt mir, daß ich an der Spitze stehe, aber ich habe nur selten das Bedürfnis, die Chefin rauszukehren.

Seit einigen Jahren lebe ich allein und genieße das sehr. Ich habe eine phantastische Affäre mit einer Person, die wesentlich älter ist als ich und für mich eine Quelle der Inspiration bedeutet. Dieser Mensch ist über siebzig, und ich hatte in meinem ganzen Leben keine so wunderbare sexuelle Beziehung.

Ich will nicht sagen, ob es eine Frau oder ein Mann ist, denn einer der wunderbaren Aspekte besteht für mich darin, daß das keine Rolle spielt. Natürlich bestimmt das Geschlecht dieser Person meine Beziehung, aber das ist nicht mehr vorrangig. Manchmal überrascht es mich selbst, aber gleichzeitig scheint es mir das Normalste von der Welt zu sein, und ich frage mich, warum die Leute soviel Aufhebens davon machen, ob jemand schwul ist oder nicht.

Insgesamt habe ich mich wohl ziemlich weit von meiner Mädchenschule und den manikürten Parties meiner Mutter entfernt. Mit Sicherheit hat meine Mutter es nur gut gemeint, indem sie die Schönheit meiner perfekten Züge in den Mittelpunkt stellte, doch das großartige Gefühl, innen und außen ich selbst zu sein, ist unendlich viel lohnender. Ich kann das nur empfehlen!"

Vielleicht fragst du dich jetzt: Ist die Geschichte dieser Frau zu schön, um wahr zu sein? Hat die Verwirklichung ihres Selbst in der Beziehung und im Alleinsein ein fast unglaublich perfektes Gleichgewicht erlangt? Als ich Anna diese Fragen stellte, lachte sie.

„Manchmal sabbere ich immer noch, besonders wenn ich müde bin, und das macht mich dann unglücklich, obwohl ich mir sage, daß es egal ist. Außerdem waren meine Wechseljahre eine einzige Tortur. Doch das nimmt mir nicht das Gefühl, ich selbst zu sein; ich lasse es auch nicht zu, daß ich mich deswegen von anderen zurückziehe. Wenn ich allein sein möchte oder auf einmal feststelle, daß ich allein bin, dann nicht, weil ich mich den Menschen nicht gewachsen fühle oder das Bedürfnis habe, mich zu verstecken, um mich zu erholen. Mein Gefühl, daß ich jedes Recht habe, so zu sein, wie ich bin, schließt auch Sabbern und Hitzewallungen, die daraus entstehende Verlegenheit und das Recht, allein sein zu wollen, mit ein, ohne mich dafür entschuldigen zu müssen. Nein, ich bin nicht zu gut, um wahr zu sein, aber ich bin unglaublich glücklich, und dies Bewußtsein macht mich so fröhlich."

Anna hat nicht eine unrealistische Ebene der Selbstverwirklichung erreicht. Sie ist nicht weniger Frau als früher, doch die Ereignisse in ihrem Leben haben es ihr ermöglicht, sich aus der Falle zu befreien, in der sie die Anna der anderen war, und die eigene Anna zu werden. Anders gesagt, beschreibt sie die Reise einer Person, die ein angepaßtes Verhalten hatte und gelernt hat, sich in ihrer öffentlichen und privaten Darstellung hinsichtlich ihres Geschlechts selbst treu zu sein.

Wer bin ich? Was will ich? Lebe ich das Leben, das ich leben möchte? Diese Fragen kann Anna mit einiger Zuversicht beantworten.

6. Kapitel

Bei deinem Geschlecht ankommen

Der Begriff *angepaßtes Selbst* ist eine verkürzte Beschreibung für einen Menschen, dessen Verhalten durch die bewußte oder unbewußte Überzeugung eingeengt ist, daß die Meinungen der Außenwelt mehr Gewicht haben als das Wissen, das sie oder er im Inneren über sich hat.

Es sind nicht die „Anderen", die diesen Mangel an innerer Kraft und die daraus entstehende Unsicherheit ertragen müssen, sondern wir selbst, die wir uns alle in einem andauernden Zustand der „Anpassung" befinden, mit einem mehr oder minder ausgeprägten Gespür für unsere Realität. Wir gehen nämlich alle – mit gutem Grund – von der Annahme aus, daß wir uns auf bestimmte Weise verhalten „sollten" oder „müssen", wenn wir für andere Menschen akzeptabel sein wollen. Die Probleme entstehen erst dann, wenn diese Forderungen einen so großen Raum einnehmen, daß wir nicht mehr darauf hören, was sich in unserem Inneren regt, also wenn wir nicht mehr recht wissen, wer wir sind, was wir wollen oder fühlen.

Wenn das innere Leben schon lange unwirklich ist, scheint eine Veränderung oft kaum noch möglich. Das ist nicht nur für dich schwierig, sondern auch für die Menschen um dich her, denn deine Sensibilität für deine Emotionen und die anderer Menschen – die so wesentlich ist, wenn Offenheit in Nähe entstehen soll – verschwindet hinter Selbstmitleid, Angst und einer hohlen Sicherheit.

Menschen, die um sich selbst kreisen, haben ein schwaches und kein starkes Selbst. Menschen, die der Meinung anderer Menschen zuviel Wert beimessen, erwecken leicht den Anschein, sich selbst zu ernst zu nehmen. Vielleicht sind sie tatsächlich mit sich selbst beschäftigt. Doch aufgrund des Fehlens einer inneren Orientierung führt diese Selbstsucht zu kaum mehr als chronischer Hilflosigkeit. *Ich habe keine Kontrolle über mein Leben. Mein Leben ist nicht das, was ich mir wünsche. Ich habe das alles getan, um anderen Menschen zu gefallen. Wer rettet mich vor mir selbst?*

Natürlich gibt es viele Menschen, die behaupten, es sei ihnen völlig egal, was andere von ihnen denken, sie genügten sich selbst. Eine solche Haltung erlaubt es ihnen nicht, sich in Zeiten des Alleinseins wohl zu fühlen. Sie erreichen diese Einstellung nicht auf der Basis eines authentischen Gefühls innerer Freiheit, sondern auf der Grundlage der Feindseligkeit, die gewöhnlich aus Angst und Selbstverteidigung entsteht. (Meine Mutter, mein Vater, die Welt – sie alle haben sich nicht genug um mich bemüht, warum sollte ich mich also um sie kümmern?) Hinter dieser „Ist-mir-doch-egal-Haltung" verbirgt sich häufig ein besonders empfindlicher emotionaler Kern, der es nicht riskieren kann, sich zu öffnen. Die Beobachtung der Analytikerin Margot Wadell macht diesen Punkt sehr anschaulich: „Unter einem dicken Fell ist meistens eine ganz dünne Haut."

Wenn du dich selbst als Person erlebst, deren Geschlechtsrolle besonders eng definiert ist, offenbart sich da ein Teilaspekt deines angepaßten Selbst, der sich in der Art, wie du eine enge Beziehung erfährst oder vermeidest, niederschlägt.

Du kannst andere Menschen nicht besser kennen, als du dich selbst kennst, noch kannst du ihnen Freiheiten zugestehen, die du dir selbst nicht zugestehst. Eine eingeengte Wahrnehmung deiner eigenen Geschlechtsrolle bedeutet dann, daß du nicht bereit bist, die Entscheidungen anderer Menschen zu verstehen oder zu tolerieren.

Wenn du dich einen Großteil deines Lebens eng in deine Geschlechtsrolle gefügt hast, kann der Versuch anderer Menschen, aus ihrer Rolle auszubrechen, dein Gefühl einer inneren Ordnung gefährden. Die Erkenntnis, daß deine Überzeugung, wie Frauen sich zu verhalten haben oder was Männer fühlen dürfen, nur eine Einstellung ist und keine unumstößliche Wahrheit, kann dich verunsichern und Wut hervorrufen, die sich dann vielleicht gegen deine Familie oder gar dich selbst richtet.

Buchstäblich mit zusammengebissenen Zähnen erzählte Roger: „In meiner Kindheit wurde ich darauf gedrillt, daß ein Junge nicht weint. Auch meine Mutter bestand darauf. Das habe ich also gelernt, doch als Erwachsener habe ich große Schwierigkeiten, Traurigkeit zu empfinden oder die eines anderen Menschen zu ertragen. Statt traurig zu sein, fühle ich oft Wut oder Verachtung, die offenbar als annehmbarere männliche Gefühle gesehen werden als Kummer oder Trauer. Ich habe das Gefühl, wegen dieser Maßregelungen in meiner Kindheit ein Krüppel zu sein, und das macht mich entsetzlich wütend."

Roger mag sich wirklich wie ein Krüppel fühlen, aber er ist dennoch nicht allzu schlecht dran, denn daß er die Beschränkungen seines emotionalen Ausdrucks erkennt und dagegen angehen will, zeigt ja, daß er sich teilweise aus dem Korsett seines angepaßten Selbst befreit hat. Er erkennt den Einfluß der Vergangenheit auf sein Leben in der Gegenwart. Natürlich kann er die Vergangenheit nicht einfach abschütteln, nur weil er das möchte, aber er weiß, daß Veränderungen bei ihm selbst beginnen müssen. Sobald sie aber in Angriff genommen sind, wird sich auch die Haltung anderer Menschen ihm gegenüber verändern.

Viele Menschen nehmen ihr Geschlecht als gegeben hin. Angesichts des verwirrenden Lebens, das so viele von uns führen, ist es einfach eine Erleichterung, wenigstens einen Aspekt nicht hinterfragen zu müssen. Doch während es offensichtlich möglich ist, Verallgemeinerungen über Männer und Frauen zu treffen – die wahrscheinlich ziemlich zutreffend sind –, läßt sich das Geschlecht als fließende Größe betrachten, nämlich als ein Aspekt der Individualität einer Person, in die ihre im Lauf des Lebens sich wandelnden Erfahrungen von sich selbst eingegangen sind.

Annas Geschichte hat das verdeutlicht, und meine Interviews für dieses Buch haben mir gezeigt, daß Lesben und Schwule den Heterosexuellen einiges voraus haben, wenn es darum geht zu betrachten, was Geschlecht als Ausdruck ihres Selbst bedeutet.

Theo ist Drehbuchautor und war in den siebziger und achtziger Jahren in der Schwulenpolitik aktiv. Er schildert das so: „Wenn du in einer bestimmten Kultur aufwächst und in dir andere Neigungen entdeckst, mußt du alles neu lernen. Das ist ein Luxus. Wie andere Schwule auch wurde ich heterosexuell erzogen und definierte mich entsprechend der Norm, die männlich ist. Heterosexuelle Männer sind der Nabel der Welt. Sie müssen sich nicht definieren, sie brauchen sich nie kritisch zu betrachten. Alles kreist um sie. Der schwule Junge weiß, daß er an den Normen gemessen mangelhaft ist, doch das kann sich als Vorteil erweisen. Manche Menschen zerstört dieser Prozeß, doch wenn du durchkommst, erlangst du eine enorme Stärke.

Wenn im Leben eines heterosexuellen Mannes etwas passiert – zum Beispiel seine Frau ihn verläßt –, hat er keine Möglichkeit, damit fertigzuwerden. Er hatte nie die Gelegenheit, sich selbst zu definieren und ein unabhängiger Mensch zu werden. Das Macho-Verhalten australischer Männer verbirgt zum Beispiel eine Reihe sehr kindischer Einstellungen. Der Mann, der unter dem Pantoffel steht, verläßt seine Mutter sein Leben lang nicht. Schwul zu sein, ist eine eher komische Art der Unabhängigkeitserklärung. Feministinnen beschuldigen schwule Männer, daß sie genauso frauenfeindlich sind wie heterosexuelle Männer, daß sie sich im Innersten vor Frauen fürchten. Aber ich habe dieses Gefühl nie gehabt.

Ich erlebe Beziehungen zwischen Schwulen und Lesben und zwischen Schwulen und Schwulen als viel enger und intellektuell produktiver im Vergleich zu der sexuellen Kriegsführung bei heterosexuellen Paaren. Heterosexuelle erwarten oft, daß all ihre Bedürfnisse von einem Menschen befriedigt werden. Schwule wissen eher, daß das nicht geht."

Der amerikanische Dichter Carl Morse bestätigt Theo, wenn er sagt: „Das homosexuelle Kind, das sich nicht umschaut, überlebt nicht."

Die Tatsache, daß Theo frei ist von der Illusion, ein einzelner Mensch könne alle seine Bedürfnisse befriedigen, hebt einen wichtigen Punkt hervor. Wenn du dich hinsichtlich deiner Geschlechtsrolle einengst, mußt du dich an das sogenannte andere Geschlecht wenden, um deine Lücken zu füllen, ob sie nun explizit emotional sind (Wer fühlt meine Gefühle für mich?) oder eher implizit emotional (Wer bringt mir das Regal an?). Häufig ist die Suche nach einem Menschen, der die Aspekte entwickelt, die du nicht entwickeln oder in dir nicht erkennen willst, aussichtslos.

So schwer es auch sein mag, es ist unendlich viel belebender, die Eigenschaften in dir selbst zu entwickeln, die du in anderen Menschen suchst.

Selbst wenn der Erfolg begrenzt ist, bedeutet es doch, daß du die Verantwortung für dich übernimmst und deine Kenntnisse über dich erweiterst. Auch bedeutet es, daß du anderen Menschen aufrecht begegnen kannst, statt dich mühsam zu der Krücke zu schleppen, die dir von einer möglichen „anderen Hälfte" hingehalten wird.

Damit soll die Freude an der Ergänzung, die Freundschaften oder sexuelle Beziehungen bieten, nicht geschmälert werden. Wie schön, wenn deine Kochkünste gewürdigt werden und du im Garten nichts zu tun brauchst außer ihn zu bewundern. Wie angenehm für mich zu wissen, daß die Rechnungen bezahlt werden, und für dich, daß das Gartentor demnächst gestrichen wird. Welch ein Glücksgefühl, daß du dich an meiner Überschwenglichkeit erfreust und ich deine Ruhe genieße.

Doch diese Unterteilungen der physischen und emotionalen Aufgaben sollten eher auf der Grundlage von Temperament, Neigung und Erfahrung getroffen werden als auf der Basis des Geschlechts. Wenn ich wehmütig an die Ideale der sechziger und siebziger Jahre zurückdenke, an unsere Ziele, die Welt und zugleich uns zu verändern, verschafft mir der Gedanke, daß immer mehr Menschen gerade von dieser Erkenntnis profitieren, ein wenig Trost.

Dein Geschlecht ausdrücken

In deinen engen Beziehungen und besonders in den sexuellen Beziehungen verhältst du dich wahrscheinlich nicht mehr oder weniger stereotyp weiblich oder männlich als andere Menschen. Vielleicht möchtest du ausbrechen und stellst dann fest, daß deine Partnerin/dein Partner von dir fordert, du solltest dich enger an männliche bzw. weibliche Verhaltensmuster halten, als dir lieb ist.

Joyce ist neunundzwanzig und lebt seit ihrem neunzehnten Lebensjahr mit Guy. „Guy hatte reichlich Gelegenheit, zum idealen ‚neuen Mann‘ zu werden. Seine Eltern sind toll, er ist auf eine liberale Schule gegangen und arbeitet als Steuerberater für eine Umweltfirma, doch zu Hause benimmt er sich wie der letzte Macho. Er erwartet, daß ich hinter ihm herräume, sowohl im wörtlichen wie auch im emotionalen Sinn, und mich seinen Stimmungen anpasse, egal wie er sich fühlt. Ich möchte eine andere Art von Beziehung, aber ich weiß nicht, wie ich sie herstellen kann, es sei denn, ich verlasse Guy. Ich verstehe nicht, wieso er so ist."

Wieso Guy so ist, ist nicht leicht herauszufinden, wenn wir nicht fragen, was er davon hat, Joyce wie eine Hausangestellte zu behandeln und nicht wie einen eigenständigen Menschen. Doch Joyces Entsetzen ist typisch für Frauen und Männer, die in genau der Art Beziehung zwischen den Geschlechtern landen, die sie vermeiden wollten. Angeblich hat sich die Welt verändert. Stimmt das wirklich?

Geschlecht ist nicht selbstverständlich. Wenn wir nicht verstehen, welche Funktion es in der Erhaltung des Selbstgefühls ausübt und welche Stabilität es dabei verleiht, aber wie es auch einengt und hemmt, ist es schwierig, wenn nicht ganz unmöglich, manche Probleme der Nähe zu entschlüsseln und die Hindernisse auf dem Weg zu lohnendem Alleinsein aus dem Weg zu räumen.

Du hast schon in frühester Kindheit gelernt, wer du bezüglich deines Geschlechts bist. Die meisten von uns haben diese Lektionen mit erstaunlicher Leichtigkeit verinnerlicht. Selbst der vorliegende Text hätte nicht diese Akzentsetzung, wenn Joanna Ryan mich nicht darauf hingewiesen hätte, wie schwierig es ist, in Kindern ein Verhalten entstehen zu lassen, gegen das sie sich wehren, und wie vergleichsweise leicht die meisten Kinder Verhaltensweisen annehmen, die bemerkenswert kongruent mit ihrem Geschlecht sind. Joanna machte diese Beobachtungen als analytische Psychotherapeutin, aber auch als Mutter eines Sohnes, der eine Menge entspannten Kontakt mit Männern hat, aber in einem Frauenhaushalt lebt.

Die Emanzipation von stereotypen Geschlechtsrollen steht seit über zweihundert Jahren auf dem Plan, doch obwohl sich die Rolle der Frau durch den Eintritt in die bezahlte Berufstätigkeit dramatisch verändert hat und manche Männer inzwischen die Unterteilungen zwischen privater und öffentlicher Sphäre ernsthaft in Frage stellen, scheint es, daß da, wo es um die Schaffung des Selbstbildes geht, um die innere Erfahrung der Menschen als Frauen und Männer, Mädchen und Jungen, sich nicht viel getan hat.

Wieso finde ich im Kindergarten kleine Mädchen, die drinnen ihre Plastikpuppen baden oder still vor sich hin malen, während die Jungen draußen lautstark das Universum verteidigen?

Warum müssen so viele Mädchen ermutigt werden, sich gehen zu lassen und an ihrer Körperlichkeit und Stärke zu freuen? Warum helfen sie gern beim Aufräumen und übernehmen Aufgaben, die anderen Menschen das Leben angenehmer machen?

Warum können die meisten Jungen im Alter von drei oder vier Jahren bestimmte Spiele als Jungenspiele identifizieren und wissen, daß diese dramatischen und phantasievollen Spiele viel mehr Spaß machen (meiner Ansicht nach richtig) als sogenannte Mädchenspiele, daß sie aber zu „rauh" (meiner Ansicht nach falsch) für die Mädchen sind, die weder kleiner noch weniger behende sind als sie? Und warum akzeptieren so viele Mädchen diese Unterteilung und spielen am Rand des Spielplatzes, während die Jungen die Mitte dominieren, wo sie Platz haben und sich bewegen können?

Warum sehen sich sechsjährige Jungen in meiner Erzählstunde veranlaßt zu unterbrechen, sich auf dem Boden zu wälzen oder dumme Witze zu machen, um die Aufmerksamkeit auf sich zu lenken, warum bestehen sie oft auf ihren gewalttätigen Spielen, damit die Gruppe sie bewundert, während die sechsjährigen Mädchen mir und einander zuhören und darauf reagieren? Schlimmer noch, warum sitzen diese wachen, intelligenten Mädchen passiv da, als sei es ihr Schicksal, wenn die Jungen unterbrechen?

Derartiges Verhalten zeigt bemerkenswerte Unterschiede in der Bewertung von Personen und Dingen, die wichtig sind, und diese Unterschiede schlagen sich im erwachsenen Leben nieder, wenn es an diesen Mädchen und Jungen ist, Beziehungen zu entwickeln und auf die Bedürfnisse eines anderen Menschen einzugehen.

Zum Teil sind die Unterschiede sozial konstruiert, vor allem durch die unbedachten, stereotypen Reaktionen der Erwachsenen.

Zwanzig Jahre nachdem die Neue Frauenbewegung bei uns ankam, glaubte meine Tochter vorübergehend, daß sie „schöner" aussehen würde (wie sie selbst sagte), wenn sie für den Kindergarten ein Kleid trüge, statt der kurzen Hosen, die sie normalerweise anhatte. Sie war zu dieser Überzeugung gelangt, weil eine der Kindergärtnerinnen ein anderes Mädchen wegen ihres Kleides gelobt hatte: „Welch ein hübsches Kleid, Shona!"

Im Alter von drei Jahren beobachtete die kluge Kezia, wie gut dem Mädchen das Lob tat. Ihr tat es ebenfalls gut. Sie erfuhr, daß Schönheit und Sich-Schmücken belohnt werden. Außerdem glaubte sie, daß Schönheit und Sich-Schmücken weibliche Vorrechte seien.

„Jungen können nicht Ballettänzerinnen werden", versicherte sie mir. „Jungen sind zu blöd."

Doch die stereotypen Reaktionen der Erwachsenen erklären nicht alles. Im Verhalten von Kindern gibt es geheimnisvolle Aspekte, die mich annehmen lassen, daß ein Teil des Geschlechtsverhaltens von so tief innen kommt, daß man es angeboren nennen könnte.

Fraser Harrison ist ein britischer Autor, der das eigene Leben als Vorlage für seine Texte nimmt. Im folgenden Beispiel beschreibt er mit ungewöhnlich einfühlsamer Beobachtungsgabe seine beiden Kinder Tilly und Jack und deren Beziehung zu Puppen. Jack ist der jüngere von beiden.

„Er hatte schon immer eine riesige Sammlung Kuscheltiere und Puppen, und manchmal überschüttet er sie genau wie Tilly mit häuslicher Aufmerksamkeit... sie geben ihm eine Menge kindlichen Trost, und er schläft nie allein. Doch abgesehen von seinen Bären und anderen Stofftieren, die er allein wegen der Sicherheit, die sie ihm verleihen, liebt, haben alle seine Puppen heldenhafte Eigenschaften. Sie sind besitzbare Miniaturausgaben von Wesen mit übermenschlichen Qualitäten, alle maskulin, mit denen er sich identifiziert und deren außergewöhnliche Stärke er sich in seiner Phantasie ausleiht. Sie sind Relikte des wahren Kreuzes, Fetische, deren magische Kräfte ihn in einen unwiderstehlichen, allmächtigen Gott verwandeln. Anders gesagt, sieht er zu seinen Puppen auf und verehrt sie als Vorboten des übermenschlichen Wesen, das er werden möchte. Deswegen hat er nichts dagegen, daß seine Soldaten, Roboter, Ritter und Raumfahrer als Spielzeug bezeichnet werden. Für ihn sind sie genau das, denn der Begriff *Spielzeug* mindert ihre magischen Assoziationen nicht."

Und wie sieht die Machtbeziehung zwischen Tilly und ihren Puppen aus?

„Tilly blickt auf ihre Puppen herab. Der Vorgang ist derselbe, aber er funktioniert andersherum: Weil ihre Puppen Babys sind, wird sie allmächtig; wären sie hingegen lediglich Puppen, dann wäre sie auch nur ein kleines Mädchen... Tillys Phantasien drehen sich darum, Macht durch Beziehung und nicht durch Muskelkraft auszuüben. In ihrem spielerischen Versorgen und Bemuttern, die für Jack von keinerlei Interesse sind, manipuliert sie den kleinen Hof von Babys, die alle weiblich sind, und unterwirft sie ihrem absoluten Willen.

Als sie selbst noch klein war, behandelte sie jüngere Kinder immer mit großer Wärme und einiger Herablassung... Häufig kam sie zu mir, hielt eine ihrer Puppen hoch und sagte ‚Baby, Baby', so oft, bis ich ihr bestätigte, daß es wirklich ein Baby war. Dieses häufig durchlaufene Ritual schien ihr die eigene Existenz und Bedeutung zu bestätigen. Sie drückte ihre Freude daran aus, indem sie beide Augen schloß und mir zeitlupenmäßig zuzwinkerte."

Gegengeschlechtliche Kindererziehung

In den letzten zwei Jahrzehnten haben viele Eltern versucht, ihre Kinder nach gegengeschlechtlichen Mustern zu erziehen und sich energisch und phantasievoll gegen einige soziale Faktoren zur Wehr zu setzen. Dennoch mußten sie feststellen, daß sie ihr Heim mit einem draufgängerischen Skateboard-Fahrer teilten, der auf keinen Fall weinen wollte, und mit einem Wesen in Rosa, das sich anbot, hinter dem kleinen Bruder, einem richtigen Schmutzfink, herzuräumen.

Haben diese Eltern versagt? Können sie dem Fernsehen die Schuld geben?

Wiebke Wüstenberg, eine Freundin und berufserfahrene Frau, hörte sich meine professionellen und mütterlichen Unmutsäußerungen zu diesem Thema mit unendlicher Geduld an und schilderte mir dann ihre Beobachtungen an westdeutschen Kindern im Vorschulalter, um mir klar zu machen: *Die Bedeutung deines Geschlechts zu einem bestimmten geschichtlichen Zeitpunkt und in bestimmter Gesellschaft zu begreifen, ist ein wichtiger Aspekt, zu lernen, wer du bist.*

Dieser Punkt darf nicht unterschätzt werden. Vielleicht ist die Erwartung der Eltern, daß ihre Kinder zu jungen „Menschen" aufwachsen, die aus einer ganzen Reihe sozial wünschenswerter Verhaltensweisen auswählen, schlicht unrealistisch. Vielleicht wird dabei die nicht unerhebliche Macht der Biologie geleugnet. Vielleicht wird dabei dem Kind auch ein Orientierungspunkt verweigert, nach dem es sich richten kann, wenn es lernt, wer es ist. „Ich bin Michael, und ein wesentlicher Aspekt meines Michael-Seins ist, daß ich ein Junge bin."

Ich will damit nicht behaupten, daß Michael, um Sicherheit zu erfahren, zu einem Macho werden muß. Macho-Verhalten würde ich als erlernt und angepaßt betrachten, ein Verhalten, das mit großer Wahrscheinlichkeit die bewußten oder unbewußten Bedürfnisse der Eltern reflektiert, daß sich ihr Kind in die stereotype Geschlechtsrolle einpassen möge. Auch wenn Michael fest in seinem Mann-Sein verankert ist, kann er dennoch Aktivitäten genießen oder zu deren Genuß ermutigt werden, die traditionell als weiblich gelten, oder Gefühle ausdrücken, die als unmännlich betrachtet werden. Denn wir sind immer noch dabei zu entdecken, was es für das Individuum Michael bedeutet, männlichen Geschlechts oder männlich in seinem Verhalten zu sein.

Ebenso sind wir gerade erst am Anfang, herauszufinden, was es für ein Individuum Mary bedeutet, weiblichen Geschlechts zu sein, während die Bildungs- und Berufschancen für Mädchen langsam ausgeweitet werden, um deren verschiedenartigen Bedürfnissen gerecht zu werden, und die Erwartungen der Familie sich allmählich verändern, so daß jede Mary die Gelegenheit hat, eigene Bedürfnisse zu entdecken.

Was ich jedoch behaupten will, ist, daß jede Mary und jeder Michael die Botschaften um sie her, die ihnen sagen, was ein weiblicher und was ein männlicher Mensch ist – *und zu was für einem erwachsenen Menschen sie sich jeweils entwickeln –*, aufnimmt und einige dieser Botschaften in den frühen Jahren der Kindheit, wenn die Frage *wer bin ich?* zentral für ihre psychologische Entwicklung ist, als Leitlinie nutzt.

Der Punkt muß betont werden: Geschlecht kann eine Falle sein; gleichzeitig ist es ein wesentlicher Aspekt bei der Entstehung und Verwurzelung unseres Selbstgefühls. Robert Stoller hat in seiner bahnbrechenden Arbeit überzeugend dargelegt, daß eine „grundlegende Geschlechtsidentität" – das Gefühl, *ich bin ein Mädchen* oder *ich bin ein Junge* – für eine gesunde Entwicklung unerläßlich ist. Er argumentiert weiter, daß Kinder, die nicht sicher wissen, ob sie männlich oder weiblich sind, große Probleme haben, ein sicheres Selbstgefühl zu entwickeln und damit die Fähigkeit, befriedigende Beziehungen zu anderen einzugehen.

Die grundlegende Geschlechtsidentität entwickelt sich schon früh, im Alter von achtzehn Monaten bis zu zwei Jahren. Was als „Männlichkeit" oder „Weiblichkeit" beschrieben werden könnte, entsteht nach Stollers Ansicht später (doch wahrscheinlich nicht viel später). Hiermit sind die variableren Verhaltensweisen und Einstellungen gemeint, die ein Kind seinem Gefühl „ich, ein Junge" oder „ich, ein Mädchen" hinzuzufügen lernt und die von Zeit und Ort stark geprägt werden. Möglicherweise gehören sie in die Gruppe der angepaßten Verhaltensweisen, ohne daß sie dem noch nicht gefestigten Gefühl einer inneren Wirklichkeit des Kindes entsprechen, besonders dann, wenn das Kind damit anderen gefallen, von ihnen anerkannt werden will.

„Mein Vater hat mich nie gefragt, was ich wollte", erzählte Fazal mir voller Traurigkeit. „Er konnte sich überhaupt nicht vorstellen, daß das, was er für mich wollte, nicht unbedingt dem entsprach, was ich für mich wollte. Schule, Sport, Frau, Beruf: Vater wußte es immer. Es sollte keine Möglichkeit des Scheiterns geben. Es sollte kein Abweichen von dem Pfad möglich sein, den Vater für mich ausgewählt hatte. Natürlich gelang es mir, Vaters Junge zu sein, aber nicht mein eigener Herr – das nicht, nie."

Wenn wir für die nächste Generation die Grundlage dafür bereiten wollen, daß sie Nähe und Alleinsein auf befriedigende Weise erfahren können, sollten wir nicht Mary dazu ermutigen, mit Michael die Spiele zu tauschen, die ihr beibringen, wie sie ihre Gefühle unter Kontrolle hält und ihre Offenheit für andere Menschen unterdrückt. Noch sollte Michael mit Mary tauschen und dafür gelobt werden, daß er die Puppe badet, während er nicht gelobt wird, wenn er die Grenzen seiner körperlichen Fähigkeiten testet. Das Ziel sollte vielleicht ganz bescheiden sein und darin bestehen, *Kinder aufzuziehen, die von den Geschlechtsdefinitionen früherer Generationen so unbehindert wie möglich aufwachsen,* besonders dann, wenn diese keinerlei Abweichung zulassen.

Gleichermaßen scheint es auch nützlich für dich und deine Bemühungen, deinem Geschlecht freieren Ausdruck zu verleihen, die Unterscheidungen zwischen männlichem Geschlecht und männlichem Verhalten bzw. weiblichem Geschlecht und weiblichem Verhalten im Kopf zu behalten.

Selbst die emanzipiertesten Erwachsenen genießen gewöhnlich Aktivitäten oder haben Verhaltensweisen, die traditionell mit ihrem Geschlecht assoziiert werden. Das bedeutet nicht, daß du unumkehrbar angepaßt bist. Statt dessen kann es bedeuten, daß du weibliches Verhalten für dich neu definierst und gleichzeitig eindeutig weiblich bleibst, bzw. daß du männliches Verhalten für dich neu definierst und dabei eindeutig männlich bleibst.

Wenn Kinder Spaß an „geschlechtstypischen Verhaltensweisen" oder „geschlechtstypischen Gefühlen" zeigen, geschieht das nicht immer nur zum Vergnügen. Möglicherweise spielt es eine wesentliche Rolle, damit Kinder lernen, in einer unwägbaren und instabilen Erwachsenenwelt innere Festigkeit zu finden.

Dennoch ist es interessant, darüber zu spekulieren, wie Klein-Michael oder gar der Erwachsene Michael sich in Situationen der Nähe und des Alleinseins erleben würde, wenn mehr Michaels über ihr Geschlecht nachdenken würden, statt Männlichkeit als gegeben hinzunehmen.

Theos Bemerkung, „heterosexuelle Männer bilden den Mittelpunkt der Welt und müssen sich nicht definieren", deutet an, daß Außenseiter dieser männlich dominierten Kultur Männer als eingeengt betrachten und deren „Mittelpunkt-der-Welt-Haltung" als Zeichen einer schwachen Persönlichkeit erkennen, das nicht auf ein gut entwickeltes Selbstwertgefühl deutet, sondern auf ein zerbrechliches, unberührbares, nur von Selbstüberhebung gestütztes Selbst.

Diese Einengung zeigt sich am deutlichsten im Mangel an Aufmerksamkei gegenüber anderen Menschen. In diesem Mangel spiegelt sich auch der Mangel an Verbindung zum eigenen Selbst, auch wenn seine Selbstbezogenheit sein Leben und seine Sicht der Welt beherrscht.

Wir können zum Beispiel annehmen, daß Fazals Vater, der für seinen Sohn bis in dessen Erwachsenenalter das Beste wollte, sich nie den Luxus geleistet hat, sich selbst zu hinterfragen oder nur zu betrachten. Hätte Fazal versucht, seine Gefühle zu orten und auszudrücken und aus der Bahn auszubrechen, die sein Vater für ihn geebnet hatte, hätte sein Vater das als beleidigend und unvernünftig empfunden, während es in seinem Unbewußten innere Konflikte ausgelöst hätte, die ja durch die strengen Vorschriften in Schach gehalten werden sollten.

Eingrenzung zerstörerischer Gefühle

Ein Kind lernt nur dann seine zerstörerischen Taten und Worte einzuschränken, wenn es verstehen lernt, wie eine andere Person fühlt. Das bedeutet nicht, daß du dasselbe fühlen mußt wie ich, sondern es bedeutet zu erkennen, daß ich den gleichen Schmerz oder die gleiche Freude wie du fühlen kann – und daß mein Schmerz und meine Freude *wichtig sind.*

Selma Fraiberg hat sich in ihrer psychotherapeutischen Arbeit auf wirtschaftlich benachteiligte Familien spezialisiert. Sie betrachtet es als eine „besondere Eigenschaft der menschlichen Intelligenz", die Gefühle eines anderen zu verstehen, und beschreibt sie zutreffend als „die Fähigkeit, sich in der Phantasie in die Lage eines anderen zu versetzen". Diese Fähigkeit, sich in die Lage eines anderen zu versetzen, sich vorstellen zu können, was dieser Mensch fühlt und denkt, ist ein wesentlicher Aspekt in der Erfahrung von Nähe. Ohne diese Fähigkeit bist du nur ein Selbst, daß ein anderes Selbst aussaugt, das andere ausbeutet, soweit es eben geht.

Zu dieser Fähigkeit, die Gefühle eines anderen zu begreifen – ein Aspekt von Nähe, der nicht oft genug betont werden kann –, gehört eine weitere, ebenso wichtige, nämlich aus sich heraustreten zu können. Nur so kannst du dein Verhalten mit einiger Distanz betrachten und einschätzen, wie es sich nicht nur auf dich, sondern auch auf andere Menschen auswirkt.

Diese beiden Fähigkeiten haben nur Menschen, die in ihrem Inneren lebendig sind; die sich ihrer Existenz so sicher sind, daß sie sich der Existenz anderer bewußt, flexibel und für Veränderung offen sein können.

Männern fällt es im allgemeinen schwerer als Frauen, aus sich herauszutreten und sich selbst zu beobachten. Sie haben auch in der Regel Schwierigkeiten, sich in die Lage anderer zu versetzen, die Gedanken eines anderen – wenn auch nur für einen Moment – nachzuvollziehen und ihre zerstörerischen Taten und Worte zurückzunehmen, weil sie verstehen, wie sich ihr Gegenüber fühlt.

Könnte die Tatsache, daß Männer zu einem nach außen gerichteten Verhalten ermutigt werden, dazu führen, daß ihr Gefühl der inneren Sicherheit und die daraus entstehende Aufmerksamkeit anderen gegenüber vernachlässigt werden, was sie vom Urteil anderer abhängig macht, besonders von denen, die in ihren Augen wichtiger sind als sie?

Denn wenn sie „in der Regel" die Auswirkungen von Sexismus, Rassismus und Militarismus, von wirtschaftlicher und ökologischer Ausbeutung nachempfinden könnten, wie könnten sie diese Dinge weiter fördern oder durchführen?

Und wenn Männer „im allgemeinen" die Bedürfnisse, die Sehnsüchte und die Liebe von Kindern in ihrer Vorstellung nachempfinden könnten, würden sie dann in so großer Zahl von ihren Kindern fernbleiben?

Daß manche Männer fähig sind, ihre Kinder zu verlassen und ausbeuterische und zerstörerische Systeme zu fördern, ist Teil einer komplexen Geschichte der Gewalt, die sich auf unser aller Leben auswirkt. Vielleicht drückt sie den kindlichen Zorn dieser Männer darüber aus, daß die Welt nicht so ist, wie sie sie haben wollen. Oder sie reflektiert eine Maske, hinter der sich Verletzlichkeit verbirgt, die diese Männer nicht zuzugeben wagen.

Doch die Geschichte hat noch eine andere Seite, nämlich das Unvermögen, Verbindungen herzustellen, sich in die Lage eines anderen zu versetzen und sich vorzustellen, was diese Person fühlt. Und dies ernst zu nehmen!

Das Fehlen dieser Fähigkeit ist sehr gefährlich, denn es ist das Fehlen des Bewußtseins, *wer ich bin* in bezug auf den Rest der Welt; das Fehlen des sicheren Gefühls, *daß ich bin*. Es ist nicht so, daß diese psychische Fähigkeit allen Männern fehlt, aber dieser Mangel ist der gefährlichste Aspekt von Männlichkeit überhaupt.

Männlichkeit ist keine universale Erfahrung, das wäre auch nicht wünschenswert. Doch viele Männer halten sie abwechselnd für universell, überragend (anders – besser) und so offensichtlich, daß sich jede Diskussion erübrigt.

Jonathan Rutherford macht eine sehr präzise Beobachtung über Männer der britischen Linken, die „Feminismus und Schwulenpolitik zum Problem machten und Fragen der Heterosexualität und das Männerproblem ignoriert haben". Was er über Großbritannien sagt, spiegelt die Situation auch anderswo. „Der heterosexuelle Mann bleibt unangetastet."

Währenddessen werden die „Probleme" als die der Frauen, der ethnischen Minderheiten und der Schwulen angesehen, wenn nicht gar Frauen, ethnische Gruppen und Schwule als das Problem selbst gelten. Rutherford beobachtet, daß „über diese Dreierkonstellation gesprochen und geschrieben wird, als wären es ferne Planeten, die die Sonne der Männer umkreisen".

Es scheint wunderbar, Geschlecht soweit als gegeben zu nehmen, daß wir es vergessen können. Doch was wir wirklich vergessen sollten, ist die als gegeben hingenommene Vorherrschaft eines Geschlechts über das andere.

Wenn du dein Geschlecht hinterfragst und entdeckst, wie es den Ausdruck deines Selbst beeinflußt, braucht das nicht unbedingt zu einem Zusammenbruch all dessen zu führen, was dir an deiner Weiblichkeit bzw. Männlichkeit teuer ist. Es kann im Gegenteil das Gefühl für die eigene Weiblichkeit oder Männlichkeit stärken, während du gleichzeitig überlieferten Ballast abwirfst.

Vielleicht ist es nötig, daß mehr Michaels zu Garths werden. Garth Baker ist Neuseeländer und wurde 1957 geboren. In seinem Buch *One of the Boys* sprach er sich für seine Männlichkeit aus und zeigte gleichzeitig, daß er die Zwänge der konventionellen Vorstellung von Männlichkeit hinter sich gelassen hat.

„In meinen Augen haben Männer eine einzigartige, kraftvolle Energie, die Frauen nicht haben. Für mich ist es etwas Spirituelles. Das Yin im Yin und Yang; eine reine Kraft, die friedvoll, großzügig und gut ist. Natürlich wird sie viel zu oft als Aggression mißverstanden. Als ich jung war, schien mir Männlichkeit aggressiv zu sein, und ich zögerte, mich als männlich zu betrachten. Männlich sein war das, was andere Jungen taten. Ich habe mir in meinen wildesten Träumen nicht vorgestellt, daß ich zu einem Mann werden würde, der Kleider näht, Berge erklimmt, Rosa trägt und immer noch Comics liest."

Grundlegende Veränderungen in dem, was Geschlecht bedeutet, sind vielleicht nicht möglich, wenn selbst Frauen und Männer, die einigermaßen progressive Einstellungen zu den Geschlechtsrollen haben, diese Rollen nach traditionellem Muster unterteilen – zumindest im Hinblick auf die emotionale Arbeit.

Liegt das daran, daß unsere Kinder das *brauchen?*

Der Psychoanalytiker Henry v. Dicks arbeitete viele Jahre an der Tavistock-Klinik in London. Sein Buch *Marital Tensions* ist ein wichtiger Beitrag zur Analyse von Ehe- und Familienbeziehungen. Dicks sieht eine Verbindung zwischen der sexuellen Identität des Mannes und seiner impliziten Bereitschaft zu handeln, mit der er wirtschaftliche Sicherheit und sozialen und beruflichen Status erlangt und eine gesellschaftlich ernstzunehmende Größe darstellt. Im Gegensatz dazu ist die Identität der Frau an fürsorgliche und versorgende, also mütterliche Funktionen gebunden, die sie für *seine* Kinder ausübt. Dicks behauptet, daß nur wenige Ehen überdauern, wenn diese primäre Aufgabenverteilung nicht eingehalten wird, und auch nicht, wenn die daraus abgeleiteten sekundären Rollen zu kraß vertauscht werden.

Könnte es sein, daß dies wenigstens in den ersten Jahren der Kindheit immer noch zutrifft, in denen die Entdeckung von Selbst und Geschlecht eng miteinander verknüpft ist und die physische und emotionale Kontinuität zwischen Eltern und Kind die Grundlagen von Liebe und Vertrauen legt, die dem Kind die beste Chance für emotionale Stabilität im Erwachsenenleben gibt?

Diese Position werden die meisten Nicht-Eltern als hoffnungslos reaktionär verurteilen, weil sie die traditionelle Rolle der Frau bestärkt. Ich gestehe, daß mir Dicks Beschreibung, daß „*seine* Kinder für *ihn*" aufgezogen werden, übel aufstößt, doch ich bin überzeugt, daß jedes Kind die unbedingte, konstante Liebe einer Person braucht, die dessen Bedürfnisse stillt, und diese Person – traditionell normalerweise die Mutter – die liebevolle Unterstützung mindestens eines anderen Menschen braucht, wenn sie in der Erfüllung dieser bedeutsamen und unvergleichlich wichtigen Aufgabe nicht scheitern soll.

Das Kind, das konstante und stabile Versorgung von außen

erfährt, lernt im Inneren, sich um sich selbst und andere zu bemühen. Nicht nur das Individuum profitiert davon, sondern alle Individuen, die zusammen die menschliche Gesellschaft ausmachen.

Der Psychoanalytiker Harry Guntrip unterstützt diese Ansicht. Er argumentiert: „Wenn Kinder nicht von Geburt an von wahrhaftiger Liebe umgeben sind, die in die Familie und die Umwelt ausstrahlt, werden wir für dieses Versäumnis in der nächsten Generation mit einer von Furcht und Haß zerrissenen Welt bezahlen." Seiner Auffassung nach hat die Sicherheit für Kinder und Mütter Vorrang vor allem anderen, oder „die Menschheit taumelt in eine Krise nicht gekannten Ausmaßes".

Der Psychoanalytiker Robert Seidenberg ist der wahrhaft düsteren Ansicht, daß im Unbewußten des Mannes, wie es in der Psychoanalyse zutage tritt, tiefe Furcht und Abscheu vor Frauen regiert. Der Abscheu vor *Unterschieden* fördert und erhält eine „männliche homosexuelle Kultur", von der Frauen ausgeschlossen sind.

Mit homosexueller *Kultur* meint Seidenberg die Welt der Männer, aus der Frauen weitgehend ausgeschlossen sind. Nicht ganz ohne Hoffnung fügt Seidenberg aber hinzu, daß „Furcht und Abscheu" von einer Vielzahl sozialer Formen erlaubt und ermutigt werden, aber nicht unvermeidbar sind.

Wenn du akzeptierst, daß der Abscheu vor Unterschieden nicht „unvermeidbar" ist, kannst du dem lähmenden Einfluß dieser sozialen Formen entgegentreten.

Aber wie? Indem du in dir eine flexible Wahrnehmung förderst und dich dem dualistischen Denken (richtig/falsch; schwarz/weiß; Frau/Mann; reich/arm; verdient/unverdient) verweigerst, auf dem sich Rassismus, Sexismus, soziale und wirtschaftliche Ausbeutung gründen.

Flexibilität entsteht, wenn wir die fließenden Übergänge zwischen Selbst und Anderem anerkennen, die in einer Welt gelebt werden, in der Illusion und Wirklichkeit ganz eng beieinander liegen.

Vielleicht gelingt es dir, viele, selbst widersprüchliche Ideen gleichzeitig in deinem Kopf festzuhalten. Der Dichter und Philosoph Jonathan Wilson-Fuller aus Sydney drückte das als Neunjähriger so aus: „Wie die meisten Jungen spiele ich gern mit Kriegsspielzeug und Wasserpistolen. Spielzeugkriege sind in Ordnung, denn du kannst keinem wehtun. Du kannst noch nicht einmal einen Baum anschießen. Spielzeugkriege machen Spaß. Mit Wasserpistolen kannst du dich naßspritzen, in richtigen Kriegen tut man sich weh."

Flexible Wahrnehmung fördert Offenheit nach allen Seiten – auf physischer, emotionaler, intellektueller und spiritueller Ebene –, vermeidet starke Trennungen und verhindert die Ausschließlichkeit der Differenz.

Klingt das nicht eher armselig? Flexibilität, Offenheit fördern: Bewirkt das wirklich Veränderungen?

Das tut es, wenn du akzeptierst, daß Furcht und Abscheu vor Unterschieden in einem offenen Menschen nicht entstehen können. Damit ist nicht ein Mensch ohne Meinungen oder Werte gemeint. Ganz im Gegenteil. Ein offener Mensch könnte fragen, was ein Gespräch über Werte „wert" ist, solange mein Wert als Mensch aufgrund meines Geschlechts, meiner Hautfarbe, meiner Religion oder meiner Klasse geringer erachtet ist als z.B. deiner.

Eine offene Person weiß, daß sie auf ihrem Lebensweg immer neue Informationen erhält, die zur Änderung ihrer bisherigen Meinungen oder zu einer neuen Perspektive auf alte Informationen führen können. Du, ein offener Mensch, weißt auch, daß du und ich unterschiedliche Einstellungen haben können und vielleicht weder du noch ich recht oder unrecht haben. Deine offene Einstellung bedeutet, daß du meine von deiner verschiedene Meinung nicht als Bedrohung empfindest, denn *du bist nicht ich, und ich bin nicht du*, und du erkennst den Unterschied zwischen deinen Meinungen und deinem Selbstgefühl.

Dazu fällt mir ein einfaches Beispiel ein: Ein offener Mensch sagt, daß Gott *für ihn* existiert. Ein nicht offener Mensch ist der Meinung, daß Gott *existiert* (oder auch nicht). Der zweite Standpunkt führt zu Diskussionen, Verteidigungshaltungen und manchmal zu Aggressivität – zu Kriegen, die im Namen Gottes geführt werden. Der erste Standpunkt erkennt Unterschiede an, ohne davor Angst zu haben, und weist die Bestimmtheit zurück, die von der Furcht vor Unterschieden ausgeht. Vielleicht sind sogar neue Erkenntnisse möglich.

Nicht-offen zu denken erscheint denen, die so verfahren, absolut sinnvoll, doch es ist ein Gefängnis und ständig bedroht. Deswegen muß es, wenn Propaganda nicht mehr zu überzeugen vermag, mit Macht und Brutalität verteidigt werden. Wahrscheinlich möchten die meisten ihre Kinder vor diesem Schicksal bewahren.

Ebenso wichtig wie flexible Wahrnehmung ist die damit zusammenhängende Erkenntnis: Wenn Erwachsene die Palette ihres Selbstausdrucks erweitern und ihr Geschlecht ehrlich ausleben, werden auch Kinder mit einer größeren Bandbreite geschlechtlicher Identität experimentieren und ihre Gefühle direkter ausdrücken können.

Jungen können dann weinen, um sich und um andere, ohne daß es ihnen peinlich ist. Und bleiben trotzdem Jungen.

Mädchen können für sich selbst und für andere aktiv werden. Und bleiben trotzdem Mädchen.

In der Summe bedeutet das vielleicht, daß mehr Menschen fähig sind:
• nachzuempfinden, was andere fühlen;
• innere Gefühlszustände zu teilen;
• sich selbst und ihr Verhalten von außen zu betrachten.

Es sollte allerdings nicht bedeuten, daß wir unsere Kinder mit verschwommenen Geschlechterdefinitionen aufwachsen lassen, so daß es unwichtig ist, ob ich mich als Junge oder Mädchen bezeichne.

Ich zumindest glaube nicht, daß das wünschenswert wäre.

7. KAPITEL

Die ersten achtzehn Monate

Die Kindheit bestimmt das Erwachsenenleben nicht endgültig, zumindest dann nicht, wenn wir Adler teilweise zustimmen, daß wir alle die Kraft zur „Selbstermutigung" haben. Dennoch entstehen in der Kindheit Muster, die prägen, wie wir unser Selbst wahrnehmen und ob wir fähig sind, befriedigende Beziehungen mit anderen Menschen einzugehen.

Der Grundstein der menschlichen Fähigkeiten zu lieben und zu lernen wird in der oralen oder sensomotorischen Entwicklungsphase gelegt. Die Freudsche Theorie vertritt den Standpunkt, daß Liebesentzug während der oralen Phase, besonders im ersten Lebensjahr, zu erheblichen Persönlichkeitsstörungen führen kann. Das kann eine Unfähigkeit zu Nähe bewirken, *weil anderen Menschen nicht zu trauen ist.* Daraus folgt, daß die liebevollen Annäherungen anderer zurückgewiesen werden, weil jemand gelernt hat, daß Bedürfnisse zu haben zu riskant ist.

Welch unglaubliche Traurigkeit dieser einfache Satz ausdrückt: *Bedürfnisse zu haben, ist zu riskant.* Und er hat tiefe Auswirkungen auf uns alle in einer Welt, in der „Offenheit" gegenüber den eigenen und den Bedürfnissen anderer mit Naivität, wenn nicht mit kompletter Dummheit gleichgesetzt wird. (Offenheit gegenüber anderen gilt als Hindernis auf dem Weg zur Selbstförderung und zum individuellen Erfolg.)

Doch in der Gesellschaft anderer Menschen bei sich selbst zu sein oder sich mit sich selbst allein in guter Gesellschaft zu wissen, das erleben nur *Menschen, die zu dieser Offenheit fähig sind,* die sich ihre Verletzbarkeit eingestehen und sich selbst und im Prinzip auch den anderen vertrauen.

Peter arbeitet bei einer Luftfahrtgesellschaft. Er ist gesellig und selbstbewußt, doch Vertrauen fällt ihm schwer. Er erzählt: „Ich habe mit vielen Männern sexuelle Kontakte. Sie sind nicht meine

Freunde. Sie sind Körper, denen ich mich kurzfristig nähere. Ich habe auch Freunde. Darunter sind viele Frauen, die sich von heterosexuellen Männern abgewendet haben. Das kann man ja nur zu gut verstehen! Sex und Freundschaft gehören für mich nicht zusammen. Und für viele heterosexuelle Frauen auch nicht."

Die Fähigkeit zu vertrauen geht für alle Menschen direkt zum Lebensanfang zurück, zu unserer ersten Verbindung mit der Mutter. Doch auch der Vater spielt eine zentrale Rolle bzw. entzieht sich ihr, vielleicht für Jungen und Männer besonders.

Trennung von der Mutter, Verbindung mit dem Vater

Sean Cathie ist Pfarrer und Seelsorger und hat einige Gedanken über das Mannsein zusammengetragen. Dabei hat er sowohl eigene Erfahrungen zugrunde gelegt als auch solche, die er in der Arbeit mit schlagenden und mißbrauchenden Männern gesammelt hat. Daraus ist ein Aufsatz entstanden, der schlicht fragt: „Was bedeutet es, ein Mann zu sein?"

Cathie ist der Ansicht, daß „ein Junge den Übergang zu einer Identität des ‚anders als die Mutter Seins' nicht vollziehen kann, wenn er nicht ausreichend die Erfahrung des Einsseins mit ihr gehabt hat."

Damit meint er, daß das Kind eine sichere Verbindung spüren muß, wenn die Lösung – die Trennung von der Mutter in angemessener Weise – nicht schwierig und gefährlich erscheinen soll. Kurz gesagt, es ist sehr schwer, „aufzugeben" und „loszulassen", was man nicht hinreichend gehabt hat. Hier spiegelt sich, was ich über die psychosexuellen Stadien gesagt habe: Erst wenn du genug von dem bekommen hast, was du emotional brauchst, *kannst du das Gefühl haben, daß die Erfahrung deine* und Teil deines inneren Lebens *ist*.

Cathie verdeutlicht das, indem er sagt: „Ein ernstlicher Mangel an mütterlicher Fürsorge erschwert die Entwicklung der männlichen Identität."

Der Übergang zum Anderssein (anders als die Mutter, getrennt von der Mutter) wird allgemein als der Angelpunkt der Männlichkeit betrachtet.

Aber nicht nur die Mutter ist wichtig. Cathie ist der Überzeugung: „Wenn der Vater, die Verkörperung des Andersseins und Getrenntseins, abwesend ist oder als feindselig erlebt wird, ist das ein weiteres Hindernis für den Übergang des Jungen."

Männer, glaubt Cathie, „müssen ein klares Gefühl für den Unterschied zwischen sich und Frauen haben, um sich autonom, ohne Gewalt und ohne Passivität auf ihre Partnerinnen beziehen zu können".

Nach meinem Verständnis meint er damit, daß der Junge genug „Mutter" gehabt haben muß, um sie loslassen zu können; andernfalls bleibt er an ihr oder ihrem Bild hängen. Diejenigen, die an die Stelle der Mutter treten – wahrscheinlich die Frauen, zu denen er enge Beziehungen unterhält –, erfahren dann den ambivalenten Ausdruck seiner Mutterbindung, der im Extremfall feindselig oder übermäßig bedürftig sein kann.

Das Gefühl des Andersseins als die Mutter oder des Getrenntseins von ihr entwickelt sich leichter, wenn die Erfahrung der Identifikation mit dem Vater als dem Repräsentanten des Getrenntseins für den Jungen befriedigend verlaufen ist. Die Identifikation mit anderen Männern bewirkt, daß sich der Mann in seiner Männlichkeit sicherfühlen und in Beziehung zu anderen Männern Exzesse der Männlichkeit vermeiden kann. Auch sich selbst gegenüber kann er Gefühle echter Zärtlichkeit aufkommen lassen und muß sich nicht selbst bemitleiden.

Eine positive Identifikation mit dem Vater ermöglicht es Mädchen und Jungen gleichermaßen, ein Gefühl für die Welt jenseits der Mutter-Kind-Dyade zu entwickeln. Mädchen und Jungen lernen, daß in dieser Welt auch für sie ein Platz ist, vorausgesetzt, sie meistern die Regeln der sozialen Anpassung. Im Zuge der Loslösung kommt für das Kind auch die Befreiung von der zunächst unbewußten, später bewußten Furcht, daß es die Mutter beschützen und versorgen muß, weil sonst niemand da ist, der das tun könnte.

Natürlich muß die erwachsene Person im Leben der Mutter nicht der Vater, nicht einmal ein Mann sein, um dem Kind die Angst vor der Verantwortung zu nehmen: Lesbische Mütter haben das bewiesen. Auch daß mehr und mehr Mütter bezahlter Arbeit außerhalb der Familie nachgehen, zeigt dem Kind, daß es eine Welt jenseits der Mutter-Kind-Dyade gibt, in der es selbst einen Platz finden wird.

Was aber eine Mutter allein oder eine Mutter, deren nächste Beziehungen ausschließlich Frauen sind – oder die vielen Mütter, deren männliche Partner physisch oder emotional abwesend ist – nicht leisten können, ist die positive Identifikation mit einem liebevollen Vater bzw. einem dauerhaft interessierten Mann. Wenn eine solche Identifikation stattfindet, erfährt das Kind Männer oder männliche Autorität nicht als bedrohlich oder bestrafend. Fehlt diese positive Identifikation, entwickelt das Kind auf seinem Weg zum Erwachsenen eine Opfer- oder eine Kampfhaltung und nicht das Gefühl eigener innerer Autorität.

Was bedeutet das soziale Geschlecht?

Als Mutter fällt es mir leicht, Daniel Stern zuzustimmen, daß ein Kind nicht durch dramatische Ereignisse lernt, wer es ist. Stern hat nachgewiesen, daß die täglichen Interaktionen prägen, die Atmosphäre des Interaktionsflusses und die Überzeugungen und Phantasien der Mutter, auch die unbewußten.

Die Atmosphäre der ersten Erfahrungen von Nähe findet ihr Echo darin, wie du deine Erfahrungen als Erwachsene machst: *Wer bin ich*, wenn ich mit anderen zusammen bin, *wer bin ich*, wenn ich allein bin?

Deine Einstellung zu dir selbst als Frau oder Mann und deine Einstellung anderen Menschen gegenüber – also die Einschätzung, die du vornimmst, wenn du eine Frau oder einen Mann vor dir siehst – haben ebenfalls ihre Wurzeln in deiner vergessenen Vergangenheit.

Beatrice ist Opernsängerin und mit Jacob, ihrer Jugendliebe, verheiratet, über den sie mit außergewöhnlicher Zärtlichkeit spricht.

„Ich kann mich nicht bremsen, ich muß mich um Jacob kümmern. Wenn ich zu Hause bin, kann ich nicht zu einer Aufführung fahren, ohne mich zu versichern, daß alles bestens für ihn gerichtet und er gut versorgt ist. Essen ist sehr wichtig für mich. Ich koche häufiger, als ich es tun würde, wenn ich nicht so oft unterwegs wäre. Ich sorge auch dafür, daß das Haus in tadellosem Zustand ist und überall Blumen stehen. Bei den kleinen Annehmlichkeiten des Lebens wähle ich immer das Beste aus, also die schönsten Blumen, das weichste Toilettenpapier und die Seife mit dem lieblichsten Duft. Ganz sicher erwartet Jacob das nicht von mir, er würde sich nicht beschweren, wenn ich damit aufhören würde. Aber ich kann mich nicht bremsen und will es auch gar nicht. Es gefällt mir, die Dinge so zu hinterlassen, wenn ich weg muß."

Im zweiten Lebensjahr hast du genügend Botschaften erhalten, um zu wissen, daß du ein Mädchen oder ein Junge bist, und weißt auch, daß du folglich zu einer Frau bzw. zu einem Mann aufwachsen wirst und was das ungefähr bedeutet.

Viel wichtiger als die Lektionen, welche Aktivitäten für Mädchen und Frauen angemessen sind und welche für Jungen und Männer (das ist durchaus wichtig, aber in ihnen spiegeln sich Vorstellungen von Weiblichkeit und Männlichkeit einer bestimmten Zeit, die auch veränderbar sind), sind die Lektionen, wie du psychisch und physisch auf die zwei wichtigsten Erwachsenen in deinem Leben bezogen bist: auf deinen Vater – oder seine Abwesenheit – und deine Mutter – und ihre Gegenwart.

Mütter und Töchter

Als Mädchen hast du gelernt, daß du *wie die Mutter* bist. Deine Geschlechtsidentität – dein sicheres Gefühl, weiblich zu sein – entwickelte sich aus diesem Gefühl, „gleich zu sein", einem Gefühl der Kontinuität mit der Mutter, deiner ersten Liebe.

Aus der Identifikation mit der Mutter entdecktest du in dir Eigenschaften, die in ihrem Bemuttern eine zentrale Rolle spielten: die Bedürfnisse anderer zu erkennen, sich aufzuopfern, Gefühle auszudrücken, zu versorgen, fröhlich zu lieben, zu beschützen.

Im Idealfall hast du von ihr auf die natürlichste und ungezwungenste Art gelernt, was es heißt, „sich in einen anderen hineinzuversetzen".

Als Erwachsene machen Verbindungen zu anderen Menschen für dich wahrscheinlich einen Teil deines Wohlbefindens aus. Vielleicht geht es dir wie Beatrice – du kannst nicht aus dem Haus gehen und die Menschen vergessen, die darin zurückbleiben; statt dessen hinterläßt du Zeichen deiner Verbundenheit mit ihnen: Essen, Blumen, weiches Toilettenpapier.

Verbundenheit zu fühlen, ist eine lebensbereichernde Eigenschaft, doch für Frauen kann das zu Problemen der Abgrenzung führen, die ihre Erfahrungen von Nähe und Intimität überschatten. Möglicherweise fällt es dir schwer, deine Gefühle und Bedürfnisse von denen anderer Menschen zu unterscheiden. Vielleicht verlierst du manchmal aus den Augen, was du selbst willst, weil du so darum bemüht bist, die Wünsche anderer zu erkennen. Es könnte sein, daß du vom Urteil anderer abhängiger bist, als du selbst möchtest. Unterschiede in Einstellungen und Erfahrungen können für dich eine potentielle Bedrohung sein, gegen die du dich verteidigen zu müssen glaubst. Vielleicht fällt es dir schwer, anderen entgegenzutreten und das auszusprechen, was dir auf dem Herzen liegt. (Wird er oder sie mich noch mögen, wenn wir unterschiedlicher Meinung sind?)

Vielleicht kannst du dich ohne Schwierigkeiten in die Lage eines anderen Menschen versetzen, aber vielleicht ist dir das manchmal wichtiger als deine eigene Situation?

Neben der Eigenschaft zu versorgen und betreuen, die du von deiner Mutter übernommen hast, hast du vielleicht auch ihre Ambivalenz in dich aufgenommen, die sie angesichts der Anstrengungen, die die Versorgung der Familie bedeutet, einerseits und der teilweisen Selbstaufgabe, die eine Folge dieser Anstrengung ist, andererseits spürte. „Ich hatte keinen Augenblick Zeit für mich. Von früh bis spät habe ich mich für dich und deinen Vater aufgerieben."

Aber auch in anderen Bereichen kann deine Mutter ihre Weiblichkeit als ambivalent erlebt haben. Ihre Einstellung zu ihrer Intelligenz, ihrem Aussehen, ihrer Attraktivität, ihrer emotionalen Kompetenz (sie hält die Familie zusammen, obwohl sie „nichts" tut und immer zu Hause ist): Vielleicht hat sie rebelliert, vielleicht sich abgefunden. Du hast vielleicht miterlebt, daß sie deinen Vater verehrte oder ihn manipulierte. Vielleicht war er „ein guter Mann" oder „nicht Manns genug". Vielleicht war auch gar kein Partner da, sondern nur der „Verschollene" oder der „Ersehnte", oder aber die

Abwesenheit des Partners wurde eher als Erleichterung denn als Mangel empfunden.

Die Atmosphäre der Geschlechterbeziehungen in deiner Familie hat sich auf dich ausgewirkt, ob sie nun durch die allgemein gültigen kulturellen Muster bekräftig wurde oder sich gegen eben diese Muster durchsetzen mußte.

Als Mädchen hast du sicherlich Verbote ebenso oft zu hören bekommen wie Bestärkungen. Ein Mädchen zu sein war eine „natürliche" Sache, aber ein gutes – ein akzeptables – Mädchen zu sein, war etwas, das die Mutter dir beibrachte und der Vater zu beurteilen hatte. Gut sein bedeutete, das Leben der anderen Menschen leichter zu machen und nicht auf deinem Recht, anders zu sein, zu bestehen.

Anderen zu Gefallen zu handeln und dafür gelobt zu werden, ist das Wesen angepaßter Weiblichkeit. *Alle Macht kommt von außen, keine Macht wird als von innen kommend erfahren.*

Die Gesellschaft verspricht dem guten Mädchen Versorgung: Ihre Mitmenschen werden sie mögen und schätzen, und – besonders wichtig – ein anständiger Mann wird sie zur Frau nehmen. Nach landläufigen Vorstellungen wird ihr Leben angenehm sein, von einer Aura der Intimität umgeben, keinesfalls von Einsamkeit, der düsteren Seite des Alleinseins. Immer werden andere Menschen da sein, und indem sie deren Bedürfnisse erkennt und befriedigt, erfüllt sie auch ihre eigenen. Oder etwa nicht?

Wenn sie ihre ganze Aufmerksamkeit auf das Bild richtet, das andere Menschen von ihr haben, und ihren Selbstwert daraus ableitet, wird auch die unerschrockenste Frau ein kindliches, wenig authentisches Verhalten entwickeln und in sich die uneingestandene Angst aufbauen, verlassen zu werden.

Doch in verschiedenen Verhaltensweisen drückt sich diese Angst sehr wohl aus: in der Art, sich festzuklammern, „zickig" oder manipulativ zu sein, sich fortwährend mit ihrem Körper und ihrem Aussehen zu beschäftigen, im Wunsch, ständig nützlich zu sein.

Die Angst, verlassen zu werden, ist nicht Teil der gesellschaftlichen Zusage an „gute" Mädchen. Sie ist der versteckte Preis dafür, daß das Mädchen das „Zentrum ihrer Schwerkraft" nach außen verlegt, statt es in sich zu suchen.

Rechtfertigt die Belohnung den Preis? Erlebt ein „gutes Mädchen" Nähe als Bereicherung? Ist es zu Erkenntnissen fähig, *wer ich bin*, wenn es allein ist? Ich bezweifele das.

In unserer Gesellschaft besteht die Gefahr für gute Mädchen darin, daß sie die Wünsche, die sich auf Wissen über sich selbst gründen und nicht eine Reflektion der Bedürfnisse und Wünsche anderer Menschen sind, nicht mehr erkennen oder nie erkennen werden. Das gute Mädchen macht nicht den ersten Schritt; es übernimmt Rollen, die von anderen festgelegt wurden. Und es stellt sich die ängstliche Frage: *Mache ich es auch richtig?*

In der Literatur gibt es zahllose Beispiele für die gute Frau, doch sind die meist weniger aufschlußreich als die, in denen nicht die – angeblich – gute Frau den Sieg davonträgt.

In dem Roman *Die Geliebte des französischen Leutnants* entwirft John Fowles die Porträts zweier sehr unterschiedlicher Frauen, die durch ihre Beziehung zum selben Mann verbunden sind. Das Schicksal der jungen, hübschen, willigen Ernestina, mit der Charles sich verlobt, steht im Kontrast zu dem der vaterlosen oder vaterfreien Sarah Woodruff, der „unmoralischen" Frau des französischen Leutnants, deretwegen Charles schließlich Ernestina verläßt.

Ernestina („zart wie ein Veilchen") hat alles getan, um Charles an sich zu binden und seine Liebe (sprich seinen Schutz) zu erlangen, doch erscheint sie so manipulativ und leichtgewichtig, daß ihre Gefühle ganz bedeutungslos werden im Gegensatz zu der „gewichtigen" Leidenschaft, die Sarah und Charles zusammenzwingt.

Der Roman hält sich insofern an konventionelle Vorstellungen, als er impliziert, daß Glück nur mit oder durch einen anderen Menschen erlebbar ist und das Alleinsein eine düstere Alternative darstellt. Auch die Tatsache, daß die beiden Frauen nur in ihrer Beziehung zu Charles gezeigt werden, macht den Roman konventionell. Doch die kontrastierenden Typen, die die beiden Frauengestalten repräsentieren, sind durchaus von Interesse.

Für Charles wie für die LeserInnen steht Ernestina, das „gute Mädchen", für ein Leben in anständigen Bahnen, Sicherheit bietend und gleichzeitig erdrückend. Sogar ihr Name ist nur die Verkleinerung eines „eigentlich" männlichen Namens.

Im Gegensatz dazu repräsentiert Sarah einen Grad von Freiheit, den Charles ohne sie nicht entdecken könnte. Für Ernestina sind die Welt der Väter und des Gesetzes, die Anwesenheit und der selbstgerechte Zorn ihres leiblichen Vaters die einzigen Maßstäbe, wenn sie sich an Charles rächen will, weil er sie verlassen hat. Sie will seinen Ruf als Gentleman und seinen Anspruch auf ein „anständiges" Leben zerstören. Sie will ihm den Schutz der Konventionen nehmen, da die Konventionen sie in Stich gelassen haben. Die Kind-Frau, die sie geworden ist, hat keine eigene Macht, nicht einmal die, die es Sarah Woodruff erlaubt, sich ins Alleinsein zurückzuziehen und ihre Autonomie wenigstens zum Teil zu erhalten.

Und Sarah, deren „wirkliche" Gefühle von Charles, stellvertretend für uns, anerkannt werden – bekommt sie, was sie verdient? Ist Charles, was sie verdient? Ist er mehr als nur ein ziemlich gewöhnlicher junger Mann, der die Erfüllung seiner Wünsche mit etwas mehr Energie verfolgt als üblich? Charles hat sich sowohl in das Bild verliebt, das Sarah von ihm für sie beide geschaffen hat, als auch in die Eigenschaften, die er mit Sarah assoziiert, mit ihrem Aussehen, Klang und Geruch. Sarah hat ihn „aus sich herausgeholt". Wer bringt ihn wieder zurück?

Wenige Frauen schaffen es, wirklich „gut" zu sein, denn wir sind immer in Bewegung, selbst wenn wir uns große Mühe geben, kindlich, mädchenhaft und gefällig zu sein. Dennoch lohnt es sich zu untersuchen, ob der Druck auf Mädchen, „gut" und gefällig zu sein, weniger geworden ist.

Ich habe nicht beobachten können, daß sich die von außen an Mädchen gerichteten Forderungen grundsätzlich geändert hätten. Selbst in der Schule werden Mädchen für angepaßte Bravheit mehr gelobt als für Unternehmungsfreude. Doch die innere Stimme, die eine Frau zum Gutsein auffordert, ist nicht mehr so laut, eher ein Flüstern. Das liegt vielleicht daran, daß es für Frauen heute sehr viel mehr Möglichkeiten gibt zu entdecken, *wer ich bin*.

Der von dir gewählte Weg, die Antwort zu finden, unterscheidet sich möglicherweise von meinem oder von dem der Frauen, die in diesem Buch ihre Geschichten erzählen. Gleichzeitig entdecken wir vielleicht einige Gemeinsamkeiten, die uns als Frauen des ausgehenden zwanzigsten Jahrhunderts erkennbar machen.

Diese Ähnlichkeiten erheben keinen Anspruch auf Absolutheit. Ich bin nicht der Meinung, daß Frauen eine klar umrissene Gruppe von Konformistinnen sind, oder überhaupt eine Gruppe. Zum Glück nicht. Dennoch gibt es Eigenschaften, die eher im Verhalten, in den Einstellungen und Emotionen von Frauen wiederzufinden sind als in denen von Männern. Die Tatsache, daß Verhalten und Einstellungen einen gemeinsamen allgemeinen Nenner haben, wirkt sich auf dein Urteil über dich und über andere aus – ob du nun allein bist oder mit einer anderen Person Nähe teilst oder zu teilen wünschst.

Diese Eigenschaften können positiv wie negativ sein. Einige kommen aus dem Gefühl der Gleichheit oder dem Einssein mit der Mutter. Andere entstehen aus den Unterschieden, die das heranwachsende Mädchen zwischen sich und ihrem Vater sieht (und aus der Sehnsucht, von ihm verstanden zu werden?).

Auf viele Frauen trifft wahrscheinlich zu:

- Sie fühlen sich ohne enge Beziehungen unvollständig.
- Sie haben Schwierigkeiten, die Bestandteile ihres Lebens voneinander zu trennen (die Kinder zu vergessen, wenn sie zur Arbeit gehen, oder den Streit mit dem Partner, sobald er aus dem Haus ist).
- Sie finden Selbstbejahung eher in der Primärbeziehung als in ihrer Arbeit.
- Sie sehen eher die Mutter als den Vater als hauptverantwortlich für Probleme in der Familie.
- Sie suchen die Schuld bei sich, wenn ihre Beziehung oder die Interaktionen mit anderen nicht gut verlaufen.
- Sie legen Wert auf Freundschaften mit Frauen.
- Sie haben Schwierigkeiten, Meinungsverschiedenheiten zwischen sich und engen FreundInnen zu tolerieren.
- Sie glauben, daß es seine Aufgabe ist, den ersten Schritt zu tun, und ihre, darauf zu reagieren.
- Sie glauben, daß die Meinungen und Erfahrungen ihres männlichen Partners von größerem Gewicht sind als die eigenen.
- Sie schützen ihren männlichen Partner vor unangenehmen „Wahrheiten".
- Sie schützen ihren männlichen Partner vor seinen emotionalen Unzulänglichkeiten.

- Sie gehen nicht gleich die nächste Beziehung ein, wenn eine Partnerschaft zerbricht.
- Sie halten vor allem sich selbst für Familie und Kinder verantwortlich.
- Sie brauchen das Alleinsein, um zu sich selbst zu finden.
- Sie bezweifeln, daß sie ein Recht auf Alleinsein haben.
- Sie können ihre Gedanken nicht einfach von ihren Gefühlen trennen.
- Sie sind unsicher, was ihre äußere Erscheinung betrifft.
- Sie müssen nicht unbedingt eine wichtige Person sein und können sich trotzdem als Jemand fühlen.

Mütter und Söhne

Als Junge hast du im Alter von zwei Jahren gelernt, daß du hinsichtlich des Geschlechts anders als deine Mutter bist. Deine Geschlechtsidentität entwickelte sich auf der Basis dieses Unterschieds. Weiblich war das, was du nicht warst; Weiblichkeit war das, wovon du dich unterschieden hast.

Während sich die Geschlechtsidentität des Mädchens aus dem „so wie" die Mutter entwickelt, entsteht die des Jungen aus dem „nicht so wie" die Mutter.

Daß du nicht wie deine Mutter warst, hat dich vielleicht wütend gemacht. Wenn du die Eigenschaften, die du an ihr am meisten geliebt hast und die du am meisten brauchtest, ausgedrückt hättest, hätte dich das als „Heulsuse", als Nicht-Junge gekennzeichnet.

Wie solltest du die Welt verstehen, wenn einige der Gefühle, die diese Verwirrung in dir hervorriefen – Trauer, Verlust – für einen Jungen nicht angemessen schienen?

Der Prozeß der Ablösung von der Mutter ist größtenteils im Unbewußten versunken. Derart tiefe Verlustgefühle hätten dein frisches Selbstgefühl überwältigen können, also hast du gelernt, sie zu unterdrücken, während du dich von deiner Mutter gelöst hast. „Du willst doch nicht etwa ein Muttersöhnchen sein, oder?" Auch wenn du das wolltest – was immer das heißt –, hättest du besonders tapfer sein müssen, es zuzugeben.

Du hast die Mutter gebraucht, um von ihr geliebt zu werden und sie zu lieben. Es tat dir gut, daß sie dir so nah war, dich umhegte und sich um dich kümmerte. Dann mußtest du die Mutter loslassen. Da erschien es viel besser, Papas Junge zu sein als Mamas.

Und wie wurdest du für deine Lossagung von Mutter entschädigt? Denn eine Entschädigung gab es doch?

Der kanadische Sozialwissenschaftler Michael Kaufmann argumentiert, daß der Junge die von Männern und dem Vater repräsentierte Aktivität für sich in Anspruch nimmt. Gleichzeitig läßt er die Passivität seiner infantilen Beziehung zur Mutter und sein Gefühl von Passivität hinter sich (Passivität, die darauf beruht, daß er sich von seinen Wünschen und einer frustrierenden Welt überwältigt fühlt).

Was geschieht, nachdem er die Passivität des mütterlichen Einflusses verlassen hatte? Kaufman meint, daß er sich der Aufgabe, sich selbst und die Welt zu beherrschen, stellt.

Hoppla! *Er stellt sich der Aufgabe, sich selbst und die Welt zu beherrschen.* Wundert es dann noch, daß kleine Jungen sich gegenseitig umstoßen, sich auf dem Boden wälzen, brüllen, sich wie Superman, Hercules oder Atlas aufführen und den Herstellern von Monsterspielzeugen zu Reichtum verhelfen? Wundert es dann noch, daß erwachsene Männer den Blick fest auf die Welt jenseits des eigenen Gartenzauns richten und kaum noch Zeit haben, sich um die Welt der Familie oder die stummen Forderungen ihrer inneren Welt zu kümmern?

Für dich als Mann sind deine Beziehungen zu Frauen wenigstens zum Teil durch diese frühen Kindheitserfahrungen geprägt. Biologisch, geistig, intellektuell und emotional fühlst du dich zu Frauen in Liebe oder Freundschaft hingezogen Aber du wirst immer wieder ein Warnsignal hören, das dir sagt, du darfst nicht wie sie sein; du mußt ihnen zeigen, wer „das Sagen hat" – und daß das nicht Mutter ist.

Obwohl du verstehst, daß du (oder andere Männer, vielleicht) als Mann mehr Macht hast als Frauen, erinnerst du dich unbewußt an eine Phase, in der deine Mutter ungeheuer viel Macht über einen kleinen Jungen hatte. Das macht den Konflikt noch schwieriger. Und es ist auch möglich, daß deine Mutter ihre Macht nicht immer zum Besten benutzt hat.

Zu einem relativ späten Zeitpunkt in deiner Entwicklung hast du gelernt, daß dein Vater und Männer im allgemeinen in der „realen Welt" außerhalb der Familie richtige Macht haben und daß du aufgrund deines Geschlechts an dieser Macht teilhaben kannst – vorausgesetzt du bist nicht wie Mutter.

Doch in der Familie hast du die Macht deiner Mutter, Liebe zu geben oder zu verweigern, als sehr real erlebt. Und das war sie auch. Wirklicher als diese Macht kann keine andere sein. *Und sie hat dein Gefühl für dein Selbst zutiefst geprägt.*

Als Mann, wenn die Kindheit weit hinter dir liegt, kann die unbewußte Erinnerung an diese machtausübende Frau ein wichtiger Grund für eine unbewußte Angst vor Frauen sein. Wahrscheinlich hast du weniger Angst vor Frauen an sich als vor den Gefühlen (Verletzbarkeit, Bedürftigkeit, Abhängigkeit, Sehnsucht), die eine Frau oder ihre Abwesenheit in dir hervorrufen kann. Als Mann solltest du solche Gefühle nicht haben – sie könnten dich deiner Männlichkeit berauben.

Misha, ein redegewandter Psychiater, erzählte mir, daß der Zorn einer Frau ihn der Sprache beraubt – ein verärgertes, zeitweiliges Schweigen, aber dennoch ein Schweigen. Diese Sprachlosigkeit (ohne Sprache sein – ein erstaunliches Zurück zur vorsprachlichen Nähe) hat er bei seiner Arbeit mit Paaren auch in anderen Männern beobachtet, wenn die Frau ihren Zorn mit großer Heftigkeit ausdrückte.

Das Bedürfnis von Männern, zu dominieren und kontrollieren – das aus intensiver Angst, ausgeschlossen zu werden, herrührt –, wird von Frauen oft als Hauptgrund für das Abkühlen ihrer Gefühle genannt. Männer selbst erwähnen es viel seltener, da viele sich diese Dynamik ihres Verhaltens aus Selbstschutz nicht bewußt machen. Dennoch ist es ein männlicher Autor, der das Bedürfnis besonders gut schildert. Der folgende Absatz ist aus Paul Bryers Roman *Coming First:* Preston und Polly sind das Paar, das Bryer beobachtet.

„Jedesmal, wenn Preston zwei Frauen zusammen antraf – zum Beispiel seine Frau mit einer Freundin in der Küche –, hatte er den Verdacht, daß sie bis vor wenigen Sekunden über ihn gesprochen hatten. Sie hatten immer diesen Ausdruck im Gesicht. Die, die zuletzt gesprochen hatte, machte einen hinterlistigen und selbstzufriedenen Eindruck, die andere sah aus, als wägte sie ab und versuchte ein Urteil zu fällen. Polly sagte natürlich, daß das Quatsch sei. Sie meinte, Frauen hätten viel interessantere Themen, doch Preston quälte die Furcht, was sie wohl gesagt hatten."

Frauen beklagen sich über das Bedürfnis der Männer, sich selbst in jeder Situation in den Mittelpunkt zu rücken und sie zu dominieren. Sie beklagen sich über die ungleiche Verteilung von Reden und Zuhören in ihren heterosexuellen Beziehungen. Sie beklagen sich, weil sie die Unfähigkeit ihres Partners zu Nähe außerhalb der Beziehung ausgleichen müssen. Sie beklagen sich über die emotionale „Blindheit" ihres Partners.

Einige dieser Mängel lassen sich verstehen, wenn auch nicht verzeihen, wenn wir an den kleinen Jungen denken, der lernen mußte, daß er nicht wie Mutter ist und ihren Eigenschaften in sich nicht nacheifern darf, wenn er als Junge bestehen will.

Noch besser läßt es sich verstehen, wenn wir uns vorstellen, daß sich derselbe kleine Junge seinem Vater zuwenden muß, um Selbstliebe und Selbstbejahung zu finden, aber nur einen Mann vorfindet, der in Eile ist, kein Verständnis hat, seinen eigenen Gefühlen keine Beachtung schenkt, rauh im Umgang oder vielleicht gar nicht da ist.

Diese Konstellation macht es einem Jungen sicher nicht leicht, zu einem Mann heranzuwachsen, der aufmerksam für Gefühle ist und auf eine Partnerin eingehen kann. Auch fällt es ihm nicht leicht, Selbsterkenntnisse und Festigkeit in sich selbst zu gewinnen, was es ihm ermöglichen würde, Alleinsein nicht als Einsamkeit, sondern als angenehmen Umgang mit sich selbst zu erfahren.

Väter und Söhne

„Mein Vater verbrachte das Wochenende damit, mich zu ignorieren. Er sprach mit Katy, spielte mit den Kindern, und gelegentlich redete er mit Miranda, seiner Frau, aber er sprach nie mit mir. Soweit ich mich zurückerinnern kann, war es immer das gleiche. Ich versuche immer noch mit ihm zu reden, bringe aber dafür immer weniger Begeisterung auf. Katy und ich kochen für ihn und gehen mit ihm spazieren, aber das ist es auch schon. Seit mein Buch erschienen ist und ich in seinen Augen kein völliger Versager mehr sein kann, ist es noch schlimmer geworden. Es scheint, als wäre jeglicher Kontakt mit mir zu schmerzlich und peinlich für ihn. Ich kann das nicht verstehen."

Als Kind hatte Adam nur wenig Kontakt zu seinem Vater. Er wurde von Kindermädchen betreut, während seine Eltern ihrem Beruf nachgingen und ein kinderfreies Leben führten. Adam hatte wohl berechtigte Hoffnungen, daß die Angespanntheit und Fremdheit seiner Beziehung zum Vater sich langsam entspannen würde, nachdem er selbst jetzt Mitte dreißig und sein Vater fast siebzig ist. Doch anscheinend ist das nicht der Fall.

Als Junge hast du schon früh durch die Signale deiner Eltern, die sie im Namen der Gesellschaft ausgesandt haben, gelernt, daß du den Vater zum Vorbild wählen mußt, wenn du ein Junge sein willst.

Das Problem war nur: Du bist nicht im Körper deines Vaters herangewachsen und wurdest nicht an seiner Brust gesäugt. Vielleicht war der Vater oft nicht zu Hause. Daß von dir erwartet wurde, dich mit seiner Abwesenheit statt mit seiner Gegenwart zu identifizieren, machte dich wahrscheinlich zornig. Es muß dir ein Gefühl von Einsamkeit vermittelt haben. Wahrscheinlich hat es dich auch verwirrt – daran kannst du dich vermutlich am wenigsten erinnern.

Die Diskrepanz zwischen der Macht des Kindes und der des „kontrollierenden" Erwachsenen ist enorm. Das wissen wir. Was wir nicht wissen, aber vermuten: daß die Unverletzbarkeit und Selbstkontrolle, *die der Erwachsene in den Augen des Kindes zu haben scheint*, dem Kind das Gefühl geben kann, noch weniger Kontrolle zu haben, als es tatsächlich hat. (Je größer du bist, desto kleiner bin ich in meinen Augen, desto verwirrter fühle ich mich. Je ungebrochener du dich darstellst, desto fragmentierter ist meine Erfahrung von mir selbst.)

Wieder ist es Kafka, der eine eindrückliche Schilderung gibt. „Da stand ich, dünn, schwächlich, mager: du stark, groß und breit. Ich kam mir armselig vor. Und was noch mehr wog: nicht nur in deinen Augen, sondern in denen der ganzen Welt, denn du warst für mich das Maß aller Dinge."

Wenn der Vater abwesend ist, flößen seine „Herrschaft" und seine „Unverletzbarkeit" besonders viel Furcht ein. Wie gering seine Macht in der großen, weiten Welt (außerhalb des Familienbereichs) auch sein mag, in den Augen des Kindes wirkt sie gewaltig und vermittelt ihm das Gefühl, im Vergleich zum Vater klein, bedeutungslos und unsicher zu sein. Daneben stehen die Phantasien des Jungen, in denen er schließlich einen Platz in der magischen Welt da draußen findet – nicht nur einen Arbeitsplatz, sondern einen Platz, an dem er durch das aufgewertet wird, was das Leben, die Interessen und die *Zeit* des Vater so wichtig machen. *(Soviel Zeit für seine Arbeit und so wenig Zeit für mich.)*

Daß die Macht des Vaters wahrscheinlich hohl ist, angreifbar, hart erkämpft und zu einem hohen Preis erworben, wird der Vater sich selbst nicht eingestehen und schon gar nicht vor seinen Kindern zugeben. Die Macht des Vaters ist für die Kinder real, was für alle Seiten viel Kummer bedeuten kann.

Kevin Ireland ist 1933 in Auckland in Neuseeland geboren. Er erinnert sich, wie er nach dem Zeitungsaustragen nach Hause kam.

„Wenn ich meine Runde beendet hatte, kamen auch die Männer von der Arbeit, und in der Straße hörte man Schreie, Türenknallen, heftige Schläge und weinende Kinder – all das drang hinter gepflegten Gärten, gestutzten Hecken und frischgetünchten Holzfassaden hervor... Wie sollen wir die Brutalisierung unserer Gesellschaft erklären, wenn wir nicht verstehen, daß die meisten Männer meiner Generation das Ergebnis systematischer Prügel sind."

Warum haben diese Männer so entmenschlichend gehandelt? Warum tun manche Männer es immer noch?

Alice Miller behauptet, daß Männer ausdrücken, was sie gelernt haben, und vor dem zurückscheuen, was sie nicht ertragen können: ihrem Gefühl der eigenen Schwäche. (Sie will damit das Verhalten nicht entschuldigen, sie steht eindeutig auf der Seite der Kinder.) In ihren Augen ist Verachtung der Kleineren und Schwächeren die beste Verteidigung gegen den Ausbruch der eigenen Gefühle von Hilflosigkeit: Sie ist Ausdruck der eigenen Schwäche. Die starke Persönlichkeit hat es nicht nötig, ihre Stärke durch Verachtung zu demonstrieren.

Diese Männer handeln auch auf der Grundlage, daß die Gesellschaft es Männern gestattet, Macht über Frauen und Kinder auszuüben, und körperliche Gewalt eine akzeptable Art ist, diese Macht auszudrücken. Ireland faßt die Situation knapper zusammen: „Die Väter schlagen ihre Kinder zusammen – häufiger jedoch und gemeiner die Jungen –, einfach weil ihnen ‚grad danach ist'... Wir haben kaum eine Erinnerung daran, weil es so üblich war."

In diesem Buch gibt es genug, oder doch fast genug, Berichte über positive Gefühle zwischen Männern und Männern, Frauen und Männern, Kindern und Eltern, daß ich feststellen kann: Nicht alle Männer sind von ihrer Männlichkeit entstellt. Einige der liebevollsten Menschen, die zu den besten Einsichten fähig sind, sind zweifellos Männer!

Was also ist bei den anderen Männern falsch gelaufen, diesen Vätern in den Erinnerungen Irelands, den Männern, vor denen du dich nachts auf dunklen Straßen ängstigst, deren tatsächliche oder potentielle Brutalität unser aller Leben überschattet?

Wir können vielleicht die Vermutung äußern, daß der schlagende Vater (oder der verbal brutale Vater, der geringschätzige Vater, der betrunkene oder sexuell mißbrauchende Vater, der verächtliche Vater, der überaus beschäftigte oder der abwesende Vater) sein „Ich", sein Ego gern in den Vordergrund stellt, *daß er vermutlich aber ein gering entwickeltes Selbst hat.*

Ohne ein Selbstgefühl habe ich auch kein Bewußtsein von dir und sehe dich nur so weit, wie du dich in meine Weltsicht einpaßt oder nicht.

Diesen Vätern, ebenso wie brutalen Müttern, mangelt es an der „Fähigkeit, sich in andere hineinzuversetzen". Da sie keine Verbindung zu ihren Gefühlen über sich selbst haben, ist es ihnen fast unmöglich, sich mit den komplexen Gefühlen der Menschen um sie herum wirklich auseinanderzusetzen.

Gefühle auszudrücken, wird nicht nur in emotional verkümmerten Familien oder solchen, in denen Kinder mißbraucht werden, vernachlässigt oder unterdrückt. Wut und Enttäuschung nicht auszudrücken, mit dem Weinen aufzuhören (für Mädchen) oder nicht anzufangen (für Jungen), wird auch in den liebevollsten Familien häufig gefordert.

Wenn ein Junge in seiner Kindheit immer wieder aufgefordert wurde, Gefühle zurückzuhalten, dann wird er als Mann den Schmerz anderer Menschen kaum tolerieren können, geschweige denn mitfühlen, *weil der eigene Schmerz überwunden werden muß und nicht gefühlt werden darf.*

Die Furcht vor Gefühlen ist eine hohe Hürde, die eine befriedigende Erfahrung von Nähe oder Alleinsein verhindert.

• Im Alleinsein ist es schwierig, auf eigene Bedürfnisse einzugehen, es sei denn, du weißt, was du fühlst, und *kannst deine Ambivalenz tolerieren.* Sonst ist die Vorstellung, Zeit allein zu verbringen, mit Angst, Selbstmitleid oder der Furcht vor Einsamkeit besetzt.

• Nähe zu erleben, ist nur dann möglich, wenn du von einem lebendigen Mittelpunkt in dir selbst dein *Wer-ich-bin*-Gefühl ausdrücken und ohne dich abkapseln zu wollen oder zu glauben, dich schützen zu müssen, mit einem Menschen zusammensein kannst, der sein *Wer-ich-bin*-Gefühl ausdrückt .

Hieraus ergibt sich einer der befriedigendsten Aspekte der Nähe: Wenn du anderen näherkommst, kommst du deinem Selbst näher.

• Du kannst andere nicht besser kennen als dein Selbst.

• Wenn du andere Menschen kennst, wächst auch deine Kenntnis von deinem Selbst und schließlich deine Fähigkeit, Gefühlszustände mit anderen Menschen zu teilen.

Für Männer jeden Alters ist das Bild nicht so ermutigend.

Du hast deine Mutter geliebt und mußtest lernen, nicht wie sie zu sein.

Du hast deinen Vater geliebt, aber er war öfter abwesend als anwesend, und manchmal war seine Abwesenheit angenehmer als seine Gegenwart.

Dein Wissen von der Macht deiner Mutter war eher indirekt, wenn nicht sogar unterdrückt. Folglich ist es für dich schwer, die Spuren dieses Wissen in der Gegenwart zu finden.

Du wurdest nicht dazu angehalten, die emotionalen Bedürfnisse anderer Menschen zu erkennen, noch hast du gelernt, in deinen Beziehungen mehr über deine innere Welt zu erfahren.

Aus diesen variablen Besonderheiten deiner Beziehung mit Vater oder Mutter läßt sich über erwachsen gewordene Jungen eine

Liste von Verallgemeinerungen aufstellen, die ebenso wie die Verallgemeinerungen über Frauen teils positiv, teils negativ gewertet werden können.

Für viele Männer trifft zu:

- Sie finden es schwierig, anderen Menschen zuzuhören.
- Sie geben anderen die Schuld, statt selbst Verantwortung zu übernehmen.
- Sie fühlen sich vernachlässigt, wenn sie allein sind.
- Sie brechen zusammen, wenn sie verlassen werden.
- Sie vermögen ihr Leben relativ leicht in unabhängige Einzelteile zu ordnen.
- Sie werden leicht wütend, haben aber keine Tränen.
- Sie benützen Zorn, um sich gegen tiefe Gefühle zu schützen.
- Sie haben Schwierigkeiten, Nähe zu anderen (heterosexuellen) Männern zuzulassen.
- Sie taxieren Menschen in bezug auf die Unterschiede zu sich selbst.
- Sie mißtrauen Frauen.
- Sie strengen sich in ihrem Berufsleben mehr an als in ihren Beziehungen.
- Sie gewinnen Selbstbejahung durch ihre Arbeit und nicht durch die Liebesbeziehung.
- Sie finden schnell Ersatz, wenn die Partnerin sie verläßt oder stirbt.
- Sie gehen davon aus, daß kleine Kinder von Frauen versorgt werden sollten.
- Sie haben Schwierigkeiten, sich in andere hineinzuversetzen.
- Sie erkennen, daß ihre (physischen und wirtschaftlichen) Kräfte die der Frau übersteigen.
- Sie wollen, daß die Partnerin den „kleinen Jungen" in ihrem Innern erkennt und umhegt.
- Sie glauben, daß sie aufgrund ihrer Fähigkeit zum logischen Denken häufiger recht haben.
- Sie glauben, daß sie in einer Krisensituation das Kommando übernehmen sollten.
- Sie finden es schwer, ihre Gefühle zu beschreiben.

Scheint diese Liste niederschmetternd in ihrer Vorhersagbarkeit? Ich habe nach Ausnahmen gesucht und das Gedicht „How to Watch

Your Brother Die" gefunden. Michael Lassell spricht darin den heterosexuellen Außenseiter angesichts eines AIDS-Todesfalles an.

Beim Kaffee in der Krankenhaus-Cafeteria
sag zum Geliebten: „Du bist ein außerordentlich attraktiver
junger Mann."
Hör, wie er sagt:
„Ich habe nie geglaubt, attraktiv genug
für deinen Bruder zu sein."
Sieh, wie ihm die Tränen in die Augen steigen. Sag:
„Es tut mir leid. Ich weiß nicht, wie es ist, der Geliebte eines
anderen Mannes zu sein."
Hör, wie er sagt:
„Es ist wie in eine Ehe, nur ist die Verpflichtung größer, weil die
Welt gegen dich ist."
Sag nichts, aber
nimm seine Hand wie die eines Bruders.

8. Kapitel

Kindheitsmuster im Mann

Maude ist gebürtige Amerikanerin, lebt in London und schreibt. Sie ist eine talentierte, sinnliche Frau Mitte fünfzig. Sie spricht über ihren früheren Mann, mit dem sie zehn Jahre verheiratet war und von dem sie seit einigen Jahren geschieden ist. Er ist ein „empfindsamer" Mann und ein berühmter Schriftsteller.

„Schließlich hatte ich den Eindruck, daß es in den zehn Jahren meiner Ehe immer nur um seine T-Shirts gegangen war. Sie zu waschen machte mir nichts aus. Aber sie immer von links auf rechts zu wenden! Warum konnte er sie nicht ausziehen und auf rechts hinlegen? Warum konnte er sie nicht selbst auf rechts drehen? Das ist eine absolut babyhafte Forderung. Ich mag es überhaupt nicht, wenn sich Erwachsene wie Babys benehmen. Im Alltag ist es einfach unerträglich."

Es fällt nicht schwer, Maude zu verstehen. Es geht ja nicht um die T-Shirts, die eine Ehe zum Erfolg werden oder scheitern lassen, sondern darum, daß eine Person das Gefühl hat, daß sich eine andere um diese häusliche Kleinigkeit kümmert und um tausend andere auch, *für ihn*.

Maude entschloß sich, nicht bei den T-Shirts zu bleiben. Nach zehn Jahren hatte sie das Gefühl, daß sie einen erwachsenen Mann lange genug bemuttert hatte. Und bewirkte das etwas in Mr. Maude? Anscheinend nicht. Nach Maude ließ er bei einer anderen Frau seine T-Shirts auf links auf dem Boden liegen. Wahrscheinlich ist ihm nie eingefallen, daß er sein angepaßtes, abhängiges Verhalten ablegen und die Verantwortung für seine häuslichen Belange und möglicherweise auch für seine emotionale Sicherheit selbst in die Hand nehmen könnte. Schließlich bringt er ja sein urbanes Wesen, sein Prestige und sein Geld in die Beziehung ein. Vielleicht ist das in seiner Weltsicht schon genug.

Vielleicht kennst du Männer, die sich emotional selbst genügen.

Vielleicht bist du selbst so ein Mann. Dennoch lohnt es sich, die Bereitschaft der Männer, sich versorgen zu lassen, und die Bereitschaft der Frauen, darauf einzugehen, näher zu betrachten.

Ob Frauen prinzipiell emotional stärker sind oder Männer, ist umstritten. Auf jeden Fall sind Männer schneller bereit, ihre Partnerin zu ersetzen, wenn sie ihn verläßt, von ihm verlassen wird oder stirbt.

Doch es gibt auch Frauen, die es schrecklich, geradezu tragisch finden, ohne einen Menschen zu sein, „für den" sie leben können. Das ist allerdings eine andere Blickrichtung als bei dem Mann, der eine braucht, die ihn zu versorgt.

Maude fährt bissig fort: „Männer scheinen immer eine zu brauchen, die sich ständig um sie kümmert. Sie gehen übergangslos von einer Frau zur nächsten. Sie scheinen noch nicht einmal in der Lage zu sein, sich um ihren eigenen Körper, die eigenen Bedürfnisse zu kümmern. Sie würden niemals ihre Frau mit unbestimmtem Ziel verlassen, sondern nur, um zu einer anderen Frau zu gehen. Es ist wie ein Sicherheitsnetz, etwas, worauf sie nicht verzichten können."

Maude und Mr. Maude waren beide Mitte vierzig, als sie sich trennten. Ist es nur Zufall, daß bei jungen Paaren, die ohne weiteres Maudes Kinder sein könnten und mit denen ich für dieses Buch Gespräche geführt habe, die gleichen Muster anzutreffen sind?

Ich habe junge Männer kennengelernt, denen weniger daran lag, die Welt zu erforschen oder ihren Platz darin zu finden, als daran, in einer Abhängigkeitsbeziehung zu verharren, in der ihre körperlichen und emotionalen Bedürfnisse die zentrale Dynamik der Beziehung darstellten.

Und Frauen, auch sehr junge Frauen, sind offenbar bereit, sich darauf einzulassen und da weiterzumachen, wo die Mütter aufgehört haben: umhätscheln, sich kümmern, das Ego bestätigen, sexuelle Versorgung leisten.

Rebecca ist zweiundzwanzig und sagt über ihre Beziehung mit Paul: „Meine Beziehung ist sehr, sehr konventionell. Dabei fühle ich mich wohl. Wir übernehmen unterschiedliche Aufgaben... Er macht die Wäsche und saugt. Wenn wir Leute zum Essen einladen, koche ich, und er kümmert sich um den Wein. Andere Frauen in meinem Alter interessieren sich für Frauenrechte. Wenn sie sagen, sie sind Feministinnen, höre ich da heraus, daß das eine ‚Gruppe‘ ist und halte mich fern. Die Atmosphäre ist jetzt individueller. Ich habe nie das Bedürfnis gehabt, zu einer Gruppe zu gehören, und ich glaube, daß die Menschen sich immer weniger zu so etwas hingezogen fühlen. In meinem Umfeld formieren sich die Menschen immer mehr in Paaren."

Ich gehöre zu der Generation, die sich gegen die unbequeme Fahrt auf dem Tandem gewehrt hat. Doch die Generation der jetzt Zwanzigjährigen scheint begierig, auf ein emotionales Fahrrad zu steigen, das nur die äußerst klaustrophobische Version einer Beziehung tragen kann.

Natürlich vermitteln einige Paare einen sehr überzeugenden Eindruck ihrer Freude aneinander. Für Rebecca und Paul trifft das auf jeden Fall zu. Doch der Trend scheint mir eher ein deprimierender Hinweis auf mangelndes Vertrauen in die Fähigkeit des Menschen – umgeben von Freunden und wechselnde Beziehungen eingehend –, allein sein und der Welt größere Offenheit entgegenbringen zu können als ein besonders eng aufeinander bezogenes Paar.

Wir müssen versuchen, diesen Trend besser zu verstehen.

Frauen als Versorgerinnen

Im Säuglingsalter und in der frühen Kindheit entwickeln sich Jungen physiologisch langsamer. Die Kinderpsychiaterin Sirgay Sanger behauptet, daß Jungen sich deshalb angesichts der drohenden Überreizung (die Mutter wird als zu mächtig, zu aufdringlich und zu kontrollierend empfunden) von der Mutter abwenden und sich in sich selbst zurückziehen.

Selbst wenn es nur ein partieller Rückzug sein sollte, der an Bedeutung verliert, wenn die körperliche Entwicklung abgeschlossen ist, stellt sich doch die Frage, wie Männer die potentielle „Aufdringlichkeit" von Frauen ertragen, die sich um ihre physischen und emotionalen Probleme kümmern.

Die Antwort mag zum Teil darin liegen, daß sie (daß du?) diese Aufgaben – sich um die körperlichen und emotionalen Bedürfnisse zu kümmern – als so „natürlich" empfinden und ihnen einen so geringen Wert beimessen, es sei denn, sie werden nicht geleistet, daß diese Versorgung ihr Selbstgefühl nicht bedrängt.

So sieht Mr. Maude zum Beispiel möglicherweise keine Ironie darin, daß er für seine sensiblen und psychologisch einfühlsamen Romane großes Lob empfängt und gleichzeitig seine schmutzigen Hemden, auf links gedreht, herumliegen läßt, damit seine Frau, die ebenfalls Schriftstellerin ist, sie aufhebt, auf rechts dreht, wäscht, zum Trocknen aufhängt, zusammenfaltet und in den Schrank legt.

Sich um das körperliche Wohlergehen zu kümmern – Ernährung, Kleidung, Wohnung, Gesundheit – bleibt nach wie vor die Aufgabe der Frau, für sie sichtbar und unterbewertet von Männern, wenn nicht gar für sie unsichtbar, es sei denn, noch einmal, sie wird nicht erfüllt.

Wenn der Körper Mittelpunkt dramatischer Ereignisse ist, bei einer Geburt, bei Krankheit oder Tod, dringt er auch in das Bewußtsein der Männer ein. In weniger dramatischen Phasen zieht „man" sein Identitätsbewußtsein selten aus der häuslichen Sphäre.

Sein Selbstgefühl ist in der Welt außerhalb der Familie angesiedelt und von dort her dominiert. Das ist ihm sicherlich dienlich, wenn er den Posten eines stellvertretenden Direktors anstrebt; wenn es allerdings um seine T-Shirts geht, hilft es ihm nicht viel, und häufig auch nicht, wenn es um sein Selbstgefühl geht.

Ein weiterer Aspekt hat sich eher nebenbei aus den Interviews ergeben: Die Intensität der Einmischung, die viele Männer und einige Frauen mit Müttern und Frauen assoziieren, wird so lange toleriert, wie sie kontrollierbar ist. Wenn sie nicht kontrollierbar ist, findet der Rückzug, von dem Sirgay Sanger in bezug auf kleine Jungen spricht, auch in erwachsenen Männern statt.

Brendan ist Mitglied einer christlichen Sekte. Sein Vater betrieb eine Gastwirtschaft, in der seine Mutter mitarbeitete. Die Kinder mußten sich so gut wie möglich aus dem Weg halten. Brendan erinnert sich, daß sie nach außen hin das Bild einer harmonischen Familie abgaben, doch als ältester war er der unfreiwillige Empfänger der vertraulichen Mitteilungen seiner Mutter.

„Was sie mir erzählte, ist nach heutigen Maßstäben nicht sehr persönlich. Sie war sehr zurückhaltend und diskret. Dennoch habe ich die Sehnsucht in ihr gespürt und wußte nicht, wie ich mich verhalten sollte. Also habe ich mich von ihr zurückgezogen. Und obwohl ich sagen würde, daß dies Leben (als Christian Brother) für mich ganz in Ordnung ist, war einer der Gründe, warum ich mich schon mit sechzehn entschloß, in den Orden einzutreten, daß ich die Gefühle meiner Mutter nicht ertragen konnte. All diese Gefühle haben mich einfach geängstigt."

Was Brendan verängstigte, war wahrscheinlich eine Vielzahl von Dingen, die in ihrer Kombination so überwältigend waren, daß er als empfindsamer junger Mann das Gefühl hatte, fliehen zu müssen.

Dazu gehörte möglicherweise:

- das Verbot, seine Gefühle auszudrücken;
- die unbewußte Angst, daß seine Gefühle ausbrechen könnten;
- die unbewußte Angst, daß die Gefühle seiner Mutter ihn binden würden;
- die bewußte Überzeugung, daß weibliche Gefühle gefährlich *und* trivial sind;
- die bewußte Überzeugung, daß es nicht seine Rolle war zu helfen: Sich mit Gefühlen zu befassen, ist Aufgabe von Frauen.

Es muß gesagt werden, daß Männer nicht länger umsorgt werden würden, wenn Frauen nicht bereit wären, die Rolle der Betreuerin zu übernehmen.

„Seitdem wir das Kind haben, ist Finn großartig", sagte eine junge Mutter zu mir. „Er beschwert sich nie, wenn er nach Hause kommt und sein Essen nicht fertig ist. Er sagt sogar, es ist langweilig, jeden Tag um die gleiche Zeit zu essen. Da habe ich Glück gehabt."

Wie sollen wir diese Bereitschaft der Frauen verstehen, sich innerhalb einer engen Beziehung um einen Mann zu kümmern, als wäre er ein Kind? Oder ist es weniger Bereitschaft als vielmehr Bedürfnis, Pflicht oder Mangel an Entscheidungsfreiheit?

Es scheint eine Reihe von Faktoren zu geben, von denen einige in diesem Buch bereits zur Sprache gekommen sind. Narzißtischer Austausch scheint eine Möglichkeit: Je wichtiger er ist, desto wichtiger bin auch ich, seine Gehilfin. Die Lust, sich zu kümmern; die *Macht*, die darin liegt; das Bedürfnis, gebraucht zu werden: All das spielt eine Rolle.

Auch wirtschaftliche Überlegungen gehören zu dieser Betreuung aus Liebe. Weil die meisten Frauen weniger für ihre Arbeit verdienen, wird in heterosexuellen Haushalten die Arbeit von Männern auch weiterhin einen höheren Stellenwert haben. Die Zeit von Frauen gilt als weniger wert, was unbewußt zur Annahme führt, daß die wertlose Arbeit im Haushalt weniger „Zeitverschwendung" ist, wenn die Frau sie tut. Daß sie ohnehin schon weiß, einen Haushalt zu führen – weil ihre Mutter ihr das gezeigt hat –, verstärkt noch das Muster.

Wenn die Frau zu Hause kleine Kinder zu betreuen hat, werden selbst die Gleichheitsvorstellungen eines noch so offen eingestellten Paares von der „Natürlichkeit" der Rollenverteilung außer Kraft gesetzt.

Sie weiß, was die anderen brauchen, und dem den Rücken zuzukehren, würde sie wahrscheinlich nicht über sich bringen. Und selbst wenn die Frau sich auflehnt, kann man ihr vorwerfen, sie „mache es für alle schwer".

Nur wenige Frauen sind der Ansicht, daß das Wohlergehen der Familie nicht ausschließlich von ihrer Fähigkeit, sich zu kümmern, abhängt. Wenn Kinder da sind, steht das familiäre Wohlergehen noch mehr im Mittelpunkt, so daß es ein leichtes ist, Frauen mit emotionalen und wirtschaftlichen Gründen auf ihren Platz zu verweisen.

Wenn der Mann ihre „Karriere" ist, muß sie ihn natürlich versorgen, damit sie nicht entlassen wird. Das ist keine schöne Aussicht, wenn Alter und Geschlecht es Frauen erschweren, in Zeiten hoher Arbeitslosigkeit ihre Arbeitskraft anzubieten.

Klammernde Mütter, enttäuschende Söhne

Maude ist die Mutter eines Sohnes, der jetzt knapp zwanzig ist. Was sie über Söhne zu sagen hat, wird nicht auf besonders viel Zustimmung treffen. Obwohl ich nicht im geringsten glaube, daß sie den Müttern die Schuld für die „Übel" der Männlichkeit geben will, führt sie einige Auswirkungen des Verhaltens der Söhne auf die Mütter zurück.

„Wahrscheinlich erweisen wir unseren Söhnen einen Bärendienst. Da ich selbst einen Sohn habe, spreche ich auch von mir. Und ich habe gesehen, was meine Mutter mit meinem Bruder gemacht hat. Wie sehr du dich auch bemühst, deine Kinder gleich zu behandeln, den Sohn willst du doch an dich binden... Eine Freundin von mir dachte, daß ihr Sohn einen Erbfehler hatte, der sein Wachstum behindern und ihn zum Zwerg machen würde, und sie war *froh* darüber. Sie sagte, sie sei froh, weil er dann für immer bei ihr bleiben würde, und ich hatte das Gefühl, daß sie tatsächlich die Wahrheit sagte und nicht mit einer ungeheuerlichen Bemerkung auffallen wollte. Es ist schlimm zu sehen, wie manche Frauen sich an ihre Söhne klammern. Vielleicht wollen sie sich einen Mann schaffen, der sie nicht verläßt und sie so braucht, wie sie es wünschen, um so ihre Enttäuschungen mit anderen Männern auszugleichen. Ständig triffst du auf die Mütter von Männern, selbst wenn diese Mütter schon seit fünfundzwanzig Jahren tot sind. Sie schweben zwischen euch, ohne daß ihr genau wißt, was es ist. Es ist wie ein schwarzes Loch, das etwas verschlingt. Ganz, ganz selten können Männer das benennen oder definieren. Vielleicht haben sie große Angst, weil ihre Mütter sie so sehr an sich binden wollten, und befürchten, daß jede andere Frau das auch machen möchte. Ich finde, daß eigentlich so gut wie alle Männer eine enorme Angst vor Frauen haben. Und nur selten triffst du auf einen, der ehrlich genug ist, das zuzugeben, und der dich liebt."

Natürlich enttäuscht nicht jeder Sohn, und Söhne werden auch nicht allein von Müttern hervorgebracht. Wenn Maude eine Situation beschreibt, die für sie wie für viele Frauen zutrifft, dürfen wir nicht vergessen, daß ebenso wichtig wie die Tatsache, daß die Mütter sich an die Söhne klammern, die unbewußte Erinnerung der Söhne an ihr Verlangen nach ihrem Vater ist. Dazu kam ihre Machtlosigkeit, die Abwesenheit des Vaters zu kontrollieren, und der Schmerz angesichts der Unfähigkeit des Vaters, Liebe und Zuneigung auszudrücken, wenn er einmal da war.

Dieses Durcheinander der Gefühle ist noch Jahre später spürbar, wenn die zu Männern gewordenen Söhne ihre Gefühle immer noch nicht erleben oder ausdrücken können und Frauen ihnen immer noch die Erfahrung der Gefühle abnehmen – ein versteckter Machttausch, der häufig verheerende Folgen hat, da zwei Menschen ihr Selbstgefühl immer mehr ineinander verlieren.

Die Taktik ändern

Carl und Yvette leben seit zwanzig Jahren zusammen und sind stolz, daß ihre Beziehung noch immer Bestand hat. Die Beziehung hat sich im Laufe der Jahre sehr verändert, und beide betonen, daß sie die traditionellen Geschlechtsrollen überwunden haben. Doch wenn Carl das Essen zubereitet, steht Yvette hinter ihm, bedrängt ihn körperlich und verbal, bis er es kaum noch erträgt. Er hat sie gebeten, es zu lassen. Sie hat es ihm versprochen, doch es ändert sich nichts.

Carls Vater Trevor war ein wundervoller Vater, und Carl erinnert sich an ihn mit großer Zuneigung. Er erinnert sich auch, daß seine Mutter sich keine Gelegenheit entgehen ließ, Trevor herunterzuputzen. Carl war das verhaßt, und er fragte sich, warum sein Vater nie aus der Haut fuhr, warum er nicht „Manns" genug war, sich gegen sie zu wehren.

Als Carl Yvette heiratete, die in der Küche kein gutes Haar an ihm läßt, hat er nicht „seine Mutter geheiratet". Doch Carls Reaktion auf Yvettes taktlose Einmischungen wird immer mit Bedeutungen überfrachtet sein. Die Situation selbst ärgert ihn – als Mann, der von einer Frau herumkommandiert wird –, und im Unterbewußtsein ist er auf seinen Vater wütend, der tot ist und nie mehr die Gelegenheit haben wird, Carls Mutter zu sagen, sie solle abschieben.

Yvette und Carl wiederholen in der Gegenwart – trotz aller guten Absichten – in bestimmten Situationen dramatische Handlungsabläufe aus ihren Ursprungsfamilien.

Das ist klar, aber es zu wissen reicht nicht, um es zu ändern.

Auch wenn Carl die Gründe für sein Handeln bzw. seine Überreaktion klar wären, würde das nicht unbedingt seinen Ärger und seine Angespanntheit ändern. Das liegt daran, daß sein Verstand – wie deiner und meiner – viele Dinge weiß, die in seine Gefühle nicht eindringen. Carls Erinnerungen und die Unterstützung eines Therapeuten beim Ordnen der Erinnerungen könnten ihm hilfreiche Informationen über seine Eltern geben – besonders darüber, daß er für seinen Vater etwas „fortsetzt", das er jetzt fallenlassen könnte. *(Carl kann im nachhinein Trevors Erfahrungen nicht ändern, auch wenn er es noch sehr möchte.)*

Trotzdem kann Carls Ärger wieder aufflammen. Seine Reaktionsmuster stellen sich den neuen Informationen gegenüber vielleicht taub. Carl möchte anders reagieren, er möchte anders *empfinden,* aber wenn er wieder kocht, steht Yvette wieder hinter ihm und nörgelt – und alles fängt wieder von vorn an.

Yvettes Vorstellungen über die gerechte Verteilung der Hausarbeit sind wohldurchdacht. Doch trotz ihrer Reden und ihrer bewußten Überzeugung benimmt sie sich, als sollten Männer sich nicht in der Küche aufhalten, und wenn sie schon einmal da sind, richteten sie nur Chaos an,.

Es ist möglich, daß Yvettes Mutter keine andere Quelle der Selbstbejahung als den häuslichen Bereich fand. Vielleicht hat es sie gestört, daß ihr Mann sich manchmal auf ihr Territorium gewagt hat, und sie hat Yvette dieses Gefühl vermittelt. Schließlich ist sie auch nicht in seinen Laden gegangen und hat sich in die Geschäftsführung eingemischt. Als Erwachsene hat Yvette durchaus eigene Quellen der Selbstbestätigung, doch ihr Gefühl, daß der häusliche Bereich ihr Territorium ist, und die Einstellungen, die dazu gehören, spiegeln die Vorstellungen ihrer Mutter wider. Kann sie sich ändern?

Auch ihr wird es helfen, wenn sie die Geschichte ihres Verhaltens versteht. Doch sie muß auch akzeptieren, daß Gefühle viel langsamer „lernen" als der Verstand, allerdings kann ihr Verstand die Gefühle unterstützen.

Yvette kann zu der Entscheidung kommen, daß der Konflikt um diesen Punkt sich nicht lohnt. Wenn Carl in der Küche ist, muß sie eben draußen bleiben. Oder sie muß mit Carl darüber sprechen, ob er überhaupt in der Küche sein will. Vielleicht wäre es besser, sie würde ihre Vorstellungen von Gleichberechtigung in der Küche fallenlassen, statt diese schmerzlichen und sinnlosen Auseinandersetzungen fortzusetzen.

Möglicherweise würde ihre „rechthaberische Einmischung", wie Carl das nennt, dann in einem anderen Bereich ihres Zusammenlebens ausbrechen. Wenn dies nicht mit einer alten Wunde Carls zusammenträfe, könnten sie die Situation vielleicht besser erkennen und einen kreativen Weg finden, sie zu vermeiden.

Andererseits wäre es möglich, daß Yvette und Carl mit einiger Gelassenheit der Frage nachgehen, ob Carl Yvettes bestimmtes Auftreten als „rechthaberische Einmischung" definiert, weil sein geliebter Vater ihm diese Art zu denken nahegelegt hat. Es klingt absurd, aber manchmal hilft es schon, eine Verhaltensweise mit einem weniger emotional geladenen Begriff zu benennen. „Rechthaberische Einmischung" könnte zum „liebevollen Hilfsangebot" und auch plötzlich als solches empfunden werden.

Wenn Yvette und Carl ihr Verhalten aus einer gewissen Distanz als Ausdruck ihrer Geschlechtsrolle betrachten – oder als daraus gelernte „schlechte Gewohnheiten" –, könnte das ebenfalls die Situation entschärfen; denn Carls aufgebrachte Reaktion könnte dann zumindest teilweise damit in Zusammenhang gebracht werden, daß seine Mutter in seinen Augen nicht reizbar und rechthaberisch hätte sein dürfen, auch wenn sie mit ihrer Rolle als Hausfrau und Mutter unzufrieden war und sich über den Mann ärgerte, der vielleicht zwar ein guter Vater, aber ein weniger guter Ehemann war.

Carl tut sich schwer mit der Vorstellung von seinem Vater als einem verletzbaren Menschen und fühlt sich durch Yvettes Kleinlichkeit an seine eigene Verletzbarkeit und vielleicht auch an ihren Mangel an Selbstbeherrschung erinnert. Sie hat versprochen, aus der Küche fernzubleiben, und es nicht eingehalten.

Carl würde seinen Vater gern als perfekten Helden sehen. Seine Mutter hat das vereitelt, nicht durch ihr Nörgeln, sondern weil ihr Mann sich nicht dagegen zur Wehr setzte.

In der gemeinsamen Küche vermischt sich Carls Gefühl der Unzulänglichkeit (Kochen ist Frauensache) mit dem seines Vaters, und das allein ist genug, auch ohne Yvettes Einmischung. Die verstärkt nur seine Unsicherheit, die zu Fragen über seine Männlichkeit führt. Männer haben doch alles im Griff, oder? Sie können Probleme lösen, oder? Sie haben doch die Verantwortung, oder?

In vieler Hinsicht unterscheidet sich Carls und Yvettes Beziehung beträchtlich von der ihrer Eltern. Der Hauptunterschied liegt vermutlich in ihrem Bewußtsein, daß es mehr Verhaltensmuster als nur „richtig" oder „falsch" gibt. Dieses Bewußtsein erlangen sie durch die Freiheit, verschiedene Möglichkeiten und die dazugehörigen Gefühle durchzusprechen.

Gereizte Reaktionen oder alte Befürchtungen verlieren ihre Macht nicht völlig, wenn sie ans Licht gebracht und besprochen werden, doch in einem größeren Zusammenhang wirken sie ganz anders.

„Ich verhalte mich so, weil..."

„Viel lieber würde ich mich so verhalten..."

„Ich glaube, es würde mir helfen, wenn du..."

„Ich glaube, ich kann mir selbst helfen, indem ich..."

„Ich weiß, daß emotionale Verhaltensweisen sich nur langsam verändern..."

Es gibt keine Wunderformel, die Interaktionen zweier Menschen zu verändern. Druck, Gewohnheit, Angst, innere Konflikte bewirken, daß du aus deinem Trott nicht so leicht herauskommst.

Es hilft aber, wenn du dir klarmachst, was du ändern möchtest; wenn du sagst, was du statt dessen möchtest; und wenn du dir darüber bewußt wirst, daß eine Veränderung in deiner Haltung gegenüber einem Menschen oder einer Sache auch deine Gefühle verändern wird.

Die Frau als „sicherer Hafen"

Die Geschichte von Tom und Helen klingt dramatischer, denn auch sie haben sich in eine Sackgasse des verinnerlichten geschlechtsstereotypischen und angepaßten Verhaltens manövriert.

Tom und Helen sind seit zehn Jahren zusammen, von denen Helen sieben zu Hause war. Sie haben zwei Kinder, die jetzt beide zur Schule gehen. Nach der siebenjährigen Unterbrechung fand Helen wieder eine Anstellung und kam erstaunlich gut voran. Ihr Einkommen ist so hoch wie Toms, und sie ist häufiger auf Dienstreise, als sie beide erwartet hatten.

Drei Tage in der Woche muß Tom die Kinder von der Schule abholen und das Essen für sie zubereiten. Und er muß für Helen ans Telefon gehen. Als ob das nicht schon genug wäre; jetzt, glaubt Tom, kritisiert sie auch noch seine Meinungen. Es war also niemand besonders überrascht, daß Tom sich mit Leonie eingelassen hat, einer netten jungen Frau, die sehr anschmiegsam und bisher ohne beruflichen Ehrgeiz ist. Niemand – außer Helen, die wütend und empfindlich getroffen ist.

Wenn Helen sich bei ihrer besten Freundin Martina ausweint, fragt die, was Helen denn erwartet hat. In Martinas Augen haben Männer es nie gern, hinter einer Frau den zweiten Platz einnehmen zu müssen. Warum hat Martina mit ihrer Einschätzung in den meisten Fällen recht?

In seinem Unterbewußtsein bewahrt Tom Erinnerungen an die Frau, die in seinem Leben am mächtigsten war und die er am meisten brauchte – seine Mutter. Womöglich war sie unfehlbar: immer gerecht und ausgeglichen und jederzeit liebevoll – es sei denn, sie war wie wir anderen auch. Doch die Abhängigkeit von ihr, die er als Kind erlebt hat, ist mit dem Selbstbild des erwachsenen Mannes – also eines Menschen, der distanziert und rational ist und sich selbst genügt – nicht vereinbar.

Tom (und jeder andere Mann) *will nie wieder von einer Frau so abhängig sein.* Er möchte nicht wieder in die Welt der ungeordneten und unvorhersehbaren Gefühle gezerrt werden, von denen es auch immer zu viele gab und die zu oft ausgesprochen wurden. Der erwachsene Mann hat das doch alles hinter sich gelassen, oder?

Helen will ja gar nicht, daß Tom abhängig von ihr ist. Im Gegenteil, als Ehefrau und Mutter mit einem Vollzeitjob hat sie sich darauf verlassen, daß Tom emotional wie körperlich weniger abhängig von ihr ist.

Doch die Umkehrung der Machtverhältnisse in ihrer Ehe hat Toms unbewußten Ängsten Auftrieb gegeben, daß er Helen mehr braucht, als er zugeben kann. *Ihre Abwesenheit macht ihm das bewußter, als es ihre Anwesenheit tun könnte.*

Sein Bedürfnis nach Helen rumort nun in seinem Unbewußten, zusammen mit der Erinnerung an seine Sehnsucht nach der Mutter oder auch an seinen Wunsch, wie Mutter zu sein, und gleichzeitig zu wissen, daß Männlichkeit zu dem Preis erworben wird, nicht wie sie zu sein, sondern wie der Vater.

Doch wenn er schon nicht „wie Mutter" sein konnte, wollte er sie immerhin an einem festen Ort wissen, den er jederzeit verlassen und zu dem er jederzeit zurückkehren konnte. Mutter-als-Zuhause ist tief in Toms Psyche eingegraben.

Tom hat nie darüber nachgedacht, wie angenehm es für ihn war, nach Hause zu kommen und Helen vorzufinden. Jetzt trifft ihn Helens Fehlen im Haus mehr, als er zu sagen vermag, und ebenso verunsichert ihn die Vorstellung einer unabhängigen Helen, deren Leben jetzt zum Teil nur ihr gehört.

In Toms Psyche lebt noch das Kind, das in der oralen Phase, in der sich die Fähigkeit zu vertrauen herausbildet, nicht begreifen konnte, daß die Mutter, oder zumindest der Teil von ihr, der für ihn lebenswichtig war, ihre Brust, *eine Existenz außerhalb seiner Verbindung mit ihr hatte*. Der Prozeß, in dem das Kind lernt, daß die Mutter ein „Ganzes" ist und eine eigene Existenz hat, ist langsam und für das Kind durchaus schmerzlich. Er muß von der Liebe der Mutter unterstützt werden, wenn das Kind imstande sein soll, ein stabiles Selbstgefühl zu entwickeln.

Als Erwachsener glaubte Tom, daß das, was er wollte, auch für Helen das Beste war. Allerdings kann er nicht ertragen, daß das, was für Helen am besten ist, nicht auch für ihn das Beste ist.

Toms Gefühl für ein eigenständiges, also von Helen getrenntes Selbst ist nicht stark genug entwickelt, so daß er nicht akzeptieren kann, daß Helens Interessen nicht immer mit seinen identisch, ja vielleicht noch nicht einmal kompatibel sind und daß zwischen den beiden Selbsts Vereinbarungen getroffen werden müssen. Statt dessen fühlt er sich verletzt und zurückgewiesen wie der kleine Sohn, der seine Mutter braucht, und zwar wirklich braucht, und nicht wie ein erwachsener Mann, der es genießt, wenn seine Frau sich um ihn kümmert, der aber durchaus zurechtkommen könnte, wenn sie sich weniger um ihn kümmert und sich statt dessen beide mehr umeinander kümmern.

In dem Maß, wie Helens Bereitschaft, Tom zu versorgen, abgenommen hat, ist Toms innere und unerkannte Infantilisierung stärker geworden. Er ist sich dessen nicht bewußt. Er merkt jedoch – wie andere um ihn her auch –, daß er häufig aus nichtigen und trivialen Anlässen Wutausbrüche hat.

Es ist nicht eindeutig, ob Toms Vertrauensprobleme ihren Ursprung in der oralen Phase seiner Entwicklung haben. Eindeutig ist jedoch, daß er ein regressives Verhalten zeigt und in die Trennungsphase der Kindheit zurückkehrt, in der das Kind das wechselhafte Verhalten der Mutter toleriert, indem es sein Bild von der Mutter in zwei teilt: Die „gute Mutter" tut, was das Kind will, die „schlechte Mutter" verweigert das.

Wenn das Kind älter wird und schließlich erwachsen ist, akzeptiert es *die Vorstellung, daß die gute und die schlechte Mutter ein und dieselbe Person sind, und toleriert die Implikationen dieses Wissens*. Diese Fähigkeit ist die Voraussetzung dafür, in sich selbst gute und schlechte Eigenschaften zu tolerieren. Nur so vermeidest du, deine schlechte Eigenschaften nach außen auf andere Menschen zu projizieren. „Sie wollte, daß ich es tue."

Doch in vielen Beziehungen unter Erwachsenen gibt es Spuren dieser infantilen Trennung, wie sich auch in Toms Fall zeigt. Die freundliche Helen ist nun die schlechte und egoistische Helen, die sich um ihn oder die Kinder nicht kümmert.

Für Tom ist es einfacher, wenn er Helen die Schuld gibt, so daß er nicht die eigenen Gefühle ertragen und verstehen muß, was wirklich hinter seiner Wut und seinem Gefühl der Ungerechtigkeit steckt. Und am einfachsten ist es, sein Unglück und Helen zu verdrängen und sich von der jungen (wie die Mutter), liebevollen (wie die Mutter), unkritischen (wie die Mutter) Leonie trösten zu lassen.

Was aber wird aus Tom – und Leonie, ganz abgesehen von Helen und Helens und Toms Kindern –, wenn Leonie den Punkt in ihrem Leben erreicht, an dem es ihr nicht mehr genügt, Tom zu bemuttern; wenn sie selbst etwas riskieren möchte und es Tom überläßt, sein Essen selber warm zu machen?

„Was aus Tom wird", hängt davon ab, wie weit er
- entwirren kann, welche Bedürfnisse hinter den verknoteten Gefühlen liegen;
- diese Bedürfnisse als die eigenen akzeptieren kann, statt sie Helen vor die Füße zu werfen;
- versteht, daß andere Menschen ebenso legitime Bedürfnisse haben wie er selbst;
- lernt, daß eine Person, die sich nicht um seine unmittelbaren Bedürfnisse kümmert, deshalb nicht „schlecht" ist;
- akzeptiert, daß die Gefühle anderer Menschen sich von seinen unterscheiden und *das für ihn keine Bedrohung ist*.

„Was aus Tom wird", hängt auch davon ab, was aus Helen wird.

Wenn Helen Toms Schmerz akzeptieren kann, ohne das Gefühl zu haben, etwas dagegen tun zu müssen, wird es Tom um einiges besser gehen. Helens spontane Reaktion könnte durchaus darin bestehen, Tom zu helfen und zu tun, was er von ihr wünscht. Doch was wäre dann mit ihr? Sie würde ihm Vorwürfe machen, sich verkrampfen, sich selbst untreu werden. Und was wäre mit Tom? Er würde in dem infantilen abhängigen Zustand verharren, der beiden schon soviel Kummer bereitet hat.

Ein wichtiger Aspekt von Nähe in einer dauerhaften Beziehung ist, sein Gegenüber ernst zu nehmen und darauf zu vertrauen, daß Erwachsene sich um sich und ihre Probleme selbst kümmern können und müssen – auch wenn sie geliebt und unterstützt werden. Doch Beziehungen dieser Art zwischen Erwachsenen sind überraschend selten.

Tom – wie den meisten von uns – würde es helfen, wenn er sich eingestehen könnte, daß er in der Gegenwart von Ereignissen der Vergangenheit beeinflußt ist, daß das ihn aber nicht schwach oder verrückt macht. Auch wird er von diesen Ereignissen nicht zu bestimmten Verhaltensweisen verdammt.

Kindheitserfahrungen, besonders die der vorsprachlichen Phase, werden mit einer Intensität erlebt, die wir als Erwachsene nicht mehr nachempfinden können. Deswegen neigen wir dazu, diese Erlebnisse zu leugnen, weil unsere Erinnerung uns keinen bewußten Zugang zu ihnen bietet.

Die Intensität des Erlebens ist der Grund, warum die Ereignisse für das Bewußtsein unzugänglich bleiben und den Erwachsenen so stark prägen; und sie prägen ihn, gerade weil sie unbewußt und schwer erkennbar sind und deshalb leicht zu leugnen.

Frauen und Männer: eine unmögliche Beziehung?

Trotz aller immer wieder auftretenden Probleme und Enttäuschungen gibt es zunehmend mehr Freundschaften zwischen Frauen und Männern – auch solche ohne sexuelle Komponente. Warum das so ist, darüber lassen sich interessante Mutmaßungen anstellen. Teilweise könnte es an einer Abnahme stereotyper Verhaltensweisen liegen, aber wesentlicher ist sicherlich, daß Frauen in steigender

Zahl und in den verschiedensten Bereichen am Berufsleben teilnehmen. Das hat eine gewisse Normalisierung der Beziehungen
zwischen Frauen und Männern zur Folge und macht es möglich,
Bereiche zu benennen, in denen gemeinsame Interessen die Unterschiede überwiegen. Faszination und eine geheimnisvolle Aura
bleiben dennoch, besonders wenn der Übergang von Freundschaft
zu sexueller Intimität vollzogen worden ist.

Sebastian war zweimal verheiratet und hatte mehrere dauerhafte Beziehungen, einige sogar parallel. Als ich mit ihm sprach, fand
ich seine Bereitschaft, offen über Dinge zu reden, die die meisten
Männer verbergen würden, charmant und entwaffnend.

„Frauen sagen Dinge, die der Partner hören soll, und erwarten,
daß man Dinge sagt, die sie hören möchten. Sie erwarten, daß man
gewisse Sachen, die für einen sehr wichtig sind, fallenläßt und
anderen den Vorrang gibt. Ich glaube, es ist unmöglich, mit einer
Frau in einer Beziehung effektiv zu funktionieren. Lorrie und ich
zum Beispiel haben ein gemeinsames Geschäft und können als
Geschäftsleute nicht getrennt von unserem emotionalen Leben
funktionieren. Und in der Öffentlichkeit können wir nicht getrennt
von unserem emotionalen Leben funktionieren. Wenn wir Streit
haben, tragen wir das auch in unser öffentliches Leben hinein.
Frauen sind anders. Ich vermute aber, daß ihre Andersartigkeit ein
Teil ihres Reizes ist. Frauen sind nur selten langweilig. Sie sind
vielseitiger als Männer. Frauen sind das unergründliche Andere.
Man kann die Bedürfnisse einer Frau gar nicht erfüllen, scheint mir.
Der Einsatz und die Mühe sind die eigentliche Befriedigung."

Sebastian redet offenbar gern über Frauen. Als sich das Gespräch anderen Männern zuwandte, wirkte er weniger eloquent.

„Ich komme mit Männern nicht gut zurecht. Der Mann, den ich
am besten kenne, ist Schriftsteller. Wir kennen uns schon so lange,
daß wir ganz offen miteinander reden können. Er spricht gern über
sein Privatleben, so daß ich über alle seine Erfahrungen Bescheid
weiß. Ich kann zuhören, ohne allzu viel von mir selbst preiszuge-
ben. Ich habe ein Persönlichkeitsproblem insofern, als ich glaube,
immer konkurrieren zu müssen, und es fällt mir schwer, nicht mit
meinen Freunden zu konkurrieren."

Sebastian hatte sichtlich Schwierigkeiten, beim Thema Männer
zu bleiben, er schwenkte schon bald wieder zu Frauen über.

„Natürlich sind Frauen die schlimmste Konkurrenz. Sie kommen plötzlich aus einer Richtung, aus der du sie nicht erwartet hast. Und sie durchschauen dich. Ich glaube nicht, daß ich eine gute Frau abgeben würde. Manche Eigenschaften, die Frauen haben, hätte ich auch gern, und die lassen sich nicht mit dem Mannsein vereinbaren. Frauen besitzen Instinkt und eine grundlegende Wahrnehmung. Ich bewundere die Hartnäckigkeit von Frauen.

Frauen haben ja den Ruf, nichts im Kopf zu haben und nicht logisch denken zu können. Mir scheint, daß das absolute Gegenteil der Fall ist. Eine dritte Eigenschaft, die ich bewundere, ist Stil. Ich rede nicht von Kleidern, sondern von einer persönlichen Vision von sich selbst: Sie wissen, wie sie erscheinen wollen, und haben die Fähigkeit, so zu wirken und sich zu dem zu machen. Sie können Mutter, Geliebte, Kumpel, Geschäftsfrau sein – was immer sie wollen. Und sie sind darin viel effektiver als Männer. Eine Frau zu haben, die dich in ihrer Welt haben will, ist das größte Kompliment. Aber du fühlst dich dem nie so richtig gewachsen. Du fühlst dich auch nie richtig entspannt. Irgendwo ist immer eine Falle. Ich meine, sie geben nie alles von sich preis, stimmt's? Da liegt das Problem.

Kühle Selbstanalyse ist nicht gerade meine Stärke. Deswegen mag ich die Filme von Howard Hawke. Ich erinnere mich, in einem Film geht Katherine Hepburn, die Cary Grant völlig den Kopf verdreht hat, zu einem Psychiater und sagt: ‚Ich versteh' das nicht. Da ist dieser Mann, der sich dauernd an mich heranmacht und mit mir streitet.' Feld nickt und sagt: ‚Ja, ja. Der romantische Impuls äußert sich häufig im Konflikt.' Und das zieht sich durch den ganzen Film!

Am Ende von Hawkes Filmen kommt jedesmal irgendeine Frau und sagt: ‚Merkt ihr beiden denn nicht, daß das und das der Fall ist?' Und die Männer sehen sich an und denken: ‚Himmel, das stimmt ja!' Aber es ist immer die Frau, die sie aufrütteln und ihnen die Augen öffnen muß. Dieser Aspekt, daß immer eine Erkenntnis von außen kommt, die eine Beziehung erhellt – das ist mir sehr vertraut."

Frauen dazu zu bewegen, über Männer zu reden, war nie schwierig. Die Frauen, mit denen ich sprach, Lesben und Heterosexuelle,
hatten klare, unmißverständliche Ansichten darüber, worum sie
Männer am meisten beneideten, so daß die Antwort vorhersagbar
wurde.

„Ich neide ihnen die Fähigkeit wegzugehen und die Möglichkeiten, die sich ihnen dann bieten", erklärt Jasmine und fährt fort:
„Was ist das für eine ‚Gerechtigkeit‘ in einer heterosexuellen Beziehung, wenn er sich in seiner Arbeit vergräbt und ich mich zu Hause
in meine Kissen vergrabe, weil ich einfach zu mitgenommen bin,
um zu arbeiten? Und wenn wir uns dann getrennt haben, kannst du
Gift darauf nehmen, daß er massenhaft Frauen hat, unter denen er
auswählen kann, während ich von Glück reden kann, wenn ich im
Jahr ein, zwei Männer kennenlerne, an denen ich auch nur im
entferntesten interessiert bin."

Constance ist lesbisch und arbeitet als analytische Psychotherapeutin. In ihren Augen gehen Männer „viel sachlicher und strategi-
scher an ihre Beziehungen heran. Sie versuchen die einzelnen
Teile zu verstehen, damit sie ‚das Ganze zusammensetzen können‘." Und weiter: „Ich neide ihnen das Gefühl, sie hätten die
Kontrolle und diktierten die Bedingungen. Ich weiß, daß sie die
Kontrolle nicht haben, aber sie beschäftigen sich sehr damit.
Außerdem beneide ich Männer um ihre Fähigkeit, die Initiative zu
ergreifen und Dinge ins Rollen zu bringen."

Im Rückblick auf zwei Jahrzehnte intensiver Männerbeziehungen
sagt sie: „Ich fühlte mich manchmal von meinen Gefühlen aufgefressen und hatte den Eindruck, daß es den Männern nicht so ging
und daß sie aus der Beziehung weggehen und sie mehr oder
weniger vergessen konnten, während sie fort waren. Sie konnten
sich daraus entfernen, sich davon lösen. Das hat mich neidisch
gemacht. Und daß ihre Arbeit von emotionalen Unruhen relativ
unberührt blieb – das machte mich auch neidisch."

Genau dieses Gefühl drückt Helen Garner in *Honour and Other
People's Children* so aus: „In diesem Moment sah sie ihn getrennt
von sich, ihrer nicht gewärtig und im Begriff, unversehrt in der Welt
wieder aufzutauchen."

Die „Unversehrtheit" und „Getrenntheit" des Mannes sind Illusionen. In aller Regel braucht er eine weibliche Partnerin, um sein emotionales Selbst auszuleben. Doch Frauen wie Männer glauben an diese Illusion.

Vielleicht versetzt das Gefühl der Getrenntheit, von dem Frauen sprechen, Männer in die Lage, Dinge zu tun, die Frauen niemals tun könnten: ihre Kinder zu verlassen, sich nicht um sie zu kümmern oder sich nicht für sie zu interessieren. Es ermöglicht ihnen auch, ihre langjährige Partnerin zu verlassen und das, was sie „ein neues Leben" nennen, zu beginnen, praktisch ohne einen Blick zurückzuwerfen.

Doch gleichzeitig sind Männer so offensichtlich *ungetrennt* von (oder verschmolzen mit) ihren Partnerinnen, daß sie auf das, was sie als Betrug ansehen, mit brutaler Gewalt bis zum Mord reagieren. Das hat mit Herrschaft zu tun. Wenn eine Frau durch ihr Handeln die Sicherheit des Mannes angreift – wie etwas gemacht wird, wer den Ton angibt –, reagiert er häufig mit Wut, um sich gegen die unerwünschten Gefühle von Angst und Verletzbarkeit zu schützen. Ein solcher Zornesausbruch kann weit heftiger sein, als seine Liebesbezeugungen es je waren.

Doch das ist nicht alles.

Der Gesellschaftskritiker Vic Seidler fügt einige scharfsichtige Anmerkungen hinzu: „Der Feminismus hat die Männer aufgefordert, engere und persönlichere Beziehungen mit ihren Kindern einzugehen. Das ist gar nicht so leicht umzusetzen, da wir von unseren Vätern gelernt haben, unsere Fürsorge zu zeigen, indem wir als ferne und respektgebietende Person auftreten. Es ist schwer, sich mit größerer persönlicher Empfindsamkeit einzubringen, *weil wir gelernt haben, unseren Gefühlen und Empfindungen gegenüber ziemlich gefühllos zu sein."* (Meine Hervorhebung)

Seidlers Bemerkungen können all den Frauen helfen, die sich – häufig in tiefem Schmerz – gefragt haben: „Wie konnte er mir das antun?"

Vielleicht kann er es „antun" - also brutal oder einfach „nur" gefühllos handeln –, *weil er gelernt hat, sich selbst gegenüber auch so zu handeln.* Es ist unmöglich, die Komplexität des Selbst eines anderen Menschen mehr zu würdigen als die eigene Komplexität.

Seidler sagt über Männer: „Häufig kommen wir erschöpft, leergepumpt und verbraucht nach Hause. Unsere ganze Energie ist in unserer Arbeit aufgegangen, und wir halten uns dort selten zurück, damit wir noch Reserven haben, wenn wir nach Hause kommen. In diesem Zustand sind die Klagen unserer Partnerin schwer zu ertragen... Als Männer lernen wir, daß wir alles machen können, wenn wir nur den Willen und die Entschlossenheit aufbringen. Es ärgert uns, wenn dieses Prinzip in unserer persönlichen Beziehung nicht funktioniert, denn eine andere Rationalität haben wir nicht gelernt. Sie bewirkt, daß Männer ihre Partnerinnen bedrängen, die Kinderversorgung so zu organisieren, als handele es sich um eine Routinesache. Dann können Männer mehr teilhaben, ohne daß sie ihre Schwierigkeit, sich auf die Bedürfnisse der Kinder einzulassen, meistern müßten."

Oder auf die Bedürfnisse der Frau, könnten wir hinzufügen.

Diese Spaltungen, zwar eine Illusion, aber eine mächtige, zwischen „Rationalität" und emotional-intuitiven Reaktionen, stellen auch weiterhin Hindernisse in vielen Beziehungen zwischen Männern und Frauen dar. Auch das nach außen gerichtete Leben der Männer, das zur Vernachlässigung und Verkümmerung der inneren Welt führen kann, bildet ein Hindernis, ebenso wie das auf die Bedürfnisse anderer gerichtete Leben der Frauen, denn oft haben sie die zwanghafte Vorstellung, sie müßten das Leben der anderen für sie leben, und vernachlässigen dabei ihre eigene innere Wirklichkeit.

Neid zwischen Frauen und Männern ist natürlich nicht einseitig. Martin wünscht sich, daß „Männer sich in einer Beziehung mehr wie Frauen verhalten könnten. Männer haben von Frauen viel mehr über Nähe gelernt als umgekehrt."

Später sagt er dann sehnsüchtig: „Ich wünsche mir so sehr, daß wir das, was wir von Frauen gelernt haben, in unsere Beziehungen hineintragen und offen sein könnten, ohne uns mit Selbstzweifeln zu zermürben. Es ist sehr schwer, eine enge Beziehung mit einem Mann zustande zu bringen; allein zuzugeben, daß man sie sich wünscht, fällt schwer."

Martin hat sich mit großer Energie der Aufgabe der Kindererziehung gestellt. Er ist der Sohn einer geschiedenen Mutter, mit der er eine sehr enge Beziehung hat – eine Konstellation, die ich häufig bei Männern gefunden habe, die sich aktiv um ihre Kinder kümmern.

„Meine Eltern haben sich getrennt, als ich elf war. Ich hatte immer und habe auch jetzt eine sehr enge Beziehung zu meiner Mutter. Als Ältester war ich in alles mögliche eingeweiht. Meine Mutter hat mit mir Familien- und Geldangelegenheiten, aber auch ihre persönlichen Probleme besprochen. Es gab mir das Gefühl, erwachsen zu sein und Verantwortung zu tragen, und das hat mir sehr gut getan. Die Nähe, die mich mit meiner Mutter verband, hat meine Selbstachtung und mein Selbstvertrauen gefördert. In der Schule hatte ich einen schweren Stand. Ich kam erst spät in die Pubertät, und Fußball spielen konnte ich auch nicht. Doch in mir drin fühlte ich mich viel älter und reifer, und ich dachte: ‚Ihr könnt mich mal!'"

Einander begegnen

Jetske lebt in Amsterdam und arbeitet als Autorin und Beraterin.

Als ich sie fragte, ob sie glaube, daß Frauen und Männer die Enttäuschungen überwinden könnten und auf Dauer in der Lage wären, die Bedürfnisse der Partnerin oder des Partners nach Nähe und Getrenntsein zu erfüllen, entstand zunächst eine lange Pause..

„So etwas habe ich selten gesehen. Ich sehne mich danach. Es ist etwas, das ich immer gesucht, aber nie erlebt habe. Wenn, dann nur in winzigen Augenblicken. Ich glaube, daß es möglich ist. Ich hoffe es. Mir fällt ein älteres Paar ein. Sie sind sehr unterschiedlich und immer noch sehr interessiert aneinander. Sie gehen mit einer Höflichkeit und einem deutlichen Interesse am anderen miteinander um und erlauben sich gegenseitig, sich fern vom anderen zu entwickeln. Was sie haben, ist selten und sehr schön."

9. KAPITEL

Überprüfung des Muttermythos

Die feministischen Therapeutinnen Luise Eichenbaum und Susie Orbach stellen die Behauptung auf, daß das, was unsere Mütter uns emotional mitgeben, das eigentliche Wesen unserer Persönlichkeit formt. Alexander Lowen, der Begründer der Bioenergetik, ist der Überzeugung, daß Eltern allein durch die Art, wie sie sind, ihre Kinder beeinflussen. Und Jung warnte: „Eltern sollten sich immer der Tatsache bewußt sein, daß sie selbst die Hauptursache für die Neurosen ihrer Kinder sind."

Die Mütter unter uns zucken zusammen, wenn sie so etwas lesen. Hat Maude recht, wenn sie sagt: „Wir tun unseren Söhnen schreckliche Dinge an."

Hattest *du* recht, als du die Schuld für die beklagenswerte Unzulänglichkeit deines männlichen Partners, Nähe entstehen zu lassen, fortwährend bei deiner Schwiegermutter gesucht hast? Hätte sie ihn anders erziehen können oder sollen, damit aus ihm der anteilnehmende, ausgeglichene, sexuell aufregende, unternehmungslustige Mann geworden wäre, den du verdienst, statt der Mann, den du hast?

Und warum hat die Mutter ihre Tochter nicht so aufgezogen, daß sie in der Lage ist, sich voll auf die nächstliegende Angelegenheit zu konzentrieren? So drückte es einer meiner Interviewpartner aus, als ich fragte, was er sich an seiner Frau anders wünschte? „Diese unbarmherzige Fähigkeit, die Vergangenheit hervorzuzerren, mir zu sagen, was sie denkt, und schlimmer noch, was sie fühlt und braucht, während mir nichts Tiefsinnigeres vorschwebt als ein befriedigender Beischlaf und ein Gläschen Wein, bevor ich mich wieder dem Wirtschaftsteil der Tageszeitung zuwende! Ist doch klar, woher sie das hat."

Oh, ihr Mütter, hättet ihr das nicht anders und besser machen können, zu unser aller Nutzen?

Die Frage ist hoffentlich müßig. Doch wir alle tragen sie irgendwo im Hinterkopf mit uns herum. In unserer Erfahrung hat die Mutter – wer sie auch war und was sie auch getan hat – selten genug getan, genug geliebt, war sie selten genug da.

Und wenn sie genug getan hat, wird sie sicher ihr Martyrium betonen und dich dafür büßen lassen.

Daran wurde ich erinnert, als ich für meine Tochter Kezia bei ihrer Freundin Amanda anrief. Amandas Mutter erzählte mir, daß ihre Mutter für ein paar Wochen zu Besuch gekommen sei. Als ich vorsichtig fragte, ob das ihre Zustimmung fände, antwortete sie zu meiner Überraschung: „Es ist wunderbar. Ich liebe meine Mutter sehr." Eine so uneingeschränkte Freude an der Beziehung zwischen dem erwachsenen Kind und der Mutter ist so selten, daß sie aufhorchen läßt. Warum ist das so?

Weil „Mutter" mehr als nur eine Person aus Fleisch und Blut ist. Sie ist auch das fehlerhafte menschliche Wesen, auf das einer der mächtigsten Mythen projiziert wird, der je von Menschen geschaffen wurde.

Die Bedingungen, unter denen „Mutter" existiert und ihre Rolle ausübt, verdienen unser Verständnis.

In der westlichen Gesellschaft stützen wir uns auf die Vorstellung von der Mutter – durch reale Frauen verkörpert –, auf die wir echte wie sentimentale (also unechte und maskierende) Gefühle projizieren, die ansonsten in unserer männlich dominierten Gesellschaft keinen Stellenwert haben – wir verehren nicht Güte oder Freundlichkeit, sondern bewundern den Sieger. Menschen, die uns an den Ursprung erinnern, den wir mit denen gemeinsam haben, die keine Sieger sind, werden bei uns nicht verehrt.

Die Sozialisationsprozesse, die dazu führen, beschreibt Philip Slater in seinem Buch *The Pursuit of Loneliness*, das eine aufschlußreiche Analyse der amerikanischen Kultur ist. Einige von Slaters Beobachtungen scheinen auf andere westliche Länder genauso zuzutreffen.

„Kindern werden in der frühesten Kindheit Werte vermittelt – Kooperation, Teilen, Gleichheit – die sie wieder verlernen, wenn sie in die Schule kommen, wo Wettbewerb, Neid, Statussicherung und autoritäres Verhalten auf dem Lehrplan stehen. Wenn sie ins

Erwachsenenleben eintreten, wird von ihnen erwartet, daß sie die Werte, die am Anfang ihres sozialen Lebens standen, weitgehend abgelegt haben."

Mutter mussen diese Werte aber nicht nur vermitteln, sondern sie auch leben. Von ihnen wird erwartet, diese Werte zu leben, während sie von außen die verschiedensten Botschaften empfangen, was sie tun und was sie tun sollen, was sie sind und wer sie sein sollen.

Und während sie „Mütter" sind, bleiben sie gleichzeitig Töchter von Müttern und sehnen sich nach der idealisierten mütterlichen Beziehung, die nur die wenigsten von uns je erfahren haben.

In nicht unbeträchtlichem Ausmaß formen wir unser „weibliches" bzw. „männliches" Verhalten nicht nur nach der eigenen Mutter, sondern auch nach dem, was wir als unsere Ähnlichkeit mit oder Verschiedenheit vom *Muttermythos* begreifen. Umgekehrt wird dieser Mythos von der Zeit und der Kultur geprägt, in der wir leben.

Wesentlich für den Mythos von der Mutter ist, daß sie nicht Teil des öffentlichen Lebens ist; da werden die Geschäfte der „Männer" abgewickelt, und zwar weitgehend ungestört von der „Einmischung" der Frauen. Frauen sind zwar in der Berufswelt zugelassen, aber Machtpositionen nehmen sie nur in überschaubarer Anzahl ein. Zu viele Frauen in Positionen echter Macht könnten sehr leicht unangenehme, unbewußte Erinnerungen eines kleinen fragmentarischen Jungen und einer riesigen ganzheitlichen Mutter hervorrufen.

Mütter sind erst seit kurzem ins Berufsleben eingetreten. Viele Männer haben immer noch ihre Probleme damit, und auch für die Frauen ist es nicht leicht, da sie in den meisten Fällen mindestens zwei Jobs unter einen Hut bringen müssen. Die Konsequenzen dieser Doppelbelastung sind den meisten Männern, aber auch vielen Frauen, die keine Mütter sind, unvorstellbar.

Die Kluft zwischen der öffentlichen, von Männern dominierten Sphäre der bezahlten Arbeit und der Privatsphäre der Mutter läßt sich am Beispiel des politischen Paares illustrieren. Die meisten ehrgeizigen Politiker haben eine Ehefrau neben sich, die sich offenbar dafür interessiert, wie die Menschen leben, wie sie fühlen, und die herausfinden möchte, was „normale" Menschen wollen.

Daß *er* lernt, in die Öffentlichkeit zu gehen und sich der Anliegen der Menschen über das Sammeln von Wählerstimmen hinaus in sinnvoller Weise anzunehmen, verlangen von männlichen Politikern weder ihre Parteien noch die Wählerschaft. Und wahrscheinlich sind die meisten auch nicht dazu in der Lage, da sie Nähe der Verfolgung ihrer politischen Ambitionen zu opfern bereit sind. Also muß die kooperative Ehefrau her.

Was hat das mit deiner und meiner Erfahrung von Nähe und Alleinsein zu tun? Die Antwort liegt in der Kluft zwischen „privater" und „öffentlicher" Sphäre, denn diese Kluft hat Auswirkungen auf dein Wer-ich-bin-Gefühl, auf dein Auftreten bei anderen Menschen, auf deine Erwartungen an andere Menschen – eine Kluft, die der Muttermythos überwinden soll.

Du kommst von der Arbeit nach Hause. Dein Tag war anstrengend, die Heimfahrt nervenzermürbend. Dein Kopf brummt, dein Körper verarbeitet die Abgase. Deine Selbstachtung ähnelt am ehesten einem Punching-Ball. Wer sorgt für den Ausgleich? Wer stellt dich wieder her, damit du dich erneut ins Getümmel stürzen und dem Ganzen einen gewissen Sinn abgewinnen kannst?

Eine Person, die dem Muttermythos wenigstens entfernt ähnlich ist, wäre gar nicht so schlecht.

Aber brauchen wir sie nicht alle? Braucht Mutter selbst nicht auch so einen Engel? Schließlich war auch ihr Tag nicht gerade leicht.

Also wenden wir uns einander zu und geben unser Bestes, doch oft sind wir voller Vorwürfe, weil wir nur unzureichend getröstet und gestärkt worden sind.

Du empfindest das bewußt in der Gegenwart, und auf einer unbewußten Ebene hast du vielleicht ähnliche Erinnerungen an die Vergangenheit. Denn nur wenige Frauen konnten die Bedürfnisse ihrer Kinder hinreichend befriedigen – Bedürfnisse, die der Mutter, die schließlich allein für ihre Erfüllung aufkommen muß, manchmal unersättlich scheinen.

Wir leben in einer Gesellschaft, die physische und psychische Gewalt dauerhaft toleriert und daraus ihren Nutzen zieht, während gleichzeitig die Mutter und ihr Bereich, die private Sphäre des Zuhauses, die unerträgliche Last des Ausgleichs trägt.

Zu Hause ist der Ort, wo sich Familie und Freunde treffen, um eine köstliche und sorgfältig zubereitete Mahlzeit zu genießen. Anschließend sitzen sie lachend und plaudernd vor dem Kamin und dem wärmenden Feuer, bis es für die Freunde Zeit ist, fröhlich Abschied zu nehmen, für die Kinder Zeit, sauber und glücklich, den Teddy an die Brust gedrückt, zu Bett zu gehen. Dann wird das Geschirr in einer Spülmaschine gewaschen, die immer tadellos funktioniert, und die Eltern strecken sich vor dem noch schwach glimmenden Feuer aus, fangen an, sich zärtlich zu streicheln, und geben sich dann lustvoll dem Liebesakt hin, der in einem befriedigenden Simultanorgasmus gipfelt. Danach ziehen sie sich ins Bett zurück und schlafen selig und ruhig.

Doch für Frauen ist das Zuhause in der Regel der Hauptarbeitsplatz, auch wenn sie im Berufsleben stehen und selbst wenn sie einen erwachsenen Partner an ihrer Seite haben.

Zu Hause ist auch der Ort, an dem die meisten Gewalttaten verübt werden, wo Frauen am häufigsten geschlagen und vergewaltigt und Kinder am häufigsten mißbraucht werden.

Und während physische und sexuelle Gewalt ganz überwiegend von Männern gegen Frauen und Kinder gerichtet ist, wird verbale, psychische und emotionale Gewalt auch von Frauen ausgeübt, und zwar gegen ihre Kinder, ihre Partner und, auf unzählige Weisen, gegen sich selbst.

Wie könnte es auch anders sein?

In unserer Gesellschaft wird von Frauen verlangt, daß sie die emotionalen Bedürfnisse von Männern und Kindern *zusätzlich zu ihren eigenen* annehmen – von einer Gesellschaft, die überall ihr männlich geprägtes Gesicht zeigt, öffentlich und pornographisch das weibliche Geschlecht abwertet, mit ihren wirtschaftlichen Prioritäten die ständige Kriegsbereitschaft unterstützt und nicht bereit ist, in die öffentliche Kultur jene Werte und Attribute aufzunehmen, die traditionellerweise mit der Mutter assoziiert werden.

Zu diesen Werten zähle ich ein Gefühl der Verbundenheit, den Ausdruck von Gefühlen und Mitgefühl, die Bereitschaft, sich auf andere einzulassen und die Unterschiede zwischen den Menschen zu achten, statt sie geringzuschätzen.

Diese Eigenschaften gehören zum Thema Nähe. Die meisten

von uns suchen sie in einer engen Beziehung, belassen sie aber in der Privatsphäre.

Einige halten diese Werte trotz aller Widrigkeiten hoch und tragen sie manchmal sogar in die Öffentlichkeit. Die Männer, die das nicht tun, werden aber nicht zur Rechenschaft gezogen. Wenn sie unter der Spaltung zwischen dem öffentlichen Bild ihrer Männlichkeit und ihrer privaten Erfahrung als Mann mit Bedürfnissen und Verletzbarkeiten leiden, wissen sie das gut zu verbergen.

Frauen aber, die vom Leben verbittert anderen Menschen weder Schutz noch Liebe bieten können, wird mit Mißtrauen, ja sogar mit Verachtung begegnet. Sie werden egoistisch, hart und unnachgiebig, Hure oder Hexe genannt.

Und warum die ganze Wut? Weil diese Frauen ihr Unglück, das sie eigentlich hinter Dienstleistungen für andere verstecken sollten, öffentlich machen? Oder weil sie uns ins Gedächtnis rufen, wie ungleich die Bürde von realer und mythischer Mutterschaft und von Nähe gegenwärtig verteilt ist?

Coming-out als Mensch

Vielleicht ist es so, daß unsere Gene bestimmen, wie wir „männlich" und „weiblich" ausleben, und daß es in diesem Jahrhundert keine besonderen Veränderungen auf diesem Gebiet mehr geben wird, so daß den meisten Menschen mißfällt, wie sie selbst und wie ihre jeweiligen Partner des anderen Geschlechts sind.

Hoffen läßt, daß Nähe und das Wissen über das Verbindende und Trennende zwischen Menschen, das wir durch Nähe erfahren, sich langsam aus der Privatsphäre herauszutrauen scheint.

Als der Familientherapeut Murray Bowen zu Beginn der sechziger Jahre seine Arbeit – über die Notwendigkeit für die einzelnen Mitglieder einer Familie, unabhängig zu werden – am Beispiel seiner eigenen Familie präsentierte, löste er einigen Aufruhr aus, einmal wegen der Arbeit selbst, zum anderen, weil er seine Familie und nicht einen anonymen „Fall" zugrundelegte.

Bowen reagierte auf die schockierten Kritiker: „Mit jedem Schritt, mit dem Familien sich von der streng abgetrennten und unreifen Welt der Geheimnisse und Schwächen, die sie angeblich verdeckt halten, entfernen und zulassen, daß ihr Privatleben offen sichtbar und vielleicht ein Beispiel für andere wird, werden sie reifer."

Wie wir uns als Frauen oder Männer fühlen, wie wir Menschen desselben und des anderen Geschlechts sehen, sind Fragen, die immer häufiger diskutiert werden. Zwar wird oft auf banalste Weise darüber gesprochen, doch immerhin werden diese Fragen – was es bedeutet, eine Frau bzw. ein Mann zu sein, sowohl getrennt als auch in den unterschiedlichsten Beziehungen zueinander, und was wir noch werden können – ins Alltagsleben getragen.

Die Mythen, nach denen definiert wird, was „weiblich" und „männlich" bedeutet, verlieren im öffentlichen Bewußtsein an Halt. Die Massenkommunikation leistet ihren Beitrag dazu und auch, daß immer mehr Menschen in großen Städten leben; die zunehmenden Bildungsmöglichkeiten für Mädchen und Frauen spielen dabei genauso eine Rolle wie die Veränderungen von Arbeitsgewohnheiten und Arbeitsplätzen. Menschen der verschiedensten emotionalen oder sexuellen Ausrichtung werden sich bewußt, daß das Leben eine lange und komplexe Herausforderung ist, der sie sich am besten mit Offenheit, Flexibilität und Optimismus stellen.

Die romantische Liebe ist immer noch der Kassenschlager, aber das trifft auch auf den Film *The Blues Brothers* zu, in dem Carrie Fisher in der weiblichen Hauptrolle zunächst droht, ihren ehemaligen Geliebten zu erschießen, und dann wegen seiner großen sanften Augen doch wieder schwach wird. Während sie sich küssend in den Armen liegen, fällt ihm wieder ein, worum es im Leben eigentlich geht, jedenfalls nicht um sie – und er läßt sie buchstäblich in den Mist fallen.

Die Zuschauer glauben natürlich keinen Augenblick, daß sie da bleiben wird.

Es ist eine derbe Slapstick-Komödie. Die Jungen haben mehr Action und ernten weitaus mehr Lacher als die Mädchen, doch bietet der Film jugendlichen Zuschauern beider Geschlechter eine andere Perspektive als Debbie Reynolds (im wirklichen Leben die Mutter von Carrie Fisher), die schmachtete: „I hear the cotton woods whisperin' above, Tammy, Tammy, Tammy's in love..."

TEIL III

ALLEINSEIN: ERKENNE DICH SELBST

> *Den größeren Teil unseres Lebens verbringen
> wir mit uns selbst, gleichgültig wo und mit wel-
> chen anderen Menschen wir auch leben... Unse-
> re eigene Imagination ist die einzige Begleiterin,
> an die wir unser ganzes Leben gekettet sind.*
>
> Charlotte Wolff

10. KAPITEL

Was Alleinsein bedeutet

Wir beide sind an Beziehung interessiert. Wahrscheinlich teilen wir auch die Hoffnung, daß wenigstens einige unserer Beziehungen Liebesverbindungen sein werden. Doch du hast bereits entdeckt, daß deine Beziehung mit anderen Menschen nur so befriedigend sein kann wie die Beziehung zu dem, mit dem du jeden Augenblick deines Lebens verbringst: deinem Selbst.

Wenn du gern mit dir allein bist und das Alleinsein mit deinem Selbst so genießt wie das mit einer Freundin oder mit einem Freund, dann ist das Zusammensein mit anderen weniger essentiell („Ich ertrage es nicht, allein zu sein") oder weniger gefährlich („Ich kann nicht mit anderen zusammensein. Bestimmt werden sie mich hassen/durchschauen/ignorieren/erdrücken").

Wenn du weißt, daß du deine Gesellschaft genießen kannst, ist das ein wichtiger Schritt, die Gesellschaft anderer Menschen zu genießen, ohne von Panik oder dem Gefühl der eigenen Unzulänglichkeit ergriffen zu werden. Und wenn du deine Gesellschaft schätzt, fällt es dir auch nicht schwer zu glauben, daß du für andere Menschen ebenso wichtig bist wie sie für dich.

Deine Fähigkeit, allein zu sein und dich mit dir wohl zu fühlen, hängt unmittelbar mit deiner Fähigkeit zusammen, Nähe zu empfinden und guten Kontakt zu anderen zu haben. Das heißt nicht, daß Alleinsein ein Ersatz für Nähe ist, sondern es ist *eine andere Erfahrung deines Selbst*. Auch sollte Alleinsein nicht als eine Art Vorübung für ein befriedigenderes Zusammensein mit anderen betrachtet werden. Es ist – oder kann sein – eine einzigartige Quelle der Freude, der Erkenntnis, der Entspannung und Stärke.

Eine der großen Freuden des Alleinseins besteht darin, daß du dich nicht durch die Augen der anderen sehen mußt – bzw. so, wie sie dich deiner Meinung nach sehen – und mehr darüber erfährst, wie du dich selbst siehst. Selbsterkenntnis und Selbstbejahung gehören zu einem befriedigenden Alleinsein ebenso dazu wie zur Erfahrung von Nähe, besonders wenn sie dazu führen, daß du dich selbst als gegeben annimmst.

Doch das Ergebnis der Einsicht ist nicht immer angenehm. Der britische Psychiater Stuart Sutherland beschreibt in seinem Buch *Breakdown* die Situation: „Ich gewinne zwar Einsichten in mein Inneres, aber die haben mir nur Schmerzen beschert, denn was ich sehe, mißfällt mir."

Shelley arbeitet als Friseuse und verbringt den ganzen Tag mit anderen Menschen. Fast jeden Abend geht sie in Bars oder Clubs, wo sie bis zum frühen Morgen bleibt. Sie äußert ein ähnliches Gefühl: „Ich kann nicht allein sein, weil es mich langweilt. Was mich langweilt? Ich mich selbst, natürlich. Ich werde erst lebendig, wenn ich im Frisiersalon bin oder wenn ich ausgehe. Allein bin ich stinklangweilig, und das ödet mich an. Simsalabim, ich bin nie allein, jedenfalls nicht für lange."

Jung verstand das Alleinsein als eine „Quelle der Heilung". Eine derart abgehobene Haltung fällt einem Mann wahrscheinlich ziemlich leicht, der keine Hausarbeit zu erledigen hat und den Ruf genießt, ein Genie zu sein. Doch auch für uns normal Sterbliche ist Alleinsein als Mittel zur Revitalisierung durchaus in Reichweite.

Wenn du dich dem Alleinsein stellen kannst, machst du tatsächlich lebensbereichernde Entdeckungen. Die wichtigste ist, daß sich dein Gefühl innerer Realität vertieft und das Gefühl, daß dein Schwerpunkt irgendwo außerhalb deiner selbst liegt, schwindet.

Das Alleinsein ist ein Zustand, schreibt Winnicott, in dem es möglich ist, „ruhig und entspannt zu sein und sich ohne Erregung von außen mit Menschen und Dingen eins zu fühlen."

Dies Fehlen von Erregung und Ablenkung ist genau das, was Shelley unerträglich findet. Wenn sie Schritt für Schritt versuchen würde, sich dem Alleinsein zu nähern, würde sie vielleicht feststellen, daß sie die Ganzheit ihres Selbst erfahren kann, statt nur Teilaspekte – oder gar nur ihr angepaßtes Selbst – zu erleben, wie das im Zusammensein mit anderen Menschen und in Reaktion auf deren Bedürfnisse geschieht. Doch das Alleinsein wird genau aus dieser unbewußten Angst heraus vermieden; denn wir befürchten, daß ohne andere Menschen und die Ablenkung, die sie bringen, unsere verunsicherte innere Wirklichkeit und der Mangel an Ganzheit plötzlich schmerzlich offenliegen.

Wovor Shelley sich fürchtet, ist nicht Alleinsein, sondern Einsamkeit. Wer die eigene Gesellschaft genießen kann und sich dabei nicht übermäßig ängstlich oder defensiv oder nur halb lebendig fühlt, erlebt das Alleinsein. Der Unterschied zwischen den beiden Zuständen ist enorm.

Wenn du – wenigstens zeitweise – Alleinsein erlebst statt Einsamkeit, bedeutet das nicht, daß du emotional gefestigter bist als andere Menschen, sondern daß du befriedigende Verbindungen mit anderen Menschen erlebt hast.

Was du erlebt hast, benennt Winnicott so: *„Mit anderen zusammen allein sein können."*

Die Ironie ist nicht zu überhören, stimmt's?. Du kannst durch Üben und Bejahen lernen, Einsamkeit zu ertragen, und die Leere der Einsamkeit den Gefahren vorziehen, die die Gesellschaft anderer Menschen mit sich bringt. Doch Alleinsein stellt sich ein, *weil du mit einem anderen Menschen allein sein konntest.*

Für den Säugling ist diese Erfahrung ganz wörtlich zu nehmen. Das Kind weiß, daß es in Gegenwart der Mutter allein ist, wobei die Mutter, wie Winnicott schreibt, „eindeutig anwesend ist, auch wenn ihre Anwesenheit vorübergehend durch das Kinderbett oder die das Kind umgebende allgemeine Atmosphäre dargestellt wird".

In dieser Atmosphäre kann das Kind seine Mutter ruhig vergessen, denn es fühlt sich sicher. Und wenn die Mutter ihm wieder einfällt, ist sie auch schon da. Der Psychoanalytiker Harry Guntrip meint dazu, daß das Kind sich den Beweis verschaffe, daß sein Vertrauen berechtigt ist, indem es sich an die Mutter erinnert und feststellt, *sie ist noch da*. Mit der Zeit könne es dann ihre tatsächliche Abwesenheit ertragen ohne das Gefühl, „sie verloren zu haben oder ganz allein in der Welt zu sein".

Das Kind kann sich in ihrer Gegenwart entspannen, da es nicht zu fürchten braucht, daß diese Gegenwart in eine unerträgliche Abwesenheit umschlagen wird.

Wenn Liebe und Sicherheit die Gegenwart der Mutter bestimmen, lernt das Kind sein Vertrauen auch dann aufrechtzuerhalten, wenn die Mutter zeitweilig abwesend ist. Das Kind verinnerlicht ein Bild der Mutter und hat sie auch dann in seiner Nähe, wenn sie für kurze Zeit nicht da ist. Daraus folgt, daß es mit Jemand allein ist, wenn es allein ist. Dieser Jemand ist nicht das kindliche Selbst, sondern das Sinnbild einer befriedigenden Verbindung: das verinnerlichte Bild der Mutter.

In Zeiten des Alleinseins kommt es dir zugute, daß du in der Gegenwart eines Jemands allein warst. Zunächst war das die Mutter, und später sind es andere dir nahestehende Menschen, mit denen du in einem Raum sein kannst ohne die „Erregung" der Interaktion, deren Bild du mit dir als Teil deiner inneren Realität tragen kannst, auch wenn diese Menschen nicht da sind. Ohne es dir bewußt zu machen, genießt du deine Fähigkeit, jemanden „in dich aufzunehmen" und ihn innerlich zu „haben". Auch ohne diese Menschen um dich zu haben, kannst du ihre Gegenwart als befriedigend erleben. Das hat nichts mit Gedächtnis zu tun, sondern es ist das Ergebnis eines anderen Vorgangs – bei dem auch Gedächtnis eine Rolle spielt –, nämlich der „Verinnerlichung" von Erfahrungen: Sie werden Teil von dir und vermitteln dir ein Gefühl der Sicherheit.

Doch so kostbar diese verinnerlichten Erfahrungen auch sein mögen und so wesentlich sie zu deiner Fähigkeit, dich mit dir selbst wohl zu fühlen, beitragen, werden sie dir doch nicht reichen.

Du wirst die Verbindung zu anderen Menschen suchen.

Verführerische Ablenkung

Eine Gruppe von Menschen steht in einer Bar.

Vielleicht sind sie keine Gruppe, sondern eine Ansammlung von Individuen. Was suchen sie? Sex? Gesellschaft? Kontakt? Anregung? Ablenkung? Aufwertung durch das Interesse, das die anderen an ihnen zeigen?

Zwei Freundinnen sitzen am Tisch und beobachten die Männer an der Bar. Eine bemerkt einen Mann, den sie attraktiv findet. Sein Äußeres weckt Erinnerungen an vergangene Situationen, die angenehm und befriedigend waren, oder es hat einen neuen Reiz, den sie ausprobieren möchte.

„Ist er mit jemand hier?" fragt sie ihre Freundin.

Die schüttelt den Kopf, doch sie sehen, daß der Mann mit jemandem spricht, allerdings nicht mit einer Frau. Es ist ein Mann. Folglich hatte die Freundin recht. In dieser Situation in der Bar, in der Heterosexuelle Kontakte suchen, und auch in vielen anderen Situationen außerhalb der Bar ist er „ohne jemand".

Die Frau, die ihr Interesse geäußert hat, tritt an die Theke, um sich etwas zu trinken zu bestellen. Sie stellt sich neben den Mann, dessen Äußeres sie angezogen hat, so daß er sie taxieren und auf sie reagieren kann.

Vielleicht reagiert er tatsächlich. Fändest du das gut? Warum? Wenn diese Frau so dumm, mutig oder verzweifelt ist, ihn mit zu sich nach Hause zu nehmen und mit ihm zu schlafen, könnte sie feststellen, daß er trotz seiner umgänglichen Art, seines Geldes oder seiner Verachtung für Geld – oder was auch immer ihren Vorstellungen von einem netten und attraktiven Mann entspricht – gewalttätig ist. Er könnte angeberisch oder selbstgefällig sein. Oder er könnte AIDS haben.

Wärst du damit einverstanden, daß sie diese Risiken auf sich nimmt, statt sich dem anderen Risiko auszusetzen: allein zu sein oder, schlimmer noch, einsam?

Aber wir wollen auch die andere Seite betrachten. Vielleicht ist die Frau naiv und läßt sich von ihm in eine andere Bar, eine viel teurere, einladen. Oder vielleicht braucht sie dringend Geld und glaubt, sie kann mit ihm gehen, ihm zu Hause einen runterholen und dann seine Taschen plündern.

Andererseits könnten sie aber beide feststellen, daß sie sich zwar in einer Anmach-Bar getroffen haben, daß es aber das erste Mal ist, und wahrscheinlich auch das letzte Mal, und daß sie beide die Werte eines Familienlebens über alles schätzen.

Würdest du dir lieber diese Entwicklung vorstellen? Weißt du auch, warum?

Liegt es daran, daß du dir zwar der Gefahren des Selbstverlusts im Treibsand des „Wir-Selbst" bewußt bist, daß du aber in deinem Herzen denkst, diese Lösung – die Paarbildung – wird beide vor Einsamkeit bewahren?

Vielleicht fragst du dich auch, warum die beiden nicht zu Hause bleiben und einen Blick in den Spiegel werfen, wenn sie Bestätigung brauchen. Welchen Wert kann die Bestätigung durch einen Fremden schließlich haben? Wenn sie Anregung suchen, warum forschen sie nicht in ihren eigenen Gedanken und Erinnerungen? Haben sie keine alten FreundInnen, die sie herzlich umarmen könnten?

Warum ist Einsamkeit schlimmer als die Vorstellung, mit einem Fremden nach Hause und möglicherweise ins Bett zu gehen?

Die Biologie liefert möglicherweise ebenso viele Antworten wie die Psychologie. Deine Gene können der Antrieb dafür sein, daß du einen Partner suchst. Dabei kann es sich nicht allein um den Fortpflanzungstrieb handeln, denn diejenigen unter uns, die gleichgeschlechtliche Partner suchen – mit denen wir uns nicht fortpflanzen können – betreiben die Suche durchaus mit ähnlicher Energie. Vielleicht noch intensiver, da sie eine Person finden möchten, die ihre Definition von normal teilt, während die Mehrheit anders urteilt.

Es geht um mehr als um Beischlaf.

Denen, die an der Bar stehen, sich umsehen, einsam oder geil sind, geht sicher nicht Erich Fromms Überlegung durch den Kopf: „Das sexuelle Verlangen... ist keineswegs nur eine physische Begierde, die Lösung einer quälenden Spannung."

Der eigentliche Kern könnte in der Macht liegen, die viele von uns nur zu gern an jemand anderen abgeben würden, nämlich die Macht zu sagen, *wer ich bin*, und zu bestätigen, daß *ich existiere und lebendig bin*.

Von den eigenen Selbstzweifeln durch die Bewunderung einer fremden Person abgelenkt zu werden, ist sicherlich merkwürdig, aber auch merkwürdig verführerisch, so daß viele dem nicht widerstehen können. Die Erwartung, daß die Gedanken eines anderen Menschen anregender und interessanter sind als die eigenen, ist so „normal", daß es kaum einer bewußten Entscheidung bedarf.

Mit einem anderen Menschen zusammenzukommen, ist jedoch keine größere Herausforderung, als mit dir selbst zusammenzukommen. Dabei geht es nicht darum, um sich selbst zu kreisen, sondern sich selbst zu vertrauen und zu schätzen, sich als gegeben zu nehmen und sich anderen zu öffnen.

Es lohnt sich, dieses Paradoxon zu wiederholen.

Ich kann nur mit dir zusammenkommen, wenn ich ein Gefühl meines Getrenntseins und meiner Autonomie entwickelt habe. Ich kann im Zusammensein mit dir nicht ich selbst sein, wenn ich an dich in Abhängigkeit gebunden bin. Wenn unser Zusammensein mein Leben bereichert, mein Leben aber nicht davon abhängt, dann kann ich mit dir zusammensein und trotzdem *ich selbst bleiben.*

Wenn du ein Gefühl von dir selbst als eigenständigem Menschen hast, kannst du du selbst bleiben und Verbindungen mit anderen Menschen eingehen, die in ihrer Unterschiedlichkeit befriedigend sind, unabhängig davon, ob du einen speziellen Jemand in deinem Leben hast oder nicht. Du weißt, daß dein Gefühl, lebendig zu sein, aus deinem Inneren kommt. Es wird von den Verbindungen mit Menschen bereichert, aber es hängt nicht von ihnen ab.

Alleinsein verschafft dir das Bewußtsein, daß du lebendig bist und Bedürfnisse hast und einige dieser Bedürfnisse aus dir selbst heraus, ohne die Hilfe anderer, befriedigen kannst. Alleinsein verschafft dir nicht das Gefühl der Leere. Alleinsein gibt dir nicht das Gefühl, emotional ausgehungert zu werden.

11. Kapitel

Alleinsein oder Einsamkeit?

Die Nähe zu anderen – oder ihr Fehlen – bestimmt noch nicht, ob du dich einsam fühlst (dich mit dir allein unwohl fühlst) oder ob du Alleinsein erlebst (dich insgesamt mit dir allein wohl fühlst). Das ist vielleicht ein schwieriger Gedanke und ruft in dir eine unbehagliche Unsicherheit hervor: Wie weiß ich, ob ich mit mir selbst im reinen bin? Kann ich dieses „Mit-mir-selbst-im-reinen-Sein" durch eigene Bemühungen erreichen? Und wenn nicht, was kann ich dann tun?

Wenn wir in gutem Kontakt stehen – mit uns selbst, wenn wir allein sind, mit anderen, wenn wir Nähe erleben –, ist das nicht das Ergebnis unserer Bemühungen (wie eine Schlankheitskur), sondern es entsteht aus wachsender Selbsterkenntnis und der dazugehörenden Selbstbejahung und Selbstermunterung.

Dazu kommt die Bereitschaft, sich selbst und andere klar in der Realität zu sehen, statt in einem Traum oder einer Wunschvorstellung. Vielleicht ist eine Bewußtseinsänderung nötig, damit Begegnungen, in denen *was du nicht bist* und *was nicht geschieht* vorherrscht, abgelöst werden von Begegnungen, in denen *wer du bist* und *was geschieht* mit einiger Befriedigung erlebt werden kann.

„Ich habe mich mit mir selbst immer ganz wohl gefühlt", sagte Joseph, „und war ganz überrascht, als Ma Li sagte, daß das bei ihr nicht zuträfe. Ich habe sie vom ersten Moment an bewundert. Doch nachdem wir ein paar Monate verheiratet waren, bekam ich ihre Selbstabwertung zu spüren. Sie verglich sich mit weißen Frauen und machte Bemerkungen wie: daß ich wahrscheinlich mit einer Weißen glücklicher wäre. Da ich sie so sehr bewunderte, habe ich sie erst nach Monaten ernst genommen und dann erst gemerkt, daß sich hinter ihren Bemerkungen ein großer Schmerz verbarg."

Ein Jahr später traf ich Joseph wieder. „Es ist immer noch nicht leichter geworden, aber ich liebe Ma Li deswegen nicht weniger.

Ich versuche es als Kompliment zu verstehen, daß sie sich mit mir sicher genug fühlt, um mir ihre Unsicherheit anzuvertrauen. In ihrer Familie könnte sie das nicht. Ich hoffe, wenn ich mich nicht beirren lasse, wird sie begreifen, wie sehr ich sie liebe und daß meine Liebe echt ist. Doch das wird nicht über Nacht geschehen."

Wenn wir Gedanken und Gefühle offen miteinander teilen; wenn wir die Wünsche und Konflikte erkennen, die bewirken, daß wir uns auf eine bestimmte Art und Weise verhalten; wenn wir mit Offenheit das anhören, was andere Menschen über ihr Leben zu sagen versuchen, dann nehmen wir Verbindung auf zum eigenen Selbst und werden uns zugleich der eigenständigen Wirklichkeit der anderen bewußter.

Solche offenen zwischenmenschlichen Begegnungen, die vor einer Generation noch undenkbar waren, sind für viele Menschen Teil ihres Alltagsleben. Diese Öffnung ist ein Vermächtnis der Befreiungsbewegung der sechziger Jahre und ein Triumph.

Wie neu und tiefgreifend die Veränderung – in Selbsterkenntnis und im Ausdruck von Gefühlen – ist, wurde mir an einem anregenden Abend mit Alice bewußt. Wir führten ein intensives und offenes Gespräch, das wir aber beide als normal empfanden. Ein solches Gespräch, in dem „Familiengeheimnisse" mit einer Außenseiterin besprochen wurden, hätten ihre Eltern (und die Eltern der meisten von uns) nie führen können.

Unser Gespräch machte uns nicht nur deutlich, daß damals Privatangelegenheiten außerhalb der Familie nicht erwähnt werden durften, sondern daß es innerhalb der Familie weder Geheimnisse noch eine Privatsphäre oder die Möglichkeit des Rückzugs geben durfte.

Alice ist Kanadierin, Akademikerin und eine Frau mit beeindruckend unabhängiger Sicht der Dinge, die aber zugibt, daß damit auch Schmerz verbunden ist. Sie wurde als zweites und letztes Kind nicht mehr ganz junger Eltern geboren. Ihr Bruder war damals zehn.

Alices Beschreibung der emotionalen Bedürftigkeit ihres Vaters zeigt, wie schnell jemand den Kontakt zu seinen Gefühlen verlieren kann und sich infolgedessen unbewußt allein fühlt, selbst im Kreis seiner Familie. (Ich sage absichtlich *unbewußt*, weil dieser

Vater auf eine entsprechende Frage sicherlich ehrlich geantwortet hätte, daß er sich nicht allein fühlte, denn er lebte ja mit einer treuen Frau und liebevollen Kindern zusammen. Doch für Alice stellte sich sein Verhalten so dar.)

„Als ich acht Jahre alt war, hörte ich auf zu denken, daß in unserer Familie mein Vater am wichtigsten und derjenige war, den ich am meisten mochte. Ich erinnere mich, daß ich mit ungefähr sechs Jahren eines Morgens vertrauensvoll zu ihm sagte: ‚Daddy, ich mag dich lieber als Mommy‘, worauf er sehr gemischt reagierte. Er sagte: ‚So etwas sagt man nicht, und du solltest so etwas nicht sagen, denn Mommy hat deine Liebe verdient, und du solltest sie auch liebhaben.‘ Doch für einen kurzen Augenblick sah ich auch, daß er sich geschmeichelt fühlte. Kurz darauf änderte sich mein Gefühl, und knapp ein Jahr später sah ich meine Mutter klarer und erkannte, wer und was sie war. Ich merkte immer mehr, daß es in meiner Familie nicht üblich war, jemanden allein zu lassen. Meine Mutter durfte nie allein sein, mein Vater verlor sie nur ungern aus den Augen. Wenn sie in der Küche war und er vor dem Fernseher saß, sagte er ständig: ‚Komm mal her, Clare, guck dir das mal an.‘ Er hatte richtig Angst davor, allein zu sein. Meine Mutter ist darauf eingegangen. Ich fand es schlimm, daß sie nie allein sein durfte. Selbst wenn sie im selben Zimmer zusammen waren, ertrug er es nicht, wenn sie ein Buch las. Er konnte es nicht ertragen, nicht ihre ganze Aufmerksamkeit für sich zu haben. Alleinsein hatte für meinen Vater einen sehr negativen Beigeschmack. Durch seine Reaktion, wenn auch nie in Worten, drückte er aus, daß in seinen Augen etwas mit der Ehe nicht stimmen konnte, wenn eine Frau mit ihrem Mann in einem Zimmer saß und ein Buch las.“

Mutter nicht in sich tragen

Ich maße es mir nicht an, Alices Vater aus der Distanz zu analysieren. Ich vermute aber, daß sein Bedürfnis nach ständiger und ausdrücklicher Rückversicherung der Unfähigkeit entsprang, „seine Erfahrung von Clare“ zu verinnerlichen und zu „haben“, wenn seine Frau nicht bei ihm war. Dazu kommt der Mangel an Sicherheit, ohne Clares Liebe und Aufmerksamkeit überhaupt jemand zu sein. Wenn Clare die Augen von ihm wandte, wäre er dann noch wirklich, auch für sich selbst?

Die Fähigkeit, die Erfahrung eines anderen Menschen zu verinnerlichen, führt in die Kindheit zurück, zu dem lange unterdrückten Gefühl der „Sicherheit" oder „Unsicherheit", das in unseren Erfahrungen mit der Mutter und ihrer Anwesenheit und der Art, wie sie ihre Abwesenheit vermittelte, entstanden ist.

Wenn Alices Vater als Kind sich mit seiner Mutter sicher gefühlt hat und so allmählich lernen konnte, ihre Anwesenheit zu verinnerlichen, hätte ihre Abwesenheit ihn nicht zu verunsichern brauchen. Doch wenn ihre Abwesenheiten lange andauerten oder die stellvertretende Versorgung nicht angemessen war, oder wenn sie zwar körperlich anwesend war, sich ihm aber nicht mit dem emotionalen Einsatz widmen konnte, den er brauchte, dann fehlen ihm womöglich die wichtigen frühen Erfahrungen, mit Hilfe derer er Vertrauen und Selbstgefühl hätte entwickeln können und die Fähigkeit, eine andere Person auch in deren Abwesenheit zu „haben".

Natürlich wird ein Kind nicht nur von der mütterlichen Fürsorge geprägt. Die regelmäßige bzw. unregelmäßige Anwesenheit seines Vaters wirkt sich auf die Mutter und auf das Kind aus. Die emotionale Konstitution des Kindes spielt ebenfalls eine Rolle. („Schwierige" und „unruhige" Kinder werden manchmal so geboren, aber oft auch dazu gemacht.) Auch spätere Erfahrungen haben prägenden Einfluß. Vielleicht wurde ihm, wie vielen Vätern der Generation meiner Eltern, im zweiten Weltkrieg emotional übel mitgespielt. Es gibt keine fertige Analyse, die auf alle paßt, doch ist es wichtig, sich klarzumachen, daß die Unfähigkeit, das Alleinsein als angenehm und befriedigend zu empfinden, nicht einfach jemandes *Schuld* ist. Viel eher liegt die Begründung in einer unzureichend sicheren Kindheit, die der Erinnerung nicht mehr zugänglich ist, aber unbewußt nachgespielt wird.

Betont werden muß auch: Niemand ist als Vater oder Mutter absichtlich unzulänglich. Auch das ist eine Wiederaufnahme von Kindheitserlebnissen: Ein wenig ausgebildetes Selbst nimmt die Persönlichkeit des Gegenübers, selbst wenn es das eigene Kind ist, nicht hinreichend wahr.

Alexandra ist Landschaftsmalerin und lebt im Süden Englands. Sie ist eine mutige Frau, der es gelungen ist, Familienmuster der emotionalen Blindheit und unbeabsichtigten Vernachlässigung allmählich zu überwinden. Das hat sie zu einem weisen und großzügigen Menschen gemacht, nicht nur sich selbst gegenüber, sondern auch gegenüber ihrer Mutter, die ihre Mutterrolle keineswegs ideal erfüllt hatte.

Alexandra weiß, daß ihre Mutter sie als Baby häufig am Ende des großen Gartens abgestellt hat, damit niemand ihr Geschrei hören konnte. Der Schmerz, den dieses Wissen verursacht, wird dadurch, daß Alexandra die Umstände ihrer Geburt erfahren hat, nicht gemindert, er wird aber erträglicher.

„Vor etwa zwei Jahren war meine Mutter, als ich sie einmal besuchte, entsetzlich wütend auf mich. Ich glaube, in gewisser Weise stellte ich eine Bedrohung für ihr Gefühl unserer Verschmelzung dar. Auf jeden Fall wurde sie so wütend, daß sie mir die Geschichte meiner Geburt erzählte. Während sie sprach, wurde mir bewußt, daß hier der Ursprung des Hasses liegt, den meine Mutter auf mich hat (obwohl sie auch andere Gefühle hat), und daß nichts, was sie mir je sagen würde, schlimmer sein könnte. Es klingt vielleicht schrecklich, aber es war so lebendig nah und gleichzeitig befreiend. Sie sagte, daß die Schmerzen während meiner Geburt die schlimmsten waren, die sie je gespürt hatte, und daß sie sich auch heute noch ganz intensiv daran erinnert. (Die Geburt dauerte nicht lange, ich kam sehr schnell zur Welt.) Ich habe ihr solche Schmerzen verursacht, daß sie überzeugt war, ich würde sie umbringen. Sie sagte zum Arzt, sie glaubte, sie müsse sterben. Der erwiderte, daß Frauen heute nicht mehr bei der Geburt sterben, aber das beruhigte sie nicht.

Dann hatte sie plötzlich die Idee, sie könnte verhindern, daß ich zur Welt kam. Doch dann sagte sie sich: ‚Nein, dieses Kind hat ein Recht, auf die Welt zu kommen. Ich muß es auf die Welt kommen lassen.‘ Also kam ich inmitten ihres Zorns und ihrer Angst auf die Welt. Und als ich da war, habe ich sie wohl angesehen, und meine Mutter sagte, sie habe das Gefühl gehabt, daß ich direkt durch sie hindurchsehen konnte, in ihre Seele hinein, und daß mir nichts entging. Ich schien ganz losgelöst zu beobachten und zu sehen. (Das scheint übrigens einer der Gründe für ihre Paranoia mir gegenüber. Wahrscheinlich glaubte sie, ich könne ihre Wut sehen.)

Dann fühlte sie sich verpflichtet, mich zu stillen. Sie haßte diese Erfahrung, weil sie sich wie eine Kuh fühlte (sie haßt Kühe und deren ‚Geistlosigkeit und Passivität‘). Außerdem hatte sie das Gefühl, daß ich sie angriff und sie beim Säugen verletzte. Es verursachte ihr Schmerzen, mich anzulegen. Also hörte sie auf.“

Drei Wochen darauf beschloß diese Mutter, deren Erfahrungen und Einbildungskraft ihr den Eindruck vermittelten, ihr Kind könne in ihre Seele sehen, das Baby am Ende des Gartens abzustellen, wo niemand durch ihr Gebrüll gestört würde, außer das Kind selbst.

Eins mit sich selbst

Das Bild des weinenden Kindes am Ende des Gartens verstört mich zutiefst. Es weckt meine Ängste vor Verlassenheit und Verzweiflung; Ängste, die in uns allen existieren, auch wenn wir eine beschützte Kindheit erlebt haben; Ängste, die in unserem Erwachsenenleben nur teilweise und zeitweilig unter Kontrolle sind.

Vielleicht verstehst du dadurch besser, warum Alleinsein, Einsamkeit und Vereinzelung oft zusammen genannt werden und einen negativen Beigeschmack haben, so daß die meisten Menschen es immer noch besser finden, mit *irgend jemand* zusammen als allein zu sein. Doch dieser negative Beigeschmack läßt einerseits die potentielle Bereicherung außer acht, die Alleinsein bringen kann, und andererseits die Wirklichkeit des Lebens vieler Menschen.

Fast ein Viertel der Bevölkerung in den westlichen Ländern lebt allein. Diese Menschen sehen am ehesten Alleinsein als etwas Negatives. Doch es lohnt sich zu wiederholen: Nicht die Gegenwart oder Abwesenheit der anderen bestimmt, ob du Alleinsein erlebst oder Einsamkeit erträgst.

Rafe erklärt das so: „Bei uns zu Hause, in einer Familie italienischer Einwanderer der ersten Generation, habe ich pausenlos gehört: ‚In Italien ist es so und so‘, so daß ich das Gefühl hatte, daß ich mich nicht nur nach den Regeln meiner Familie richten, sondern mich auch ständig stellvertretend für alle Italiener verhalten mußte. So äußerte sich ihr Kummer und ihre Ambivalenz darüber, daß sie Italien überhaupt verlassen hatten; sie versuchten ihr Idealbild von Italien in ihrer neuen Heimat am Leben zu halten. Ich habe mich immer als Außenseiter gesehen und mich dabei unwohl gefühlt und Schuldgefühle gehabt, ohne darüber reden zu können. Ich habe mich fast immer von den anderen ausgeschlossen gefühlt und war oft sehr einsam."

Wenn du einigermaßen „eins mit dir" bist, kannst du auch das Alleinsein willkommen heißen oder, wie Winnicott sagt, „ruhig und entspannt sein und dich eins mit den Menschen fühlen, wenn von außen keine Erregung kommt" – ob du nun allein bist oder nicht. Wenn du dich selbst als zerstückelt oder unvollständig erlebst oder als für deine Mitmenschen „unsichtbar" und sich auch noch Selbstzweifel dazugesellen – wenn das, was dir *fehlt*, deine Gefühle und Gedanken beherrscht –, wirst du Alleinsein als Einsamkeit erleben.

Wenn wir uns nicht ganz fühlen, verspüren wir häufig den Wunsch, etwas in unser Leben hineinzubringen, das – so stellen wir es uns vor – die Leere ausfüllt. Wir alle reagieren so. Unsere Vorstellungen gehen vielleicht auseinander, aber der Wunsch – das Gefühl der eigenen Ganzheit zu haben – stammt aus dem gleichen inneren Gefühl des Mangels. Vielleicht sehnst du dich nach einer Partnerin/einem Partner, einem liebevolleren Partner, einer Arbeit, einer besseren Arbeit, einem Baby, noch einem Baby, einem Haus, einer Ortsveränderung, einem neuen Aussehen.

All das sind legitime Bedürfnisse, aber es ist denkbar, daß sie alle befriedigt sind und du dich dennoch innerlich leer, unvollständig, unzufrieden und nicht ganz fühlst. Warum? Wieder stoßen wir auf das Problem der Verinnerlichung – nicht nur Verinnerlichung der guten Erfahrungen mit einem Menschen, sondern überhaupt guter Erfahrungen.

Um die Dinge in deinem Leben zu verinnerlichen, mußt du dich innerlich dazu berechtigt fühlen. (Ich habe ein Recht auf gute Erfahrungen; ich kann ihnen vertrauen und sie besitzen.) Das ist etwas ganz anderes als narzißtische Gier (gib mir mehr; umwirb und umschmeichle mich mehr), bei der das, was gegeben wird, in ein Faß ohne Boden fällt.

Zur inneren Legitimierung (danke für deine Liebe; ich bin es wert, von dir geliebt zu werden) gehört ein Gefühl der Selbstbejahung

178

und eine gewisse innere Stabilität. (Ich bin wer; ich bin liebenswert und kann deine Liebe annehmen, ohne mich bedroht oder überwältigt zu fühlen.)

Manchen Menschen fehlt das Gefühl der Stabilität, manche erfahren es zwar, sind aber gefährdet, wenn ein Ereignis oder eine Person ihr inneres Gleichgewicht durcheinander bringt.

Ich erinnere mich an ein Gespräch mit Hanna, das einige Jahre zurückliegt. Hanna litt schrecklich, weil sie sich in Matt verliebt hatte, einen Mann Ende vierzig, der ein zwanghafter Frauenheld ist und komplizierte Dreiecksbeziehungen schafft, in denen er den Mittelpunkt bildet.

Hanna litt nicht nur, weil die Beziehung scheitern mußte, sondern auch, weil sie erkannte, wie rücksichtslos Matts Verhalten war. Ihr leidenschaftliches Verlangen wurde deshalb nicht weniger, sie hoffte verzweifelt, daß sich sein Reden gegen allen Augenschein als wahr herausstellen und sie glücklich zusammen leben würden.

Hanna war eine Zeitlang bei einem Therapeuten der Jungschen Schule in Behandlung, der ihr (auf feinfühlige Jungsche Art!) nahelegte, sie müsse in sich die Eigenschaften erkennen, die dieser Mann so heftig in Schwingung versetzte. Diese Eigenschaften müsse sie entwickeln. Der Therapeut hatte gesagt: „Sie suchen nicht einen Mann, sondern einen Teil von sich selbst, zu dem Sie keine Verbindung haben."

Ich schrieb in mein Notizbuch: „Kann Hanna diese Verschiebung von ‚Außen' nach ‚Innen' leisten? Kann das überhaupt jemand allein durch einen Akt des Willens oder eine bewußte Handlung erreichen?"

Ich weiß die Antwort immer noch nicht, aber ich weiß: Wenn wir überzeugt sind, daß irgend etwas oder irgend jemand in dein Leben treten muß, damit wir glücklich sind, drücken wir damit ein schmerzliches Gefühl unserer Unvollständigkeit aus und bedienen den Mythos, daß Rettung von jemand anders kommt als von unserem Selbst.

Eine freundliche Hand, der „richtige" Mensch zur „richtigen" Zeit, das Gefühl, verstanden zu werden: Das sind wichtige und bereichernde Erfahrungen für dein Selbstgefühl, doch sie können nicht davon ablenken, daß wir den festen Boden in uns selbst suchen müssen und erst danach uns anderen öffnen, uns ihnen nähern können.

Das Bedürfnis nach Alleinsein

Claudine ist Anfang vierzig und eine erfolgreiche Hörspielautorin. Sie hat für sich etwas entdeckt, das sie ihr „Gefühl der Sicherheit" nennt, einerseits durch Alleinsein, aber auch dadurch, daß „ich mir selbst gegenüber so aufmerksam bin wie gegenüber einer Freundin. Ich vertraue inzwischen darauf, daß ich mit dem meisten, was das Leben für mich bereithält, selbst zurechtkomme und daß ich einiges aushalte."

Claudine kommt aus einer großen Familie und fühlte sich als älteste Tochter aufgefordert, ihrer Mutter deren Furcht und Sorgen abzunehmen. Doch erst mit fünfundzwanzig, als sie selbst Mutter war, vermochte sie ihre Wut darüber auszudrücken, daß ihre Mutter sie mehr als zweites Elternteil denn als Kind in Anspruch genommen hatte; die Abwesenheit ihres Vater aufgrund seiner Arbeit hatte in der Mutter das Bedürfnis nach einem verfügbaren Partner entstehen lassen.

Claudine hatte angenehme frühe Erinnerungen an Alleinsein. Geprägt von Kultur und Klasse (wohlhabende Mittelschicht in den USA), wurde in ihrer Familie erwartet, daß die Familienmitglieder sich selbst genügten. Der Rückzug ins eigene Zimmer und Lesen wurden gefördert.

Als Erwachsene verbringt Claudine mindestens die Hälfte ihrer Zeit allein. Sie sieht ihre Geliebte und ihre Freunde, aber seit ihr Sohn erwachsen ist, lebt sie allein.

Es gibt keine einfache Gleichung zwischen den Kindheitsmustern des Alleinseins und den Erfahrungen der Erwachsenen mit dem Alleinsein. Viele meiner InterviewpartnerInnen, die als Erwachsene gern allein sind, hatten das bereits als Kinder gelernt, während andere sich daran erinnerten, daß es für sie als Kind fast unmöglich war, allein zu sein, und sie es sich auch nicht gewünscht hatten.

Es stellt sich allerdings die Frage, ob für eine Person, die wie Claudine empfindlich auf die Stimmungen und unausgesprochenen Forderungen anderer reagiert (was für Frauen charakteristischer ist als für Männer), das Alleinsein nicht auch eine notwendige Zuflucht ist.

Fest steht auf jeden Fall, daß Claudines Erfahrung mit dem Alleinsein sich von der von Denis, einem Geschäftsmann gleichen Alters, deutlich unterscheidet. Mit bemerkenswerter Offenheit erzählte er mir: „Ich bin sehr ungern allein zu Hause, denn es erinnert mich daran, daß Brenda mich genauso umsorgt wie die Jungen, obwohl sie einen Beruf hat, der sie ebenso einspannt wie meiner mich."

Wenn Alleinsein die einzige Zeit ist, in der du dich um dich selbst kümmern kannst und von der Betreuung anderer vorübergehend befreit bist, wirst du intensiver danach verlangen als jemand, der sich nicht um die Bedürfnisse anderer zu kümmern braucht und ohne Scheu die Forderung stellt, daß seine eigenen körperlichen und emotionalen Bedürfnisse befriedigt werden.

Alleinsein kann emotional lebensrettend sein. Für mich ist das jedenfalls so. Wenn ich zu wählen hätte zwischen einer Ewigkeit, in der Alleinsein nicht möglich ist, und einer Ewigkeit, in der es nur Alleinsein gibt, fiele es mir sehr schwer, nicht das Alleinsein zu wählen. Im Alleinsein habe ich die Möglichkeit, mich auf mich selbst zu besinnen und mich zu regenerieren; ich kann mir meiner Gedanken und Gefühle bewußt werden; nach meinem Rhythmus träumen und mich treiben lassen; ich muß mich nicht um die Bedürfnisse anderer kümmern oder auch nur deren Anwesenheit tolerieren. Wenn ich allein bin, finde ich zu mir selbst. Ohne allein zu sein, gelänge mir das nicht.

Das Alleinsein kann auch eine wichtige Anregung für das Arbeitsleben eines Menschen bedeuten. Am ehesten weiß ich das von Menschen, die wie ich „von innen heraus" arbeiten, etwa in künstlerischen Berufen, oder in einem Bereich, in dem sie nicht nur auf äußere Ereignisse reagieren, sondern sich auf ihre inneren Eindrücke von diesen Ereignissen besinnen müssen.

Wenn du allein bist und dich in diesem wunderbaren Zustand befindest, der als Tagträumen oder Sich-Einstimmen oder Sich-Ausblenden beschrieben werden könnte, kommen Bilder aus dem Unbewußten empor, die nicht durch die restriktiven Muster des rationalen Denkens beschränkt sind.

Marcel Proust glaubte (oder schrieb zumindest), daß „Gedanken wie Göttinnen sind" und sich „nur dem einsamen Menschen offenbaren". Dem kann ich nicht zustimmen. Gedanken „offenbaren sich" häufig in besonders hektischen Situationen, aber es bedarf des Alleinseins und der inneren Reflektion, um sie zu verarbeiten.

Sebastian arbeitet in der Filmindustrie in Südkalifornien, wuchs aber in Australien auf. Alleinsein gehört als fester Bestandteil zu seinem Berufsleben. In seinen Kindheitserinnerungen ist Alleinsein mit Bildern von seiner Familie, die zwar sehr auf sich selbst bezogen war, aber sich nicht besonders nahestand, und mit Bildern von seinem Außenseitertum in einer männlich-dominierten Gesellschaft verbunden. „Ich war Katholik und lebte unter Anglikanern. Ich war intellektuell interessiert und lebte mit Nichtintellektuellen in einer Kleinstadt. Und ich wuchs nicht in einer Gesellschaft von Frauen und Männern auf, sondern in der Gesellschaft meiner Eltern."

Da er niemand kannte, an die er sich wenden konnte, entwickelte er ein dringendes Bedürfnis zu lesen und später zu schreiben. Jetzt ist er Ende vierzig und sieht sich selbst als rastlos, konkurrenzorientiert und kontrollierend. (Er kann auch überaus charmant und freundlich sein, aber das gehört nicht zu seinem Selbstbild.)

Über das Alleinsein sagt er: „Es ist eine sehr kreative Zeit. Es gibt keine verlorene Zeit, wenn du allein bist. Du bist mit wichtigen und kreativen Dingen beschäftigt. Da erfährt man wahren Frieden in seiner echten Bedeutung. Ich bin kein ruhiger Mensch, aber wenn ich allein bin, erlebe ich Ruhe und Entspannung."

Als Sebastian Mitte zwanzig war, zerbrach seine erste Ehe. Er hatte danach keine Alpträume und überhaupt keine Träume mehr. Das Alleinsein übernahm einige Funktionen, die gewöhnlich Träume haben. „Wenn ich allein bin, arbeitet meine Phantasie, die Dinge kommen in Bewegung, und meine Gedanken werden lebendig. In meinen Augen gestattet das Träumen dem Träumer, sich Kostüme auszusuchen, sich zu verkleiden und darin herumzuspringen. Wenn ich in meinem Kopf allein bin, erlebe ich genau dasselbe."

Nicht jede kann mit dieser Beschreibung etwas anfangen – *in meinem Kopf allein*. Für viele Menschen bedeutet Alleinsein, Gedanken, Erinnerungen, Pläne zu haben, die andere Menschen mit einbeziehen; Musik oder ein Buch, das sie ungestört genießen. Es gibt keine richtige Art des Alleinseins; wenn du Glück hast, findest du die Art, die *für dich* richtig ist.

Auch Maude ist eine Fürsprecherin des Alleinseins:

„Am anregendsten ist für mich die Zeit, wenn ich allein bin. Dann fühle ich mich mit mir am wohlsten. Wenn andere Menschen um mich herum sind, wollen sie immer soviel, daß mir keine Gelegenheit bleibt, selbst etwas zu wollen. Wenn ich allein bin, bin ich vor den Menschen und Bittstellern sicher. Ich bin allein, sooft ich kann, doch leider ergibt sich die Möglichkeit fast nie. Am besten gefiele es mir, wenn ich tagsüber allein sein und den Abend mit Menschen verbringen könnte. Alleinzusein, wenn es dunkel ist, behagt mir nicht. Das ist die Zeit für Geselligkeit: sich um ein Licht herum zusammenfinden – wie auch immer das aussieht."

Maude lernte ihr Bild vom Alleinsein schon als Kind kennen. „Alleinsein war unsere Lebensart. Nur selten kamen wir zusammen. Mein Vater hatte seine politische Arbeit, meine Mutter ihre Freundinnen, und beide schrieben viel. Ich wurde den Dienstboten überlassen. Ich habe Briefe, die vor Zuneigung überströmen, doch wenn wir zusammenkamen, gingen wir förmlich und steif miteinander um."

Eine Kindheit wie diese, in der ein ausgeprägtes Familienleben fehlt, hätte auch ein nie enden wollendes Bedürfnis nach Rückversicherung oder eine nicht zu überwindende Angst vor dem Miteinander hervorbringen können. Doch Maude, das ist sehr wichtig, hatte jemanden, der sie bedingungslos liebte.

Für Maude ist das ihr Vater. „Es ist mehr als Liebe. Ich bewundere ihn. Er liebt mich bedingungslos. Das habe ich gehabt. Alle sollten das haben. Und ich glaube, es ist egal, von wem. Vielleicht kann ich deswegen Liebe geben, weil ich sie hatte. Ich kann in seinen Augen nichts falsch machen. Er gibt sich die allergrößte Mühe zu verstehen, warum ich einen Fehler gemacht habe, aber eigentlich ist es gar kein Fehler, weil ich ihn begangen habe."

Diese Anbetung, die mehr ist als Liebe, mag der Grund dafür sein, daß Maude ein starkes Selbstgefühl entwickelt hat, und teilweise erklären, warum sie Schwierigkeiten hat, sich an Zeiten zu erinnern, in denen ihr emotionales Gleichgewicht in Gefahr war.

„Wenn ich zurückblicke und mich an Momente zu erinnern versuche, in denen ich das Gefühl hatte, der Boden sei mir unter den Füßen weggezogen, dann fallen mir gescheiterte Liebesgeschichten ein. Doch das war immer nur vorübergehend. Manchmal finde ich alte Tagebucheintragungen, wo es heißt: ‚Vor mir tut sich ein abgrundtiefes Loch auf, ich stürze hinein. Er hat mir dies und jenes angetan‘, und dann fällt mir nicht mehr ein, wer es eigentlich war, und das ist schon ziemlich erschütternd, wenn du bedenkst, wie absurd manches war. Im großen und ganzen habe ich mich in den letzten zehn Jahren mit meinem Leben im reinen gefühlt, denn ich lebe eigentlich ständig in der Gegenwart. Ich sehe nicht darauf, was geschieht, ich handele einfach. Es ist ein Trick, und eine ganze Weile konnte ich ihn mir einreden: *Sei ganz im Hier und Jetzt.* So klinke ich mich in die Gegenwart ein.“

Nicht Alleinsein, sondern das Fehlen von Nähe

In fast jedem Gespräch, das ich während der Entstehung dieses Buches führte, wurde ich daran erinnert, daß alleinzusein nicht immer als Alleinsein empfunden wird, sondern häufig als das Fehlen einer potentiell engen Verbindung. Noch einmal Claudine: „Als ich jünger war, hatte ich enorme Angst, wenn ich allein war, und dachte, *das ist es also*, ich werde immer allein sein. Manchmal, wenn ich nicht freiwillig allein bin, erinnere ich mich im Traum daran, und das bringt die Furcht, verlassen zu sein, wieder zurück.“

Rafe sagt dazu: „Ich hasse es, wenn ich in Gesellschaft allein bin, zum Beispiel auf einer Party oder bei einem Konzert. Wenn ich alle anderen mit jemandem zusammen sehe, habe ich das Gefühl, mit mir stimmt was nicht. Wenn ich mit mir allein bin, muß ich mir wenigstens keine Gedanken machen, was andere Menschen von mir denken. Und ich brauche sie nicht zu beneiden.“

In der Einsamkeit wirst du dir meist schmerzlich dessen bewußt, was dir fehlt: die Prinzessin oder der Prinz, die bisher noch namenlos sind, die Prinzessin oder der Prinz, die sich längst in eine häßliche Kröte verwandelt haben.

In der Einsamkeit wird dir das Fehlen von Liebe bewußt.

Fehlende Liebe kann Säuglinge buchstäblich umbringen. Auch für Erwachsene scheint es schwer zu ertragen, besonders wenn es für dauernd scheint und jenseits unserer Kontrolle.

Einsamkeit gehört zu den größten Bedrohungen unserer Zeit. Die meisten von uns haben Einsamkeit kennengelernt, und die meisten fürchten sie. Es ist sicher kein Zufall, daß Einzelhaft als die schärfste Gefängnisstrafe gilt, doch ob das ein unerträglicher Alptraum ist oder ein Zustand, der sich aushalten läßt, hängt nicht vom Verbrechen ab, sondern von der Fähigkeit des Gefangenen, damit umzugehen.

Wenn Kinder „frech" sind, werden sie häufig aus dem Klassenzimmer geschickt oder in eine Ecke gestellt. Die meisten Menschen verlangen von ihren Kindern nicht, daß sie allein sind, noch wollen das die meisten Kinder, obwohl die Fähigkeit, allein und kreativ spielen zu können, ein Zeichen psychologischer Gesundheit in einem Kind ist. Doch gleichzeitig ist da auch der Wunsch und das Bedürfnis nach Beziehungen.

„Das vorrangige Bedürfnis eines Kleinkindes ist nicht die Befriedigung des oralen sexuellen Triebs, sondern die Entstehung einer Beziehung", schreibt W.R.D. Fairbairn. Das ist die überzeugende Umkehrung des Zitats von Erich Fromm weiter oben: „Das sexuelle Verlangen... ist keineswegs nur eine physische Begierde, die Lösung einer quälenden Spannung."

Dieser Antrieb, das Bedürfnis nach liebevollen Verbindungen, begleitet uns unser ganzes Leben. Für längere Zeit oder unfreiwillig allein zu sein, ist nur für die erträglich, die innerlich stabil sind und ein relativ ausgeprägtes Selbstgefühl haben – die an Gefühlen des Verbundenseins festhalten können, auch wenn niemand da ist.

Denen, die nicht allein sein oder, wie ein Mann sagte, nicht „länger als eine Viertelstunde allein im Haus sein" können, fehlt die wesentliche Fähigkeit, an der Gegenwart anderer festzuhalten. In Ermanglung dieser Fähigkeit brauchen sie ständige Rückversicherung oder, wenn das nicht möglich ist, Ablenkung. Doch weil diese Erfahrung (der Rückversicherung oder Ablenkung) nicht angemessen verinnerlicht werden kann, fühlen diese Menschen sich nach wie vor leer und stehen unter dem Zwang, „mehr" zu verlangen, ohne zu merken, daß „mehr" von außen niemals genug ist.

Wahrscheinlich hat heutzutage, zumindest in der westlichen Welt, jeder Mensch irgendwann während der ersten achtzehn Monate seines Lebens, in denen die Grundlage für die menschliche Fähigkeit, zu lieben und zu vertrauen, gelegt wird, Einsamkeit erleben müssen.

Auch wenn die Mutter sich noch so sehr um ihr Kind kümmert, es gibt immer eine Situation, in der sie es warten lassen muß, und wenn sie nur ihre Brust freimachen und sich setzen muß, bevor sie den schreienden Säugling anlegt. Und manchmal muß das Kind auch viel länger warten. Da das Kind nur in der Gegenwart lebt und keine Zeitvorstellung hat, kann es nicht denken: „Warte einfach einen Moment, die Mutter kommt gleich", sondern es fühlt: „Sie ist nicht hier, ich bin allein", bzw. „Sie ist nicht hier, ich bin nicht hier". Natürlich *denkt* das Kind das nicht, sondern es fühlt es, und zwar so intensiv, daß es für den Moment dieses Gefühl *ist*. Es *ist* das Gefühl der Verlassenheit, es *ist* das Gefühl des Fehlens. Nichts anderes existiert, schon gar nicht die Zukunft, in der die Mutter zurückkommen und alles wieder in Ordnung sein wird. Diese Fähigkeit der Vorausschau wird erst viel später ausgebildet und das Kind noch als erwachsener Mensch in diesem Punkt verletzbar sein.

Wenn die Mutter das Kind auf dem Arm hält und so buchstäblich die Angst „hält", spürt das Baby, daß es zu sich zurückgekehrt ist. Indem sie ihr Kind „hält", sagt die Mutter ihm unausgesprochen, daß es nicht nur aus Angst besteht, sondern für sie ein Ganzes ist.

Die Mutter ist zurückgekommen, und damit kehrt auch sein Selbst zurück.

Wenn Erwachsene einsam sind, erleben sie erneut diese kindliche Panik. Es sind ja keine in Worte zu fassenden Erinnerungen, mit denen rational umgegangen werden kann, sondern Wiederholungen aus dem vorsprachlichen Stadium, als der kleine Mensch jede Erfahrung intensiv und ganzheitlich machte. (Beobachte zum Beispiel einen Säugling, der zornig oder fröhlich ist: Jede Faser seines Körpers ist daran beteiligt.) In der Wiederholung dehnt sich die momentane Einsamkeit für den Erwachsenen – wie damals für das Kind – in eine endlose Zukunft, schließt jeden rationalen Umgang damit aus und führt zu Verzweiflung.

Die Wiederholung kann in dir, der Erwachsenen auch die

Befürchtung auslösen, daß nicht nur die andere Person dich verlassen hat – oder gar nicht gekommen ist –, sondern daß auch dein Selbstgefühl verschwunden ist. „Es gibt keinen Grund, warum ich weiterleben sollte." Das heißt, der Lebenssinn liegt außerhalb deiner selbst und kann dir auch nur von einem anderen gegeben werden – so wie das Selbstgefühl des Kindes ihm „zurückgegeben" wird, wenn die Mutter zurückkommt, es hält und so emotional festigt.

Durcheinander von Gedanken und Gefühlen

Catherine ist Therapeutin, Mutter und Schriftstellerin. Sie ist eine warmherzige Frau und teilt großzügig ihre Weisheit. Sie vermittelt den Eindruck, daß sie ihr emotionales Leben in einer Art geregelt hat, die für viele von uns unerreichbar scheint. Vor einigen Jahren, als sie Ende dreißig war, ging sie eine neue Beziehung an. Ihr Partner ist ein attraktiver Südamerikaner, der als freiberuflicher Graphiker arbeitet. Aldo lebt ganz für den Augenblick. Das ist es, das Catherine an ihm liebt und warum sie sich zu ihm hingezogen fühlte. Und er ist leichtsinnig, selbst für Catherines liberale Maßstäbe. Eine Verabredung mit einem Freund ist vergessen, wenn er in seine Arbeit vertieft ist oder wenn er sich anderweitig vergnügt.

Aldo und Catherine waren lange miteinander befreundet, bevor sie ein Liebespaar wurden. Sie wußte, daß diese „Fehler" die flatterhafte Kehrseite seiner Kreativität sind. Doch kaum hatten sie sich in eine sexuelle Beziehung eingelassen, verlor sie den Blick für diesen Aspekt seines Lebens.

Wenn sie Aldo erwartet und er nicht auftaucht, bemüht Catherine nicht ihre Vernunft und versichert sich, daß das für ihn typisch ist. Statt dessen überwältigen sie *Gefühle* der Verlassenheit, der Angst und der Sorge. „Er kommt nicht, er kommt nie mehr. Er liebt mich nicht. Er hat mich nie geliebt. Niemand hat mich je geliebt." Solche verrückten „Gedanken" jagen der vernünftigen Catherine durch den Kopf und lassen sie verzweifeln. Wenn Aldo schließlich doch kommt, muß sie mit der Wut fertigwerden, die auf ihre Angst und die Selbsterniedrigung unvermeidlich folgt. Und selbst in ihrem Zorn mischen sich Gedanken und Gefühle, was dazu führt, daß sie sich nicht so verhält, wie es für ihr emotionales Wohlbefinden gut wäre.

Dieses Ausmaß von Alleinsein oder Einsamkeit ist nicht identisch mit dem Gefühl, jemanden zu vermissen. Wenn wir jemanden vermissen, kann das ganz angenehm sein, denn wir vertrauen auf seine Rückkehr. Tiefe Einsamkeit entsteht, wenn wir einen Menschen vermissen, der für immer fortgegangen ist, oder wenn wir uns eine Verbindung wünschen, eine Intensität der Kommunikation, die vielleicht nie möglich war oder die einst möglich war und jetzt außer Reichweite scheint.

Die Verzweiflung – das, was du willst, ist außer Reichweite – bringt Gefühle von Ohnmacht, Unwürdigkeit und Unzulänglichkeit mit sich. Auch Neid gehört dazu, weil andere etwas haben, das für dich nicht erreichbar ist. Und der Neid erzeugt Wut: Warum haben andere etwas, das mir abgeht? *Was für einen Mangel habe ich?*

Wieder kommen wir zum Ausgangspunkt zurück: Das Kind begreift schrittweise, daß die Mutter wichtig ist und daß es sie „haben" kann, auch wenn sie nicht da ist. Ebenso wichtig wie das Wissen, daß es das Bild der Mutter verinnerlicht hat, auch wenn sie nicht da ist, ist für das Kind das wachsende Bewußtsein, daß es *erwünscht ist und selbst wünscht.* Die Mutter ist für das Kind wichtig, das Kind ist wichtig für sie.

Wenn du dich sehr einsam fühlst, ist die Drohung immer dabei: *Ich bin nicht wichtig.* Vielleicht ist es die Angst: Ich bin für eine bestimmte Person nicht wichtig. Oder: Ich bin überhaupt nicht wichtig. Die Versuchung, noch weiter zu gehen, ist groß: Ich bin auch für mich selbst nicht wichtig.

Auch die Erkenntnis, daß Menschen einsam sein können, wenn sie sich unter vielen befinden, eine große Familie haben, an einer Vorstandssitzung teilnehmen undsofort, ist kein Trost. Die Vorstellung bleibt: Ich werde nicht einsam, wenn... Ich wäre nicht einsam, wenn...

Catherine weiß, daß sie auf Aldo so reagiert, weil ihre Verletzbarkeit als Kind bis an die Grenzen des Erträglichen gefordert wurde. Ihre Mutter war sehr krank und buchstäblich für ihr Kind nicht da. *Doch das vernunftmäßig zu wissen, bewahrt sie nicht davor, daß ihre Gefühle außer Kontrolle geraten.*

Andere Menschen haben ähnliches erlebt und geraten als Erwachsene nicht in Panik vor Angst, verlassen zu werden. Vielleicht gestattet ihnen ihre emotionale Konstitution mehr Ausgeglichenheit. Vielleicht hatten sie als Kinder Ersatzmütter, die ihre Bedürfnisse erkannten und erfüllten. Vielleicht müssen aber auch manche Menschen, wie Catherine sagt, „sich nicht zwanghaft vorstellen, daß jede Situation eine potentielle Katastrophe birgt".

Angst vor dem Tod

Die Analytikerin Melanie Klein geht davon aus, daß Angst vor dem Tod (die Angst, nicht mehr zu sein) zu den frühesten Erfahrungen des Kindes gehört. Es ist die Angst vor dem Nichts, gegen die seit Menschengedenken Geschichten ersonnen werden, in denen ein Etwas versprochen wird. Himmel, Wiedergeburt, Jenseits – all das könnte existieren (und ich hoffe, daß es tatsächlich etwas gibt), aber es könnte auch nur eine kreative Verteidigung gegen die schreckliche Möglichkeit sein, daß ich eines Tages nicht mehr bin, daß ich nirgends bin.

Doch bis dahin möchte ich *durch meinen Körper* wissen, daß ich lebendig bin, denn der zumindest wird unwiderruflich tot sein.

Vielleicht hast du in der Gruppe von Menschen, die wir uns an der Bar vorgestellt haben, auch dich entdeckt. Du weißt auch, warum du da bist. Zum Beispiel, um:
- dich von Problemen und Selbstzweifeln ablenken zu lassen;
- bewundert zu werden;
- deinen Gedanken und Gefühlen zu entkommen;
- von den Gedanken und Gefühlen einer anderen Person angeregt zu werden;
- dich von außen lenken zu lassen;
- Kontakt zu suchen.

Der letzte Grund ist wahrscheinlich der wichtigste. Etwas zu trinken bekommst du billiger zu Hause. Auch ist da die Luft besser, und die Sitzgelegenheiten sind bequemer. Was also fehlt zu Hause? Zerstreuung, die Verlockung des Abenteuer (das aus dem alten Ich ein neues machen würde), *Kontakte*.

„Mit anderen Kontakt haben" bedeutet nicht unbedingt, sich

etwas zu sagen zu haben, sich verstanden zu fühlen oder eine positive Verbindung zu sehen. Deine Art, mit anderen in Kontakt zu treten, bereitet dir womöglich großes Unbehagen. Du kannst dich dabei klein fühlen. Doch auch unbefriedigende Kontakte bestätigen dir, daß du lebst, und für viele Menschen ist diese Bestätigung *von außen* lebenswichtig.

Menschen, die tot sind, sind nicht in Kontakt mit dir, und dein Kontakt mit ihnen ist einseitig. Du rufst, sie rufen nicht zurück. Du trauerst, sie trauern nicht mit dir. Du kannst an deiner Traurigkeit als Zeichen deiner Anhänglichkeit festhalten, aber das bringt dir nur geringen Trost, und dem Toten vermutlich gar keinen.

Mit Alleinsein, der Erfahrung, guten Kontakt zu dir selbst zu haben, hat das nicht viel zu tun. Doch mit Einsamkeit, Vereinzelung und Abgeschiedenheit hat der Tod tatsächlich große Ähnlichkeit.

Die Gefühle der „Hilflosigkeit" und des Mangels, die deine Einsamkeit bestimmen, bringen dich näher, als dir vielleicht lieb ist, an die bewußte Erkenntnis, daß du sterben mußt. Und daß du allein sterben wirst, auch wenn dein Sterbezimmer noch so voll ist mit Leuten, die sich von dir verabschieden wollen.

Das geringe Vertrauen, das wir in uns haben, wird häufig von dem Mythos gestärkt, daß jemand uns retten wird (ich bin zwar in meinem Leben keine Heldin, aber ich kann Helden in meinem Leben willkommen heißen). Doch in der Einsamkeit erlebst du deine mangelnde Heldenhaftigkeit und die krasse Abwesenheit eines Heldens. *Niemand kommt, um dich zu retten.* Und vor dem Sterben kann ich mich nicht bewahren.

Ich behaupte nicht, daß die Menschen, die sich an irgendeinem Abend in irgendeiner Bar zusammenfinden, diesen Ort aufgesucht haben, um beunruhigende Gedanken über ihren unvermeidbaren Tod nicht denken zu müssen. Wir haben gute Gründe, Gesellschaft zu suchen, wir brauchen Wärme, Unterhaltung und Sex. Was ich sagen will, ist, daß für Millionen Individuen und für unsere Gesellschaft der Tod einfach nicht auf der Tagesordnung steht. Der Tod trifft immer die anderen: arme Schweine.

Der Tod ist die äußerste Erfahrung der Einsamkeit und die absolute Widerlegung unseres kindischen Glaubens, jemand „da draußen" werde uns retten.

Für die meisten von uns bleibt die Assoziation von Tod und Einsamkeit weitgehend unbewußt und folglich leicht zu leugnen, obwohl wir uns nicht so leicht dagegen wehren können. Wir setzen uns möglicherweise mit einem Wirbel von Aktivitäten zur Wehr, die Alleinsein ebenso unmöglich machen wie Reflektion. Oder wir verfallen in Depressionen, ein halber Tod, der immer noch besser ist als der eigentliche Tod. Die Angst, daß das Alleinsein mit sich selbst schnell in Einsamkeit umschlagen kann, wird uns eher bewußt als das Gefühl, daß wir allein sind ohne Jemand oder die belebende Quelle, die außerhalb unser selbst liegt.

Stell dir vor, du widerstehst dem Bedürfnis, gegen deine Todesangst eine Flasche zu leeren oder dich der Lust hinzugeben? Was dann?

Die existentielle Psychotherapie, in der die Frage nach dem Sinn des Lebens als zentral angesehen wird, behauptet, daß *wir unser Leben bewußter leben*, wenn wir unsere Angst vor dem Tod akzeptieren, d.h. akzeptieren, daß wir sterben müssen und nichts dies ändern kann.

„Der Schrecken des Todes", sagt Norman Brown, „ist der Schrecken, daß wir sterben müssen, mit ungelebtem Leben in uns."

Es kann auch der Horror vor einem angepaßten Leben sein, das sich nach den Erwartungen der anderen richtet statt nach denen des inneren Selbst. Todkranke Menschen geben Zeugnis davon, wenn sie in ihren letzten Monaten oder Wochen durchgreifende Entscheidungen treffen. Doch wir anderen, die wir langsamer sterben, stellen uns oft merkwürdig taub, wenn die Botschaft an uns herangetragen wird.

Was ist die Botschaft?

Du wirst sie für dich selbst formulieren. Es kann die Entdeckung sein, die Diogenes machte, daß du deinen Blechbecher wegwerfen und aus deinen Händen trinken kannst.

Vielleicht ist es die Entdeckung, daß du blind für das bist, was du hast, weil du auf die Erfüllung deiner Sehnsüchte wartest.

Vielleicht ist es auch die Entdeckung, daß du für eine Illusion lebst, wenn du dein Leben auf morgen ausrichtest, denn alles, was du hast, ist das Jetzt, in dem du dich entscheiden kannst, wie lebendig du sein willst.

Auch wenn es dir annähernd gelingt, dich mit deiner Sterblichkeit abzufinden, dich mit deiner inneren Welt vertraut zu machen, die Vorstellung aufzugeben, daß andere Menschen deinem Leben einen Sinn verleihen könnten, wirst du trotzdem Phasen der akuten und schmerzlichen Einsamkeit erleben.

„Mit einer Strand bist du nie allein", verspricht die Werbung einer Zigarettenmarke und macht sich die Gleichsetzung von Alleinsein mit Einsamkeit und von Gesellschaft mit Erfüllung zynisch zunutze.

Die Furcht vor der Einsamkeit ist sehr real, und der kaum erkennbare Übergang von Alleinsein zu Einsamkeit ist mit ein Grund, warum eine Situation, in der die kleinste Hoffnung auf Nähe besteht, dem Alleinsein vorgezogen wird. Wie zum Beispiel die verräucherte, überteuerte Bar.

Für Jetske besteht die negative Seite des Alleinseins „in dem Gefühl, langsam in eine depressionsartige Stimmung zu sinken, aus der ich mich nicht wieder herausziehen kann".

Jetskes Erfahrung spiegelt die von Alice wider. „Ich fühle mich freier, wenn ich allein bin. Ich kann alles ausdrücken und fühlen, doch deswegen passiert es auch leicht, daß aus Alleinsein Einsamkeit wird, denn es gibt keine anderen Bedürfnisse, auf die ich Rücksicht nehmen muß. Es gibt keine Gegenseitigkeit. Deinen negativen Gefühlen sind keine Grenzen gesetzt. Ich bin mir bewußt, wie schnell die Situation umkippen kann, und auch wenn du glaubst, deine Muster gut zu kennen, stehst du plötzlich hart am Rand."

Der Kern der Einsamkeit ist häufig die Angst, verlassen zu werden, die gewöhnlich als die Angst erlebt wird, daß die Einsamkeit – das Gefühl, nicht gewollt, nicht anerkannt oder verstanden, nicht gewürdigt zu werden – für immer bleiben wird. Keine Rettung in Sicht. Du mußt lebenslang für die böse Schneekönigin die Fußböden bohnern. Du bist für immer Rapunzel, den Kamm in der Hand.

Hinter der Angst, verlassen zu werden, steckt noch etwas: ein Mangel an Vertrauen in dich selbst. (Lebe ich ein sinnvolles Leben? Ist mein Leben von Bedeutung?)

Wenn du wüßtest, daß du nur acht Stunden – oder meinetwegen auch achthundert Stunden – Einsamkeit im Leben auszuhalten hättest, wäre sie viel leichter zu ertragen, als wenn du befürchten mußt, daß Einsamkeit dein ganzes Leben bestimmen wird. Zumindest so lange, bis jemand kommt und dich rettet. Und wenn du bereits mit jemanden eingesperrt bist und dich immer noch einsam fühlst, dann ist die Einsamkeit noch schwerer zu ertragen, denn die Illusion, daß jemand dich retten könnte, ist noch unerreichbarer geworden.

Du könntest von mir und von allen anderen verlassen werden, wenn du genügend Vertrauen in dich selbst hättest, hättest du immer noch jemanden bei dir, *dein Selbst*. Und nicht nur das, du hast auch deine Erinnerungen an Verbindungen, die dir niemand nehmen kann. Sie sind ein Teil von dir.

Ich bin mir bewußt, daß dies eine sehr schwere Lektion ist, besonders wenn du mit Gefühlen der Leere oder Verzweiflung zu kämpfen hast. Andererseits ist es aber auch schwer, ohne Selbsterkenntnis und ohne Selbstliebe zu leben.

Wenn du dich bemitleidest und für nicht liebenswert hältst, wenn dein Selbstmitleid und dein Mangel an Selbstliebe dich an dich selbst ketten, so daß du deine Mitmenschen nicht wahrnehmen kannst, dann mußt du dich nicht wundern, wenn deine Mitmenschen dich auch mitleidig und verächtlich oder gelangweilt und lieblos betrachten. Du hast sie selbst zu dieser Haltung gebracht.

Du hast die Möglichkeit, sie zu einer anderen Haltung zu bringen.

Du bist deine Bezugsperson

Für das Kind ist es eine Überlebensfrage, ob es der primären Bezugsperson wichtig ist. Für den geistig einigermaßen normalen Erwachsenen ist es – wenn auch unter großen Schwierigkeiten – möglich zu lernen, seine eigene Bezugsperson zu sein.

Du kannst die eigentliche Erfahrung, nicht einsam zu sein, nur machen, wenn du die Grenzen dessen, was andere für dich tun können, akzeptierst und wenn du immer wieder zu verstehen versuchst, daß deine Sicherheit nicht in einem anderen Menschen zu finden ist, ob nun die Mutter oder die Liebsten auf deine Rufe hin zu dir eilen oder nicht.

So lange du lebst, kannst du tatsächlich oder potentiell allein sein, doch du bist allein mit deinem Körper und mit deiner reichen und reich bevölkerten Innenwelt.

In unserer Kultur arbeitet alles gegen diese Erkenntnis. Die hartnäckige Vorstellung von der „anderen Hälfte" außerhalb deiner selbst soll dir deine eigene Unzulänglichkeit bewußt machen. Aus der Kultur kommen nur wenige Anregungen, wie wir unser Selbstgefühl so entwickeln, daß auch in der Kommunikation mit anderen in dir jemand ist, mit dem du guten Kontakt hast und der relativ frei von Selbstzweifeln und Selbstsucht ist.

„Ich bin so einsam", klagt Jacqui, eine Frau, die viele Freunde hat, aber keinen Geliebten. Und vielleicht wird sie, wenn sie einen Geliebten findet, weniger einsam sein, zumindest vorübergehend, vielleicht sogar für immer, wer weiß.

Es macht eindeutig mehr Spaß, mit einem liebevollen Menschen an der Seite durchs Leben zu gehen. Es ist schön, zu einem geliebten Menschen nach Hause zu kommen. Die meisten Menschen genießen die Wärme eines anderen menschlichen Körpers in ihrem Bett. Das Bedürfnis nach Hautkontakt ist sehr menschlich.

Doch wenn Jacqui den ersehnten Geliebten findet, kann auch passieren, daß sie sich in der Beziehung verfängt und „verliert" oder enttäuscht oder schlicht und einfach angeödet ist.

Sie könnte ihre Chancen verbessern, wenn sie in sich nachforschte – wie Hanna es getan hat –, *wovon* dieser Geliebte oder Ehemann sie erretten soll: Ist es der fehlende Lebenszweck, der fehlende Sinn oder die Angst vor dem Nichts?

Doch das verlangt viel von ihr. Traditionellerweise definieren Frauen sich durch ihre Beziehungen, besonders durch die Ehe – und werden umgekehrt darüber definiert. Wie die meisten Frauen wird auch Jacqui nur wenig konkrete Vorstellungen von emotionaler Autonomie haben, die sie inspirieren und bestätigen könnten.

Zwar suchen Männer häufig ihre Bestätigung außerhalb der Beziehung, dennoch können sie sich ohne die Beziehung verloren fühlen. Sich selbst emotional zu stützen oder anderen Männern zur

Seite zu stehen, die unglücklich oder verunsichert sind – diese Fähigkeit haben die wenigsten Männer. Wir sprechen selten darüber, und es gibt nur wenige Vorbilder und viele Einschränkungen, doch für Männer wie für Frauen ist die Fähigkeit, sich selbst zu genügen und sich um andere zu kümmern, die beste – und die einzige – Methode, sich gegen Einsamkeit zu wappnen.

12. KAPITEL

In dir selbst gefangen

Viele Menschen fürchten Einsamkeit so sehr, daß sie praktisch alles zu tun bereit sind, um sie zu vermeiden.

Andere benutzen umgekehrt Alleinsein als Schutz vor möglichem Schmerz und Enttäuschung. Vielleicht sind sie sogar allein, weil sie glauben, kein Recht auf Gesellschaft zu haben. Diese Überzeugung kann sehr verunsichern, deshalb sträubt sich die Vernunft gegen sie. Im Bewußtsein vorhanden ist eher eine Haltung der Gleichgültigkeit oder der Geringschätzung anderer Menschen gegenüber und der Rückzug aus ihrer Gesellschaft.

Gregory machte das im Gespräch deutlich. Er ist ein gutaussehender Mann Mitte dreißig und Börsenmakler einer großen internationalen Gesellschaft. Für einen konservativ wirkenden Mann wie ihn scheint es ungewöhnlich, daß er seit Jahren in psychotherapeutischer Behandlung ist. Ohne große Aufforderung, aber auf eine merkwürdig befremdende Art erzählte er mir, was seine Therapeutin über ihn denkt. Er hätte auch von einer Figur in einem Roman oder einem Theaterstück sprechen können, das er noch nicht mal besonders gut kannte. Doch er wußte ganz genau, daß zu viele Menschen oder die „falsche" Gesellschaft in ihm das dringende Bedürfnis weckte, in die Sicherheit seines relativ zurückgezogenen Lebens zu fliehen.

Er hat genügend Freunde, sagt er, und arrangiert seine Freizeit um Aktivitäten, die eine klare Struktur haben. Er achtet streng darauf, was er anderen von sich mitteilt. Selbst seiner Therapeutin sagt er nicht alles, und obwohl sie das weiß und mit ihm darüber gesprochen hat, tut er es weiterhin und kann sich nicht vorstellen, daß er eines Tages keine Ausflüchte mehr benutzen könnte.

Während ich mit Gregory sprach, spürte ich, daß er sehr mit sich selbst beschäftigt war. Er hörte mir höflich zu, doch nicht mit der Neugier, mit der man dem Gegenüber zu verstehen gibt, daß es etwas sagt, das einen interessiert. Was in seinem Kopf vorging, nahm ihn völlig gefangen.

Meiner Einschätzung nach ist für Gregory die Frage des Vertrauens zutiefst gestört. Er ist sich nicht sicher, was mit seinem Selbst geschieht, wenn er die Menschen an sich heranläßt. Sein ganzes Leben ist darauf eingerichtet, die Menschen von sich fern oder unter Kontrolle zu halten.

Der Schluß liegt nahe, daß in der ersten Begegnung zwischen zwei Menschen, also dem Baby Gregory und seiner Mutter, die Mutter körperlich oder emotional nicht verfügbar war oder auf die Bedürfnisse des Kindes nicht so eingehen konnte, wie es für das Kind nötig gewesen wäre, so daß Gregory auf sich selbst angewiesen war. Für den kleinen Jungen war das sicher nicht sehr angenehm, und auch nicht für den Mann, zu dem er wurde. Doch er funktioniert in einem Rahmen, der als normal gelten kann. Und da er gut aussieht und viel Geld verdient, würde man ihm sogar Erfolg bescheinigen.

Ist Gregory einsam? Kann er Alleinsein erleben?

Er glaubt, daß er selbst entschieden hat, allein zu sein, und ist stolz auf seine Selbstgenügsamkeit. Ich vermute, daß andere Menschen sich ihm nicht besonders einprägen. „Ich kann mir die Leute gut vom Leibe halten", vertraut er mir an.

Er betrachtet sich nicht als einsam, doch mangelndes Vertrauen in sich und in andere ist kein guter Ausgangspunkt für Verbindungen, die Bestand haben sollen.

Hat er sein Alleinsein angenommen, mit allem, was dazugehört, seinem Selbst und seiner inneren Welt?

Diese Frage konnte ich nicht stellen, zumindest nicht so, daß er sie verstanden hätte. Denn wenn ein Mensch keine wirkliche Verbindung zu anderen Menschen hat, kann er auch keine zu sich selbst spüren. Gregory hält sich die Menschen vom Leib und sich selbst ebenso, obwohl er in seinen Gedanken, Ideen und Plänen ständig um sich kreist.

Gregory ist allein, wenn er mit anderen zusammen ist, und er ist wahrscheinlich genauso „allein", wenn er physisch allein ist. Dieser etwas bizarren Vorstellung liegt das Konzept des Brückenbauens zugrunde, mit Hilfe dessen die Innenwelt und Außenwelt eines Menschen verbunden wird. Dadurch entwickeln wir die Fähigkeit, andere Menschen zu verinnerlichen und diese inneren Erfahrungen auch dann zu haben, wenn die Menschen nicht bei uns sind. Eine solche Fähigkeit schien es für Gregory nicht zu geben.

Jemand mit dieser Erfahrung „hält" die Erfahrung der Gemeinschaft mit anderen und die Erwartung der erneuten Gemeinschaft mit anderen relativ unproblematisch in sich.

Nur so können gute Erfahrungen von Alleinsein auf gute Erfahrungen der Gemeinsamkeit folgen. Mit „gut" ist hier eine Erfahrung gemeint, die als gut erlebt und als gut verinnerlicht und nicht – als Schutz vor Verletzung oder erneuter Verletzung – zu einer „schlechten" Erfahrung gemacht wird.

Dieser schäbige Trick, aus einer guten Sache eine schlechte zu machen, ist uns bekannt. Wir alle kennen das Szenario, in dem wir aus unerfindlichen Gründen einen wunderschönen Abend verderben. Etwas „Gutes" ist geschehen, und du machst daraus etwas „Schlechtes" – oder weniger Perfektes. Das kann nur in deinem Kopf passieren, aber manchmal ziehst du andere mit hinein und verdirbst ihnen ihr Vergnügen.

„Soll ich dir was Tolles erzählen? Ich bin befördert worden!"

„Was heißt da ‚was Tolles'? Du wirst noch mehr arbeiten müssen, und soviel mehr Geld verdienst du auch nicht."

Das bedeutet nicht, daß dir die Fähigkeit, gute Erfahrungen zu verinnerlichen, abgeht. Noch fehlt dir das Gefühl, daß du ein Recht auf gute Erfahrungen hast. Es bedeutet nur, daß du manchmal schlecht gelaunt bist, daß du neidisch sein kannst und daß du dir nur teilweise der inneren Konflikte bewußt bist, die dazu führen, daß du dir viele Dinge auf einmal wünschst.

„Soll ich dir was Tolles erzählen? Ich bin befördert worden!"

„Wie schön für dich!" *Heißt das, du wirst weniger Zeit für mich haben?*

„Wenn du es gewöhnt bist, mit anderen Menschen zu leben", sagt Virginia, „ist es leicht, ihnen für alles, was falsch läuft, die Schuld zu geben, ob das nun fair ist oder nicht. Jim und ich praktizieren das sehr stark, und ich weiß, wenn sich eine der seltenen Gelegenheiten ergibt und ich darüber nachdenke, sehe ich diese Situationen aus einem anderen Blickwinkel ganz anders. Ich habe oft das

Gefühl, mich verteidigen zu müssen, und nehme manchmal eine extremere Position ein, als eigentlich sinnvoll ist. Wenn die Dinge zwischen uns überkochen, kann ich eine Explosion nur vermeiden, wenn ich die Möglichkeit habe, mich zurückzuziehen und darüber nachzudenken."

Zu wissen, was du denkst; zu verstehen, wie widersprüchlich und unlogisch deine Gedanken sein können; die Gedanken anderer Menschen zu erwägen, ohne das Gefühl, sofort reagieren oder dich verteidigen zu müssen: Auch das lernst du durch Alleinsein.

Aspekte deiner selbst

In seinem Buch *The Analytic Experience* schreibt Neville Symington: „Der Mann (*sic*) braucht das Gefühl, eine Einheit zu sein. Er strebt danach und verteidigt gewöhnlich diese Vorstellung mit großer Heftigkeit. Er mag das Gefühl, aus einem Guß zu sein."

Und wie erreicht er diese Illusion, daß er aus einem Guß ist?

Symington fährt fort: „Entweder klammert er sich an ein einheitliches System außerhalb seiner selbst, oder er versucht in sich eine Einheit zu schaffen. Im ersten Fall bleibt die Uneinheitlichkeit in ihm selbst bestehen, aber er schützt sich vor der namenlosen Angst, indem er einer Religion, einer politischen Ideologie, einem kulturellen Wertesystem anhängt oder an nationalen, Stammes- oder Familientraditionen festhält. Diese Methode ist vielleicht in einer Gesellschaft mit nur einem Wertesystem erfolgreich, doch angesichts des pluralistischen Wertesystems einer modernen, urbanen Gesellschaft funktioniert sie nicht und ist daher eher zum Scheitern verurteilt."

Und dann? Symington weiter: „Die andere Möglichkeit besteht darin, daß der Mann in sich geht und dort die verschiedenen Komplexe seines Seins zu einem zusammenhängenden Ganzen schmiedet."

Symington übernimmt den Begriff *Komplex* von Jung, der damit so etwas wie psychische Persönlichkeiten gemeint hat oder Teile der Psyche, die laut Jung die Tendenz haben, sich selbstständig zu bewegen und ein Leben unabhängig von unseren Intentionen zu führen.

Wenn du von deiner Illusion der Einheit Abstand nehmen kannst und erkennst, daß dir nicht nur eine ziemlich große Palette von Verhaltensweisen zur Verfügung steht, sondern daß du auch widersprüchliches Verhalten an den Tag legst, dann kannst du etwas sehr Nützliches lernen, nämlich: Wenn du „da draußen" etwas als Konflikt erlebst, der dich zutiefst aufwühlt, oder wenn jemand „da draußen" sich so verhält, daß deine emotionale Verteidigung ins Wanken gerät, dann ist durchaus denkbar, daß du einen Konflikt in deinem Selbst – zwischen den Teilen deiner Psyche – nach außen projiziert hast.

Wenn Symington recht hat und wenn wir uns weigern, den Mangel an Einheitlichkeit in uns zu erkennen, fällt es uns leichter, die Konflikte außerhalb unser selbst anzusiedeln, statt sie als einen inneren Konflikt zu sehen, der bloß nach außen verlagert wurde.

Vor einigen Jahren habe ich mit einer Frau zusammengearbeitet, die ich fast zu hassen begann, und da ich in einer Position war, in der ich einige Macht über sie hatte, machte ich sie mindestens so unglücklich wie mich selbst. Was hatte mich so aufgebracht? Genau kann ich das nicht sagen, doch mein Bewußtsein hielt sich an Rechtfertigungen: Sie ist unerträglich schlampig; sie arbeitet nicht sorgfältig genug; sie bittet um Hilfe, gibt aber selber keine; sie ist aufbrausend; sie ist unzuverlässig.

Ich könnte das zusammenfassen und sagen, daß meine Erfahrung ihres mangelnden Ordnungssinns und ihrer mangelnden Kontrolle mich zu meinem unberechenbaren Verhalten getrieben hat. Weil ich ordentlich bin und immer alles unter Kontrolle habe, so daß ich es nicht ertrage, wenn andere nicht so sind? Keineswegs. Es liegt daran, daß *der Teil von mir*, der randalieren und die „Qualität" meiner Arbeit sabotieren möchte, so gefürchtet und folglich unterdrückt ist, daß ich zu keinem vernünftigen Verhalten fähig war, als dieser subversive Teil durch eine, die sich offensichtlich ähnlich verhielt, wachgekitzelt wurde.

Hinzu kommt – und auch das ist nicht überraschend –, daß jemand anderes diese junge Frau als fähige junge Person hätte sehen können, die keine Erfahrung im Büro hatte und praktische Anweisungen brauchte, um sich zurechtzufinden. Doch diese vernünftige Lesart erschloß sich mir nicht, da ich in meiner emotionalen Reaktion unterging, die deshalb besonders stark war, weil die

Situation an einen Teil von mir rührte (Verlust von Ordnung, Kontrolle und Qulität), den ich besonders fürchtete.

Es lohnt sich, ab und zu die Gestalten genauer zu betrachten, die in deinem Kopf herumgeistern, wenn du allein bist. Warum denkst du so ausgiebig über deinen Chef nach, von dem du sagst, er sei ein Idiot? Die Frau, deren Schönheit dich immer wieder daran erinnert, daß du älter wirst: Warum muß sie deine ständige Begleiterin sein? Der Mann, mit dem deine Geliebte jetzt zusammen ist, ist er wirklich so ein Scheusal?

Die eindimensionalen Darsteller in deinen inneren Dramen haben sich in deiner Psyche eingenistet, weil sie mit ihrer eindimensionalen Sichtweise (alles gut, alles schlecht, alles Zufall, alles hassenswert) „Teile" deiner selbst darstellen. Natürlich sind es richtige Menschen, und natürlich ist es völlig normal, wenn du über den Menschen, mit dem deine frühere Geliebte jetzt im Urlaub ist, ausführlich nachdenkst.

Doch wenn „ausführlich nachdenken" bedeutet, daß du dich obsessiv damit beschäftigst, und wenn der Gedanke an die Menschen, die du beneidest oder verachtest, dich in deinem Alleinsein beherrscht, dann lohnt es sich, diese Teile deines Selbst genauer zu betrachten.

Ich hätte mir zum Beispiel damals, als ich meine Kollegin in meinem Kopf zum Monster machte, eingestehen können, daß ich es leid war, immer alles unter Kontrolle zu haben (sowieso eine riesige Illusion), und daß ich die Möglichkeit haben wollte, Fehler zu machen, ohne mich dafür zu hassen und gleich fürchten zu müssen, dieser Fehler werde alles, was ich bisher geleistet habe, in den Augen der Leute überschatten. Statt dessen habe ich diesen Aspekt meiner selbst – das mangelnde Vertrauen in mich – von mir geschoben und meinen Zorn an seiner „Personifizierung" ausgelassen.

Ned ist jemand, der in dieser Frage ein größeres Bewußtsein zeigt, das er zum Teil durch Erfahrung, zum Teil wegen seines Temperaments erworben hat.

Ned ist Arzt. Er hat vier Kinder, eine Partnerin, die erfolgreiche Regisseurin ist, und jenen Lebensstil, den Werbefachleute so bewundern. Mit ihm über Nähe zu sprechen, war leicht, doch als wir uns dem Thema Alleinsein zuwandten, war es bemerkenswert, um wieviel lebhafter und eloquenter dieser charmante und gesellige Mann wurde.

„Ich könnte ohne Alleinsein einfach nicht funktionieren. Wenn ich nicht wenigstens ab und zu allein wäre, mit der luxuriösen Sicherheit, daß niemand mich stört, könnte ich die Arbeit mit den Patienten nicht ertragen und mich auch nicht um meine Familie oder meine Freunde kümmern. Und dabei halte ich mich für einen recht umgänglichen Menschen. Das war ich schon immer, aber ich habe auch immer Zeit für mich haben müssen.

Als Kind bin ich angeln gegangen, in meinem Boot. Es war nur ein kleines Dinghy, aber für mich war es perfekt. Ich liebte es, mich treiben zu lassen, ohne viel zu tun. Damals habe ich keinen Gedanken daran verschwendet, doch jetzt würde ich sagen, daß ich es genossen habe, einfach zu sein statt zu handeln.

Dann kamen Jahre, in denen ich das ganz aufgegeben habe. Selbst die Zeiten, die ich an meinen alten Lieblingsorten verbrachte, waren voller Aktivität. Doch jetzt komme ich langsam wieder dazu, nur zu ‚sein‘, ohne zu handeln. Natürlich ist es jetzt anders, denn ich habe meinen internen Monitor, der mich überwacht: Bin ich auch in der Gegenwart und lasse mich treiben? Solange ich diese Frage stelle, bin ich nicht ganz im Hier und Jetzt. Doch ich glaube, daß ich mir diese Frage stelle, ist ein guter Anfang. Dann habe ich das Gefühl, ein Recht darauf zu haben, einfach nur zu *sein* und nicht vierundzwanzig Stunden am Tag Dr. Wichtig spielen zu müssen.

Nicht, daß ich mich als Ned Unwichtig sehe, wenn ich allein bin und mich treiben lasse. Ich will damit sagen, in der Welt ‚draußen‘ müssen wir in so schneller Folge so viele Einschätzungen vornehmen, daß wir das meistens unbewußt machen, obwohl gleichzeitig unser bewußtes Verhalten davon beeinflußt wird. ‚Hier drinnen‘, wenn ich diese Unterscheidung treffen darf, bin ich nur ich selbst, ich habe keine Rolle, und auch mein Mannsein ist relativ unbedeutend. Ich meine nicht, daß ich kein Mann bin, sonders daß das dann keine Rolle spielt. Es ist kein Beurteilungsfaktor.

Ich nutze das Alleinsein für mich auf verschiedene Weise. Zum Beispiel auch dann, wenn ich ergründen will, was ich von einer Sache halte, die ich für wichtig erachte. Ich meine nicht meine

Ansichten in Reaktion auf andere Menschen, sondern meine Ansichten an sich. Und ich nutze diese Zeit, um mit Gott Kontakt aufzunehmen, bzw. mit meiner Vorstellung von Gott, meinem Gefühl, daß es einen Sinn gibt. Und wenn ich mehr über diesen Sinn erfahren will, dann helfen Stille und Alleinsein. Im allgemeinen lasse ich mich aber einfach treiben. Der Junge mit der Angel ist immer noch in mir!"

Ned Unwichtig, Dr. Wichtig, der Junge mit der Angel: Das sind Namen, mit denen Ned verschiedene Aspekte seiner Persönlichkeit bezeichnet. Keiner meint die ganze Person, doch es ist hilfreich, sich vorzustellen, daß sein Selbst sich durch diese Aspekte anderen Menschen zuwendet und mehr oder weniger treffend ausdrückt, wer Ned ist.

Neds Entdeckung ist einfach: Wenn er sich die Zeit nimmt, mit sich selbst in guten Kontakt zu kommen, kann er auch den Kontakt zu anderen Menschen pflegen. Wenn der Kontakt zu ihm selbst leidet, ist er ungehalten, verärgert und manchmal ungerecht in seinem Urteil.

Das Alleinsein gibt ihm die Möglichkeit, zu anderen guten Kontakt zu haben. Und wenn er zu anderen guten Kontakt hat und von seinen Erfahrungen mit ihnen zehrt, kann er allein sein, ohne einsam zu sein.

Allein – und in Sicherheit

Die Fähigkeit, alleinzusein, ohne in Einsamkeit zu versinken, spiegelt sich in der Fähigkeit zum sicheren Miteinander mit anderen und umgekehrt.

Wie steht es aber mit Menschen, die keine Probleme haben, allein zu sein, die das Alleinsein im Gegenteil suchen, nicht nur, weil sie es angenehm finden, sondern weil sie den Kontakt mit anderen Menschen vermeiden wollen, der für sie auf unterschiedliche Art unerträglich ist?

In einer Besprechung des Buches *Das Drama des begabten Kindes* von Alice Miller faßt Anthony Storr eine der Millerschen Erkenntnisse zusammen: „Gerade jene Kinder, die am Lebensanfang übersensibel auf die Gefühle anderer Menschen reagieren, haben später Schwierigkeiten, enge und befriedigende Beziehungen aufzubauen. Als Erwachsene ziehen sie sich entweder in den Elfenbeinturm ihrer scheinbaren Überlegenheit zurück, oder sie gehen halbherzige Beziehungen ein, in denen ihre Partner Verbindlichkeit vermissen und beide Seiten sich bewußt sind, daß etwas Wichtiges fehlt."

Storrs Bemerkungen beziehen sich nicht auf ein Geschlecht. Doch in meinen Gesprächen waren es überwiegend Frauen, die mit einiger Leidenschaft davon sprachen, wie schnell sie sich in Anspruch genommen fühlen und wie anstrengend menschliche Kontakte für sie sein können, *besonders in einer offenen Situation*. Interessanterweise ziehen gerade Menschen, die auf die Gefühle anderer empfindlich reagieren, eben jene Menschen an, die besonders anstrengend sind (also bedürftige, gesprächige, selbstsüchtige und ungewollt aufdringliche Menschen).

Constance ist wahrscheinlich die beste Zuhörerin, die ich kennengelernt habe. Sie ist sich des Widerspruchs bewußt, daß sie einerseits gut zuhören kann, andererseits davon schnell ermüdet ist. Sie sieht ihre Situation noch extremer: „Oftmals möchte ich gar nicht aus dem Haus gehen, weil ich fürchte, daß mich wieder jemand mit Beschlag belegt. Es ist völlig egal, ob diese Situation eintritt oder nicht, schon die Angst davor strengt mich an."

Sie verbringt viel Zeit allein und sagt darüber: „Ich erkenne, daß mein verzweifeltes Bedürfnis, allein zu sein, nicht unbedingt heißt, daß es ein echtes Alleinsein ist oder daß ich nicht einsam bin. Es ist eher eine Reaktion auf das Gefühl, *daß meine affektiven Ressourcen, meine inneren Energien, geschrumpft sind, weil ich mich soviel auf andere Menschen eingelassen habe*. Wenn ich also das Gefühl vermeiden will, daß ich von allen Seiten bombardiert werde, muß ich mich physisch fernhalten, wenn ich es innerlich nicht kann.

Ich habe oft das Gefühl, von Menschen, die auf mich einreden, überrannt zu werden. Bei Männern ist das häufiger, aber es gibt auch Frauen, die unentwegt über sich selbst reden und glauben, daß du zuhören willst und kannst. Es sind Menschen, die sich selbst im Mittelpunkt sehen und mehr über sich erzählen, als du hören möchtest. Es wäre nicht schlecht, wenn diese Fähigkeit bei mir auch ein wenig mehr ausgebildet wäre. Ich könnte dann auch wichtiger erscheinen, wenn auch auf triviale Art.

Statt dessen empfinde ich, daß sie den psychischen Raum zwischen mir und den anderen besetzen. Indem mein Gegenüber größer wird, schrumpfe ich. Ich muß diesen Raum selbst in Anspruch nehmen. In meinen Augen ist das eine viel existentiellere Frage als die, ob ich mich wichtig fühle oder ob die anderen mich für wichtig halten. Für mich ist es wirklich die Frage: Existiere ich überhaupt noch, während die Person mir gegenüber redet und redet?"

An dieser Stelle sollten wir Constance unterbrechen, denn die letzte Frage: „Existiere ich überhaupt?" ist sehr wichtig und betrifft nicht nur Beziehungen, in denen es ums Erzählen und Zuhören geht, sondern auch andere sprachliche und körperliche Beziehungen, sexuelle eingeschlossen.

Ich habe als gute Zuhörerin die Erfahrung gemacht, daß ich, die Zuhörerin, für die zwanghaft Gesprächigen nicht existiere. Zumindest existiere ich im Kopf der Sprechenden nicht als vollständige Person, sondern lediglich als Funktion – in diesem Fall als Ohr –, also als etwas, das sie brauchen. Dabei ist keine besondere Individualität erforderlich, außer, daß ich gut oder nicht so gut zuhören kann: Wenn eine Pause entsteht, ist das das Zeichen für meinen Einsatz.

Natürlich existiere ich trotzdem für mich, doch ist meine Existenz im Zusammenhang mit dieser Kommunikation zerbrechlich, was anstrengend und Zeitverschwendung sein kann und auf Dauer meinem Selbstgefühl schadet.

Um auf Constance zurückzukommen: Gibt es für sie menschliche Interaktionen, die sie nicht ermüden? Gibt es für sie Momente, in denen sie sich sicher genug fühlt, ihre Wachsamkeit aufzugeben? Sie antwortet selbstbewußt und ohne Zögern.

„Immer dann, wenn ich das Gefühl habe, daß ein wirkliches Gespräch stattfindet, oder wenn mich das, was die andere Person zu sagen hat, fesselt. Und dann, wenn ich meine, daß die andere Person ein echtes Interesse an mir hat."

Das Bedürfnis, dein Selbst zu schützen – deine Grenzen zu hüten, den inneren Freiraum zu bewahren, in dem du zur Besinnung kommen kannst –, ist auch für mein Wohlbefinden absolut wesentlich.

Es stammt aus der Zeit, als mir eine frühzeitige (und instabile) Unabhängigkeit abverlangt wurde, weil meine Mutter krank wurde, als ich sechs Jahre alt war, und starb, als ich acht war. Während ich allein war, konnte ich mit dem tiefen Gefühl, alleingelassen worden zu sein, zurechtkommen und paradoxerweise die Energie für das lebhafte Selbst finden, das ich in der Außenwelt darstellte.

Die Einsamkeit hinter der lebhaften und fröhlichen Fassade zu spüren; mich einsam zu fühlen, gerade weil diese Fassade nur einen Teil meines Selbst widerspiegelte – das sind Themen, denen ich mich (wenn ich deprimiert war oder ein Gefühl von Unwirklichkeit hatte) wiederholt stellen mußte.

In meinem Erwachsenenleben hat es zwei Phasen gegeben, in denen das mir vertraute Gefühl innerer Verlassenheit in dramatischen äußeren Umständen gespiegelt wurde. Diese Kombination oder deren psychische Wirkung bedrohten die „lebhaften und fröhlichen“ Aspekte meiner Persönlichkeit.

Die erste Phase stellte sich ein, als ich mit zwanzig Jahren Neuseeland verlassen wollte, um allein zu reisen. Doch weil ich außer dem Wunsch, allein zu reisen, und der Energie, Fahrkarten zu besorgen, über keinerlei innere Ressourcen verfügte, war das Ergebnis, daß ich meine Fähigkeit, allein zu sein, fast ganz verlor. Das Alleinsein stärkte mich nicht, es vermittelte mir das Gefühl, ungeliebt, verängstigt und einsam zu sein. *Es sagte mir, daß ich nicht wichtig war.* Ich schloß mich anderen Menschen an – häufig waren es Männer – und ließ Situationen der falschen Nähe zu, die mir das falsche Gefühl vermittelten, daß ich wichtig war.

Sechs Monate nach dieser hektischen und isolierten Phase des Reisens heiratete ich einen Mann, dessen wichtigste Eigenschaft war, daß er mich brauchte. Ich war wichtig. Das war eine weitere Lektion aus dem Buch der Einsamkeit – die Einsamkeit zweier Menschen, die ein gutes Jahr später ihr Ende fand.

Als ich Mitte dreißig war und mehrere Jahre erfüllter Berufstätigkeit – eine Arbeit, mit der ich mich identifizieren konnte und in der ich das Gefühl hatte, ich selbst zu sein – hinter mir lagen, durchlebte ich eine neue Phase der Einsamkeit. Und wieder fand ich in mir selbst keine Stärkung. Die Phase begann nach der Geburt meines Sohnes und hielt bis zur Geburt meiner Tochter ein Jahr später an.

Rückblickend erkenne ich, daß ich durch den Prozeß der mütterlichen Identifikation, der zum Muttersein gehört, die Angst aller Kinder, verlassen zu werden, erlebte. Aufgrund meiner Geschichte (meiner Angst, daß ich meine Mutter verlassen und sie nicht vor dem Sterben bewahrt hatte, und meiner unaussprechlichen Wut, daß sie mich durch ihren Tod verlassen hatte) verband sich die kindliche Angst mit meinen erwachsenen Ängsten und gab mir das Gefühl, daß sie außer Kontrolle waren. Etwas Furchtbares würde geschehen, wenn ich das Baby allein ließ – erst ihn, dann sie –, etwas, das entweder mich oder das Kind allein zurücklassen würde. Und wer überlebte – das Kind oder ich –, würde genauso schlimm dran sein wie derjenige, der starb. Ich konnte kaum Auto fahren, vor Angst, daß „etwas passieren könnte". Einmal wollte ich zum Friseur gehen und konnte mich nicht dazu durchringen, weil ich befürchtete, damit entweder mein Leben oder das des Kindes aufs Spiel zu setzen.

In meiner inneren Welt hatte ich das Gefühl, daß niemand die Gefahr (und die Verletzbarkeit der Kinder) so einschätzte wie ich und verstand, was ich durchmachte. Rückblickend ist mir klar, daß es teilweise um die Wiederholung des Verlusts ging: sowohl des Verlusts der Mutter als auch des Verlusts des Verständnisses davon, was der Verlust für mich bedeutete. Die alten Verluste kamen zu dem Zeitpunkt wieder hoch, da ich neuen Verlust und neue Trauer erlebte, weil ich, die selbst nur so kurz eine Mutter gehabt hatte, Mutter geworden war. (Allerdings waren die Jahre mit meiner Mutter sehr intensiv gewesen, so daß ich neben dem Gefühl, betrogen und verängstigt zu sein, mit viel Freude und Energie die Mutterrolle annahm.) Aber ich hatte aus meinen Erfahrungen gelernt: Zuneigung ist gefährlich, leidenschaftliche Zuneigung ist besonders gefährlich.

Ich reagierte auf die innere Forderung, mich zu konzentrieren. Wenn meine Konzentration/Aufmerksamkeit nachließ, würden sie oder ich sterben.

Ich konnte nicht einmal mehr richtig schlafen. Wenn ich fest schlief, würde ich das leise Wimmern, nicht das laute Schreien, überhören, das mir andeuten sollte, daß mein Kind mich brauchte.

Das war äußerst anstrengend, keine Frage. Darüber hinaus verlor ich aber auch die Möglichkeit, mich in mich selbst zurückzuziehen, um mich zu regenerieren.

Diese Fähigkeit hatte mich aus jeder Krise, die ich je erlebt hatte, gerettet. Doch jetzt bedeutete Rückzug in mich selbst auch Rückzug von den Kindern. Ohne die Möglichkeit, mich zu regenerieren, verlor ich das „lebhafte und fröhliche Selbst", hinter dem ich meine Gefühle von Morbidität und Furcht so gut versteckt hatte. Ich hatte Henne und Ei zugleich hervorgebracht.

Der Vater der Kinder war zwar bei mir, doch teilte er meine Erfahrung nicht. Er fühlte sich für das emotionale Wohlergehen der Kinder nicht verantwortlich – zumindest stellte es sich aus meiner Perspektive so dar. Ich sah das als meine Verantwortung, und er unterstützte mich in diesem Bedürfnis, die Verantwortung zu übernehmen. Seine Welt hatte sich nicht buchstäblich über Nacht völlig verändert. In weiten Bereichen seines Lebens konnte er sich immer noch so darstellen und so handeln – vielleicht sogar so fühlen – wie zuvor.

Vielleicht wäre mein Gleichgewicht nicht so nachhaltig gestört gewesen, wenn wir nicht während meiner Schwangerschaft in ein anderes Land gezogen wären (meine Schuld! meine Schuld!) oder eine enge Freundin von mir in der Nähe gewesen wäre oder mein Leben, bevor ich Mutter wurde, beständiger gewesen wäre; wenn ich keine Probleme mit dem Stillen gehabt hätte, wenn das eine Kind nicht zu früh geboren worden wäre, wenn nicht nur ein Jahr zwischen den Kindern gelegen hätte, wenn die Kinder durchgeschlafen hätten, statt immer nur kurz zu schlafen, usw. usw. Doch dies „wenn" und „wenn nicht" verstärkt nur das Gefühl von Einsamkeit und steigert die Schuldgefühle, den Selbsthaß, den so viele einsame Menschen empfinden.

Ich habe mich mit dem Partner und mit den Kindern einsam gefühlt. Meine Gefühle sind für andere vielleicht wiedererkennbar, aber mit einer anderen Situation verknüpft: Eine Person ist partnerlos und sehnt sich nach einem Partner; eine andere glaubt, unfähig für Freundschaften zu sein; wieder eine andere muß eine Trennung oder einen Verlust durch Tod verwinden; jemand ist „fremd" in einem fremden Land. Das Verbindende ist, daß wir uns einsam fühlen und mit dieser Erfahrung allein sind.

Die Erleichterung, die viele Menschen aussprechen, wenn sie eine Therapie beginnen und sich – vielleicht zum ersten Mal – verstanden fühlen, zeigt deutlich, wie schwierig es im täglichen Leben ist, Kummer und Unsicherheit mitzuteilen und die Sicherheit zu haben, daß sie erkannt und nicht mit aufmunternden Worten abgetan werden: daß viele Menschen es viel schlechter haben, daß sich alles regeln wird und „morgen auch noch ein Tag" ist.

Der Schock, völlig aus dem Gleichgewicht geworfen zu werden und mich in dieser Erfahrung so allein zu wissen – während ich gleichzeitig meine Kinder leidenschaftlich liebte und sie um mich haben wollte –, war die bisher anstrengendste Erfahrung meines Erwachsenenlebens. Viel anstrengender als etwa einen Verlag aufzubauen und zu führen, denn die Anstrengung war innerlich, einsam, beschämend, und sie hörte am Wochenende nicht auf. Es hat meiner etwas selbstgefälligen Sicherheit, daß ich Alleinsein genießen und Einsamkeit bewältigen könnte, einen heftigen Stoß versetzt. Feine Bewältigung!

Alleinsein wählen

Allein zu sein, ist sicherlich eine Erleichterung, wenn du viel Zeit mit anderen Menschen verbracht hast und auch wieder verbringen wirst. Es kann aber auch als Verlassenheit, Getrenntsein, Verbindungslosigkeit empfunden werden. Wenn du allein bist, kannst du dich einsam fühlen (ängstlich, traurig, besorgt, verlassen) oder die Situation als Alleinsein erleben (in dem Vertrauen, daß du innere Ressourcen hast, die du für dich nutzen kannst).

Nadia, Tochter von Überlebenden des Holocaust, gelingt es, den Unterschied zu beschreiben:

„In meinen Augen ist es ganz klar, daß ich das Alleinsein ‚wähle‘, wenn ich allein bin, und die Einsamkeit ‚von mir weise‘, wenn sie über mich hereinzubrechen droht. Ich glaube, ‚hereinbrechen‘ ist das richtige Wort. Es hat viel mit der eigenen Entscheidung zu tun. Wenn ich weiß, ich kann das Alleinsein abbrechen, oder ich genieße es und habe etwas davon, dann *ist* das, was ich erlebe, tatsächlich Alleinsein.

Wenn ich allerdings hineinrutsche, dann ist das Gefühl ein ganz anderes, und ich muß mich bewußt anstrengen, um in die richtige Stimmung zu kommen und das Alleinsein zu genießen, wenn ich das so sagen kann, sonst erfüllt mich das, was ich nicht haben kann, mit negativen Gefühlen. Ich denke z.B. an einen Liebsten oder einen Freund, der mir nicht das gegeben hat, was ich mir gewünscht habe. Doch wenn ich es so sehe, weiß ich auch, daß ich immer die Möglichkeit habe, entweder die eine oder die andere Erfahrung zu machen. Nur ist es so, daß ich mich nicht immer in der Lage sehe, eine Entscheidung zu treffen, obwohl ich weiß, daß meine Entscheidung mir das Alleinsein ermöglicht und mir die Sicherheit gibt, daß ich die Kontrolle über mein eigenes Leben habe."

Nadia beschreibt ihre Reaktionen aus dem Bewußtsein eines starken Selbst, wie Harry Guntrip es definiert hat, der ein solches Selbst als kreativ beschreibt und fähig, seiner Umwelt neue, belebende Impulse zu geben. Ebenso wichtig scheint, daß Nadia ihre Umgebung aus neuer und belebender Perspektive betrachten kann, auch wenn das Umfeld unverändert bleibt.

Ähnlich wie Nadia hat auch Alexandra das Gefühl, daß sie sich für das Alleinsein positiv entscheiden möchte. Ihre Assoziationen zum Thema Alleinsein sind vertrauter und in gewisser Weise weniger ungewöhnlich als die zum Thema Nähe.

Alexandra sagt: „Ich glaube, daß ich mich immer schon allein gefühlt habe. Es ist das alles beherrschende Gefühl in meinem Leben, draußen zu sein, allein zu sein. Das hat mit Alleinsein und Einsamkeit in meinem Leben als Erwachsene zu tun. Es hat zwei Gesichter: einerseits eine gewisse notwendige Stille, in der ich kreativ sein kann, und andererseits die Fortsetzung einer sehr defensiven und starren Haltung aus meiner Kindheit.

Bis vor kurzem wußte ich nicht damit umzugehen, denn das Alleinsein hatte einerseits einen vertrauten, andererseits einen schmerzlichen Beigeschmack. Erst seit ich angefangen habe zu meditieren und gelernt habe, *der Stille die Hand zu reichen*, mich mit ihr anzufreunden, ist mir auch klargeworden, wie wertvoll es ist, allein zu sein.

Ich glaube, manche Dinge erreichst du nur, wenn es um dich herum still ist. Alleinsein hat viel mit Stille zu tun."

Alexandras Verständnis, was Alleinsein für sie bedeuten kann, ist mit der Erforschung ihrer Kindheit und der Erfahrung von Nähe und Alleinsein gewachsen. Alexandra ist der Überzeugung, daß sie in den Augen ihrer Mutter eine nur wenig von ihr getrennte Existenz hatte. „Ich hatte das Gefühl, daß ich nur im Kopf meiner Mutter existierte. Sie hat jede Geste, jede Bewegung meinerseits als Forderung an sie verstanden, da sie sich selbst sehr unsicher und unzulänglich fühlte, was die Erfüllung meiner Bedürfnisse anging.

Wenn ich sie berührte, versteifte sie sich. Sie erlebte meine Berührung als Übergriff, gegen den sie sich schützen mußte. Also habe ich sie sehr selten berührt. Aber danach ertrug ich es auch nicht mehr, wenn sie mich anfaßte. Ich haßte es. Wenn sie mich anfassen mußte, z.B. wenn sie mich gebadet oder mir ein Pflaster aufgeklebt hat, war sie so befangen, daß sie mir oft wehtat. Ich erinnere mich, daß mein kleiner Bruder und ich geschrien haben, wenn ein Pflaster abgezogen werden mußte. Sie mußte unseren Vater holen. Wenn sie uns die Haare wusch, war es dasselbe. Wir wußten, daß wir Shampoo in die Augen bekommen würden. Jedesmal, wenn sie uns anfaßte, war da diese riesige körperliche Anspannung. Deswegen ist das Gefühl, daß jede Bewegung in Richtung auf einen anderen Menschen nicht gern gesehen und außerdem als Forderung verstanden wird, sehr tief verwurzelt.

Ich würde mich als eine Person beschreiben, die sehr früh in Unabhängigkeit, in Getrenntsein hineingezwungen wurde. Deswegen hat Unabhängigkeit für mich nie etwas Befriedigendes gehabt. Meine Mutter ist nicht verklemmt, sondern von sich entfremdet. Da sie keine richtige Verbindung zu sich hat, konnte sie auch keine Verbindung zu mir haben.

Ich würde sagen, daß ich mich, seit ich sechs Wochen alt war, in einer Situation des erzwungenen Alleinseins befunden habe, einer Situation des Getrenntseins, die entsetzlich war. (Das war der Zeitpunkt, als Alexandra am Ende des Gartens abgestellt wurde, damit ihr Schreien nicht zu hören war. S. D.)

In der Kindheit erlebt sich das Kind durch ein Gefühl der Verbindung. Das Gefühl der Verbindungslosigkeit führt, denke ich, zu einem sehr künstlichen Selbstgefühl. Ein Teil deiner Erfahrung von dir als Kind liegt in der Erfahrung eines anderen Menschen von dir – nehmen wir an, der Mutter. Wenn die körperlich oder sonstwie nicht anwesend ist, erlebst du das als existentiellen Tod. Dann mußt du einen anderen Weg finden, dich kennenzulernen."

Alexandra wurde zutiefst verletzt. Als junge Frau flüchtete sie vor den schmerzlichen Kindheitserinnerungen in den Alkohol, dann mußte sie sich einer lebensbedrohenden Krebserkrankung stellen. Trotz dieser bitteren Erfahrungen, zum Teil sogar durch sie hat sie sich selbst kennengelernt: durch ihre Malerei, durch ein aktives spirituelles Leben und durch jahrelange Psychoanalyse. Sie ist überzeugt, daß „dein Gefühl von Stärke nicht davon abhängt, wie andere Menschen sich verhalten. Das ist keine Stärke. Es muß ganz und gar aus dir selber kommen. Wenn ich sehr niedergeschlagen bin, helfe ich mir, indem ich sage: ‚So *erlebe* ich die Situation. Sie ist aber nicht so.'

Das ist der Punkt, an dem du dich deiner Vergangenheit nicht ausliefern darfst. Du kannst schmerzliche Erfahrungen nicht vermeiden, aber du kannst verhindern, daß der Schmerz zum Dauerzustand wird. Ich denke da an das Gebot des Krishnamurti: *Handle jetzt!* Verändere dich jetzt. Sofort. Wenn du dich so verlassen fühlst wie noch nie, dir selbst völlig fremd bist und zu dir sagst: ‚Jetzt werde ich Verbindung erleben', dann hast du das Gefühl, daß Himmel und Hölle im Bereich unserer Erfahrung liegen."

Es ist nicht zufällig, daß Nadia und Alexandra die Möglichkeit der Wahl betonen. Auch ist es kein Zufall, daß sie heute, nachdem sie ihre schweren Erfahrungen durchgestanden und an ihren Erinnerungen gearbeitet haben, innerlich bereichert und fähig sind, sich anderen verständnisvoll und mit Humor zuzuwenden.

Die amerikanische Feministin Adrienne Rich hat das Gedicht „Dream of a Common Language" (deutsch: „Der Traum einer gemeinsamen Sprache")geschrieben, in dem es heißt:

Nur die, die sagt,
sie hat nicht gewählt, ist am Ende die Verliererin.

Dem stimme ich ohne Einschränkung zu.

Nadia wie Alexandra haben nach langem Kampf das Gefühl, daß sie ein Recht auf „Wahl" haben, und beide wissen, wie verletzlich sie trotzdem immer noch sind. In Alexandras Worten:

„Der Schritt, gleichgültig in welcher Situation zu deinem Selbstgefühl zu stehen, ist unbedingt notwendig, darin besteht die

Herausforderung. Ich bin mir nicht sicher, daß ich das wirklich erreicht habe. Ich weiß, daß ich es quasi erreicht habe. Aber wie ich mich erlebe, wie stark mein Selbstgefühl ist, ist immer wieder anders, je nachdem, mit wem ich zusammen bin. Der Schritt, immer zu meinem Selbst zu stehen, ganz gleich, in welcher Situation ich mich befinde, ist etwas, das ich gerade erst lerne."

13. KAPITEL

Weniger wissen, mehr lernen

In *The Art of Intimacy* steht der erfrischende Vorschlag, sich den Mitmenschen so zu nähern, als lerne man sie gerade erst kennen. Wer jemanden „kennt", sagen die Autoren, hat sich bereits dem fortwährenden Prozeß der Veränderung dieses Menschen verschlossen. Du verankerst sie dann nicht in der Vergangenheit, sondern – was noch mehr einschränkt – in deiner Wahrnehmung dieser Vergangenheit.

Möglicherweise ist die einzige Person, die du subjektiv (von innen heraus) kennen kannst, dein Selbst. Wenn das so ist, kannst du nur dir selbst wirklich nah sein, auch wenn der Großteil deines Wissens aus Interaktionen mit anderen stammt.

Es lohnt sich, diese beiden Gedanken miteinander zu verknüpfen: einerseits die Vorstellung, daß wir mehr lernen, wenn wir weniger wissen, und andererseits die, daß uns das Alleinsein die Chance bietet, uns selbst kennenzulernen, und zwar ohne Einmischung der vorgefaßten Vorstellungen, Urteile und Bedürfnisse anderer.

Im Alleinsein bist du mit deiner Erinnerung, deiner Phantasie, den von dir geschaffenen Bildern deiner Mitmenschen allein, aber auch mit deinen Erwartungen, wie du und die anderen agieren, reagieren, fühlen und sich verhalten werden. Diese Erwartungen loszulassen, ist eine belebende Möglichkeit, physisch allein oder in einem Raum des Alleinseins zu sein. Du lernst dabei auf befreiende Weise, daß du innerlich lebendig bist; du lernst, *wer du bist*.

Vielleicht bist du eine Person, der du trauen kannst. Vielleicht bist du eine Person, der du trauen kannst *und die du magst*.

Die Langeweile der eigenen Gesellschaft überleben, sie überwinden und entdecken, daß du allein bist mit Gefühlen, die dich mit anderen verbinden und gleichzeitig deine Individualität ausmachen: Das gehört zu den Früchten des Alleinseins.

Aber das Alleinsein bietet noch mehr: Du lernst dich kennen und bleibst dir gegenüber offen; du hast ein Recht auf einen eigenen „privaten Raum" und auf das Gefühl der Freiheit, das da entsteht; du erkennst das Verbindende zwischen deinen inneren und äußeren Erfahrungen. Du genießt den Widerspruch, daß in dem Moment, in dem du mit dir selbst besonders verbunden bist, *du dir deiner selbst am wenigsten bewußt bist.*

Es gibt eine hilfreiche Analogie zur Nähe: Liebespaare haben das starke Bedürfnis, „in Berührung" zu sein, was durch körperliche Berührung noch unterstrichen wird. Wenn die Beziehung Bestand hat, werden sie in ein paar Jahren ganz entspannt in einem Raum zusammensein können, ohne sich gegenseitig besonders zu beachten und sich doch der Gegenwart des anderen sehr bewußt zu sein. Sie wiederholen die frühe und lebenswichtige Erfahrung des Alleinseins in der Gegenwart eines anderen.

Wer ein ähnliches Vertrauen in seine innere Wirklichkeit hat und nicht daran zweifelt, auch dann zu existieren, wenn sonst niemand da ist, muß sich von seinem Selbstgefühl nicht ständig überzeugen.

Sie oder er fühlt sich „ruhig, entspannt und eins mit den Menschen, wenn von außen keine Erregung kommt".

Alice füllt diesen Gedanken Winnicotts mit Leben.

„Ich habe besonders dann das Gefühl, ich selbst zu sein, wenn ich in einer Umgebung bin, die angenehm ist und einfach so existiert. Wenn ich zum Beispiel eine Viertelstunde im Garten bin, mich umsehe, meine Freude habe und denke, es ist wieder soweit. Es ist Frühling. *Ich fühle mich, weil ich mich nicht zu fühlen brauche.* Denn der Frühling kommt, ob ich nun da bin oder nicht. Er fordert nichts von mir. Er ist einfach da. Und das geschieht jedes Jahr, und wenn es einmal nicht mehr geschieht, dann deswegen, weil alles aufgehört hat."

TEIL IV

NÄHE: ANDERE KENNEN

Wenn ich aus der Beziehung zu den Menschen, die ich angeblich liebe, nichts machen kann, ist alles andere Geschwafel.

John Lennon

14. Kapitel

Nähe: andere kennen

Nähe heißt nicht, die eigene Selbstbezogenheit auszuweiten, um eine andere Person mit einzuschließen. Nähe bedeutet, sich in deren Wirklichkeit einzustimmen – auf das Risiko hin, *daß diese Erfahrung dich verändert.*

Vielleicht ist schon der Gedanke, in der durch und durch nähefeindlichen „Zivilisation" des ausgehenden zwanzigsten Jahrhunderts über Nähe zu sprechen, vollkommen verrückt. Auch die dürftigste Definition von Nähe schließt die Vorstellung ein, daß es außer dir andere gibt. Dürfen wir uns auf die Vorstellung vom anderen – den Gedanken, daß anderes menschliches Leben soviel wert und so wirklich ist wie das eigene – überhaupt einlassen, wenn alles Streben in der ersten Welt dem eigenen Vorwärtskommen dient und das Leben von Milliarden Menschen in der dritten Welt durch Wasser- und Nahrungsmangel tagtäglich bedroht ist?

Wie können wir über Nähe nachdenken, wenn schon das Wort in den banalen, kitschigen oder pornographischen Imitationen von Nähe, die alle Bereiche unserer Kultur durchdringen, verhöhnt wird?

Dennoch ist es möglich, schon deswegen, weil die meisten von uns an ihrem Optimismus festhalten. Die Sehnsucht, das Bedürfnis, der Wunsch nach Nähe ist nach wie vor ein Bestandteil des Lebens. Die Versuchung liegt nahe zu sagen, daß sie noch wichtiger geworden ist – für die, die das Gefühl haben, nirgendwohin zu gehören; für die, die nicht zu einer Gesellschaft gehören wollen, in der ein Großteil der emotionalen und sexuellen Begegnungen durch infantilen Narißmus geprägt ist, von der Art: *Bist du nützlich? Ich will dich aussaugen. Und dann verpiß dich.*

Vielleicht ist es aber gar nicht eine Frage von „noch wichtiger". Wir können uns ohne weiteres vorstellen, daß Menschen schon immer lieben und geliebt werden wollten, akzeptieren und akzeptiert werden, sich geborgen und angenommen fühlen wollten; sich geschätzt wissen wollten und stolz auf die waren, die sie selber schätzten. Die meisten Menschen wünschen sich das, und viele erleben das auch auf mehr oder weniger befriedigende Weise. Doch nicht alle in einer Nation, einer Kultur oder einer Familie erleben Nähe gleichermaßen. Und es ist auch nicht allen immer gleich möglich, Nähe entstehen zu lassen. Und die Fähigkeit der einzelnen, in sich Nähe zu erfahren, ist nicht immer gleich stabil oder auch nur einigermaßen verläßlich.

Caroline und Robert sind sich bei Workshops zum Thema Nähe begegnet. Zwar sind sie beide auf ihre Weise höchst individuell, aber gleichzeitig auch typisch für viele Menschen, mit denen ich über Nähe gearbeitet und gesprochen habe. Beide sind sozial angepaßt und haben gute Berufe (Caroline arbeitet in der Computer-Branche, Robert ist Kameramann beim Fernsehen), beide sind in einigermaßen stabile Familien eingebunden, doch wenn es zum Thema Nähe kommt, haben beide ernste Selbstzweifel.

„Ich weiß noch nicht einmal richtig, was ich mir von Nähe verspreche", sagte Robert zu Beginn, „und es ist gut möglich, daß ich mir einbilde, es fehle etwas in meinem Leben, statt mit dem zufrieden zu sein, was ich habe. Doch manchmal ist das Gefühl, daß etwas fehlt, so stark, daß ich glaube, etwas tun zu müssen. Allerdings weiß ich nicht, was ich tun soll. Es ist, als wenn man in ein Loch boxt und auf keinen Widerstand stößt. Am Anfang einer neuen Beziehung habe ich häufig das Gefühl, diesmal werde alles befriedigend verlaufen, doch schon bald scheint, was ich mir wünsche oder was mich befriedigen würde, zu fehlen."

Carolines Erfahrungen sind nicht weniger schmerzlich.

„Ich glaube, ich weiß, was Nähe bedeutet. Teilen und sich kümmern gehören dazu. Das habe ich erlebt. Auch Vertrauen und das Gefühl, daß ich ich selbst sein kann. Wenn ich einen Freund habe, denke ich oft, er zerstört die Dinge – in der Regel, weil er meine Privatsphäre verletzt. Wenn ich keinen Freund habe, sehne ich mich obsessiv nach Nähe und handle dann, wie es für mich gar nicht typisch ist. Ich drängele, bin unbeholfen und fürchte, daß die anderen sehen, wie schwach und verzweifelt ich bin. Offenbar ist es mir nicht möglich, das richtige Maß zu finden, weder in mir noch in meinen Interaktionen mit anderen, zu denen ich eine engere Beziehung wünsche. Am schlimmsten ist es bei Männern, mit denen ich mir eine sexuelle Beziehung vorstellen kann, viel schlimmer als in meinen nicht-sexuellen Beziehungen, bei denen ich das Gefühl habe, daß weniger von mir erwartet wird und ich auch ein Wörtchen mitreden kann."

Ruben habe ich im Flugzeug kennengelernt. Auch er wollte über Nähe sprechen.

„Manchmal überliste ich mich und akzeptiere Situationen, aus denen die Nähe verschwunden ist – und die oft richtig schrecklich sind –, aber ich habe Angst, verlassen zu werden. Der Gedanke, verlassen zu werden und niemanden mehr zu haben, macht mich regelrecht krank. *Ich ertrage es nicht, um jemanden zu trauern, der nicht mehr da ist, an jemanden denken zu müssen, der nicht mehr zu mir gehört und mich wahrscheinlich ganz aus seinen Gedanken gestrichen hat.* Es fällt mir schon schwer genug, darüber zu reden. Das ist doch lächerlich, finden Sie nicht?"

Wie du Nähe definierst oder wie wertvoll sie dir ist, wie du dich selbst in Momenten der Nähe oder in deinem Wunsch nach Nähe erlebst, wird von verschiedenen Faktoren bestimmt. Die sind in deiner Konstitution (angespannt, umgänglich, nachdenklich, extrovertiert usw.) begründet. Sie werden von deinen frühesten Kindheitserlebnissen in einer sicheren oder unsicheren Welt bestimmt, aber auch von deinen Erfahrungen in der größeren Welt der Familie, Schule und Gemeinschaft, derer du dir mit zunehmendem Alter immer mehr bewußt wirst.

Deine Vorstellungen hängen davon ab, welchen Stellenwert die im Westen so zentrale Ideologie der Individualität in deiner Familie und Schule hatte. Unser Konkurrenzdenken, das das eigene Vorwärtskommen an die erste Stelle stellt, macht es uns schwer, mit der Wirklichkeit anderer Menschen in Berührung zu bleiben und uns dafür zu interessieren.

In der konkurrenzorientierten Werteskala wird Erfolg ziemlich eng und vorhersehbar definiert, wobei intellektuelle und sportliche Erfolge häufig überbewertet werden, auf Kosten der kreativeren und flexibleren Aspekte der Persönlichkeit, die aber vielleicht besonders wichtig sind, wenn es um Selbsterkenntnis und Nähe zwischen Selbst und Anderen geht.

Glück ist natürlich auch dabei. Du hast vielleicht ein echtes Interesse an anderen Menschen, das sie ermutigt, sich dir zu öffnen und dir zu vertrauen. Wenn du in der Stadt lebst und genügend Menschen kennenlernst, hast du wahrscheinlich das Gefühl, die Menschen, denen du dich freundschaftlich näherst, selbst auszuwählen. Vielleicht hast du auch Geld, Ehrgeiz und Vorstellungskraft genug, dir Situationen zu schaffen, in denen das Zusammensein mit anderen Menschen bereichernd ist. Auch diese Faktoren sind wichtig und beeinflussen entscheidend, ob du glaubst, das Leben zu führen, das du dir wünschst. Doch am wichtigsten für deine Erfahrung mit anderen Menschen ist deine Erfahrung von dir selbst.

„Selbstachtung", sagt der Psychotherapeut Neville Symington, „steht in direkter Relation zur Fähigkeit zu lieben."

Mir gefällt das Wort Selbstbejahung besser als Selbstachtung, aber die Aussage bleibt die gleiche. Solange du dich in deiner inneren Welt nicht zu Hause fühlst, dich bejahst und dir vertraust, ist es schwierig, wenn nicht unmöglich, eine andere Person zu erkennen, zu lieben und ihr zu vertrauen, es sei denn in sehr begrenzter, selbstsüchtiger Weise.

Wenn du dies vitale Selbstgefühl nicht hast, läufst du Gefahr, deine Mitmenschen als Objekte zu erfahren, d.h. sie nur als mehr oder weniger nützlich für dich selbst zu betrachten, ihnen aber keine eigene Existenz zuzubilligen. Menschen auf eine Funktion in unserem Leben zu reduzieren und sie danach zu bewerten, wie gut sie diese Funktion erfüllen, ist die Art des Umgangs, den wir in unseren beruflichen und sozialen Kontakten pflegen. In einer engen Beziehung wünschst du dir etwas anderes und mehr.

Wahrscheinlich wünschst du dir, daß jede Person merkt, was die andere fühlt, daß sie es ernst nimmt und darauf eingeht, selbst wenn das nicht in ihrem unmittelbaren Interesse ist.

Du wünschst dir wahrscheinlich, daß, was gerade passiert, und wer gerade da ist, wichtig ist und nicht davon überschattet wird, was nicht passiert oder wer nicht da ist.

Wenn deine Idealvorstellungen von einer engen Beziehung nicht erreicht werden (was für die meisten zumindest zeitweise der Fall ist), wird sich sicherlich nicht viel ändern, wenn du den alten Frosch hinauswirfst und eine neue Prinzessin oder einen neuen Prinzen hereinholst. Jede wesentliche Veränderung muß bei dir anfangen (und wahrscheinlich auch enden).

Das ist ein befreiender Gedanke.

Du kannst andere Menschen nicht gefügig machen, sie nicht in dein Leben holen, wenn sie das nicht wollen. Du kannst aber, *durch Veränderungen in deiner Haltung,* ein größeres Gefühl der Freiheit in bezug auf dein Leben erreichen. (Ich habe Probleme, *aber ich bin nicht meine Probleme.*)

Mit einiger Anstrengung kannst du, was du nicht ändern kannst, akzeptieren. Damit löst sich auch die Angespanntheit, die du bei deinem Kampf gegen das Schicksal, das Universum, dein Selbst spürst. Wenn du zum Beispiel allein bist, aber gern verheiratet wärst, wird es dein Unglück, keinen Partner gefunden zu haben, nur noch vergrößern, wenn du dir deswegen Vorwürfe machst. Es wird außerdem deine Gedanken an das binden, was du nicht hast, was deinen Horizont entschieden verengt.

Wenn du akzeptierst, daß du nicht verheiratet bist, ist das nicht Resignation, auch nicht Passivität; weder Hilflosigkeit noch Zustimmung. Es ist, was in der Psychosynthese die „Kollaboration mit dem Unvermeidbaren" heißt. Wenn du diesen Prozeß zulassen kannst, macht das deine Gedanken und Gefühle frei für ein Bewußtsein für das, was ist, statt für das, was nicht ist. Du wirst leichter auf andere Menschen zugehen und sie auf dich zukommen lassen, weil du offen dafür bist, wie sie *sind,* und nicht, wie deine vorgefaßten Meinungen sie haben wollen.

Es ist durchaus möglich, daß Robert das Ideal einer engen Beziehung im Kopf hat, das nur ein Engel verwirklichen könnte. Vielleicht möchte er, daß dieser Engel ihm die Selbsterkenntnis ersetzt, die er selbst nicht erwerben wollte. Wenn Robert seine Widersprüche akzeptieren und verstehen würde, wie sie sich in seiner Psyche bekämpfen, fiele es ihm wahrscheinlich leichter, sich mit mehr Selbstvertrauen und Humor auf eine echte Beziehung einzulassen. Vielleicht würde er aber auch erkennen, daß er überhaupt keine enge Beziehung wünscht, sondern lieber eine Reihe von Freundschaften, die ihm die Freiheit lassen, herauszufinden, was er vom Leben möchte, bzw. was das Leben für ihn vorgesehen hat.

Carolines Bedürfnis nach Nähe und ihre akute Angst, vereinnahmt zu werden, sind typisch für Frauen. Ihr Wunsch, jemandem nahe zu sein, scheint völlig natürlich, sogar bewundernswert, doch vielleicht liegt darin auch die Tendenz, eine Beziehung zu überfrachten und sie gegenüber anderen, nicht-sexuellen Beziehungen überzubewerten. Womöglich fühlt sie sich auch bedrängt, weil sie nicht genau weiß, was sie wirklich will. Dazu gehört auch die Fähigkeit, nein sagen zu können, ohne Schuldgefühle zu haben. Bei Frauen wie bei Männern ist ein durchaus übliches Muster, sich überwältigt zu fühlen und entweder die Beziehung aufgeben oder sie unbewußt zerstören zu müssen, *um sich ein wenig Raum zu verschaffen*. Die Häufigkeit des Musters heißt allerdings nicht, daß es deswegen für die einzelnen weniger schmerzlich ist.

Äußerlich gesehen leidet Ruben an dem bekannten Syndrom, daß er nicht glaubt, für irgendeinen Menschen wichtig sein zu können. Dieses Syndrom steht jeder Selbstbejahung im Weg, denn nicht nur zweifelst du an deiner Bedeutung im Leben der anderen, sondern du betrachtest dich selbst mit Geringschätzung, so daß du schließlich überzeugt bist, für dich selbst auch nicht wichtig zu sein, während du doch dir selbst „mit Mitgefühl und Bejahung die Hand reichen mußt", wie Nadia es ausdrückt, bevor du anderen mit derselben großzügigen und toleranten Haltung die Hand hinstrecken kannst.

Immer wieder wirst du versucht sein zu glauben, daß Änderungen in deinem Leben von außen kommen müssen und – noch wichtiger – daß Nähe nur durch andere Menschen in dein Leben gelangt. Dahinter steckt die Vorstellung, daß andere Menschen im allgemeinen und eine bestimmte Person im besonderen mehr Macht über dein Leben haben als du selbst. Das aber stimmt nicht. Befriedigende Verbindung zu anderen Menschen – „sicherer Hafen in einer herzlosen Welt", wie Christopher Lasch es beschrieb – wünschen sich die meisten von uns. Nichts anderes wollen Caroline, Robert und Ruben. Ich will es auch. Doch das entsteht nicht von allein – *und andere Menschen können es nur verstärken.* Freude, Mitgefühl, Vertrauen, Verständnis, Sicherheit und Liebe erwachsen aus einem Gefühl der Sicherheit im Inneren – und strahlen dann auf andere aus.

Unabhängig davon, ob es in deinem Leben liebenswerte Menschen gibt, kannst du für dich herausfinden:

- mit welchen Bedürfnissen du deine reale Beziehung oder die idealisierte Beziehung in deinem Kopf befrachtest;
- warum dir Nähe gefährlich oder bedrohlich erscheint, obwohl du sie dir wünschst;
- welche „Forderungen" für dich von einer engen Beziehung erfüllt werden sollen – die vielleicht das Menschenmögliche übersteigen.

15. Kapitel

Nähe – eine transzendente Erfahrung?

Alexandra gab mir eine wunderbare Beschreibung dessen, was durch Nähe möglich wird, die mir immer wieder enorm lebhaft in den Sinn kam, wenn ich über die Freuden der Nähe nachzudenken begann.

„Ich machte in Yorkshire Ferien, und als wir über Land fuhren, wurde mir auf einmal bewußt, daß ich mit meinem Begleiter sprach, wie ich nie zuvor mit einem Menschen gesprochen hatte, und daß ich mich selbst völlig ganz fühlte und eine starke Verbindung zum anderen erlebte, während mir gleichzeitig seine Eigenständigkeit ganz klar bewußt war. Alles bewirkte sich gegenseitig.“

- Du entwickelst die Fähigkeit, allein zu sein, wenn du dich in der Gegenwart eines anderen Menschen (normalerweise deiner Mutter) sicher fühlst.
- Du entwickelst die Fähigkeit, dich in der Gegenwart eines anderen Menschen sicher zu fühlen, wenn du allein sein kannst, ohne das als beklemmend zu empfinden.
- Durch eine gute Verbindung mit dir selbst erkennst du dich immer besser.

Schon die Vorstellung von Nähe kann mit einem Maß an Lebendigkeit und Erregung zusammengehen, das im täglichen Allerlei von Lohn- und Hausarbeit kaum zu finden ist. Für dich bietet sie vielleicht die Möglichkeit, die Grenzen von Nationalität, Klasse, Gebräuchen oder gar von Zeit und Ort zu überwinden. „Nichts war wichtig außer dem Raum, in dem wir beide waren. Ich fühlte mich in eine andere Welt versetzt.“

Auch dein Geschlecht möchtest du in der Erfahrung von Nähe vielleicht hinter dir lassen. „Ich hatte das Gefühl, daß wir als Menschen zusammenkamen, die sich wirklich akzeptieren konnten, und nicht als Mann und Frau.“

Transzendenz *kann* ein Aspekt von Nähe sein, nicht nur dann, wenn sie aus den hormonellen Veränderungen der sexuellen Erregung entsteht. Doch so köstlich und süchtig-machend diese Überwindung der Grenzen auch ist, sie ist immer nur zeitweilig. In der Erfahrung von Nähe bleibst du gewöhnlich, wer du bist! Und „wer du bist" wird zum Teil durch deinen Körper angezeigt.

Wenn deine Mutter dich gut versorgt hat, gehörte zu deinen ersten Kontakten auch die Berührung von Haut mit Haut, eine Erfahrung, die dir vermittelt hat, daß du gleich und anders bist, daß du mit der Mutter wie eins bist, aber nicht eins.

Dein Körper ist nach wie vor wichtig. Du berührst Dinge, redest, schaust, beugst dich vor, läßt den Blick schweifen, wendest ihn ab – alles mit deinem Körper, der ein bestimmtes Geschlecht hat. Das ist immer der Fall, ganz gleich, ob die Person, mit der du Nähe erlebst und fühlst, das gleiche Geschlecht hat wie du oder nicht und ob zu eurer Beziehung Sexualität gehört oder nicht. Wie könnte es anders sein? In diesem Leben ist es schwierig, wenn nicht unmöglich, dich von deinem Körper zu befreien.

Lebendig in deinem Körper

Wie wohl du dich in deinem Körper fühlst, beeinflußt, wie du die Körperlichkeit der anderen mehr oder weniger akzeptierst. Natürlich ist es möglich, relativ unbefangen mit deinem Körper umzugehen und dennoch keinen Zugang zu anderen Menschen zu finden, weil wir die eigenen Gefühle so wichtig nehmen, daß wir die der anderen nicht wahrnehmen. Wenn wir so verklemmt sind, daß unsere Lebendigkeit auf den Kopf beschränkt ist, fehlt uns etwas.

Viele Ideen von Wilhelm Reich, dem Begründer der Körpertherapie, sind umstritten, doch nach wie vor überzeugt seine These, daß sich der Säugling gegen emotionalen Schmerz und gegen den Schmerz, Emotionen nicht auszudrücken zu können, „wappnet", indem er sich anspannt, sich körperlich blockiert, bis der Schmerz weniger wird. Dadurch wird allerdings auch die Möglichkeit, Spontaneität und emotionale Reaktionen durch den Körper auszudrücken, abgeblockt.

Die Therapeuten Alexander Lowen und David Boadella haben

Reichs These weitergeführt. Sie behaupten, daß erst dieser Panzer aufgebrochen werden muß, bevor eine dauerhafte und umfassende Veränderung der Psyche, die zu Selbsterkenntnis und Selbstbejahung führt, möglich ist. Sie nennen bio-energetische Massage, auch Yoga und physisch ausdrucksstarke Bewegungen, die allmählich zur körperlichen Freisetzung von Gefühlen führen. Ich denke, daß sie und andere Körpertherapeuten wahrscheinlich recht haben. Mir haben Massage und bestimmte Yoga-Übungen ganz unerwartet sehr schmerzliche Gefühle bewußt gemacht, die ich in mir verschlossen hatte.

Für Reich war die Fähigkeit, einen lustvollen und befreienden Orgasmus im ganzen Körper (und nicht nur in den Genitalien und im Beckenbereich) zu empfinden, ein „wichtiges Zeichen eines gesunden Organismus, in dem die Energie frei strömt". Er betrachtete Sex als Ventil für die Freisetzung und Regulierung der Energie eines gesunden Menschen. Und er erkannte, daß für die, die sexuelle Befriedigung erfahren, Sex nicht obsessiv ist und sie die „liebevolle Umarmung" nicht in einen „pornographischen Akt" verwandeln müssen.

Schmerz, gegen den sich das Kind in der vorsprachlichen Phase körperlich „wappnet", äußert sich später oft in sexuellen Problemen. Viele dieser Probleme entstehen aus der Schwierigkeit, Emotionen zu empfinden oder anderen zu erlauben.

Sex, der von den Gefühlen abgespalten ist; Sex, der einen Aspekt einer Person aus ihrer Ganzheit herausnimmt – wie im Fetischismus; Sex, bei dem der körperliche Ausdruck der Emotionen fehlt: Diese Widersprüchlichkeiten verweisen auf eine Blockierung des freien Energiestroms zwischen Kopf, Gefühlen und Körper – und vom Selbst zum Anderen.

Verteidigungsstrategien, die für das Kind hilfreich waren und ihm vielleicht das Überleben ermöglicht haben, können Muster entstehen lassen, die für Erwachsene alles andere als hilfreich sind. Du entdeckst solche Muster vielleicht in dir selbst oder in den Menschen, denen du nahe bist. Für Lowen sind diese Verteidigungsmuster Charakterformationen. Dem stimmt Boadella nicht zu, er vertritt die – meiner Meinung nach richtige – Ansicht: Verteidigung als „Charakter" zu definieren, läßt außer acht, was diese Verteidigung über die (Un-)Fähigkeit aussagt, Nähe zu anderen zu empfinden. Es gibt fünf Muster, *die aber nur als Hinweise verstanden werden sollten, nicht als Tatsachenbeschreibungen.*

- *Das schizoide Muster:* „Wenn ich nicht alles in meinem Inneren festhalte, wird es zusammenbrechen." „Mein Leben steht auf dem Spiel." Eine Person mit diesem Muster leidet u.U. unter Verspannungen im Hals- und Schulterbereich und Retraktion der Augen. Angst ist die vorherrschende Emotion. Ein Geburtstrauma?

- *Das orale Muster:* Die Angst, verlassen zu werden, äußert sich in dem Bedürfnis, festzuhalten, etwas haben zu wollen, und dem Gefühl, nicht unterstützt zu werden. Tendenz zur Hilflosigkeit; Traurigkeit und Kummer, weil eine Person fehlt, die dasein sollte. Schwierigkeiten beim Atmen. Angstbesetzte Beziehung zur Mutterbrust?

- *Das psychopathische Muster:* Der Sieger-Typ, der immer obenauf sein muß. Als Schutz vor der eigenen Verletzbarkeit sorgt er oder sie dafür, daß andere Menschen ihn/sie brauchen, statt zuzugeben, daß er/sie sie braucht. Neigt dazu, über Gefühle anderer „hinwegzugehen". Oberköper ist oft sehr kräftig. Möglicherweise wenig Gefühl in den Armen. Zu früh laufen gelernt? (Wenn dies dich an deinen Chef, Vater oder Mann erinnert, heißt das noch nicht, daß er psychopathisch ist. Das wäre eine ernste Störung, bei der die Verbindung zur Welt der Gefühle abgebrochen ist.)

- *Das masochistische Muster:* Fühlt sich schnell bedrängt. Schluckt Protest hinunter. Als Kompensation für unterdrückten Zorn übernimmt er/sie die Last anderer. Wut wird im Unterleib, den Gedärmen zurückgehalten und „die Pobacken zusammengekniffen". Verletzung der Privatsphäre während der Reinlichkeitserziehung?

- *Das rigide Muster:* Gefühle, besonders Liebesgefühle, werden nicht geäußert. *Sexualität und Liebe zu vereinen, erweist sich als sehr schwierig.* Versteifung im Beckenbereich und im Kreuz. Ödipale Ängste? Angstbesetzte Masturbation?

Wahrscheinlich wirst du eher eine Kombination dieser Muster in dir wiederentdecken und nicht ein bestimmtes. Es soll auch noch einmal betont werden, daß dies Skizzen oder Hinweise sind, keine Tatsachen. Wenn du masochistische oder psychopathische Züge in dir erkennst, heißt das noch nicht, daß du dich immer bedrängt fühlen oder andere dominieren mußt, weil du dich vor der eigenen Schwäche fürchtest.

Sich in einer klinischen oder pseudo-klinischen Beschreibung wiederzuentdecken, ist nur dann hilfreich, wenn du das als Anregung zum Handeln betrachtest, wenn du der Meinung bist, daß Handeln angezeigt ist; Hilfe zu suchen, wenn du das für das Beste erachtest; oder dich selbst anzunehmen, wenn du glaubst, daß Selbsterkenntnis allein schon reicht.

Sich der lebenswichtigen Verbindungen zwischen Körper, Kopf und Gefühlen bewußt zu werden, ist immer hilfreich und besonders für Menschen, deren Überbewertung der Rationalität sie zu der „vernünftigen" Schlußfolgerung führt, daß Schwierigkeiten mit zwischenmenschlicher Nähe wie alle anderen Probleme durch den „gesunden Menschenverstand" in den Griff zu bekommen sind. Das ist ein Trugschluß. Gesunder Menschenverstand und intellektuelle Anstrengungen können dir helfen, doch wenn ein Aspekt deines Seins in Not ist, werden auch deine Gefühle und dein Körper nach Aufmerksamkeit und Verständnis rufen.

Wenn du dich mit einer anderen Person körperlich wohl fühlst, mag dir das nahelegen, daß du sie gut kennst. Vielleicht können wir sogar sagen, daß zwei Menschen, die ihre Abschottung fallenlassen und sich damit wohl fühlen – und die das so sehr als gegeben hinnehmen, daß ein besonderes Bewußtsein nicht mehr nötig ist –, die Erfahrung der Nähe teilen oder zumindest das Gefühl, in der Gegenwart einer anderen Person „sie selbst" zu sein.

Gesten körperlicher Intimität haben für verschiedene Menschen unterschiedliche Bedeutung – je nach Erziehung, Kultur, persönlichen Hemmungen oder dem Fehlen von Hemmungen und der individuellen Einschätzung, was „wichtig ist", wenn wir zeigen, *wer wir sind*.

Im westlichen Kulturzusammenhang können wir sicher verallgemeinern, daß wir anderen Menschen relativ nahe sind, wenn wir ohne Hemmungen in ihrer Gegenwart baden, vielleicht die Toilette benutzen, ohne die Unterhaltung zu unterbrechen, wenn wir mit ihnen an einem unaufgeräumten Tisch sitzen und essen und dabei unser Buch oder die Zeitung lesen können, wenn wir ihnen die

Butter im Papier reichen können und zur Begrüßung oder Verabschiedung ein paar Worte nuscheln, wenn wir ihren Geruch angenehm finden und ihre angefangenen Sätze für sie beenden können, wenn es uns angenehm ist, sie in unserer Nähe herumwerkeln zu hören.

Das ist nicht unbedingt das Ideal der Nähe. Vielleicht ist es kaum mehr als Vertrautheit oder Gewohnheit. Schließlich ist es durchaus denkbar, sich ohne körperliche Hemmungen vor einer Person zu bewegen, sie aber emotional und geistig trotzdem nicht zu verstehen oder sie aus meinem Leben auszuschließen. Äußeren Raum miteinander zu teilen, heißt keineswegs automatisch, auch innere Räume zu teilen.

Andererseits ist es vorstellbar, dauerhaft engen Kontakt zu einem Menschen zu haben – einer Freundin, einem Therapeuten, einem Kollegen –, jedoch von der Unangemessenheit übermäßig vertraulichen Verhaltens, der bloßen Vorstellung, sich auszuziehen, zu rülpsen oder in ihrer Anwesenheit die Toilette zu benutzen, abgeschreckt zu sein.

Ich will damit sagen, daß wir alle mit der Vorstellung, Abschottungen aufzugeben, eigene Bedeutungen assoziieren. Vertrautheit kann ein Teil von Nähe sein; genausogut kann sie Nähe unmöglich machen. In der Gewöhnlichkeit geteilter Badezimmer, körperlicher Angewohnheiten und halb gedachter Sätze kann der Wunsch, sich psychisch und spirituell zu öffnen, sterben, ohne daß jemand sein SVerschwinden bemerkt.

Zur Nähe fähig

Weil Kontakt immer auch körperlich ist – auch wenn nur der Kopf, der Mund, die Augen, die Sprache eingesetzt werden –, drängt sich die eigene Sexualität besonders ins Bewußtsein. Dazu kommt oft die Unsicherheit, was für die anderen, deren Anderssein durch den Geschlechtsunterschied unterstrichen wird, akzeptabel ist.

Wenn wir über Nähe nachdenken, sind viele von uns versucht, auf Geschlechtsstereotypen zurückzugreifen. Merkwürdigerweise – oder ist es gar nicht so merkwürdig? – scheinen die häufig eher richtig als falsch.

Viele Menschen – Männer mehr als Frauen – verbinden Nähe mit Aktivität. Viele Männer setzen sie mit Sex gleich. Sebastian sagt ganz direkt, was andere Männer nur andeuten: „Ich fände es schwierig, einer Frau nah zu sein, ohne sexuell zu handeln. Ich kenne natürlich Frauen, mit denen ich keine sexuelle Beziehung gehabt habe. Doch die, mit denen ich Sex gehabt habe, sind in der Mehrheit."

Für andere – und hier überwiegen die Frauen – ist Nähe weniger mit Handeln als mit *Sein* verbunden. Sich jemandem nah zu fühlen, drückt sich für Frauen häufig in einem Gefühl zärtlicher Bindung, des Teilens, der Offenheit und des Vertrauens aus. Sexualität kann dazugehören, das muß aber nicht unbedingt sein. Viele Frauen nennen ganz selbstverständlich das, was sie für ihre Kinder und ihre Freundinnen empfinden, Nähe.

Obwohl es anscheinend Frauen leichter fällt als Männern, eine enge Beziehung aufzubauen und zu erhalten, ist doch die Fähigkeit zur Nähe oder die Möglichkeit, Nähe herzustellen, ebensowenig vom Geschlecht abhängig wie von Nationalität oder sozialer Schichtzugehörigkeit. Tatsächlich genieße ich die Vorstellung, daß in der marktorientierten Welt, in der wir leben, Nähe nicht gekauft werden kann.

Markt und Werbung bringen Nähe mit Gütern und Produkten in Verbindung, aber weder können die Reichen Nähe „ordern", noch haben sie weniger Probleme damit als wir übrigen. Im Gegenteil: Reichtum anzuhäufen, erfordert für gewöhnlich ein Ausmaß an Egoismus, das die Aufmerksamkeit gegenüber anderen in alarmierender Weise ausschließt. Die Beweise für diese Behauptung liegen auf der Straße.

Für die unterschiedlichsten Menschen – arme, reiche, alte, junge, Frauen, Männer, Lesben, Schwule, Heterosexuelle – ist Nähe „möglich". Damit meine ich, daß ihr Bedürfnis nach Nähe auf eine Art erfüllt wird, die ihnen entspricht. Gleichzeitig gibt es natürlich die unterschiedlichsten Menschen, für die Nähe nur als Vorstellung existiert. Für andere (vielleicht sogar viele) ist schon diese Vorstellung ein Greuel. Bei der bloßen Erwähnung von Nähe denken sie sofort an Forderungen, die sie abwehren müssen, und vor allem an den Verlust ihrer Freiheit. Und warum? Die kürzeste Antwort ist nicht, daß alle hartherzig sind, obwohl sie es individuell vielleicht sind. Viel wahrscheinlicher ist, daß die Grenzen zwischen Selbst und Anderen schwach oder gar nicht vorhanden sind, so daß sie sich zu leicht eingenommen, herumgestoßen, benutzt fühlen, auch wenn ihnen nichts dergleichen bewußt ist.

Einige glauben, daß Nähe ein Aspekt des Lebens ist, den sie einfach hinnehmen können; andere sind überzeugt, daß man daran arbeiten muß, und investieren Zeit und Geld. Manche wünschen sich, daß Nähe ihr ganzes Leben durchströmt; andere glauben, Nähe sei eine starke Macht, komme aber nur sporadisch vor, z.B. wenn zwei Menschen oder auch eine Gruppe von Menschen ganz „sie selbst" sind.

Diese Augenblicke, wenn zwei oder mehrere Menschen ganz „sie selbst" sind, ergeben sich nicht, wenn die eine Person dabei einzuschätzen versucht, ob die andere ihr nützlich ist, ob sie die andere beneiden oder verachten soll.

Nähe ist nicht möglich, wenn man den Wunsch, zu kontrollieren oder kontrolliert zu werden, nicht aufgibt. Doch Fragen der Kontrolle und Macht beherrschen unser inneres und äußeres Leben, wir haben sie verinnerlicht, sie prägen unsere Individualität.

Manche Menschen haben ein so starkes Bedürfnis zu wissen, daß sie die Kontrolle haben, daß es für sie immer wichtiger sein wird als ihr Bedürfnis nach Verbindung. Oder aber sie lassen sich auf das, was sie Verbindung nennen würden, nur mit Menschen ein, denen sie eindeutig überlegen sind. Der Geschäftsmann, der der Hure mit dem „Herzen aus Gold" sein Leid klagt, ist das Paradebeispiel für dieses Verhaltensmuster.

Wenn du Nähe erlebst, riskierst du, du selbst zu sein und die andere Person in ihrer Ganzheit zu sehen – und nicht nur die Teile, die für dich „nützlich" oder gesellschaftlich akzeptabel sind.

Die folgenden Aussagen über Nähe unterstreichen das. Sie zeigen darüber hinaus, wie schwer es ist, Nähe zu definieren, denn schon über Nähe zu reden und zu hören, was das über dein inneres Selbst und deine innere Bedürftigkeit aussagt, setzt beträchtliche Verletzbarkeit – und Mut – voraus.

- „In Zeiten der Nähe ist die Kluft zwischen meinen Gefühlen und meinem Ausdruck dieser Gefühle gegenüber einem anderen Menschen am geringsten."
- „Ich bin ich selbst in der Gegenwart von anderen und lasse es

zu, daß sie in meiner Gegenwart sie selbst sind. Niemand hat es zu sagen, und niemand kämpft um die Macht."

- „Bedingungslose Liebe – oder die größtmögliche Annäherung daran. Akzeptanz, Verbindung, Vertrauen, keine Masken – das ist Nähe."

Dies sind Beschreibungen von Nähe, die für mich wahr klingen. Doch wenn du mit ihnen nicht übereinstimmst, bedeutet das nicht, daß du Nähe noch nicht erlebt hast oder nicht weißt, was sie ist.

Was Nähe sein könnte

Nähe hat viele Gesichter.

Wenn wir über Nähe auf einer theoretischen oder anekdotischen Ebene diskutieren, ist es faszinierend, diese Unterschiede herauszuarbeiten. Sollten wir beide aber diese seltsame menschliche Regung spüren und uns ineinander verlieben – und voneinander erwarten, daß wir unser gegenseitiges Bedürfnis nach Nähe erfüllen, dann wären wir vielleicht schnell traurig, verärgert, von Selbstmitleid ergriffen und würden uns gegenseitig beschuldigen, weil wir unser Ideal von Nähe nicht erfüllen.

Möglicherweise bedeutet das einfach, daß du deine Vorstellung von Nähe hast, an die du deine Bedürfnisse knüpfst, während Nähe in meinen Augen etwas anderes bedeutet. Dieser Unterschied sollte nicht wichtig sein, ist aber häufig von großer Bedeutung, und zwar schon deswegen, weil ich – es sei denn, ich bin ungewöhnlich flexibel – deine „Nähe" nicht akzeptieren kann, wenn sie nicht wenigstens zum Teil mit meiner Vorstellung von Nähe übereinstimmt. Wenn nach deiner Vorstellung Nähe bedeutet, daß wir uns wortlos verstehen, während mein Konzept vorsieht, daß wir Hand in Hand lange Spaziergänge am Strand machen und dabei wichtige Selbstenthüllungsgespräche führen, wird unsere Annäherung in uns das Gefühl wecken, betrogen und mißverstanden zu sein und ganz und gar „fern".

Vielleicht treten die Unterschiede besonders kraß auf, wenn wir miteinander schlafen. Bei Virginia und Jim ist das der Fall. Jim möchte aufregenden Sex. Er wünscht sich Abwechslung und Begeisterung und meint, er müsse sich in der sexuellen Begegnung verlieren können, wenn es für ihn „funktionieren" soll. Wenn es nicht „aufregend" genug ist, verliert er seine Erektion und fürchtet, er könne nicht ejakulieren.

Am Ende eines langen Tages, ausgefüllt mit Beruf und Kinderversorgung, fühlt Virginia sich nicht mehr „aufregend". „Erschöpft" träfe es besser. Ihre Wut auf Jim über die ungelösten emotionalen Probleme zwischen ihnen schwelt in ihr weiter, so daß sie sich zu der Anstrengung, die Jim zu brauchen glaubt, nicht aufraffen kann. Virginia sagt, daß ihre ideale sexuelle Begegnung tröstend, wärmend und wohltuend sein müßte, und wenn sich das gelegentlich zu echter Erregung steigerte, wäre sie höchst erfreut. Doch die Forderung, aufregend sein zu müssen, ist mehr, als sie vorm Schlafengehen erträgt.

Jim und Virginia sind beide der Meinung, daß ihre Bedürfnisse erfüllt werden sollten, allerdings stimmen diese Bedürfnisse nicht überein. Ihr Verständnis von Nähe, von dem, was vor und nach dem sexuellen Akt und während des Akts geschehen soll, ist so unterschiedlich, daß sie ebensogut verschiedene Sprachen sprechen könnten – und vielleicht tun sie das ja auch.

Vor ein paar Jahren nahm ich an einem Seminar über Trauerarbeit teil, das Mal McKissock leitete, der für seine Arbeit mit Trauernden bekannt ist. Er erläuterte, wie Menschen ihre Trauer auf sehr unterschiedliche Art ausdrücken – und unsere Gruppe hatte Mühe, sich mit diesem Gedanken vertraut zu machen.

Die meisten von uns nehmen an, daß Trauernde viel weinen, sehr traurig sind, sich verloren fühlen, deprimiert sind und an nichts außer ihren Verlust denken. Diese Beschreibung trifft sicher auf viele Trauernde zu. Aber es gibt auch Menschen, die nicht weniger intensiv trauern, ihre Trauer aber durch andere Gefühle, z.B. Zorn oder Lust, ausdrücken. Mal erklärte, daß Zorn oder Lust also ein persönlicher Ausdruck von Trauer ist.

Es ist nicht schwer, sich vorzustellen, wie bedroht und potentiell verlassen zwei Menschen sich fühlen müssen, die einen gemeinsamen Verlust erlitten haben, aber ganz unterschiedlich darauf reagieren. Wenn die Mutter eines verstorbenen Kindes sich in sich selbst zurückzieht und weint, wird es ihr schwerfallen, die Trauer ihres Mannes ernst zu nehmen, der die übrigen Familienmitglieder mit seinen Wutausbrüchen in Angst und Schrecken versetzt oder sich die ganze Nacht herumtreibt und fremde Frauen aufgabelt.

Wie wir Nähe zeigen, unterscheidet sich auf ebenso dramatische Weise wie die verschiedenen Arten, Trauer auszudrücken.

Wenn du dir dies Konzept zu Herzen nehmen und danach handeln willst, brauchst du große Flexibilität im Denken. Es bedeutet nämlich, anderen ihre Art, Nähe zu spüren und zu geben, zuzugestehen, selbst wenn das meine Bedürfnisse oder Ideale nicht erfüllt. Genauer gesagt bedeutet es, das Verhalten des anderen als Nähe zu akzeptieren, auch wenn es nicht dem eigenen Konzept von „Nähe" entspricht.

So schwierig es ist, diesen Gedanken praktisch zu begreifen – es kann auch befreiend sein zu erkennen, daß Nähe bzw. der Ausdruck von Nähe ein fließendes Konzept ist und ich meine Individualität und meinen verinnerlichten Ausdruck von Nähe auslebe, wenn ich Nähe zeige. Das kann sich sehr wohl von deinem individuellen und kulturellen Ausdruck von Nähe unterscheiden – doch *dieser Unterschied muß keine Bedrohung sein.*

Ich möchte diesen Gedanken noch aus einem anderen Winkel betrachten: *Je freier von Erwartungen, was Nähe bedeutet, du bist, desto wahrscheinlicher ist es, daß du für die Verschiedenartigkeit von Nähe offen bist und sie genießt.*

Adam macht dies deutlich, wenn er über seine zehnjährige Ehe mit Katy spricht. „Als wir damals zusammenzogen, war ich oft schlecht gelaunt oder schwierig, manchmal auch kritisch. Ich nahm offenbar an, daß das in einer engen Beziehung möglich sein müßte. In meiner Familie haben wir uns frei genug gefühlt, unhöflich zueinander zu sein oder uns gegenseitig zu ignorieren. Aber Katy war immer nett, immer tolerant. Ich kann das nur so erklären, daß sie ein sehr guter Mensch ist. Und allmählich hat sich das auf mich übertragen. Ich fühlte mich so gemein, weil ich oft so häßlich zu ihr war, und sie hat sich nie beklagt, sondern ist darüber hinweggegangen und hat ihr Verhalten nicht geändert. Von ihr habe ich gelernt, daß man sich nicht wie der letzte Rüpel benehmen muß, nur weil man mit jemandem zusammenlebt."

16. Kapitel

Zuhören können

Die Sprache der Berührung, der Gesten, der Begegnung zweier Körper gehört ganz eng zur Nähe. Doch auch die gesprochene Sprache ebenso wie das Schweigen leisten einen wesentlichen Beitrag zum Gelingen oder Mißlingen von Nähe.

In den Anfängen einer Beziehung, die Nähe verheißt (das muß keine explizit sexuelle Beziehung sein), ist der Drang zu reden sehr groß. Menschen auf dem Weg in eine enge Beziehung benutzen oft Sprache, um Verbindung, Ähnlichkeiten und Gemeinsamkeiten zu betonen. Sie bedienen sich möglicherweise einer Art Babysprache, mit der sie sich unbewußt an die Zeiten erinnern, als sie in der Nähe ihrer Mutter Sicherheit gefunden hatten. Vielleicht erwähnen sie auch, was für eine Erleichterung es für sie bedeutet, alles, was ihnen durch den Kopf geht, aussprechen zu können und dabei das Gefühl zu haben, daß ihnen zugehört wird und sie akzeptiert werden. „Madeline ist eine wunderbare Zuhörerin. Ich hätte nie gedacht, daß ich mit einer Frau so gut reden könnte."

Das Gefühl, neue Erfahrungen zu machen und frei zu sein, bezieht sich oft nicht nur auf Gespräche mit der oder dem Geliebten, sondern auch auf den Umgang mit Freunden. „Nie habe ich mich besser gefühlt. Ich habe diese wunderbare Frau getroffen. Sie ist klug, berühmt, freundlich, schön... zauberhaft..."

Aber – und dies ist eine wichtige Einschränkung – wenn die Beziehung die Flitterwochen hinter sich hat, ist es häufig schwierig, der Person, der du angeblich so nah bist, „alles" zu sagen. Manchmal ist es leichter, sich anderen, selbst Fremden, anzuvertrauen.

Doch warum wird es oft schwieriger statt leichter, sich mitzuteilen? Und warum wird „Offenheit" plötzlich nicht mehr als Befreiung, sondern als Bedrohung erlebt?

Die Antwort auf diese Fragen liegt weniger in der anderen Person als in den Konflikten *in dir*, von denen du nichts weißt, selbst wenn du sie auslebst: durch deine Worte oder dein Schweigen, deine körperliche Offenheit oder deine Verschlossenheit.

Die Konflikte kreisen um das Bedürfnis nach Nähe, das die meisten von uns spüren, während wir gleichzeitig Angst haben, daß Nähe uns ohnmächtig, abhängig und hilflos macht.

Es lohnt sich zu wiederholen, daß diese Gefühle auf unsere ersten Erfahrungen von Nähe zurückgehen, die wir als Kind mit unserer Mutter gemacht haben und die warm und befriedigend waren, wenn die Mutter-Kind-Beziehung intakt war. Dennoch hast du erfahren, wie groß dein Bedürfnis und wie unerträglich es war zu erkennen, daß die Bedürfnisse *in deinem Inneren* entstanden, die Person aber, die sie befriedigen konnte, außerhalb deiner selbst und auch außerhalb deiner Kontrolle war und du manchmal ewig warten mußtest, bis deine Bedürfnisse befriedigt wurden.

Als du größer wurdest, hast du, wenn es gutging, gelernt, diese Frustrationen zu ertragen, und entdeckt, daß einige deiner Bedürfnisse, die deine Mutter nicht befriedigen konnte, von dir oder anderen, in deinem Leben weniger zentralen Menschen erfüllt werden konnten.

Diese Veränderung des bewußten Wissens ist für das Erwachsenwerden sehr wichtig, aber leider durchdringt sie nicht jeden Teil deines Seins. Nach wie vor warnt in dir eine Glocke, daß Sich-Öffnen gleichbedeutend mit Verletzbarkeit oder gar Selbstverlust ist. Wie das erlebt wird, hängt sehr von individuellem Temperament und Erfahrung ab, prägt aber entscheidend die Ambivalenz, die viele gegenüber Nähe und engen Beziehungen empfinden.

Das gleiche trifft auf das Phänomen zu, zwei oder mehr einander widersprechende Dinge gleichzeitig zu wollen.

Ich möchte geliebt werden; ich möchte frei sein.

Ich möchte, daß du glücklich bist; ich möchte tun, was mir gefällt.

Ich möchte Sicherheit; ich möchte Abwechslung.

Da die meisten von uns gierig (und bedürftig zugleich) sind und nicht bereit, unsere Prioritäten zu ordnen und Kompromisse einzugehen, können diese miteinander im Konflikt stehenden Wünsche in uns zu extremen Verhaltensweisen führen, die unserer Selbstbejahung schaden und sehr schmerzlich sind.

Vielen der paradoxen Aspekte, die unser Verständnis von Nähe und Alleinsein verschleiern, kommen wir durch Sprache näher. Die Worte, der Tonfall, wie du einen Menschen oder eine Beziehung beschreibst, verdeutlichen deine Haltung. Doch Sprache vermittelt auch auf andere Weise wichtige Dinge: durch ihren Fluß oder ihr Stocken, durch Schweigen und Reden, durch die nicht-verbale Sprache des Körpers (ich beuge mich vor, ich wende mich ab). Sprache kann Nähe vermitteln – indem du sprechend anderen zeigst, wer du bist und wer die anderen für dich sind. Sie kann auch sehr effektiv dazu eingesetzt werden, Nähe zu vermeiden oder zu vertreiben, wenn dein Selbstgefühl bedroht wird. „Ich ertrage diese Person nicht." *Ich ertrage die Gefühle, die diese Person in mir weckt, nicht.*

Wenn du die Gefühle, die jemand in dir weckt – das kann die Angst vor Nähe oder die Angst vor Verlust sein, die Ambivalenz der Beziehung oder die Unsicherheit über die eigene Rolle in der Beziehung –, nicht erträgst, dann sind Verbitterung und Schmerz als Folgen eines heftigen Streits leichter auszuhalten als Traurigkeit und Unsicherheit, die angemessener wären und überwiegen würden, wenn du sie zulassen könntest. Der Lärm, das Drama, die Spannung, die Unmittelbarkeit und Vertrautheit eines Streits können gründlich von der schwierigeren Aufgabe ablenken, deine inneren Konflikte zu verstehen. Und auch die Konflikte zwischen zwei Menschen, die ihre jeweils eigenen Bedürfnisse haben und deren Erfüllung wünschen, die beide in ihrer widersprüchlichen Ganzheit akzeptiert werden möchten, werden ausgeklammert. Zorn und manchmal sogar Gewalt können willkommene Ablenkung von Unsicherheit und Verletzbarkeit sein.

Das klingt verrückt? Mag sein, aber in engen Beziehungen ist es schwierig, deine (und meine) Verrücktheiten außen vor zu lassen.

Unter der Dampfwalze der Worte kann Nähe schnell erdrückt werden. Virginia über ihre verzwickte Beziehung mit Jim:

„Manchmal will ich einfach etwas loswerden, zum Beispiel über die Kinder meckern, oder ich will, daß er mich richtig sieht. Oder ich brauche ein bißchen Unterstützung oder Wärme, die nicht sexuell ist, doch von Jim bekomme ich nur eine allgemeine und abschätzige Erwiderung, wie zum Beispiel: ‚Du beklagst dich aber auch ständig!' oder ,Dankbarkeit kennst du wohl nicht?' oder ,Du bist auch nie zufrieden.' Statt Streicheleinheiten erhalte ich einen Tritt. Heißt das, daß ich mich nie beklagen darf? Bei wem soll ich denn sonst Dampf ablassen? Das scheint mir das mindeste, was du in einer Beziehung erwarten kannst. Aber bei Jim werde ich immer bestraft."

Die Fähigkeit, einer anderen Person genau zuzuhören, sowohl die Oberflächenbedeutung als auch die dahinter liegende Bedeutung zu erfassen, ist ein wesentlicher Gesichtspunkt in einer engen Beziehung. Es ist die Fähigkeit, zu vermitteln, daß das, was in der inneren Welt eines anderen Menschen vor sich geht, wichtig ist.

Viele Menschen lernen das nie.

- Während jemand anderes spricht, denken sie über ihre Antwort nach...
- Wenn jemand von einem freudigen oder traurigen Ereignis erzählt, erinnert sie das nur an etwas...
- Ein Hilferuf wird als etwas verstanden, wogegen man sich verteidigen muß, mit einem Klischee, einer sentimentalen Erwiderung oder einem Angriff.

Ein Teil des Problems liegt in der eigenen Selbstsucht. *Ich kann mich nicht einfach vergessen, um dir zuzuhören.*

Zum Teil begründen Verärgerung oder Neid oft den Ärger. *Warum sollte ich dir zuhören, wenn du mir nie zugehört hast?*

Zum Teil liegt das Problem darin, daß wir uns gar nicht bewußt sind, wie wichtig Zuhören ist, oder nie geübt haben, offen und ohne uns ablenken zu lassen, zuzuhören.

Die Fähigkeit, zuzuhören, sagt etwas über das Selbstgefühl aus. Wer sich da sicher fühlt, kann das Anderssein der anderen annehmen: durch Reden, Zuhören, durch gemeinsames Schweigen.

Sprache – das sollten wir nicht vergessen – eignet sich nicht uneingeschränkt, Gefühle zu vermitteln. So kann ich dir zum Beispiel sagen, daß ich traurig bin und dein Verständnis brauche. Doch dein Begriff von „Traurigkeit" entspricht nicht unbedingt meinem, so daß auch dein Verständnis von dem, was „traurig" für mich bedeutet, sich nicht mit meinem deckt. Wenn ich „traurig" bin, meine ich vielleicht, daß ich Kummer habe und mich anlehnen möchte. Wenn du „traurig" bist, meinst du vielleicht, daß du hilflos und ohne Hoffnung bist und allein gelassen werden möchtest.

Ähnliche Unterschiede und möglichen Mißverständnisse können auf jede Gefühlsäußerung zutreffen.

Virginia z.B. möchte von Jim die Anerkennung bekommen, daß sie einen harten Tag gehabt hat, aber erstaunlich gut damit zurechtkommt. Und Jim möchte ihr womöglich sagen: „Erzähl mir nicht, wie hart dein Tag war, denn dann habe ich das Gefühl, daß ich etwas dagegen tun soll, und das kann ich nicht. Deswegen fühle ich mich unzulänglich und bin wütend auf dich."

Doch was sie tatsächlich äußern, ist nicht das, was sie denken, und das vergiftet ihre Beziehung.

Ich möchte noch einen weiteren Gedanken über Sprache äußern – über die ungesprochene Sprache. In lang andauernden Beziehungen besteht oft der Druck, auch ohne Worte *wissen zu sollen*. Wenn die Partnerin oder der Partner das nicht akzeptiert oder nicht danach handelt, droht regelrecht eine Bestrafung.

Wie uns aus der Geschichte von Tomas und Margaretta noch in Erinnerung ist, ist das ein mächtiges Überbleibsel aus der Kindheit, als die Mutter so auf ihr Kind eingestimmt war, daß sie dessen Bedürfnisse verstand und befriedigen konnte, ohne daß darüber geredet werden mußte. Auch in Mutter-Kind-Beziehungen, die nicht so erfolgreich waren, in der die Mutter sich nicht so klar auf ihr Kind eingestellt hatte, bestanden die Bedürfnisse und waren ebenfalls unauflösbar mit dieser Beziehung verknüpft.

Wenn du dich nach Nähe sehnst und sie erlebst, ist es hilfreich, wenn du verstehst, daß Spannungen bestehen:
- zwischen deinen bewußten und unbewußten Wünschen;
- zwischen dem, was du meinst, und dem, was andere meinen;
- zwischen dem Gefühl, schon Bescheid zu wissen, und der Erkenntnis, etwas herausfinden zu müssen;
- zwischen dem Gefühl, akzeptiert zu werden, so wie du bist, und dem Gefühl, beurteilt zu werden für etwas, das du nicht bist.

Solche Spannungen im Inneren und zwischen Innen und Außen spielen sich gewöhnlich dicht unter der Oberfläche dessen ab, was zwischen zwei Menschen geschieht, die sich um Nähe bemühen. Wundert es da, daß viele von uns den Verdacht haben, Nähe sei etwas, das die meisten anderen besser bewältigen als wir?

17. KAPITEL

Nicht nur ein Selbst, sondern auch ein Anderes

Vor dem Ende des ersten Lebensjahres versteht das Kind, daß es ein Selbst ist. Gleichzeitig entdeckt es, daß es auch ein Anderes ist.

Das ist nicht immer dieselbe Person! Wie du dich selbst siehst, kann sich gravierend davon unterscheiden, wie andere Menschen dich erleben. Und eine dritte Dimension kommt noch hinzu in Form deiner Wahrnehmung oder deiner Phantasien, wie andere Menschen dich sehen – die mit dem Grad deiner *Selbstbejahung* schwanken.

Wenn du dich im Inneren fest verankert fühlst, ist das zum Teil das Ergebnis des Selbstvertrauens, mit dem du dich wahrnimmst und gleichzeitig offen bleibst für das, was du über dich selbst in sozialen und sexuellen Interaktionen lernst, in denen du als die oder der Andere erlebt wirst.

Zwei Menschen, die sich näherkommen wollen, sind sich außerordentlich bewußt, wie sie gesehen und beurteilt werden – oder wie sie glauben, gesehen und beurteilt zu werden. Die meisten von uns zeigen sich zu Beginn einer neuen Beziehung von ihrer besten Seite. Wir strahlen, einfach weil wir glücklich sind, aber auch weil uns unser Bild in den Augen der/des anderen gefällt: liebenswürdig, charmant, verständnisvoll usw. (Endlich wir selbst!)

Doch das bleibt nicht immer so. Die Offenheit des Sich-Mitteilens zu Beginn einer intensiven Freundschaft oder sexuellen Beziehung kann zu einer Forderung an dein Anderssein werden, die über das hinausgeht, was du zu leisten bereit bist.

Die Forderung kann so weit gehen, daß dein „Anderssein" auf geheimnisvolle Weise einen Ausgleich für mein unzureichendes Selbstgefühl schaffen soll. Wer diese Forderung stellt, muß sich dessen nicht unbedingt bewußt sein.

„Du bist so selten zu Hause." *Du gibst mir nicht mehr das Gefühl, daß ich wichtig für dich bin. Ich brauche dieses Gefühl.*

„Warum verlangst du nicht eine Gehaltserhöhung? Du setzt dich nicht genügend für das Wohl unserer Familie ein." *Ich fühle mich unsicher. Ich möchte, daß du und dein Geld sich um mich kümmern.*

„Es macht überhaupt keinen Spaß mehr, mit dir zu schlafen." *Ich habe Angst davor, mich einer Person hinzugeben, die ich mag.* Die Situation wird noch komplizierter, weil du Nähe und Alleinsein (wie alles andere, das sich in deiner Innenwelt abspielt) „in Bewegung" erlebst. Das „du", das die anderen, für die du die oder der Andere bist, schaffen, verändert sich unentwegt als Folge deines Verhaltens, deiner Reaktionen, Gefühle usw., aber auch als Folge ihrer sich verändernden Selbstbejahung.

Die überhöhte Sprache der romantischen Liebe macht das deutlich. „Joe ist der tollste Mann, den ich je kennengelernt habe. Er ist genau der Mann, den ich immer schon gewollt habe. Wer ihn kennt, bewundert ihn", bis zu: „Was für ein gemeiner Kerl Joe ist. Ich weiß nicht, wie ich das aushalten soll. Kein Wunder, daß er keine Freunde hat."

Hat Joe sich verändert? Wahrscheinlich nicht. Geändert hat sich die Wahrnehmung seiner Geliebten, in der widersprüchliche Phantasien und Wünsche aufeinanderprallen. *Joe soll sich hingebungsvoll um mich kümmern; er soll unabhängig sein. Ich möchte mit Joe zusammensein; ich möchte Joe los sein.*

Wenn du das Gefühl hast, daß eine Forderung an dich oder dein Anderssein gestellt wird, *aber nicht genau weißt, worin diese Forderung besteht*, reagierst du möglicherweise mit Ärger oder Wut. „Wenn ich noch ein Wort von Joes Kindheit in der Pflegefamilie höre, springe ich an die Decke. Ich weiß, daß es schlimm für ihn war, aber er muß das doch endlich mal hinter sich lassen, oder? Ich würde das tun."

Vielleicht verlangt Joe tatsächlich, daß seine Geliebte ihn für die schrecklichen Jahre bei seinen Pflegeeltern entschädigt. Zumindest interpretiert Carol, seine Partnerin, so die Tatsache, daß er immer wieder davon erzählt.

Vielleicht drückt sich darin aber ein anderes Bedürfnis aus. Es könnte ganz bescheiden sein: „Du sollst anerkennen, was ich durchgemacht habe, dann kann ich auch damit aufhören." Es könnte auch riesig sein: „Die Welt hat mich wie Dreck behandelt, und nur du kannst das wieder wettmachen."

Das Problem mit emotionalen Forderungen und besonders solchen, die nicht explizit geäußert werden, besteht darin, daß sie häufig ganz schlecht zu benennen oder auch nur als existent zu begreifen sind – außer als Gefühle von Angst, Ärger oder Depression. Es nimmt also kaum Wunder, daß viele sich auf Schuldzuweisungen und Abweisung zurückziehen: „Verschwinde, Joe, ich ertrage dich nicht mehr."

Dieses Muster wird dir bekannt sein. Es zeigt sich immer dann, wenn zwei Personen nicht mehr klar sehen, wo die eine aufhört und die andere anfängt oder was für wen zum Ausdruck kommt, und deshalb das Gefühl haben, sie müßten sich gänzlich voneinander trennen.

Es gibt den anderen Weg, daß zwei Selbsts nebeneinander und miteinander statt im und durch den anderen leben, doch der ist schwerer zu gehen.

Die meisten Erwachsenen sind sich bewußt, daß andere nicht alle ihre Bedürfnisse befriedigen können und es unangemessen ist, zu wettern und zu schimpfen, wenn sie dabei scheitern. Aber wir sind nicht nur rationale, bewußte Wesen. Wir sind auch unvernünftig, wechselhaft und teilweise unbegreiflich, sogar für uns selbst. Gefühle können hervorbrechen, Bedürfnisse sich austoben und nicht zähmen lassen. Am häufigsten geschieht das „zu Hause", wenn du ganz „du selbst" sein kannst und nicht durch angepaßtes Verhalten – wie im Beruf oder in Sozialbeziehungen – eingeengt bist.

Miranda, eine kompetente Sozialarbeiterin Mitte dreißig, sagt: „Ich wußte, das Schlimmste, was ich tun konnte, war, Geoff anzurufen. Aber ich konnte mich nicht bremsen. Ich wollte unbedingt etwas von ihm hören. Auch wenn er mich anschrie, war das besser als nichts.

Und als er dann schließlich nach Hause kam, war mir klar, daß ich mich ganz ruhig hätte verhalten sollen, damit er eine Chance hatte, tief durchzuatmen. Doch kaum hörte ich den Schlüssel im Schloß, schrie ich ihn wie eine Verrückte an und hörte gar nicht wieder auf, während er durch das Haus zur Hintertür ging. Und dann ist er über mich hergefallen."

Bevor zwei Menschen in einer Langzeitbeziehung gegenseitig verstehen, was Nähe für sie bedeutet, müssen zunächst beider Bedürfnisse erfüllt werden. Dazu gehört auch, daß du die Grenzen dessen akzeptierst, was die andere Person für dich tun kann. Damit ist nicht eine Begrenzung der Liebe gemeint. Es bedeutet, die oder den anderen ernst zu nehmen und darauf zu vertrauen, daß sie oder er emotionale Eigenständigkeit bewahrt, auch in der Liebe.

Es bedeutet auch zu spüren, wann Nähe für die eine oder den anderen zur Gefahr wird, was sich in Unruhe, Langeweile oder dem dringenden Wunsch nach Rückzug äußern kann.

Ein für beide angenehmes Gleichgewicht zwischen „zu nah" und „zu distanziert" läßt sich nicht durch Vernunft regulieren, denn die Einschätzung, wann eine Beziehung „zu nah", wann „zu distanziert" ist, ist subjektiv und geprägt auch von unbewußten Ängsten und Bedürfnissen.

„Die Person, der man sich zuwendet", sagt Fairbairn, „wird zu der, von der man sich abwenden muß."

Wie das geschieht, ist immer wieder anders.

Wie wir gesehen haben, bricht zwischen zwei Menschen manchmal zerstörerischer oder gar endgültiger Streit aus, sie stoßen sich gegenseitig weg, weil es ihnen leichter fällt, ihren Zorn zu zeigen als ihre Bedürftigkeit. „Ich kann es kaum erwarten, daß Henry endlich abhaut. Seine lächerliche Unterwürfigkeit macht mich ganz fertig."

Manchmal fängt einer der Partner eine Affäre mit einer dritten Person an, wodurch der Konflikt und was immer die beiden nicht erkennen wollen, verlagert wird. „Wir haben die ganze Zeit über Mimi gestritten und uns nicht darum gekümmert, was zwischen uns beiden los war."

Wieder jemand anders sucht sich einen Job, der ihn den ganzen Tag in Anspruch nimmt. Vor allem Männer neigen dazu, auf diese Weise ihre Angst vor Nähe aufzulösen.

Unerträgliches, unfreundliches oder hyperkritisches Verhalten kann eine unbewußte Methode sein, die andere Person davonzujagen, weil du die Liebe oder den Haß, die Wut oder den Neid buchstäblich nicht erträgst, die ihre Nähe in dir erregen.

Die Dynamik all dieser möglichen Szenarien entsteht dadurch, daß die Nähe, die beide sich wünschen, für mindestens eine/n gefährlich ist.

Die unbewußten Gefahren variieren je nach individueller Konstitution und Erfahrung, beinhalten aber immer:

- die Angst, das Selbst zu verlieren;
- die Angst, den anderen zu verlieren;
- die Angst, daß echte Zuneigung zuviel Verletzlichkeit bedeutet;
- die Angst, daß echte Zuneigung der anderen Person die Macht gibt, dich unglücklich zu machen;
- die Angst, daß echte Zuneigung deine Freiheit ernstlich beschneidet.

Ich habe für Menschen mit dieser Gefühlskonstellation eine Menge Sympathie. Auch ich neige zu großer Ängstlichkeit und hasse es, wenn ich mich nicht frei fühle (ich bin Zwilling!). Daß ich durch den frühen Tod meiner Mutter die Welt als einen unzuverlässigen und beängstigenden Ort erfahren habe, kommt noch hinzu. Ich möchte diese Ursache-Wirkung-Beziehung nicht überbewerten, denn unsere Konstitution ist wesentlich komplexer, als unser Verstand erkennen kann, dennoch scheint es mir, daß diese Kombination dazu geführt hat, daß ich mich nur mit allergrößter Vorsicht auf eine emotionale Beziehung einlasse. Es ist für mich normal und ganz einfach, mich zurückzuziehen und in einen Zustand zu begeben, der sich dem Alleinsein nähert und mir durch meine Fähigkeit zum Alleinsein erleichtert wird.

Und wo liegt für mich das Risiko?

Ein sehr widerspenstiger Teil in mir hat Liebe und Gefahr unlösbar verknüpft, und offenbar kann ich diese Assoziation nicht auflösen.

Dreißig Jahre nach dem Tod meiner Mutter kehrte ich mit Hilfe einer Therapeutin, die ich sehr respektierte und bei der ich mich sicher fühlte, in diese Zeit zurück und sah mich als winziges häßliches, rattengleiches Geschöpf, das sich unter dem Küchentisch im Souterrain eines großen Hauses versteckt hielt, aus dem es kein Entrinnen gab, denn das Haus trieb in großer Entfernung vom Ufer auf dem Meer.

In meiner Trauer sah ich mich wie ein Stück Treibgut, wie Abfall. Der Verlust hatte mich dazu gemacht. Ohne meine Mutter war ich in der Unendlichkeit eines riesigen, düsteren Hauses ohne Türen mit meiner Trauer allein.

Der Anblick dieses rattengleichen Geschöpfs, das unter einem surrealistisch riesigen Küchentisch kauerte, erschreckte mich. Aber ich erkannte es, denn es war ich oder ein Teil von mir. Ich mußte es akzeptieren und versuchen, außer Widerwillen auch Mitleid und Liebe für dieses Wesen zu empfinden.

Es ist also kein Wunder, daß es mir so schwer fällt, das Risiko einer echten Beziehung, in der Liebe, Vertrauen und Verletzbarkeit vereint sind, einzugehen, obwohl es natürlich einige Jahre gedauert hat, bis ich dies für mich erkannte und mir nicht weiterhin selbst die Schuld geben mußte, weil ich nicht so war, wie ich in den Augen „der anderen" glaubte sein zu müssen.

Die Gefahr, über die ich hier nachdenke, ist vielschichtig. Ganz offensichtlich besteht sie darin, daß ich, wenn ich jemanden von ganzem Herzen liebe, das Risiko eingehe, mit dem Verlust dieses Menschen „das Wichtigste" auf der Welt zu verlieren. Doch meine Kinder liebe ich von ganzem Herzen. Durch mein Muttersein habe ich für mich entdeckt, daß ich von ganzem Herzen lieben kann, daß ich sie gar nicht anders lieben könnte (obwohl sie mich auch anstrengen und neben meinen besten auch meine schlechtesten Seiten zu sehen bekommen).

Welche andere Gefahr also wäre da noch? Ich vermute, es ist die Angst, die Verantwortung für andere – mehr noch, die Verantwortung für ihr Glück – zu übernehmen und dem nicht gerecht zu werden, obwohl diese Forderung vielleicht außer in mir selbst gar nicht existiert.

Du kannst andere Menschen nicht glücklich machen. Wenn du so, wie du bist, zum Glück eines anderen beiträgst, ist das für beide eine Bereicherung. Es ist jedoch unmöglich, die Last des Glücklichseins (oder Unglücklichseins) eines anderen auf sich zu nehmen, ohne innerlich dagegen zu rebellieren und Gefahr zu laufen, den Respekt für das Selbst dieser Person zu verlieren.

Ich habe oft überlegt, ob für mich und für viele andere Nähe als Zustand, wie zum Beispiel das Nirwana, existiert, den wir nur gelegentlich erfahren. Was die Psychoanalytikerin Charlotte Wolff sagt, beruhigt vielleicht:

„Es ist banal zu erwähnen, daß jede wahre und vollkommene Intimität zwischen Menschen immer nur zeitweilig und manchmal nur für Augenblicke existiert.

Wie könnte es auch anders sein? Die menschlichen Emotionen und Impulse sind ambivalent und schwankend, und wenn wir sie in ihrer ganzen Reichweite ausdrücken müßten, dann würden wir uns selbst und andere verschlingen."

Könnte es sein, daß gerade die Menschen, die zu sehr tiefen Gefühlen fähig sind und *von tiefen Gefühlen in anderen intensiv berührt werden,* die größten Schwierigkeiten haben, ihr Bedürfnis nach Nähe und die Erfahrung von Nähe auszubalancieren? Sie schrecken vor der eigenen Intensität zurück und vermitteln ihren PartnerInnen den Eindruck, daß sie die Beziehung nicht ernst nehmen oder daß ihnen etwas Wesentliches fehlt.

Denn zusätzlich zu meiner Sorge, daß meine Gefühle niemals „genügten", ist es mir in meinem Erwachsenenleben auch immer schwer gefallen zu beurteilen, was von mir in einer quasi-engen Beziehung gefordert wurde. (Bin ich hinreichend „anders"?)

Ich fühle mich sehr schnell von anderen Menschen überwältigt bzw. vereinnahmt, was überhaupt nicht dem entspricht, was tatsächlich von mir gefordert wird. Und wenn ich das Gefühl habe, daß Forderungen auf mich niederprasseln, nehme ich panikartig eine Verteidigungshaltung ein; ich glaube dann, mich abwenden zu müssen, und sei es auch nur, um in mir selbst die Ruhe zum Durchatmen zu finden. In diesem Zustand ist es mir buchstäblich unmöglich, die Bedürfnisse einer anderen Person so zu verstehen, wie sie selbst sie sieht. Überdies verliere ich die eigenen Bedürfnisse völlig aus dem Blick – außer dem Bedürfnis, mich zurückzuziehen, und den daraus folgenden Schuldgefühlen.

Diese Dynamik hat noch eine andere Seite, die die feministischen Therapeutinnen und Autorinnen Luise Eichenbaum und Susie Orbach erforschten. Wenn Menschen, so vermuten sie, ihre Bedürfnisse von Kind an unterdrücken mußten, entsteht in ihnen die Angst, daß diese Bedürfnisse – wenn sie jemals zum Ausdruck kommen – unermeßlich und unstillbar sein könnten,.

Es ist klar, daß das eine Art Spiegel ist: Ich fühle nicht genug für diese Person und kann nicht genug für sie tun. Und ganz tief in mir, kaum erreichbar, steckt die Überzeugung, daß diese Person auch für mich nicht genug empfindet oder tut: *Es ist also besser, sich zurückzuziehen und das Risiko gar nicht erst einzugehen.*

All das hat mit rationalen Überlegungen nichts zu tun. Vernunftmäßig weiß ich sehr wohl, daß ich nicht für die Bedürfnisse anderer einstehen muß und dafür verantwortlich bin, daß sie glücklich sind. Vernunftmäßig schreckt mich auch der Gedanke, daß meine emotionalen Bedürfnisse zu groß sind, um von anderen befriedigt zu werden. Tatsächlich sind die Bedürfnisse ja so tief in mir versteckt, daß ich nur theoretisch von ihrer Existenz weiß und sie auf andere viel eher anwenden kann als auf mich.

Ich bin mir der Ironie, die in dieser verzwickten Situation steckt, durchaus bewußt.

Habe ich nicht jahrelang psychoanalytische und existentielle Literatur studiert; war ich nicht jahrelang in Therapie; habe ich nicht zehn Jahre intensiv gearbeitet, dieses Buch vorzubereiten, und es dann auch geschrieben? Ich weiß doch, daß „meine Sicherheit in mir selbst liegt" und daß ich eine Person infantilisiere und sie ihrer Würde beraube, wenn ich annehme, die ganze Sorge für sie läge in meiner Hand.

Ja, ich weiß das alles. Doch ich spreche von Ausbrüchen in der Gegenwart, die ihren Ursprung in der Vergangenheit haben; von Ängsten, die von innen kommen und keinen Namen haben, aber großen Einfluß auf unser Leben.

Diese merkwürdige und höchst unangenehme Mischung aus Grandiosität und Hilflosigkeit ist nicht nur für mich typisch. In meinem Fall wird sie dadurch verschlimmert, daß ich meine Mutter einerseits leidenschaftlich geliebt und es andererseits nicht geschafft habe, sie vor dem Tod und mich vor Trauer zu bewahren. Allgemeiner gesprochen, aber auch für mich zutreffend, entspringt sie der Unsicherheit über Grenzen: *Wo hörst du auf, und wo fange ich an?* Sie existiert besonders in Menschen, deren emotionale Antennen ständig auf Empfang eingestellt sind, und am wenigsten in Menschen, die sich über das innere Leben und die Bedürfnisse anderer keine Gedanken machen.

Alexandra ist der Ansicht, daß Männer leichter eine robuste Einstellung zur Nähe finden. Sie neidet ihnen, sagt sie, „ihren Ausdruck von Nähe, in dem einige sehr negative Elemente mitschwingen, der aber dennoch um einiges gesünder ist und auf jeden Fall mehr Selbstschutz bietet".

Ihr eigenes Leben bedenkend und sich überlegend, wie sie es gern verändern würde, sagt Alexandra: „Wahrscheinlich würde ich mich in einer engen Beziehung so verhalten wollen, daß ich mich in einen Zustand der Nähe hinein- und wieder hinausbegeben kann, statt mich vereinnahmt zu fühlen und die ganze Beziehung – oder den Menschen – wegstoßen zu müssen, um meine Grenzen wieder zu spüren und zu wissen, wer ich bin."

Feste psychische Grenzen, die eine gewisse „Robustheit" im Umgang mit Nähe ermöglichen, und die Alexandra mit neidischen Augen betrachtet, sind kein Privileg der Männer. Sie haben auch eine häßliche Seite, dann nämlich, wenn dominiert, was „Ich" will, und die Bedürfnisse oder Rechte anderer verdrängt. Dennoch hat Alexandras Bild von einer Nähe, in die ich mich hineinbegebe und auch wieder heraus, für mich große Attraktivität.

Erfolgreiche Nähe

Während ich dies Buch schrieb, fiel mir immer wieder auf, daß fast alle, denen ich von meiner Arbeit erzählte, sich mehr für den Teil über Nähe interessierten als über den, der sich mit dem Alleinsein befaßt. Liegt das daran, daß Nähe eher zugänglich ist, Anlaß zum Austausch von Erfahrungen und in Filmen, Romanen und Werbung ständig thematisiert wird? Liegt es daran, daß „erfolgreiche Nähe" – was in konventionellen Begriffen bedeutet, eine Beziehung anzufangen und sie zu erhalten – gelobt und belohnt wird, während „erfolgreiches Alleinsein" den meisten Menschen nicht als Herausforderung gilt?

Oder liegt es daran, daß die meisten Menschen es für ihre Privatangelegenheit halten, die eigenen Grenzen zu erkennen und ein relatives Maß an Autonomie und Selbsterkenntnis zu erreichen, und für eindeutig sehr viel schwieriger, mit anderen klarzukommen?

Vielleicht ist Nähe deshalb erregender – und erschreckender –, weil Sexualität damit assoziiert wird und weil es zumindest einen Richter gibt – die andere Person in der Beziehung –, der eine

Gesellschaft vertritt, die, oberflächlich, aber wirksam, „bewertet" und die Menschen einteilt in die, die Nähe oder zumindest deren äußere Merkmale vorweisen, und die, die das nicht können. (Die Einsamen und „Unerwünschten" werden gemieden und die anderen hofiert.)

Natürlich ist es ziemlich aussichtslos, die beiden Zustände Nähe und Distanz gegeneinander abzuwägen und zu entscheiden, welcher schwieriger zu erreichen und welcher befriedigender ist. *Das hat damit zu tun, daß du in eine enge Beziehung dasselbe Selbst einbringst wie in das Alleinsein.*

Wenn du fähig bist,

- dir selbst zu vertrauen,
- dich einigermaßen zu mögen,
- in deine Existenz zu vertrauen,
- darauf zu vertrauen, daß die Existenz der anderen von dir getrennt ist,
- darauf zu vertrauen, daß die Existenz der anderen ebenso wertvoll ist wie deine,
- darauf zu vertrauen, daß der Fortbestand deiner Existenz nicht von deren Fortbestehen abhängt,

dann bist du auch in der Lage, Nähe zu einem anderen Menschen zu erleben, Gemeinsamkeiten zu teilen, Verständnis, Akzeptanz, Interesse und Vertrauen aufzubringen, was alles zusammen Nähe ausmacht, so wie die meisten von uns sie verstehen.

Unabhängig von dieser wenig aufsehenerregenden Liste ist es durchaus möglich, vorübergehende Nähe zu einem Menschen zu empfinden, ohne sich für dessen Vergangenheit und Zukunft zu interessieren.

Als Mutter kann ich einen Blick und ein paar Worte mit einer anderen Mutter wechseln, z.B. auf einem öffentlichen Spielplatz, die ein deutliches, wenn auch zeitlich begrenztes Gefühl von Nähe vermitteln. Mit einem Blick kann eine andere Frau mir sagen: „Ich weiß, wie schwer es ist, Sie haben mein Mitgefühl" oder „Ja, aber es lohnt sich trotzdem", und das baut mich auf; genauso wie ich wütend werde, wenn mich ein Blick der Verachtung trifft, weil ich meine Kinder nicht zur Ruhe bringen oder sie daran hindern kann, mit ihren Gefühlen einen öffentlichen (also männlichen und „erwachsenen") Ort zu belästigen.

Diejenigen unter uns, deren Sexualleben nicht ausschließlich monogam ist, kennen intensive sexuelle Nähe, in der der Körper sich gegenüber einem Menschen öffnet, mit dem es sonst keine Nähe gibt oder geben wird.

Was der Körper in einer solchen Situation enthüllt, kann äußerst aufschlußreich sein, weniger für das Gegenüber, sondern mehr für dich selbst. Damit ist die Art Nähe, die ich hier meine, umrissen. Obwohl ich diese auf den Augenblick beschränkten Beziehungen nicht als unwichtig abtun möchte, geht es mir mehr darum, Nähe zu begreifen, die nicht nur ein intensiver Moment der Selbsterkenntnis *in der Gegenwart eines anderen* ist, sondern die Entdeckung des *Selbst-und-des-anderen.*

18. KAPITEL

Die Entdeckung des Anderen

Jede Person, mit der du in Berührung kommst, erlebt dich „anders", und zwar hängt das davon ab, wie sie dich aufgrund ihrer Konstitution erlebt und sieht. Ebenso setzt sich das Anderssein jeder Person, mit der du in Berührung kommst, aus deiner Sicht auf sie und aus den sogenannten Fakten über sie zusammen.

Dieses Zusammenspiel von Selbst und Anderem setzt sich endlos fort:

* Du bist ein Selbst und eine Andere/ein Anderer.
* Die „Anderen" in deinem Leben sind zum Teil deine Schöpfungen.
* Das wiederum wirkt sich darauf aus, wie du dich selbst erlebst.
* Der Grad deines Selbstbewußtseins und deiner Selbstbejahung bestimmt größtenteils, wie du andere wahrnimmst.

Ich habe den Begriff „Andere" benutzt, als verstünde es sich von selbst, was damit gemeint ist, doch das Wesen des Anderen ist immer ein Geheimnis. Es ist ganz unmittelbar ein Geheimnis, denn niemand kann in seiner Ganzheit erkannt werden. Das liegt nicht nur an der fortwährenden Veränderung, der du unterliegst, sondern auch an den Vorgängen im unbewußten Teil deines Selbst, die sich auf dein Wesen auswirken, und an den Abläufen, die du leicht erkennen und identifizieren kannst.

Die Anderen sind ein Geheimnis, die das Geheimnis des eigenen Selbst wiederholen. Du könntest fragen – eine Frage, die sich östliche Mystiker mit großer Hartnäckigkeit stellen –: Gibt es die Anderen überhaupt?

„Wer ist da?" fragt Gott den Menschen, der anklopft.
„Ich bin es."
„Geh fort!" antwortet Gott.
Und als der Mensch wiederkommt und erneut klopft, fragt Gott:

„Wer ist da?"
„Du bist es."
„Komm herein", antwortet Gott.

Sind die Anderen einfach nur eine Vorstellung mit spezifischen kulturellen und sozialen Funktionen, die wir aus unserem Bedürfnis, uns als eigenständige und losgelöste Individuen zu betrachten, entwickelt haben?

Das ist eine berechtigte Frage.

Sie macht es uns aber nicht unbedingt leichter, unsere Beziehungen mit anderen, mit denen wir in Verbindung treten wollen, besser zu verstehen.

Ich gehe also davon aus, daß es auf der Ebene der Erfahrung von uns selbst und anderen Menschen eine Person gibt, die ich „Ich" nenne, und eine, die Nicht-Ich ist und die ich die „Andere", den „Anderen" oder „Du" nenne.

Interessant an dieser Vorstellung ist, daß wer oder was die oder der andere ist, in gewisser Weise eine subjektive Erfahrung ist, die nur zum Teil von den Informationen abhängt, die der Andere vermittelt. Es hängt auch davon ab, was für eine Person ich mir wünsche oder, wenn auch unbewußt, gerade brauche.

Mit meinen Gedanken erschaffe ich mir die Welt.
Mit meinem Selbst die Anderen.

Wenn du das Bild eines Vergewaltigers in der Zeitung siehst, betrachtest du es mit Abscheu. Wenn du der Frau begegnest, die deiner besten Freundin das Herz gebrochen hat, weißt du sofort, daß sie eine gemeine Ziege ist. Wenn dein Partner als Kind von seinen Eltern geschlagen wurde, kannst du dich ihnen gegenüber kaum zu einem normal höflichen Verhalten durchringen. Für jemanden, der das Leben deines Kindes gerettet hat, steht dein Haus in alle Zukunft offen.

Der Wechselstrom der Erkenntnis zwischen meinem „Ich" und deinem „Du" wird gespeist durch meine Wünsche, Vorurteile und die Macht meiner bewußten und unbewußten Bedürfnisse, mit denen ich die vor mir liegenden Fakten färbe. Indem ich das tue, schaffe ich mir meine Version von dir. Das bedeutet, daß du für jeden Menschen, mit dem du in Berührung kommst, ein anderes Du darstellst.

Für mich ist dieser Gedanke spannend, und gleichzeitig verschafft er mir Erleichterung. Auch in den Beziehungen zwischen Eltern und Kindern, in denen es eindeutig Nähe gibt, trifft er zu. Wenn du zwei oder drei Geschwister bittest, ihre Eltern zu beschreiben, erhältst du drei verschiedene Versionen, die alle „wahr" sind. Wahr in dem Sinn, daß sie der wahren Erfahrung des jeweiligen Geschwisterkindes entsprechen.

Wenn du die Eltern bittest, ihr Kind zu beschreiben, entstehen ebenfalls zwei unterschiedliche Bilder, es sei denn, die Eltern haben ihre jeweiligen Versionen untereinander abgestimmt und die Erfahrungen geteilt, so daß eine einheitliche Version entsteht. Das muß allerdings nicht bedeuten, daß ihre Gefühle deckungsgleich sind, es kann im Gegenteil ein Hinweis darauf sein, daß die beiden Erwachsenen keine Unterschiede zulassen können und sich unbewußt geeinigt haben, ihre Interpretationen miteinander zu vermischen und dadurch ihre Ängste zu reduzieren.

Meine Version – die wahre Version

Für mich ist es ungeheuer nützlich zu wissen, daß ich mir meine Version von dir erschaffe. Doch obwohl ich das weiß und darüber hinaus akzeptiere, daß sich meine Version von dir von denen anderer Menschen unterschiedet, *verhalte ich mich so, als gäbe es nur eine Version von dir, nämlich meine.* Ich gehe sogar noch weiter und verhalte mich auch so, als ob meine Version von dir einige wesentliche Wahrheiten enthielte und die *wahre* Version sei, wahrer noch als deine eigene.

Wie selten hörst du sagen: „In meinen Augen ist mein Mann ein gemeiner Hund." Wie häufig hörst du statt dessen Aussagen mit Absolutheitsanspruch: „Mein Mann ist ein gemeiner Hund." „Meine Tochter ist unmöglich." „Meine Frau bemitleidet sich selbst."

Es ist nur menschlich, daß du dir die Zustimmung anderer wünschst, wenn du der Meinung bist, dein Mann sei ein gemeiner Hund. Wahrscheinlich würdest du es ziemlich schweinisch von mir finden, wenn ich dir nicht zustimmte. Mehr noch, ganz tief in deinem Herzen möchtest du sicherlich, daß dein Mann dir auch zustimmt. Wenn er nicht so ein gemeiner Hund wäre, würde er akzeptieren, daß er so ist, wie du ihn siehst, auch wenn seine Erfahrung von sich selbst eine ganz andere ist. Es klingt ungeheuerlich, ich weiß, doch so denken die meisten von uns, auch wenn wir es besser wissen und unseres Denkens und Handelns bewußt sind.

Dasselbe trifft zu, wenn du denkst, daß dein neuer Liebhaber Angelo der netteste Mann ist, den es in deinem Leben und deinem Bett je gegeben hat, denn du wirst wollen, daß ich das auch so sehe. Du möchtest, daß deine Version von Angelo tatsächlich er selbst ist (damit du dir so deine selbst erschaffene Version bestätigen kannst).

Wenn das aber nicht geschieht? Wenn deine beste Freundin dir anvertraut, daß der, den du als gemeinen Hund beschimpft hast, der beste Geliebte ist, den sie je hatte, und dein Angelo ein ehrloser Schurke ist, der sich mit zwei Frauen gleichzeitig trifft, wie reagierst du darauf?

Schmeißt du sie raus und erklärst ihr, daß sie gemein ist und außerdem unrecht hat? Bricht dein selbst erschaffenes Bild zusammen: Der gemeine Hund ist doch nicht so übel, und Angelo ist oberflächlich und unaufrichtig? Bricht dein Selbstgefühl zusammen und untergräbt dein Vertrauen in deine Urteilsfähigkeit?

Es sollte nicht so schwierig sein zu akzeptieren, daß ein Mensch, *so wie du ihn erlebst*, zum Teil deine eigene Schöpfung ist.

Doch es erweist sich als schwierig und manchmal sogar unmöglich. Unmöglich deshalb, weil du ein hohes Maß an Eigenverantwortung akzeptieren mußt, wenn du erkennst, daß du dir das Bild vom „Anderen" selbst schaffst. Nur wenige von uns sind dazu bereit.

Außerdem ist es schwierig, weil du voller Phantasie bist und die Fähigkeit hast, durch deine Wünsche, Bedürfnisse und Sehnsüchte eine/n „Andere/n" zu schaffen, die/der besser oder schlechter ist als die Fakten, die vor dir liegen. Und schließlich hast du den Drang, die Menschen um dich her zu kontrollieren.

Warum solltest du das tun?

Die kurze und mittlerweile vertraute Antwort sagt, daß du so deine Angst vor Hilflosigkeit reduzieren kannst, die ja direkt zu deinen Ängsten in der Kindheit zurückzuverfolgen ist, als die

Mutter (deine erste und wichtigste „Andere") allmächtig war und du wirklich davon abhängig warst, daß sie sich für deine Bedürfnisse zur Verfügung stellte und so deine Welt sicher machte.

Die Wirklichkeit hat sich aber verändert. Du brauchst jetzt diese totale Aufmerksamkeit nicht mehr, von der dein Überleben abhängt. Doch ein Teil von dir weiß das nicht. Wenn Menschen sich nicht so verhalten, wie du es für das Beste hältst – für dich selbst, wenn schon nicht für sie –, kann es gut sein, daß du in Panik gerätst.

Es kann zutiefst beunruhigend sein – wie Eltern Heranwachsender bestätigen können –, mit anderen zusammenzuleben, die sich weigern, dir auch nur den Schimmer der Illusion zu lassen, daß du in irgendeiner Weise Kontrolle über ihr Leben hast.

Die Gründe sind relativ einfach.

Die Welt ist beängstigend und furchterregend. Was du nicht kontrollieren oder vorhersehen kannst, mag als unerträgliche Bedrohung erscheinen. Diese so menschliche Angst ist schon immer ausgenutzt worden, seit es Führer und Politiker gibt, und genau diese Angst wird von den Rechten angesprochen, wenn sie den Menschen die leere Versprechung machen, Ordnung, Berechenbarkeit und Kontrolle herzustellen.

Liberalere Traditionen bekennen sich zur Idee, daß alle so frei sein sollen – frei, sie selbst zu sein – wie du. Doch auf einer Ebene, die nur wenig unter unserer rationalen Oberfläche, unseren guten Manieren und unserem wohlmeinenden Liberalismus liegt, besteht der heftige Wunsch, *unsere eigenen Wünsche mögen die maßgeblichen sein.* So halten wir die Angst in Schach, die sich bei der Umsetzung dieser kostbaren Ideale – Unterschiedlichkeit, Veränderung und Freiheit – von der Theorie in die Praxis einstellt.

Die Vereinnahmung

Noch einmal müssen wir hervorheben, wie wichtig es ist, daß wir ein starkes Selbstgefühl entwickeln und erhalten.

Unter der Überschrift „The Myth of Endless Love" schrieb Dennis Altman in einem Zeitungsartikel Mitte der achtziger Jahre: „Die Feministinnen hatten recht, als sie betonten, sich selbst zu lieben sei die Voraussetzung, um einen anderen Menschen lieben zu können. Damit meine ich nicht, daß man sein eigenes Wohlergehen an die erste Stelle stellt, wie das in den amerikanischen Bestsellern thematisiert wird, sondern eher so, wie der Drehbuchautor des Films *The Clinic* es meinte, als er schrieb: ‚Eine Beziehung läuft erst dann gut, wenn beide akzeptieren, daß sie schon morgen zu Ende sein kann und daß sie, wenn das eintritt, überleben werden.‘"

Damit ist nicht Unangreifbarkeit und Unverletzbarkeit gemeint. Auch schließt es die Möglichkeit zu trauern, wütend oder bekümmert zu sein, wenn eine Beziehung zerbricht, nicht aus. Es schließt aber die Möglichkeit aus, daß ich ohne dich nicht mehr existiere.

Die zentrale Frage ist also nicht: Bin ich mit jemandem zusammen? sondern: Bin ich jemand?

Je bedürftiger du bist und je weniger du darauf vertraust, daß jemand in deiner inneren Welt einen Platz hat, desto wahrscheinlicher ist es, daß du niemanden an dich heranläßt – oder aber, daß du jemanden vereinnahmst.

„Vereinnahmung" ist nicht dasselbe wie Nähe. Sie bedeutet, daß du jemanden benutzt, um deine emotionalen Unzulänglichkeiten auszugleichen, die darauf zurückzuführen sind, daß du als Kind nicht die Liebe und Fürsorge empfangen hast, die du brauchtest. Menschen, die andere vereinnahmen, sind nicht abstoßende Vampire, sondern womöglich charmante und redegewandte Menschen, die überzeugend eine echt wirkende Nähe bieten, die du leicht für echte Nähe halten könntest – bis du näher dran bist.

Lucy Goodison hat interessante Dinge über psychologische und spirituelle Themen gesagt. Sie vermutet, daß viele Menschen mit charismatischer Ausstrahlung einen neurotischen Drang nach Nähe verbergen, der sich aus ihrer Unfähigkeit, Alleinsein zu ertragen, erklärt. Das Bedürfnis, das sie ausstrahlen, ist verführerisch und vermittelt anderen das Gefühl, bei ihnen „einen Platz" zu finden. Typisch für diese Menschen ist ihre Offenheit und ihr alles umfassender Charme, mit dem sie sehr wirkungsvoll Gefühle von Leere überdecken. Diese Leere macht Angst, die sie sich nicht eingestehen. Man vermeidet sie, indem man andere vereinnahmt, die die Leere ausfüllen sollen.

Der zwanghafte Frauenheld, dessen größte Befriedigung ist,

eine Frau nach der anderen zu erobern, gehört in diese Kategorie. Ein Teil seiner Verführungskunst liegt sicherlich in der potenten Mischung aus sexueller Energie und emotionaler Bedürftigkeit, die er bewußt und unbewußt zur Schau stellt.

Eine verführerische Frau, die viele Liebhaber hat, aber keine Lust am Sex, offenbart damit möglicherweise ebenfalls eine innere Leere, die sie zu immer neuen Erfahrungen treibt, um sich vor der unerträglichen Selbsterkenntnis oder dem Bewußtwerden des Mangels an Selbstgefühl zu schützen.

Männern, die gegenüber Frauen Gewalt anwenden, fehlen in Goodisons Augen die Ego-Grenzen, in denen sie ihre Verletzbarkeit halten. Sie vereinnahmen eine Frau und machen sie zu ihrem Besitz. Diese Inbesitznahme ist für Goodison die äußerste Gewalt. Die vereinnahmte Frau wird für den Mann Teil seiner selbst und kann herumgestoßen, ausgestoßen oder einfach „gestoßen" werden. Vereinnahmen und wieder verstoßen sind zwei Aspekte desselben neurotischen Verhaltens. Das Verstoßen muß nicht mit körperlicher Gewalt einhergehen, es kann sich auch in emotionaler Gewalt oder Vernachlässigung zeigen. Karin May: *Sie wird aufgenommen und abgelegt/was soll sie tun/außer es als Herabsetzung verstehen?/Soll sie entsetzt sein?/Was um Himmels willen hat sie denn erwartet?*

Diese Leere/Offenheit ist ein psychischer Schmerz, der nicht geschlechtsspezifisch ist, doch die Auswirkungen sind je nach Geschlecht verschieden.

Wenn eine Frau das Gefühl hat, keine inneren Grenzen zu haben, und die Erfahrung macht, in Besitz genommen, „vereinnahmt" zu werden, reagiert sie gewalttätig oder, häufiger, wie gelähmt. Doch wenn sie zur Gewalt greift, richtet sie die eher gegen sich selbst und nicht gegen den Mann, der sie zu unterwerfen droht.

19. KAPITEL

Wenn Nähe möglich wird

Oscar und Jude sind Anfang zwanzig. Beide sind in ihrem Beruf erfolgreich und glücklich. Ihre Freizeit ist hektisch und voller Betriebsamkeit. Sie sind so optimistisch, wie das für zwei junge Zyniker möglich ist, und sie haben einander. Sind sie glücklich?

Ihr Sexualleben ist wunderbar. Beide erwähnen das sofort und sprechen ausführlich darüber. Doch Glück... sie zögern.

Jude sagt: „Ich weiß nie, was Oscar gerade macht. Es treibt mich zum Wahnsinn, er ist immer so locker und unverbindlich. Selbst jetzt, wo wir zusammenleben, habe ich das Gefühl, daß ich ihn nie festnageln kann. Ich weiß, er hält mich für eine Nörglerin, aber manchmal habe ich Angst, und das macht mich ganz verrückt."

Oscar sagt: „Ich verehre Jude. Sie ist phantastisch und sehr hübsch, wie man sehen kann, aber sie will die ganze Zeit wissen, wo ich bin. Wenn ich nicht bei ihr bin, hängt sie am Telefon und versucht herauszubekommen, wo ich bin. Es ist gar nicht mehr möglich, daß ich mit anderen Leuten ausgehe. Sie macht dann so ein Theater, daß es sich einfach nicht lohnt. Im Grunde läßt sie mich nur zur Arbeit weg oder wenn wir zusammen ausgehen, sonst nicht. Letzte Woche zum Beispiel war sie einverstanden, daß ich mich mit ein paar Studienfreunden treffe, aber als ich nach Hause kam, hat sie ein Theater gemacht und einfach geleugnet, daß sie einverstanden war."

Wer von beiden ist ausgegangen?

Der Zusammenbruch von Nähe – wo sie einmal existiert hat – läßt sich häufig auf zwei Faktoren zurückführen:
- *Die Weigerung der anderen Seite, dein Bedürfnis nach Kontrolle zu akzeptieren und zu unterstützen.*
- *Die Zerstörung deiner Illusion, wer die/der andere ist.*

Wenn die/der andere nicht mehr dem Bild entspricht, das du dir (aufgrund deiner Bedürfnisse und Wünsche) geschaffen hast, kann das für dich unerträglich werden.

Vielleicht fühlst du dich betrogen, oder du empfindest einen enormen Verlust. Du hast nämlich deine Hoffnung verloren, daß du eine Person gefunden hast, die zu dir paßt – oder von der du geglaubt hast, daß sie zu dir paßt. Noch wesentlicher aber ist der Verlust der süßen Illusion, daß du mit dem idealen Anderen auch noch etwas anderes hast: das Gefühl der Ordnung und Kontrolle in deinem Leben und einen gewissen Schutz vor dem Chaos.

Viele halten an dieser Illusion fest. Sie aufzugeben ist schwer.

Wenn Nähe Bestand hat – damit meine ich, daß Vertrauen, gegenseitige Verantwortung und die Freude aneinander über die romantische Phase der Illusion hinaus bestehen –, dann deshalb, weil du mit dem Unterschied zwischen deinem Ideal und dem Menschen, der sich dir allmählich mit all seinen Überraschungen, menschlichen Schwächen und Fehlern offenbart, zurechtkommst.

In anderen Worten heißt das, daß Nähe eine Chance hat, wenn du akzeptieren kannst, daß die/der andere nicht dazu da ist, deine Bedürfnisse, Sehnsüchte und Wünsche zu stillen, sondern daß sie/ er ein Mensch ist, dem du vertrauen und dessen Anwesenheit du genießen kannst.

Fällt es schwer, sich das vorzustellen?

Um auf Oscar und Jude zurückzukommen: In einer idealen Welt würde Jude akzeptieren, daß Oscar nicht dieselbe Vorstellung von Gemeinsamkeit hat wie sie. Sie würde verstehen, daß es ein Teil von Oscars Charakter ist, seinen Tagesablauf nicht in allen Einzelheiten offenzulegen, und daß er es manchmal braucht, mit anderen Leuten ohne Jude zusammenzusein. Jude wäre es wahrscheinlich lieber, wenn Oscar ganz anders wäre. Doch Jude kann Oscar durch ihren Wunsch nicht zu diesem idealen Menschen umformen, noch kann sie den Versuch anstellen, ohne großen Schaden zuzufügen (sich selbst, dann Oscar und schließlich der Beziehung).

In einer idealen Welt würde Oscar vielleicht herausfinden, daß er zwar möchte, daß Jude „freier" und selbständiger ist, daß aber ein Teil von ihm selbst die Rückversicherung braucht, die ihm ihre Aufmerksamkeit gibt, wenn sie hinter ihm hertelefoniert, ihn anschreit und ihm eine Szene macht.

Wir könnten spekulieren, daß Oscar, obwohl er sich beschwert, diesen Aspekt der Beziehung fördert und Jude unbewußt zu ihrem kontrollierenden Verhalten ermutigt. Er könnte – unter Anleitung – überlegen, wie sein Ideal von Jude aussieht und wie die Jude aussieht, die er tatsächlich erlebt, und zu verstehen versuchen, was er von dem ziemlich drastischen Unterschied zwischen den beiden Judes hat. Danach dann kann er Jude statt der theoretischen die tatsächliche Freiheit einräumen, ihr Selbst innerhalb einer Beziehung zwischen Selbst und Anderem auszudrücken.

Von außen betrachtet scheint es zudem, daß sich der Umgangston der Beziehung so weit abkühlen könnte, daß Gespräche und Annäherung möglich wären, wenn beide sich des anderen sicherer wären. Doch bevor sich die Beziehung stabilisieren kann, müssen beide zu einem stabilen Selbstgefühl gelangen und das Gefühl entwickeln, daß wenigstens ein Teil ihrer Sicherheit in ihnen selbst liegt und nicht in den Händen der anderen.

Wenn das eigene Selbstgefühl nur mangelhaft ausgeprägt ist und die PartnerInnen nicht klar zwischen Selbst und Anderen unterscheiden, können sie sich kaum aufeinander beziehen. Es wird zwar viel gefordert, aber ein Großteil davon bleibt unerhört und unerfüllt.

Zwar haben sowohl Jude als auch Oscar das Gefühl, daß ihre Bedürfnisse nicht befriedigt werden, doch fällt es ihnen schwer, die Position der jeweils anderen zu verstehen oder deren Standpunkt anzuerkennen. In der gegenwärtigen Situation machen beide sehr viel Aufhebens um das, „was ich will", während der Kontakt zum eigenen Selbst brachliegt und auch die Bereitschaft fehlt, den anderen in seiner Ganzheit zu akzeptieren.

Bedeutet das, daß die Beziehung von Jude und Oscar der Nähe entbehrt?

Ja und nein. Ihre Beziehung scheint sie aneinander zu binden, sie sehen sich als jeweils vom anderen abhängig. Es scheint jedoch keine Beziehung zwischen zwei eigenständigen Selbsts zu sein, sondern eher eine, in der die Funktionen eines jeden Partners – bzw. ihre mangelndes Funktionieren – dominieren.

Beide sind von den eigenen Bedürfnissen völlig eingenommen, und beide sind nicht in der Lage zu sehen, wie das zu den Bedürfnissen der/des anderen paßt.

Wenn die Bedürfnisse zusammenpassen – beim Sex –, ist die Beziehung sehr glücklich. Wenn sie jedoch nicht miteinander harmonieren – da, wo es um die gemeinsam und die getrennt verbrachte Zeit geht –, hört die Beziehung auf, diesen Namen zu verdienen, und mündet in einen Kampf um die Vorherrschaft.

Keine Nähe ohne Isolation

Befriedigende Erfahrungen von Nähe setzen das Bewußtsein voraus, daß Isolation ebenso ein Teil des menschlichen Lebens ist wie Nähe. Ohne die Akzeptanz des „wesentlichen Alleinseins", die zur menschlichen Existenz gehört, ist die Erfahrung von Nähe oft schwierig.

Als ich von Jude und Oscar nach Hause kam, nahm ich mir meine Aufzeichnungen vom Gespräch mit Rebecca vor. Rebecca hatte auf dem Fußboden ihrer Wohnung in Soho gesessen und über ihr gegenwärtiges Leben und Glück sinniert. Dabei betonte sie die wichtige Rolle ihres neuen Partners in dem Prozeß, in dem sie neue und freiere Verhaltensweisen für sich entdeckt habe.

„Du mußt jemanden finden, der dich nicht unter Kontrolle haben will und dich so läßt, wie du bist. Dem du gefällst, wie du bist, und nicht, wie er dich haben will. Ich habe ewig gebraucht, bis ich mich daran gewöhnt hatte. Ich hatte immer noch die alten Vorstellungen... aber es war einfach umwerfend, jemanden kennenzulernen, der einen nicht vereinnahmen will, sondern der dich beobachtet, wenn du du selbst bist! Das war wirklich unglaublich. Ich kann das erst langsam genießen. Meine Partner davor waren Musiker und alle sehr egozentrisch. Sie wollten mich als Teil ihrer Welt haben. Die war durchaus attraktiv. Es waren auch keine unattraktiven Männer, überhaupt nicht, und sie waren sehr stimulierend. Aber nicht wie er. Sie wollten mich als ihren Besitz haben und mir einen Platz in ihrer Welt zuweisen. Sie wollten mich nicht aus der Entfernung sehen. Und obwohl auch Probleme aus Distanz und einer distanzierten Beziehung entstehen, gibt es auch viele positive Dinge – die ich gerade entdecke."

Zwei Hälften, die ein Ganzes werden – das ist immer noch der Mythos, der einer romantischen Liebe zugrunde liegt. Doch insge-

samt sind sich die Menschen bewußter geworden, daß da, wo es zum Verlust des Selbstgefühls kommt, auch die Beziehung verarmt oder in Gefahr gerät.

Doch viele Beziehungen überleben nur, weil eine Person zu Flexibilität fähig ist; weil sie mehr gibt, als sie nimmt; weil sie mehr akzeptiert, als sie fordert; weil sie sich verändert, wenn eine Veränderung nötig ist.

Dabei ist es kein Zufall, daß diese Person in einer heterosexuellen Partnerschaft häufiger die Frau ist, deren Selbstgefühl weniger an das Ego gebunden und damit anpassungsfähiger ist. Es ist darüber hinaus auch kein Zufall, daß die Frau eher in Gefahr gerät, ihr einzigartiges Selbst einem Wir-Selbst unterzuordnen, und damit auf die Bedürfnisse des männlichen Partners eingeht.

Dafür gibt es viele Gründe:

- Die Frau ist viel mehr darauf sozialisiert, ihre ganze Aufmerksamkeit anderen zu widmen, statt über sich selbst ein Bewußtsein zu erlangen (in der Annahme, daß Selbsterkenntnis mit Egoismus gleichzusetzen ist).
- Die Frau ist häufig flexibler als der Mann.
- Ihr Selbstgefühl wird häufig nicht von Gedanken belastet, wie die Welt sie sieht.
- Ihr Selbstwert definiert sich wahrscheinlich aus ihrer Fähigkeit, das Leben für andere angenehm und erträglich zu machen.

Doch die Bereitschaft, sich anzupassen, bewahrt sie nicht vor der Gefahr, sich in der Beziehung aufzugeben: eher im Gegenteil. Darüber hinaus versucht sie womöglich noch die Unfähigkeit ihres Partners auszugleichen, seine Innenwelt zu erkennen und sich auf andere einzustellen, was besonders erschwert werden kann, wenn er in seiner sachlichen und rationalen Art ihre intuitive Vorgehensweise eher verächtlich betrachtet.

Ein Selbst stellt sich auf das andere ein

Auch in lesbischen und schwulen Beziehungen paßt sich häufig eine PartnerIn der anderen mehr an, wobei das bewußt oder unfreiwillig geschehen kann. Zwei schwule Männer, denen ich bei einem Theaterfestival begegnet bin, machen das deutlich.

Larry ist Schauspieler und Regisseur, der in Theaterkreisen weltweites Ansehen genießt. Jack und er sind seit fünf Jahren zusammen. Jack war ein guter Sportlehrer, doch Larry reiste nicht gern allein, und Jack mochte Larry nicht ziehen lassen, so daß Jack schließlich seinen Beruf aufgab, um sich ganz der Beziehung mit Larry zu widmen.

So weit, so gut. Doch im Gespräch mit diesen beiden Männern lassen sich die gleichen Muster des Wir-seins erkennen, die auch bei heterosexuellen Paaren zu beobachten sind.

„Dieses Jahr setzen wir uns ab", sagte Jack. „Wir haben so viele wunderbare Einladungen erhalten, und nachdem wir mehrfach hintereinander dieselben Sachen auf die Bühne gebracht haben, brauchen wir einfach frische Luft. Dieses Jahr wird uns die Möglichkeit bieten, darüber nachzudenken."

Schreibt Jack die Stücke mit Larry zusammen?

Nein, das tut er nicht, aber seine Identität ist völlig mit Larrys verwoben. Solange die gegenseitige Faszination anhält, mag das auch gut funktionieren, doch wenn einer von beiden ein bißchen mehr Bewegungsfreiheit braucht, könnte das für den anderen ein vernichtender Schlag sein und die wir-bestimmte Beziehung plötzlich aufbrechen.

Nora und Hilary sind ein lesbisches Paar, das ich längere Zeit kannte. Jede hatte ihren Beruf, und gemeinsam besaßen sie einen kleinen Bauernhof, wo sie sich der Schaf- und Hühnerzucht widmeten und in ihrem großen wilden Garten wie eine beeindruckende Nachahmung von Vita und Virginia wirkten.

Verständlicherweise waren sie stolz auf ihre Beziehung, die sie durch ihren Besitz, ihre Tiere und Pflanzen, aber auch in der Art und Weise zum Ausdruck brachten, wie die eine die andere „darstellte".

Ob sie nun allein oder zusammen waren, in ihren Gesprächen gab es immer zahlreiche Hinweise auf die Fähigkeiten der anderen. Eine jede glänzte durch und für die Partnerin.

„Wie klug sie ist/wie klug ich bin."

„Wie erfolgreich sie ist/wie erfolgreich ich bin."

„Wie liebenswert sie ist/wie liebenswert ich bin."

Natürlich ist nichts dagegen einzuwenden, sich an der geliebten

Person zu erfreuen, doch schon damals, zwischen den Hühnern und den Rosen, schien eine Vermischung der Identitäten stattzufinden, die die Grenzen zwischen den Selbsts verwischte.

Nora und Hilary lebten doch nicht glücklich bis an ihr Lebensende, zumindest nicht zusammen. Die Trennung vollzog sich auf sehr unerfreuliche Weise und wurde – fast unvermeidlich – durch einen dritten Menschen ausgelöst. (Ich sage „fast unvermeidlich", weil eine Person, die so tief in eine wir-bestimmte Beziehung einbezogen ist, häufig den Bruch, wenn denn einer nötig ist, nicht aus eigener Kraft herbeiführen kann.)

Mehrere Jahre danach hat jede Frau eine Geschichte zu erzählen, in der ihr Schmerz, unverarbeitete Trauer, der Zorn auf die andere und Vorwürfe zum Ausdruck kommen – wobei die beiden Versionen sich gegenseitig spiegeln, denn beide haben das Gefühl, verletzt, betrogen und mißverstanden worden zu sein.

Die gemeinsame Enttäuschung ähnelt in ihren Ausmaßen der gegenseitigen Idealisierung, die für sie so belebend war.

Eine Beziehung zwischen gleichgeschlechtlichen Menschen kann eine Verständnisebene schaffen, die Menschen in heterosexuellen Beziehungen neidvoll betrachten und sich wünschen. Doch solche Beziehungen geraten genauso in Gefahr, wenn zu viele Bedürfnisse in sie hineingetragen werden oder wenn das Wechselspiel zwischen Selbst und Anderem ohne jeden Abstand voneinander vorgeführt wird, denn damit werden die individuelle Kraft und Stärke und das lebenswichtige Selbstgefühl ausgehöhlt.

Es läßt sich unmöglich sagen – und es bringt auch nichts –, ob Noras und Hilarys Beziehung hätte gerettet werden können, wenn sich die beiden Frauen innerhalb der Beziehung mehr als zwei eigenständige Menschen gesehen hätten statt des übergroßen Wir-Selbst, das nur durch eine gewaltige Erschütterung aufgebrochen werden konnte. Die Folge war, daß die Beziehung an sich, die viele positive Aspekte hatte, zerstört wurde.

Doch ich spreche hier nicht von bewußter Entscheidung. Ich spreche von zwei Frauen, die auf der kräftigen Woge der Leidenschaft in eine Beziehung getragen wurden und sich sehr glücklich glaubten, die dann aber in ebenso dramatischen Tönen ihr Unglück beklagten und sich nicht fragten, ob die Beziehung auch anders hätte verlaufen können.

Wie die meisten von uns ließen Nora und Hilary sich von ihrer Beziehung völlig in Anspruch nehmen, erkannten aber nicht, daß sie auch bewußte Entscheidungen treffen konnten.

Läuft die Sache so, wie wir beide es wollen?

Läuft die Sache so, wie jede einzelne es will?

Könnte sie anders verlaufen?

Wie könnten wir sie verändern?

Wirst du es überstehen, wenn ich sage, was ich meine?

Vielleicht werden die beiden Frauen später erkennen, wie sie sich in eine Beziehung verstrickt hatten, in der die Grenzen zwischen Selbst und Anderem verwischten. Doch ohne den Abstand, den der Rückblick ermöglicht, ist es nur zu leicht, sich in Gefühlen zu verlieren und den Verstand auszuschalten.

Wenn Gefühle und Vernunft sich vermengen, ist es schwer:

- die Vergangenheit von der Gegenwart zu trennen,
- zwischen dem Selbst und dem Anderen zu differenzieren,
- nicht in krassen Gegensätzen zu denken („sie hat unrecht, ich habe recht").

Wer sich selbst als getrenntes Selbst sieht und Nähe mit einem weiteren eigenständigen Selbst erfährt, kann auch Unterschiede zulassen, ohne sich dadurch bedroht zu fühlen.

Unterschiede und die Unvermeidbarkeit von Veränderungen zu akzeptieren, kann als mangelndes Interesse oder fehlende Zuneigung erlebt werden. Vielleicht ist das sogar manchmal der Fall, doch muß es so nicht sein. Die bewußte Bereitschaft, Unterschiede mit einzubeziehen, reflektiert ein starkes Interesse an der Entwicklung und dem Wohlergehen der anderen Person. Auch die Erkenntnis, daß deine Lebendigkeit und Veränderbarkeit mir selbst zunutze kommt, mag darin stecken. Denn es gibt wohl kaum eine erdrückendere Situation, als wenn jemand an der Vergangenheit festhält und dich nicht aus ihr freigeben möchte.

Grenzen tun der Nähe gut

Nähe zu spüren, bedeutet für mich, mir selbst in der Gegenwart einer anderen Person treu zu sein und zu akzeptieren, daß sie in meiner Gegenwart sie selbst bleibt.

Nähe zu spüren, bedeutet nicht:

- sich so zu verhalten, als wären wir eine Person;
- der anderen vorzuschreiben, wie sie sich zu verhalten hat;
- von ihr zu erwarten, daß sie sich deiner Bedürfnisse annimmt;
- sie abzuwerten, weil du glaubst, sie muß das hinnehmen.

Diese Pseudo-Nähe richtet oft großen Schaden an, nicht zuletzt, weil sie das Gefühl der persönlichen Stärke aushöhlt, die für eine befriedigende Beziehung mit der anderen und mit sich selbst so wesentlich ist.

Die Pseudo-Nähe kann folgendes bewirken:

- Dein Gefühl von dir selbst schrumpft, statt zu wachsen.
- Deine Abhängigkeit von der „besseren Hälfte" wächst.
- Das Gefühl, *wer dein Leben bestimmt*, ist verschwommen.
- Dein Gefühl für die Welt da draußen schwindet.

Der Analytiker Robert Stein, ein Anhänger Jungs, erklärt, daß das Bedürfnis, sich zu zweit zusammenzutun, mit dem Bedürfnis, die Paarung aufzuheben, Hand in Hand geht. Sobald unser Instinkt uns auf einen anderen Menschen zugehen läßt, stellt sich auch das Bedürfnis ein, sich zu trennen, so daß sich sagen ließe, unsere Seele möchte sich gleichzeitig binden und ungebunden bleiben.

Wenn zwei Menschen zusammen sind und sich ihres Zusammenseins ebenso erfreuen wie des Getrenntseins, wenn sie zudem eine Reihe von Beziehungen außer der mit der SexualpartnerIn aufrechterhalten, unterscheidet sich ihre Erfahrung ganz erheblich von der, die die Deckungsgleichheit der Gefühle und der Ziele anstrebt – ungeachtet des Preises, den das fordert.

Claudine spricht aus ihrer Erfahrung in der Ehe und in mehreren Langzeitbeziehungen mit Frauen.

„Für mich bedeutet Nähe, daß ich die Grenzen meiner Persönlichkeit, die mich von den anderen Menschen trennen, aufgebe. Aber ich betrachte das als eine vorübergehende Verschmelzung, die nur deshalb möglich ist, weil sie vorübergehend ist und nicht von Dauer. Ich vermute, daß in Situationen, in denen die Verschmelzung dauerhaft ist, eine der beiden die Kontrolle hat, auch wenn die andere sich damit einverstanden erklärt. Doch in meinen Augen ist es nicht Nähe, wenn eine die Kontrolle hat. Ich verstehe Nähe so, daß beide die Kontrolle aufgeben."

Als ich über Claudines Definition nachdachte, wurde mir klar, *daß die bewußte Entscheidung, Abgrenzung aufzugeben, nur bei einem relativ sicheren Selbstgefühl möglich ist.*

Der Begriff der Abgrenzung ist ebenso wie der des Selbst und des Anderen nur ein Konzept, das auf vielerlei Weise gefüllt und interpretiert werden kann, doch in unserer tatsächlichen Erfahrung ist er normalerweise klar definiert. Die meisten von uns wissen, ob sie das Gefühl der „Abgrenzung" in ihren Beziehungen mit anderen Menschen haben.

- Deine Abgrenzung macht dir deutlich, wo du aufhörst und andere anfangen.
- Deine Abgrenzung ermöglicht es dir, mit mir zu fühlen, wenn ich verletzt bin, und zu erkennen, daß es meine Verletzung ist – und nicht deine.
- Deine Abgrenzung ermöglicht dir zu verstehen, daß mein Ärger sich nicht unbedingt gegen etwas richtet, das mit dir zu tun hat, und daß es nicht deine Aufgabe ist, mich aufzumuntern, wenn ich niedergeschlagen bin.
- Deine Abgrenzung erlaubt es dir zu verstehen, daß dein Ärger, deine Niedergeschlagenheit oder deine Angst nicht meine Schuld sind und daß du deine Gefühle nicht an mir abreagieren solltest.

In anderen Worten heißt das, daß wir beide in einer gemeinsamen Beziehung und mit Bewahrung unserer Abgrenzung viel füreinander empfinden können, während wir gleichzeitig anerkennen, daß wir nicht gegenseitig für emotionales Wohlergehen oder Nicht-Wohlergehen verantwortlich sind.

Natürlich bedeutet das nicht, daß ich dich nicht unglücklich machen kann oder daß du meinen Tag nicht um vieles bereichern kannst. Zwei Menschen in einer engen Beziehung haben eine anhaltende und häufig tiefgehende Wirkung auf die Gefühle des anderen. Zur Nähe gehört, sich dieser Wirkung bewußt zu werden und sie ernst zu nehmen.

Was allerdings nicht dazugehört, ist das Gefühl, daß mein Glück von dir abhängt. Oder daß du das Recht hast, mich unglücklich zu machen, weil wir zusammenleben.

Ein Zitat von Rainer Maria Rilke drückt es besonders schön aus:
Wir haben, wo wir lieben, ja nur dies:
Einander lassen; denn daß wir uns halten,

das fällt uns leicht und ist nicht erst zu lernen.
(R.M. Rilke, *Requiem für eine Freundin*)

Das Festhalten brauchen wir nicht zu lernen, weil wir das in unserer Familie schon gelernt haben – entweder weil wir es da erfahren haben oder weil wir es brauchten und unser Verlangen danach spürten. In der Familie kommt es besonders häufig zu einer Vermengung von Selbst und Anderem. Die Angst, daß Nähe zum Verlust des Selbst führt, was viele Menschen mit dem Leben in der Familie gleichsetzen, bewirkt häufig, daß Menschen ein Leben lang vor der Erfahrung von Nähe zurückschrecken.

20. Kapitel

Unbewußte Grenzen der Nähe

Wenn zwei Menschen in einer Beziehungen sich gegenseitig gestatten, zu wachsen und sich zu verändern, müssen sie zunächst anerkennen, daß beide je eigenständige Individuen sind mit einem Anrecht auf Respekt und „Raum" für Entwicklung, *auch wenn das nicht deinen Vorstellungen entspricht.*

Doch auch diese lebenswichtige Information wird dich nicht automatisch davor schützen,

- Selbst mit Anderem,
- Vergangenheit mit Gegenwart,
- Gedanken mit Gefühlen zu vermengen.

Und es ist auch keine Garantie, daß deine Bedürfnisse innerhalb der gegenwärtigen Beziehung erfüllt werden. Vielleicht ist es noch nicht einmal hilfreich, wenn du versuchst, eine neue Qualität von Nähe in zukünftige Beziehungen einzubringen.

Warum nicht?

Wegen deiner Geschichte, die sich immer wieder in den Vordergrund drängt, wegen der Aspekte deines Lebens, die unterdrückt und unbewußt sind. In einer engen Beziehung, in der du dich nicht hinter der Maske der alltäglichen Höflichkeiten versteckst, kann dein Unbewußtes sehr kräftig wirken, und oft verstehst du nicht, was geschieht oder welche Konsequenzen daraus erwachsen.

Diese von unbewußten Kräften gesteuerten Verhaltensweisen werden unter der Überschrift *Ego-Verteidigungsmechanismen* zusammengefaßt. Die darunter subsummierten Begriffe sollten mit Vorsicht benutzt werden, doch gleichzeitig können sie helfen, chaotisches und unkontrolliertes Verhalten zu ordnen, das aus dir selbst oder deiner Beziehung mit anderen Menschen kommt.

Verhaltensmuster dieser Art entstehen nicht nur in Paaren oder Familien. In den meisten Fällen sind sie äußeres Zeichen eines inneren Konflikts und hindern dich daran, Nähe über einen längeren Zeitraum aufrechtzuerhalten oder überhaupt *Nähe zu erleben.* Die Geschichte von Abraham und Daisy veranschaulicht, was ich meine.

Abraham und Daisy sind zwei nette, wohlmeinende Menschen, die in einer eleganten, karg möblierten Wohnung im Herzen einer Großstadt leben.

Daisy ist von Abrahahm genervt. Ihre Periode ist fällig, und sie hat keine Zeit gefunden, schwimmen zu gehen. Das einzige, was ihre Stimmung in letzter Zeit hebt, ist, daß Gary, einer der begehrtesten Männer in ihrer Firma, ihr seit einiger Zeit den Hof macht. Sie genießt das, hat aber gleichzeitig Schuldgefühle.

Sie und Abraham fühlen sich einer monogamen Beziehung verpflichtet. Das ist nicht nur das Gesündeste, sondern auch die einzige Art der Beziehung für Menschen wie sie (denkt Daisy, ohne sich dessen bewußt zu sein).

Abraham kommt mit Curry-Hühnchen aus dem chinesischen Restaurant nach Hause. Daisy begrüßt ihn mit einem warmen Lächeln. Sie blättert in einer Frauenzeitschrift, in der Artikel über die besten Methoden, einen Mann zu ergattern und zu halten, abgedruckt sind. Für Daisy ist das ein wichtiges Thema.

Als sie die letzten Knochen des Hühnchens abgenagt und auch die Flasche Apfelwein ohne künstliche Zusätze geleert haben, erwähnt Abraham zum wiederholten Mal seine Kollegin Juliana. Er steigert sich geradezu in Begeisterung, als er von Julianas großem Erfolg bei den Vorbereitungen für ein Blockflötenkonzert mit ihrer Klasse lernbehinderter Kinder spricht.

Eine Stunde später verteidigt Abraham sich immer noch gegen Daisys Unterstellung, daß er sich der tatsächlichen oder der beabsichtigten Untreue schuldig gemacht habe. Im Verlauf des Gesprächs haben beide eine Reihe von Feststellungen gehört, die sie überrascht und verletzt haben.

Daisy ist überzeugt, daß Abraham mit anderen Frauen – nicht nur mit Juliana – schläft. Sie ist zudem überzeugt, daß Abraham sie nicht mehr begehrenswert findet und sich wünscht, er hätte sie nie geheiratet.

Abraham ist drauf und dran, ihr mit gleicher Münze heimzuzahlen und etwas über die Schundliteratur zu sagen, die überall herumliegt, daß sie nie mehr ein anständiges Buch liest, immer nur diese absurden und teuren Hochglanzmagazine. Zu gern würde er sagen, daß sie denkfaul und langweilig geworden ist und der Frau mit den erfrischenden Ansichten, die er glaubte, geheiratet zu haben, kaum noch ähnelt.

Eigentlich war sie früher wie Juliana heute, obwohl ihm dieser Vergleich noch nie in den Kopf gekommen ist, denn er ist zu sehr damit beschäftigt, vor sich selbst die Angst zu leugnen, daß die kluge und geschickte Juliana bei der nächsten Beförderung weiterkommt und nicht er.

Er sagt aber nichts von all dem und hört statt dessen, wie er Daisy sagt, was er über ihren Vater denkt, diesen selbstsüchtigen Kerl, der ihnen für das Geld, das er ihnen geliehen hat, soviel Zinsen wie jede Bank berechnet, obwohl er es ihnen, verdammt noch mal, einfach so hätte geben können.

Er schiebt die Weinflasche zur Seite, geht zum Getränkefach und gießt sich einen ordentlichen Whisky ein. Der Abend ist noch längst nicht vorüber.

Daisy hat ihr Interesse an einer sexuellen Begegnung mit einem anderen Mann auf Abraham *projiziert*, verhält sich aber so, als seien das seine sexuellen Sehnsüchte und nicht ihre.

Je mehr sich Daisy über die Vorstellung aufregt, daß Abraham und Juliana sich im Bett vergnügen, desto mehr *leugnet* sie ihr Interesse an Gary. Ihr Interesse könnte ein Hinweis auf die Schwierigkeiten in ihrer Ehe sein oder darauf hindeuten, daß sie sich die sexuelle Erregung einer weniger stabilen Beziehung wünscht, als die mit dem soliden Abraham ihr bietet, der sie ohnehin ihrer Meinung nach als zu häuslich und zahm betrachtet. Dazu kommt, daß Garys Prestige im Büro vorübergehend auf sie abfärben würde, wenn sie sich mit ihm einließe, was keine schlechte Vorstellung ist.

Abraham hat währenddessen sein Gefühl, daß Daisys Verdächtigungen ungerecht sind, auf ihren geizigen Vater *verlagert*.

Außerdem hat er unbewußt beschlossen, sein Ego zu verteidigen und seine Befürchtungen in bezug auf Juliana mit Hilfe einer sogenannten *Reaktionsbildung* zu vermindern. Das heißt, daß sein Verhalten nicht seine Gefühle widerspiegelt. (Irgendwo in seinem Innersten möchte er, daß Juliana über ihre Blockflöten stolpert und auf die Nase fällt, während er an ihr vorbeizieht und die Beförderung einkassiert. Natürlich ist er der Ansicht, daß auch Frauen bei der Beförderung berücksichtigt werden sollen. Doch warum ist sein Magen in Aufruhr und sein Nacken so verspannt?)

Für den Moment scheint die Situation in Abrahams Augen ziemlich klar. Schließlich war er ganz harmlos mit Curry-Hühnchen nach Hause gekommen und auf einen ereignislosen, aber angenehmen Abend mit seiner Frau eingestellt gewesen. Jetzt würde er gern gegen Daisy vom Leder ziehen. Je länger er sie beobachtet und ihrem Gejammere zuhört, desto klarer wird ihm, daß sie ziemlich zickig ist. Und um so mehr entfernt er sich von seiner *unbewußten* Angst, Daisy könnte herausfinden, daß hinter seinen Lobeshymnen auf Juliana sich der Wunsch verbirgt, sie möge auf die Schnauze fallen, und seiner *bewußten* Angst, sie könnte herausbekommen, daß er während ihrer Verlobungszeit mit ihrer Schwester Sally geschlafen hat.

Abraham hat die Erinnerung daran so gut wie verdrängt. Es hatte ihm leid getan, und Sally ebenfalls. Doch wenn das Thema Untreue angeschnitten wird, drängt sich ihm der Verdacht auf, daß dies in gewisser Weise der Preis der Männlichkeit ist. Sein Vater Jake war ein Frauenheld und hält den soliden, aufrechten Sohn für einen Versager. Das Verhalten des Vaters hatte Abraham als Kind zutiefst verabscheut, und er tut es auch heute noch, doch in seinem rechtschaffenen Zorn gegen Daisys Vater und erregt, wie er jetzt ist, sieht er Jake im Moment mit wohlwollenderen Augen.

Abraham *identifiziert* sich mit Jake, was seinem Selbstwertgefühl ein wenig Auftrieb gibt, den er angesichts Daisys Attacke gut gebrauchen kann.

Der Abend ist noch immer nicht vorüber.

Das Glas Whisky in Abrahams Hand ist für Daisy der Tropfen, der das Faß zum Überlaufen bringt. (Natürlich ist es nicht der letzte Tropfen. Nach ein, zwei angespannten Tagen werden sie sich versöhnen, aber die Narben werden noch lange bleiben.)

Daisys Vater war Alkoholiker. Er behauptete zwar, er trinke nur in Gesellschaft, doch warum war er dann regelmäßig sternhagelvoll? Die erwachsene Daisy verachtet Trinker aus Überzeugung. Angesichts der Flasche in Abrahams Hand beginnt sie herzzerreißend zu weinen. Sie kann sich in diesem Moment nicht mehr klar machen, daß Trunksucht nicht zu Abrahams Schwächen gehört. Daisy ist gefangen in etwas, das *Übertragungssituation* genannt wird. Sie reagiert auf Abraham, als sei das eine Glas Whisky identisch mit dem Trinken ihres Vaters, was in ihr die Hilflosigkeit und maßlose Angst wachruft, die sie als Kind erlebt hat.

Als Kind mußte Daisy nicht nur mit dem Durcheinander fertigwerden, das die Trunksucht ihres Vaters für sie und die restliche Familie bedeutete, sondern sie mußte auch den Verlust des Vaters, den sie gern gehabt hätte (fröhlich, liebevoll und vor allem nüchtern), verschmerzen und sich mit dem tatsächlichen Vater abfinden, an den Abraham mit dem Whiskyglas in der Hand sie so lebhaft erinnert.

Was beide sich wünschen und verzweifelt zu sagen versuchen, ist im Verlauf dieses unglückseligen Abends den Verhaltensweisen zum Opfer gefallen, die beider Ego-Verteidigungsmechanismen und *die tiefen inneren Konflikte, die verborgen werden sollen,* „produziert" haben.

- Das Bewußtsein des eigenen Selbst war kaum vorhanden, ebenso fehlte die Erkenntnis, daß die andere Person ebenfalls Rechte hat.
- Die Gegenwart wurde von der Vergangenheit beherrscht.
- Im Tumult von Beschuldigungen und Gegenbeschuldigungen sind Gedanken und Gefühle hoffnungslos durcheinander geraten.

Am Ende eines langen Abends fühlen Abraham und Daisy sich erschöpft, hintergangen und unglücklich. Beide weisen sich gegenseitig die Schuld für Frustration und Schmerz zu. Beide sind nicht bereit, nach innen zu blicken und die im eigenen Selbst tobenden Konflikte zu erforschen.

Ich möchte geliebt werden; ich möchte frei sein.

Ich möchte verstanden werden; ich möchte meine Geheimnisse haben.

Ich möchte dich durch und durch kennen; du sollst mich überraschen.

Ich möchte, daß du die Idealperson für mich bist; ich bemühe mich zu akzeptieren, wer du wirklich bist.

Hätte die Sache zwischen Daisy und Abraham auch anders ablaufen können? Wäre es möglich gewesen, daß sie sagen, was sie tatsächlich bewegt, und zwischen ihren Bedürfnissen und denen der Beziehung ein Gleichgewicht finden?

Bei Hühnchen und Cider hätte das Gespräch auch so verlaufen können:

Daisy: Ich wollte dir noch erzählen, daß Gary – du weißt schon, der Typ in der Hauptabteilung – ein Auge auf mich geworfen hat.

Abraham: Das kann ich gut verstehen. Offenbar hat er einen guten Geschmack. Und wie stehst du dazu?

Daisy: Naja, er ist charmant und hat eine sehr poetische Ader. Das hat mich ziemlich überrascht. Ja, ich glaube, ich finde ihn attraktiv, und geschmeichelt fühle ich mich auch. Er ist jedenfalls der beste Mann im Betrieb.

Abraham: Willst du dich mit ihm treffen?

Daisy: Ich glaube schon. Wie fändest du das?

Abraham: Ich denke, das wäre in Ordnung. Bei uns war ja nicht viel los in letzter Zeit. Wahrscheinlich würde es uns beiden guttun, wenn wir ein bißchen bewundert würden. An unserer Schule ist ein neuer Musiklehrer, ein sehr netter Kerl. Vielleicht kann ich mich mal mit ihm treffen, um ins Konzert und anschließend essen zu gehen.

Daisy: Hört sich nicht schlecht an. Wie wär's mit dem nächsten Wochenende? Und ich könnte mit Gary einen Ausflug machen.

Abraham: Vielleicht sollten wir uns auch etwas für uns vornehmen – zum Beispiel ein Meditationswochenende? Aber da du gerade über Gary gesprochen hast, möchte ich gern was über Juliana sagen. Ich bin zwar länger im Dienst als sie, aber ich habe den Verdacht, daß sie Drummonds Stelle bekommt, wenn er pensioniert wird, und nicht ich.

Daisy: Sprich weiter, Liebling, ich massiere dir solange den Nacken...

Schon gut, es ist ein Witz! Dieser Dialog wäre zwischen zwei realen Menschen nicht möglich, weil in unserer Selbst-Erfahrung die Gier des Kleinkinds genauso vorhanden ist wie die Klugheit der Erwachsenen, verstandesmäßige Reaktionen genauso wie wilde Anklagen und Überreaktionen. *In deiner Erfahrung und deinem Bild vom anderen gehen diese unterschiedlichen Aspekte des Selbst mit ein:*

- Wir möchten unterwerfen und unterworfen sein;
- wir möchten unsere ureigensten Gedanken und Gefühle ausdrücken; wir haben Schwierigkeiten, die Gedanken und Gefühle anderer unvoreingenommen anzunehmen;
- wir wollen lieben, möchten aber durch Liebe nicht gebunden sein;
- wir möchten wir selbst sein, doch oft wissen wir nicht, wer wir wirklich sind oder sein könnten;
- wir wollen, daß die uns Nahestehenden ebenfalls sie selbst sind, aber sie sollen sich so verhalten, wie es uns paßt.

An dieser Stelle mußt du lachen? Ich hoffe doch, denn es gehört zum Menschsein, gierig und unvernünftig zu sein. Zum Erwachsenwerden gehört aber auch, daß wir das anerkennen. Doch da wir in einer Welt voller gieriger und unvernünftiger Menschen leben, hilft es uns am meisten, wenn wir verstehen, *welche Bedürfnisse hinter dem Aufschrei „Ich will" stecken.*

Unsere Motive

Eine der wichtigsten Erkenntnisse Freuds ist auch eine der schlichtesten: daß wir uns unserer Motive häufig nicht bewußt sind.

Bei Daisy und Abraham war das der Fall. Es braucht nicht viel, um im eigenen Leben ähnliche Kurzschlußaktionen zu finden. Wenn wir unsere Motive nicht verstehen, kommen wir leicht zu der Annahme, daß alles Unangenehme, das uns widerfährt, die Schuld anderer ist und daß alles viel besser wäre, wenn unsere jeweiligen PartnerInnen endlich so handeln würden, wie wir das wollen, oder, besser noch, wenn endlich die Erlöserin erscheinen würde.

Abraham und Daisy stecken in uns allen. Innere Konflikte spielen uns oft übel mit. Haß und Liebe sind unsere stärksten Gefühle, und Haß und Liebe empfinden wir am meisten für die, die uns am nächsten stehen und von denen wir besonders abhängig sind. „Sie sagt, sie liebt mich. Sie sagt, ich bin für sie am wichtigsten auf der Welt. Aber wenn sie nach Hause kommt, lädt sie alles auf mir ab. Es ist einfach nicht fair."

Dieser Aspekt unseres inneren Lebens ist einer, vor dem wir uns gern drücken. Über unsere Fähigkeit zu hassen, zu zerstören, Neid zu empfinden, reden wir nicht gern. Aber sie gehört zu uns, und sie bestimmt auch unser Verhalten in Situationen der Nähe.

Dieses Wissen paßt jedoch nicht zu unserem Selbstbild. Lieber wäre es uns, wenn uns niemand auf die Schliche käme. Und wenn wir ertappt werden, wenn die, denen wir nahe sind, einen Ausbruch der Verachtung gegen uns selbst und andere miterleben, erfordert es einigen Mut, sich der Frage zu stellen, was hinter diesen Ausbrüchen steckt. Mut braucht es auch, anderen nicht die Schuld daran geben und so die komplizierte Realität unseres Selbst zu leugnen.

Nur wenige von uns verstehen, warum wir bestimmte Dinge tun, welche Gefühle das in uns weckt, ob wir uns auch anders verhalten könnten. Freud hatte recht. Unsere Motive bleiben uns verborgen, und die meisten von uns akzeptieren das, ohne es ernsthaft zu hinterfragen.

Bei all unseren Versuchen, die Welt und wie sie funktioniert zu verstehen, sind wir besonders schwerfällig und unaufmerksam, wenn es darum geht, die Motive unseres Handelns und ihre Auswirkungen auf unsere engsten Beziehungen zu verstehen.

Die Anschuldigungen sind leicht gemacht („Selbstbewußtsein ist selbstsüchtig"; „Therapie ist nur was für Schwache"; „Nabelschau ist Zeitverschwendung"; „Wie kannst du dich ständig mit dir selbst befassen, wenn die Revolution/die Börse/das Fernsehen/Sex und Drogen anstehen?")

Solche Vorwürfe leugnen Gefühle, zeigen große Angst vor Gefühlen, aber sie können sehr wirkungsvoll sein und Nähe zerstören.

Nähe heißt auch die Übereinkunft zweier Menschen, daß ihre Innenwelten zumindest teilweise erkennbar und wichtig sind. Wenn eine Person in einer engen Beziehung sich und ihre Innenwelt verschließt, ihre Gefühle und ihr Interesse an der Innenwelt verleugnet, wird es schwer, Nähe aufrechtzuerhalten.

Wenn dein Partner sich nicht scheut, dich schlecht zu behandeln oder dich auszuschließen, dann sagt er (oder sie) dir damit unbewußt etwas darüber, welche Gefühle er (sie) für sich selbst hat. *Denn du kannst für einen anderen Menschen nicht mehr fühlen als für dich selbst.*

Wenn dein Partner sein (oder ihr) Verhalten nicht offen und mitfühlend betrachten kann, wird es ihm (ihr) auch schwer fallen, für dich Mitgefühl zu zeigen. Eher wirst du Sentimentalität, Zorn, sogar Verachtung erfahren, die gleiche Verachtung, die er (sie) auch für sich selbst empfindet. Das ist die dunkle Seite der Nähe: Wenn eine Beziehung von dem Gefühl wegführt, daß beide Menschen wichtig sind, und eine Mischung von Gefühlen zuläßt, in denen Elend, Argwohn und Ekel vor sich und der anderen Person vorherrschen.

Wiederholung der Vergangenheit in der Gegenwart

Die beste Grundlage für ein starkes Selbstgefühl – und für eine befriedigende Erfahrung für Nähe – entsteht, wenn die Mutter die Möglichkeit hat, so lange ganz für das Kind dazusein, wie es das braucht, und sich allmählich zu lösen, wenn es angemessen erscheint, und wenn der Vater die Mutter während des intensiven ersten Stadiums unterstützt und später, während das Kind heranwächst, selbst „anwesend" ist.

Diese Grundlagen waren in deinem Fall vielleicht nicht gegeben, und im nachhinein gibt es keine Möglichkeit, die Vergangenheit zu verändern. *Doch ist es möglich, die Auswirkungen der Vergangenheit in der Gegenwart abzuändern.*

Einige Monate nach meinem Gespräch mit Ned rief er mich an und fragte, ob ich Interesse hätte, seinen Halbbruder, einen anglikanischen Priester Mitte fünfzig, zu interviewen. Ich war neugierig, und bald darauf traf ich mich zum ersten einer Reihe von Gesprächen mit William, einem kleinen lebhaften Mann, dessen Begeisterung für das Leben geradezu ansteckend war.

William ist überzeugt, daß es möglich ist, den emotionalen Verlauf seines Lebens zu ändern. Er weiß, daß das ein schwieriger und niemals abgeschlossener Prozeß ist, und glaubt fest daran, daß er Gottes Hilfe hat. Dieser Glaube ist natürlich nicht allen gegeben. Er ist glaubt auch, daß Unglück und Not das Verständnis von sich und anderen erweitern. Das wurde deutlich, als er von seiner Frau Isabella sprach und ihrer dreißigjährigen Ehe.

„Kurz nachdem ich mich entschlossen hatte, Priester zu werden, haben meine Frau und ich geheiratet. Ich nahm an, daß sie nicht nur die Entscheidung traf, meine Frau zu sein, sondern auch die Frau eines Priesters. Vermutlich dachte ich damals – wenn auch nicht bewußt –, daß das für eine Frau eine ziemlich wichtige Rolle war. Sie machte damit ihre religiöse Bindung sehr deutlich.

Jahre vergingen, wir bekamen Kinder und erlebten die normalen Höhen und Tiefen eines lebhaften Gemeindelebens. Dann hatte meine Frau einen Nervenzusammenbruch. Sie kam ins Krankenhaus. Sie war so depressiv, daß sie buchstäblich nicht mehr funktionierte.

Allmählich ging es ihr wieder besser, und nach langer psychotherapeutischer Behandlung, die sie allein machte, überredete sie mich, mit ihr zur Eheberatung zu gehen. Wir hatten mit unserem Berater Glück, und nach einiger Zeit machte ich ein paar erstaunliche Entdeckungen. Wirklich erstaunlich. Sie erschütterten mich bis ins Mark.

Ich begriff, daß ich zu meiner Frau tiefe Zuneigung empfinde, aber sie ist nicht ich, sie ist nicht unsere Ehe, und ich bin nicht sie.

Wenn man das so sagt, klingt das albern, aber für mich war diese schreckliche Krise, die Isabelle durchmachte, nötig, um mit dem Verstand zu begreifen, daß sie ein eigenständiger Mensch und getrennt von mir ist. Danach mußte ich die emotionalen und auch die praktischen Veränderungen vollziehen, die nach einer solchen Erkenntnis nötig sind.

Da unsere Arbeitsbereiche, in meinen Augen unsere Berufung, so eng beieinander lagen, waren wir mehr miteinander verflochten, als es bei getrennten Berufsleben der Fall wäre. Dabei muß ich allerdings betonen, daß diese Verflechtung mir gut paßte, zumindest war sie für mich so angenehm, daß ich sie niemals hinterfragt hätte. Für mich gab es nichts in Frage zu stellen. Doch meine Frau wäre aufgrund dieser Verflechtung fast gestorben.

Mir sind diese Erkenntnisse nicht leicht gefallen, und sie in die Praxis umzusetzen, erst recht nicht. Aber meine Frau war wunderbar. Sie war fest entschlossen, daß wir nicht wieder in unsere alten Strukturen zurückfallen dürften.

Wenn sie früher von Gedanken und Gefühlen gesprochen hat, die mir fremd waren – was sie wahrscheinlich selten tat –, habe ich sie unterbrochen. Mir kam es nicht in den Sinn, auf sie einzugehen.

Heute würde ich das Trägheit nennen, und hinter der Trägheit stand Angst, da bin ich mir sicher.

Heute weiß ich, wenigstens meistens, daß Isabelle Gedanken und Gefühle hat, mit denen ich umgehen kann und die mich interessieren. Und was auch wichtig ist, ich habe ebenfalls Gedanken und Gefühle, aber andere. Wenn ich nicht gezwungen worden wäre, uns als zwei getrennte Personen zu sehen, hätten wir nie dieses Ausmaß von Nähe und Interesse aneinander gefunden, das sich von unserem früheren symbiotischen Nestleben ziemlich unterscheidet. Ich muß gestehen, daß ich es wie einen völlig unverdienten Segen in unserem Leben empfinde.

Es gibt auch noch eine andere Auswirkung. Ich habe wieder mehr Freude an meinem Amt, dessen Ausübung im Lauf der Jahre etwas mechanisch geworden war.

In gewisser Weise ist es schon ironisch. Ich war immer der Überzeugung, daß wir sterben und allein vor unseren Schöpfer treten, doch hier war ich völlig mit meiner Frau verflochten! Ich war abhängig von ihr und hatte nicht gemerkt, daß meine Abhängigkeit sie umbrachte. Wir waren ständig umeinander, dennoch kam ihr Zusammenbruch wie ein Schlag aus heiterem Himmel. Dieser Gedanke ist eigentlich ganz entsetzlich.

Isabelle ist eine kluge Frau und hat sich nie als Fußabtreter benutzen lassen, aber ich habe sie durch und durch als ‚meine Frau‘ gesehen und in zweiter Linie als ‚Mutter unserer Kinder‘, aber nie als Isabelle.“

Die Ironie liegt auf der Hand. Während Isabelle und William in diesem Wirrwarr aus Selbst und Anderem verstrickt waren, wußten beide nicht, was im anderen, noch was in ihrem eigenen Selbst vorging. Das war der Grund für Isabelles Zusammenbruch, der William ohne jede Vorwarnung traf.

Seit sie von ihrem Bedürfnis, unauflöslich vereint zu sein, befreit sind, können sie sich gegenseitig als eigenständige Personen und auch sich selbst in ihrer Einzigartigkeit sehen. Damit ist auch ihr Selbstvertrauen und die Selbstbejahung größer geworden. Darüber hinaus können sie darauf vertrauen, daß die geheimen Träume, Gedanken und Sehnsüchte, die sie wie wir alle haben, ihre Beziehung nicht länger gefährden.

Der Familientherapeut Carl Whitaker legt Wert auf den paradoxen Gedanken, daß Nähe eher durch weniger als durch mehr Zusammensein gefördert wird. In der Familie entstünde größere Nähe und Zuneigung, wenn gleichzeitig die Eigenständigkeit der einzelnen gefördert würde. Menschen könnten Nähe nicht riskieren, wenn es ihnen nicht möglich ist, sich zu lösen. Es sei zu beängstigend, sich auf jemanden einzulassen, wenn nicht sicher ist, ob man auch allein stehen kann.

Williams Schilderung macht deutlich, was Whitaker meint. Erst nach Isabelles Zusammenbruch und dem Aufbrechen der alten verflochtenen Strukturen war es William und Isabelle möglich, sich als zwei eigenständige Individuen zu sehen, die miteinander leben, die aber ihre je eigenen Bedürfnisse und Wünsche, Gedanken und Gefühle haben, die manchmal mit denen der Partnerin/des Partners übereinstimmen und manchmal nicht. In dieser Eigenständigkeit haben sie eine neue Nähe gefunden.

Das muß nicht immer so sein. Der Schritt aus der Verstrickung in die Eigenständigkeit bringt vielleicht nichts außer diesem Gefühl des Getrenntseins. Aber auch das kann befreiend sein.

Ein Jahr nach unserer ersten Begegnung beschreibt Thomas eine solche Situation.

„Margaretta und ich haben viel über das Problem der Eigenständigkeit nachgedacht und über die Schuldgefühle, die wir nicht mehr haben wollten, auch wenn wir den anderen nicht glücklich machen können. Ich glaube, wir haben erstaunliche Fortschritte gemacht. Ich bin jetzt viel öfter überrascht von Margaretta, und das ist in einer Langzeitbeziehung wie der unseren schon schön. Diese Tatsache, daß sie mich überraschen kann – und daß ich mich selbst auch überraschen kann –, stimmt mich optimistisch. Insgesamt fühle ich mich erleichtert, weniger bedrückt. Ob wir uns näher gekommen sind? Nein. Ich glaube nicht, daß wir das wollten. Nähe war für uns eine zweischneidige Sache, gleichzeitig wunderbar und erstickend. Im Augenblick ist die neu gewonnene Eigenständigkeit, während wir noch immer zusammen sind, ziemlich positiv. Was Margaretta darüber denkt? Das mußt du sie schon selbst fragen."

Meine Gespräche mit Thomas und später mit Margaretta über die Veränderungen in ihrer langen Beziehung erinnerten mich an Whitakers Bemerkung, daß die meisten Menschen zu viele Bedürfnisse in ihre Beziehung hineintragen. Er sagt, es sei sehr schwierig, gleichzeitig wie eine Mutter zu sorgen und wie eine Erwachsene zu lieben, und fährt fort, daß Helfen erst dann eine andere Bedeutung bekommt, wenn beide wissen, sie kommen mit dem Leben auch allein zurecht. Er ist überzeugt, daß zwei Personen, die ein relativ stabiles Selbstwertgefühl haben, kaum noch Hilfe vom Partner verlangen. Ihnen ist klar, daß sie allein mit den Härten des Lebens, dem Alleinsein und den Schwierigkeiten zurechtkommen müssen.

Whitaker meint zwar, daß für die meisten Menschen das Leben angenehmer ist, wenn sie die alltäglichen Probleme teilen können, doch sie drücken sich gewöhnlich nicht vor den grundlegenden Anforderungen des Lebens (Selbsterkenntnis, Eigenverantwortung), *indem sie die Verantwortung für sich abgeben.*

Vielleicht stutzt du, während du dies liest, schließlich sind wir alle anfällig für den Mythos der Nähe, zu dem ganz wesentlich die Vorstellung von der Erlösung gehört. (Jemand kann mich glücklicher machen als ich mich selbst. Jemand kann mein Leben mit mehr Leben füllen.)

Wenn du dies als Mythos entlarvst, wirst du die einzige Erlösung, der du je begegnen wirst, leichter erkennen: dich selbst. Wenn du Kontakt mit dir selbst hast und weißt, daß die Begegnungen zwischen dir und anderen zum großen Teil von dir geprägt werden, kannst du deine Vorstellung von Nähe verändern.

Du mußt dann Nähe nicht mehr als etwas sehen, das nur andere erreichen, oder als etwas, das du in einer besseren Welt haben könntest; du kannst beginnen, sie als eine Erkennungsmelodie zu sehen, die – wie die Liebe – in verschiedenen Phasen deines Lebens mehr oder weniger deutlich und in den unterschiedlichsten Variationen zu hören ist.

Und wann ist sie besonders schwer zu erreichen? Wenn Neid deine Gefühle und dein Leben überschattet.

Wie alle anderen Aspekte deines emotionalen Lebens ist Nähe verwundbar durch Neid – dieses schreckliche, sinnlose Gefühl, daß andere etwas haben, das du selbst gern hättest und nicht haben kannst, oder das andere befriedigender erleben, als es dir je möglich sein wird.

Dann entsteht das Gefühl: Ich will es haben; ich will es den anderen Menschen, die haben, was ich nicht haben kann, verleiden; ich will die Menschen zerstören, die mir mehr Nähe geben könnten, es aber nicht tun.

Erwachsene, die als Kinder emotional zu kurz gekommen sind oder gedemütigt wurden – gedemütigt in dem Sinn, daß sie Bedürfnisse ausdrückten, die verspottet, mißverstanden oder ignoriert wurden –, sind durch Neid und die alles durchdringende und immer wiederkehrende Angst, daß Nähe außerhalb ihrer Reichweite liegt oder daß sie kein Recht auf Nähe haben, sehr verwundbar.

In Rubens schmerzerfüllter Schilderung, daß er Angst hat, sich nach jemand zu sehnen, die keinen Gedanken für ihn übrig hat, hörst du das Echo des kleinen Kindes, dessen Mutter nicht kommt oder auf seine Bedürfnisse nicht eingeht.

Ruben ist inzwischen erwachsen und ein charmanter, kompetenter Mann, aber in seinen Ängsten ist er an die Vergangenheit gefesselt, und in der Gegenwart argwöhnt er, daß er sich nach etwas sehnt, das außerhalb seiner Reichweite liegt: „Allein darüber zu reden, ist für mich ziemlich schrecklich", sagte er. „Lächerlich, finden Sie nicht?"

Nähe nicht länger als etwas zu sehen, das zwischen zwei Menschen geschieht und dich ausschließt, sondern ein Zustand ist, der in dir möglich ist und andere Menschen mit einschließt, ist nicht einfach ein Willensakt.

Doch ein Willensakt, ein fester Vorsatz, kann am Anfang stehen.

Ich bin bereit, mich für intime Begegnungen zu öffnen.

Ich bin bereit, meine Vorstellungen, wie Nähe aussehen soll, aufzugeben.

Ich bin bereit, die unbekannten Gesichter der Nähe zu akzeptieren.

Auch wenn diese Vorstellung schwer zu verstehen ist, ist das Wissen, daß du nicht einen bestimmten Menschen brauchst, um Nähe in dein Leben zu bringen, sehr erleichternd. Es reduziert Selbstverurteilung oder Selbstbezichtigung. Es ermöglicht dir, aus erster Hand zu leben, statt in Wartestellung zu verharren.

Vielleicht ist es nur das Alter oder der Tod, der deine Sehnsucht nach Erlösung, der Geliebten, dem Liebhaber, den einzig Richtigen endlich stillt. Doch in der Zwischenzeit muß dein Leben nicht auf später verschoben werden. Die Welt ist voller Menschen, die vielleicht nicht perfekt sind, aber dir das Gefühl vermitteln, daß du wichtig bist und daß ihr Zusammensein mit dir wichtig ist.

So wird ein Leben möglich, das nicht von Mythen überschattet sich nach dem Unerreichbaren sehnt, sondern das von der weniger ehrgeizigen *Freude an dem, was ist*, und sei es noch so flüchtig, geprägt ist.

TEIL V

BEGEHREN: DIE SPRACHE DES INNEREN

> *Unser Liebes- und Sexualleben ist nur so erwach-*
> *sen, wie wir selbst es sind – folglich sind Fehler*
> *und Verrat unvermeidlich.*
>
> Damaris Parker-Rhodes

21. KAPITEL

Der Wunsch nach Nähe, der Wunsch nach Alleinsein

Du wünschst dir emotionale Unterstützung und deine Freiheit.

Du wünschst dir eine Beziehung, doch deine Individualität soll erhalten bleiben.

Du möchtest allein sein können, ohne dich isoliert oder verlassen zu fühlen.

Du möchtest zur Hingabe fähig sein, ohne dein Selbstgefühl zu verlieren.

Du wünschst dir Selbsterkenntnis.

Du möchtest frei genug sein, andere ohne Angst und Vorurteil kennenzulernen.

Du möchtest deine Konflikte benennen können, ohne sie nach außen zu projizieren.

Du möchtest die Freiheit, du selbst zu sein und dich von Angst, Neid, Depression und Zorn frei zu fühlen, so daß du die Bemühungen der anderen, sich selbst darzustellen, tolerieren kannst.

Du möchtest, daß deine Einzigartigkeit zur Kenntnis genommen wird. Du bist dir bewußt, daß die Unterschiede zwischen dir und anderen Menschen ziemlich klein sind.

Nichts von all dem ist vermessen.

All dies ist es wert, begehrt zu werden.

Das Problem, zumindest ein Teil des Problems, besteht darin, daß viele von uns der Versuchung erliegen, unser ganzes Begehren auf unsere sexuell-intime Beziehung zu laden. Das ist die Beziehung, die für den Schmerz der Vergangenheit, aber auch für die Schwierigkeiten der Gegenwart entschädigen soll; die Beziehung, die darüber entscheidet, ob wir die Zukunft willkommen heißen.

Wenn du dich ausziehst, möchtest du auch die Hemmnisse deines angepaßten Selbst abwerfen. Unbekleidet und unbewaffnet purzeln deine Bedürfnisse in den Schoß der Person, mit der du am meisten „du selbst" bist.

Doch oft, vielleicht sogar meistens, ist diese Last zu groß, als daß eine Beziehung allein sie tragen könnte, wenn wir bedenken, daß auch die engste Beziehung nicht zwischen Engeln besteht, sondern zwischen zwei Menschen mit Schwächen und Fehlern.

Frisch verliebt – mal wieder

In einem Raum voller Menschen treffen Johns blaue Augen auf Janets sanfte Rehaugen. Sie blicken sich etwas länger an, als normalerweise als schicklich gilt, und eine Vielzahl von Vorgängen wird ausgelöst.

Ihre Herzen schlagen schneller, und der Puls fängt an zu rasen. Janets Hände werden feucht. John wird am Kragen heiß, er spürt einen Hustenreiz. Beiden schießt die Röte ins Gesicht. Blaue und braune Augen leuchten. Sie nehmen den Raum und die Menschen kaum noch wahr; sie richten ihre ganze Aufmerksamkeit aufeinander, ihr ganzes Wesen konzentriert sich allein auf diesen einen Menschen. Janet und John gehen aufeinander zu. Beide hatten gehofft, daß die/der andere heute hier sein würde und auf die Gelegenheit wartete, gemeinsam hinauszuschreiten in das Land, in dem sie bis an ihr Lebensende glücklich leben würden, ins Paradies, wo sie sich als die wunderbaren Menschen erleben würden, die sie schon immer sein wollten und jetzt auch sind – wenigstens in ihren einander begehrenden Augen.

Wir folgen den beiden zu Janets Haus, die Treppe hinauf in ihr Schlafzimmer. Wir beobachten sie, während sie sich langsam ausziehen. Lustvoll, mit vielen Küssen und zärtlichen Berührungen, bei einem Schluck Wein, Liebkosungen und gemurmelten Worten streifen sie sich gegenseitig die Kleider ab. Janet legt eine Schallplatte auf und läßt ihr Höschen fallen. Ihre Krampfadern scheinen sie im Moment nicht zu stören. John steht in Unterhosen da; sein Bauchansatz geniert ihn im Augenblick nicht. Sie gehen ins Bett.

Auch eine oder zwei Wochen später bewegen Janet und John sich möglicherweise noch immer in der Sphäre von Lust und Gier – und Idealisierung.

John begehrt – nicht die Janet, die unter chronischem PMS leidet und von unbändiger Eifersucht geplagt ist, sondern die „ideale

Janet", die er zum Teil geschaffen hat. Die Janet mit den sanften Augen und den einladend ausgestreckten Armen; die Janet, die jedes seiner Worte hört und seinen Kopf streichelt, während er spricht. Die Janet, nach der er sich gesehnt hat.

Janet begehrt ebenfalls – nicht den John, der gelegentlich auf Sauftour geht und zwei Frauen und vier Kinder in Stich gelassen hat, sondern den „idealen John", den sie ihrerseits teilweise geschaffen hat. Den John, der sie schön findet, der sie als über alle Maßen sinnlich erlebt; den John, der sich ganz sicher ist, daß sie die Beförderung bekommt, die sie verdient. Den John, auf den sie schon immer gewartet hat.

Beide genießen einander und ihr jeweiliges Bild. Ist das nicht die Person, die sie immer sein wollten? Die sie eigentlich, tief im Inneren, sind?

„Ich war nie so sehr ich selbst", sagt John, „ich liebe dich."

„Ich war nie so sehr ich selbst", sagt Janet, „ich liebe dich."

Janet und John glauben, was sie sagen. Sie *spüren* die Wahrheit dessen, was sie sagen. Sie berühren sich, lieben sich, öffnen sich füreinander. Sie sind zärtlich bemüht und erfahren Zärtlichkeit.

Wenn sie die andere Person für einen Augenblick vergessen, wissen sie, daß sie, wenn sie wieder an sie denken, *immer noch da sein wird.* Sie haben lange warten müssen.

Janet und John erleben noch einmal die Stadien der Kind-Mutter-Liebe, in denen sie die doppelte Fähigkeit erworben haben, Nähe und Alleinsein zu genießen,.

- Ich bin mit jemandem zusammen.
- Ich kann es wagen, meine Aufmerksamkeit nicht die ganze Zeit auf diesen Jemand zu lenken, denn wenn ich sie wieder auf ihn richte, ist sie oder er immer noch da.
- Ich erlebe die Gegenwart dieses Jemands durch meinen Körper, aber auch in meinen Gefühlen und mit meinem Verstand. Ich werde umfangen, körperlich und emotional.
- Mein Jemand kann von mir fortgehen, und wenn sie oder er bald genug wiederkommt, fühle ich mich nach wie vor sicher.
- Ich kann allein sein, ohne mich einsam zu fühlen, *weil ich die Erfahrungen von Nähe verinnerlicht habe.*

Janet und John erleben noch einmal die schöne Zeit, in der sie bewundert, verehrt und akzeptiert wurden; in der sie von hingebungsvollen Eltern angemessen idealisiert wurden und ihre inneren Kämpfe, die Meinungsverschiedenheiten mit anderen und die Willensproben noch in einer unsichtbaren und unvorstellbaren Zukunft vor ihnen lagen.

Sie schaffen für sich erneut das Gefühl, daß der körperliche und emotionale Kontakt, den sie sich wünschen, erreichbar ist, *und zwar ohne Konflikte*. Und das unwiderstehliche Gefühl, durch und durch lebendig zu sein, nicht nur in den Augen eines anderen, sondern auch für sich selbst.

Einen Monat, ein Jahr später ist die Ideal-Janet verschwunden. Liebt John die Alltags-Janet? Erträgt Alltags-John Alltags-Janet?

Steht Johns Bedürfnis nach Alleinsein in einem ausgewogenen Verhältnis zu seinem Bedürfnis nach Nähe?

Der Ideal-John ist ebenfalls verschwunden, doch liebt Janet den Alltags-John? Erträgt Alltags-Janet Alltags-John?

Wird Janets Bedürfnis nach Nähe ebenso gestillt wie ihr Bedürfnis nach Alleinsein?

Wir wissen es nicht.

Wir wissen aber, daß, wenn wir uns verlieben und miteinander ins Bett fallen, verschiedene Dingen geschehen:

- Wir verlieben uns in ein idealisiertes Bild des Menschen, das wir zum Teil selbst geschaffen haben.
- Wir verlieben uns auch in ein idealisiertes Bild von uns selbst, nämlich in das Bild, das die andere Person uns reflektiert (weshalb wir sie auch allen anderen vorziehen, zumindest so lange, bis der Glanz verblaßt).

In diese Idealisierungprozesse fließt auch der Wunsch ein, die Beziehung möge – irgendwie – den Mangel an Nähe in unseren funktionalen Alltagskontakten ausgleichen.

„Sex zeigt dir eine Idealsicht von dir selbst", sagt Theo. „Das fehlt mir richtig, wenn ich keinen Sex habe."

Begehren statt Sex

Eigentlich sollte dies der Abschnitt des Buches sein, der sich primär mit Sexualität beschäftigt. Und in gewisser Weise ist er das auch. Doch so wunderbar sexuelle Gefühle und deren Ausdruck auch sein mögen, sie sind auch ein gefährliches Gebiet, zumindest, um darüber zu schreiben.

Daß ich darüber schreiben mußte, wenn ich ein Buch zum Thema Nähe und Distanz verfasse, schien offensichtlich – bis zu dem Moment, da ich zu schreiben begann. Schließlich war mir klar, daß für viele Menschen und insbesondere für Männer die Vorstellung von Nähe praktisch ein Synonym für Sexualität ist. Dazu kommt die übermächtige Vorstellung, daß sich dein „wahres Ich" in der sexuellen Begegnung offenbart, oder daß du durch Sexualität dein eigentliches Wesen oder das der anderen findest – eine Vorstellung, die für Menschen beiderlei Geschlechts sehr verführerisch ist und ein Leben ohne Sex zuweilen schwer erträglich macht.

Ich bereitete mich auf diesen Abschnitt mindestens ebenso sorgfältig vor wie auf die anderen. Ich las, machte eine Unmenge Notizen und ließ meine Erfahrungen in meiner Erinnerung Revue passieren. Außerdem hatte ich einige wunderbare Interviews. Wo also lag das Problem?

Meiner Meinung gibt es eine Reihe von Problemen. Eins davon ist die intensive Subjektivität sexueller Empfindungen und deren Ausdruck, die die Subjektivität der Nähe widerspiegelt und sich sprachlicher Fomulierung widersetzt. „Wie war's für dich?" „Großartig. Wunderbar. Schrecklich. Entsetzlich." Zwischen Sprechenden und Zuhörenden liegen Welten. *Ich spreche. Du hörst zu.* Das heißt nicht, daß wir von den Worten „berührt" werden, die die non-verbale Erfahrung beschreiben wollen.

Das Gefühl der Dankbarkeit und Zuneigung zu deinem Körper; die Erfahrung deines Körpers von innen heraus als lebendige Manifestation deiner selbst; die Weigerung, deinen Körper nur durch die Augen anderer zu sehen (oder so, wie andere dich deiner Meinung nach sehen): All das sind Aspekte des Selbstbewußtseins, der Selbstbejahung und der Selbstverantwortung, die ebenso wichtig sind wie jede emotionale, intellektuelle oder spirituelle Verwirklichung deines Selbst.

Doch wie der Körper in deinem Verständnis von ihm symbolisiert ist, wie Sexualität in deinem Verständnis symbolisiert ist, ist unausweichlich eine Sache der absoluten Subjektivität, die von deiner individuellen Konstitution abhängt, aber auch von den Einstellungen der anderen. Sexualität, miteinander schlafen, sexuell intim sein: Für eine Person, die sich – sagen wir – für die Ehe rein hält, bedeutet das etwas anderes als für jemanden, der sich überlegt, ob er zwischen zwei Terminen Zeit für einen Abstecher ins Bordell hat.

Die Unterschiede werden dadurch noch komplizierter, daß deine Verteidigungsmechanismen auf Rot schalten, sobald dein Verlangen und dein sexuelles Selbst angesprochen werden. Deine Fähigkeit, Gedanken und Gefühle einigermaßen sauber zu trennen, funktioniert nicht mehr so gut. Trotz der sogenannten sexuellen Freizügigkeit sind die meisten von uns relativ zurückhaltend, wenn es um Sexualität geht. Viele von uns haben sexuelle Geheimnisse, die sie verunsichern oder beschämen. Sie machen uns anfällig für wirkliche oder eingebildete Mißverständnisse, für Angriffe oder Situationen, in denen wir fürchten, der Lächerlichkeit preisgegeben zu werden.

Die Verteidigungsmechanismen können so weit gehen, daß wir aus unseren subjektiven Erfahrungen moralische Werte oder ganze Weltbilder ableiten und anderen Menschen das Ausleben ihrer Sexualität nicht zugestehen, sobald es sich von unserem unterscheidet. Wenn sich meine Erfahrungen und Ansichten von deinen unterscheiden, bist du vielleicht höchst abgeneigt, diese Unterschiede als Ausdruck meines individuellen Selbst zu akzeptieren. Möglicherweise verurteilst du mich.

Solche Verteidigungsmechanismen bringen ganz vernünftige Menschen zu unlogischen Schlußfolgerungen.

Henry ist Kinderarzt und macht seit einigen Jahren Therapie. Er scheint also in einer durchaus privilegierten Situation zu sein, wenn es darum geht, Unsinn über Sex von Sinnvollem zu unterscheiden. Als er mir von seinem achtjährigen Sohn Lucas erzählte, vertraute er mir an, daß er sehr besorgt sei über dessen mangelndes Interesse an Sexualität, speziell an Masturbation.

„Ich befürchte", sagte Henry, „daß er homosexuell wird, wenn er groß ist."

Wie Henry darauf kam, daß zuwenig Masturbation zu Homosexualität führt, konnte ich nicht herausbekommen. Vermutlich wollte er sagen: Mein Sohn unterscheidet sich in diesem Aspekt der Sexualität zur Zeit von mir. *Vielleicht wird Lucas sich auch als Er-*

wachsener in seiner sexuellen Ausrichtung grundlegend von mir unterscheiden. Eine Aussicht, die Henry stark beunruhigte.

Wenn zwei Menschen, die miteinander schlafen, die Nächte zusammen verbringen, über ihre Gefühle sprechen und sich einigermaßen wohl miteinander fühlen und dennoch manchmal voneinander abweichende Vorstellungen davon haben, was Sex bedeutet –, wie kann ich dann hier an meinem Schreibtisch Worte aufschreiben und hoffen, daß du sie liest und irgendwie (aber wie?) so verstehst, wie ich sie gemeint habe, wodurch unser Unternehmen – Schreiben und Lesen – sich erst lohnen würde?

Da die Frage der Subjektivität für mich ganz zentral war, hatte ich Schwierigkeiten, über Sexualität zu schreiben. Schon darüber nachzudenken, fiel mir schwer. Es wurde zunehmend zu einer Last, die mich lähmte.

Außerdem merkte ich immer deutlicher, daß ich etwas gegen die Vorstellung hatte, Sex säuberlich in Kategorien zu ordnen, die sich eher leben als beschreiben lassen. Oder höchstens in lyrischeren Formen, als sie für dieses Buch angemessen wären, in Poesie oder Fiktion oder in nonverbalen Kunstformen wie Tanz und Musik.

Sexualität gibt noch mehr Probleme auf. Ich könnte einigermaßen begründet darauf hinweisen, daß Sex nicht so wichtig ist; daß Sexualität auf unterschiedliche und überraschende Weise ausgelebt werden kann; daß Sex nur eine von vielen Ausdrucksarten ist; daß ein Leben ohne Sex durchaus denkbar ist. All das stimmt, aber es nützt dir gar nichts, wenn das Begehren – eines Menschen, einer Sache oder der Freiheit, begehren zu dürfen – dich ergreift.

Ich könnte auch gute Ratschläge geben, die mir tatsächlich leicht aus der Feder fließen würden und von denen einige vielleicht sogar dir helfen könnten, glücklicher zu leben, auch wenn sie mir das nicht ermöglicht haben. Doch diese Art wohlmeinender Ratgeber lese ich selbst nicht besonders gern, und ich möchte sie auch nicht schreiben.

Also mußte ich mich fragen: Gibt es keine Möglichkeit, über Sexualität – allein oder mit anderen Menschen – zu schreiben, die die potentiellen Unterschiede der Bedeutungen überbrückt und nicht in die Falle eines albernen Optimismus oder ebenso alberner Vorschriften tappt?

Ich wußte nicht weiter, machte mir aber weiter Gedanken – nicht unbedingt darüber, wie unterschiedlich Menschen ihre Sexualität ausleben oder sie unterdrücken, sondern darüber, was Sex möglich macht, besonders im Stadium der Vorfreude, das von Gedanken, Träumen und Phantasien dominiert wird und der Entdeckung, *was du selbst eigentlich willst.* Dieses „Wollen" kann auf körperliche Befriedigung ausgerichtet sein, aber wahrscheinlich geht auch Sehnsucht nach Geborgenheit, Trost, emotionaler Zärtlichkeit und Verständnis darin ein, vielleicht sogar das Gefühl, daß du die Grenzen deines Alltags-Selbst hinter dir lassen und an den Ort gelangen kannst, wo Selbst und Andere/r sich begegnen und durch diese Begegnung verändert, vielleicht sogar erhöht werden.

Doch wie, wenn dieser Moment vorüber ist, seine Würde und das Gefühl, intakt zu sein, bewahren? Denn wenn Verbundenheit ein Teil des Lebens ist, die Fähigkeit, unsere Vereinzelung zu akzeptieren, ist es auch.

Während ich mich mit diesen Gedanken trug, fragte ich mich auch, warum es bei der Planung des Buches notwendig erschienen war, diesen Abschnitt bis zum Schluß aufzuheben. Mir fiel plötzlich ein, daß meine Schwester Geraldine und ich, als wir kleine Mädchen waren, die Streiche machten und viel zu kichern hatten, auf unserem Teller bis zum Schluß aufhoben, was uns am besten schmeckte, und es uns um so besser schmeckte, wenn die andere ihrer Gier nachgegeben und den Leckerbissen schon aufgegessen hatte. Mit Genuß verspeisten wir den letzten Happen. Doch noch stolzer waren wir, daß wir uns so lange beherrscht hatten.

War Sex für mich eine ähnliche Wonne, etwas, das ich mir als Höhepunkt dieses Buches aufgehoben hatte? Schließlich *kann* Sex tatsächlich Wonne sein. Die Begeisterung, mit der sich jede neue Generation dem Thema zuwendet, beweist das. Aber Sex kann auch eine Katastrophe sein, eine beschämende oder beängstigende Erfahrung, eine Erfahrung der Erniedrigung und Entmenschlichung oder schlicht und einfach Routine und Langeweile.

Also war Sexualität nicht das *große Finale* dieses Buches, mit Trommelwirbel und Fahnenschwenken. Hingegen würde es viel bescheidener einfach nur das letzte umfassende Thema sein, denn durch Sexualität können wir wunderbare Verbundenheit erleben – oder uns entsetzlich allein fühlen.

Durch Sexualität können wir Nähe und Alleinsein verbinden, uns selbst lieben und uns in der Erinnerung sicher fühlen, daß wir von anderen geliebt werden. In der Sexualität können wir, was wir durch Alleinsein gelernt haben (wer ich bin; was ich will), mit unserer Erfahrung von Nähe zusammenbringen.

Anders gesagt: Die Erfahrung deiner Sexualität und der sexuellen Kontakte mit anderen kann zu den schönsten wie zu den schlimmsten menschlichen Begegnungen gehören. Sex ist etwas, das du tust oder vermeidest, worüber du phantasierst, wovon du träumst, woran du Überzeugungen festmachst. Sex nährt den Mythos von Erlösung, von der Märchenprinzessin und dem Märchenprinzen.

Sexualität kann im Leben eines Menschen auch so gut wie keine Rolle spielen, und diese Person muß keinen Deut schlechter dran sein als die anderen.

Die sexuelle Begegnung: die große Enthüllung?

Indem ich das Thema Sex bis zum Schluß aufgespart habe, wollte ich nicht den Eindruck erwecken, daß Alleinsein eine Erfahrung des Nicht-Habens ist: des Nicht-Habens sexueller Kontakte bzw. der Möglichkeit zu sexuellen Kontakten. Ebensowenig wollte ich andeuten, daß Sex der Höhepunkt von Nähe ist, für den alle anderen Formen lediglich Vorübungen sind. Ich habe sexuelle Erfahrungen gemacht, in denen kaum eine Begegnung stattgefunden hat, und ich habe viele nicht-sexuelle Begegnungen gehabt, die meinem Bedürfnis nach Nähe wunderbar entsprachen. Sex ist einfach eine von vielen Möglichkeiten, sich nahe zu kommen – oder Abstand zu wahren.

Doch der Gedanke bleibt: Sexualität bringt (im Idealfall) nicht nur Wärme und Erregung, Nähe und Freude, sondern auch das Gefühl, das im normalen Alltagsleben so bitter fehlt: etwas Besonderes zu sein. *Ich bin wichtig.*

„Durch die erzwungene Unterdrückung und Privatisierung unserer Sexualität", sagt Lucy Goodison, „erhält sie im Kontext der Isolierung des Individuums im zwanzigsten Jahrhundert eine künstliche Rolle als Barometer für unser eigentliches Selbst."

Sex kann auch eine überaus negative Macht haben, und Menschen, die sich vor Sexualität – oder vor der potentiellen Anarchie der sexuellen Gefühle – fürchten, messen ihr oft besonders große Bedeutung zu. Die obsessive Verachtung, die heterosexuelle Fundamentalisten Lesben und Schwulen entgegenbringen, ihre empörte Ablehnung von unverbindlichem Sex, ihre Versuche, Frauen das Recht auf Kontrolle über ihren Körper abzusprechen, sprechen Bände, welche selbst-definierende Kraft sie dem Sex zumessen.

Heterosexuelle, die Homosexuelle ablehnen, nehmen sie nur in Hinsicht auf ihre sexuelle Orientierung wahr, reduzieren sie auf ihre Sexualität und verlieren ihr Menschsein ganz aus dem Blick. Audre Lord sagt dazu:

„Lesbisch zu sein bedeutet nicht nur eine sexuelle Präferenz... Die Qualität des sexuellen Akts wird nicht dadurch definiert, mit wem ich schlafe, nicht durch das, was wir zusammen tun, sondern durch die Lebensaussage, die sich aufgrund des Einflusses und des Wesens meiner erotischen Beziehung in meinem Leben und meinem Sein niederschlägt."

Wenn die körperliche Erregung durch Sex als obsessiv empfunden wird oder wenn die Zerstreuung, die Sex bietet, Gefühle von Leere und Unwirklichkeit überdecken soll, dann spielt Sexualität eine ziemlich extreme Rolle. Doch die nervenaufreibende Fahrt zur Arbeit, die Sorgen am Arbeitsplatz, das tägliche Einerlei, die unbezahlten Rechnungen, die Frage, was mittags auf den Tisch kommen soll, die täglichen Pflichten im Haushalt, die Kinder, die Begeisterung, mit der du dein Team anfeuerst, deine Lieblingssendung im Fernsehen – diese Elemente des täglichen Lebens sind für dich vielleicht genauso wichtig wie Sex und mit Sicherheit beständiger.

Doch selbst bei den alltäglichsten Handgriffen wie Wäschefalten und Katzenfüttern und Kinderversorgen mußte ich mir zugeben, daß der Gedanke an Sex die Menschen ziemlich in Anspruch nimmt. Ich kann nicht leugnen, daß allein schon die Aussicht auf ein sexuelles Abenteuer die Menschen sehr belebt. Ich kann nicht leugnen, daß Sex Menschen, die ansonsten sensibel und besonnen sind, dazu bringt, sich irrational und egozentrisch zu verhalten. Ich kann nicht leugnen, daß Sex Menschen, wenigstens für kurze Zeit, ungewöhnlich eng zusammenbringen kann. Ich möchte nicht leugnen, daß Sex als ein Moment erlebt werden kann, in dem die Konzepte des *Selbst* und des *Anderen* auf wunderbare Weise ihre Bedeutung verlieren.

Sex kann erfahren lassen, daß wir einen Körper haben und darin lebendig sind.

Sex kann aber auch langweilig, schmerzhaft, entfremdend, brutal und tödlich sein.

Diese Gedanken gingen mir durch den Kopf, und während sie mich umtrieben, fühlte ich mich nicht nur zunehmend bedrängt, sondern empfand auch die eigene sexuelle Geschichte als zunehmend unwirklich.

Nähe. Sexualität. Alleinsein. Sex mit dieser Person. Damals. Was bedeutete das? Was bleibt davon? Oder sollte die Frage lauten: Welches Selbstgefühl bleibt hinterher übrig?

Auf der Suche nach Ich-weiß-nicht-genau-Was stieß ich auf Stuart Schneidermanns Buch über Jacques Lacan und fand, neben vielem anderen, folgendes: „Daß die Paarungsfähigkeit klinisch nichts weiter aussagt, hat den Glauben der Menschen nicht erschüttern können, es ginge ihnen gut, wenn sie ficken können: Sie seien gesund, mit allem, was das für die Erfüllung des Lebens heißt."

Da wurde mir klar, daß meine Gedanken über Sexualität und deren Beziehung zu Nähe, Alleinsein und Selbst nicht so sehr die funktionalen Aspekte der Sexualität in den Vordergrund stellen sollten, sondern die Bedeutung von Sexualität im weitesten Sinn: was Sexualität darüber aussagt, wie eine Person sich selbst sieht; was sie darüber aussagt, wie sich eine Person mit der Welt der anderen auseinandersetzt.

Oder, um es ganz einfach zu sagen: In diesem Abschnitt über Nähe und Distanz steht nicht Sex im Vordergrund, sondern Begehren.

22. Kapitel

Wen oder was begehren?

Sexuelles Begehren kann eine Chance sein, die Grenzen deines Selbst zu überschreiten. Andererseits kann es, wie jede andere Form der Nähe, lediglich eine Ausweitung deiner Selbstbezogenheit sein, die Umleitung des egoistischen Rufs „ich will" von Objekten und Dienstleistungen auf eine Person.

Das klingt zu hart? Ich fürchte. Aber stellen wir uns einen Moment lang vor, daß Janets Verlangen nach John Johns Verlangen nach Janet überdauert.

Janet ruft John im Büro an und reißt ihn aus einer Besprechung. Sie bringt ihm Blumen in seine Wohnung. Sie lädt ihn zum Essen ein, und er muß sich Entschuldigungen ausdenken. Wenn sie sich zufällig auf der Straße begegnen, ist John entsetzt, weil Janet die frühere Vertrautheit wieder aufleben läßt. John möchte sie aus seinem Leben streichen. Aus Janet, der Begehrenswerten, ist Janet, die Lästige, geworden.

Ist Janet plötzlich eine andere?
Nur in der Art, wie John sie erlebt.

Johns Bedürfnisse haben sich verändert. Noch vor ein paar Wochen hatte er ein Bedürfnis nach der Ego-Massage und dem Körperkontakt, das Janet nur zu gern befriedigte. Jetzt besteht sein Bedürfnis darin, Janet loszuwerden, damit er sein Leben ungestört wie vorher weiterführen kann.

Leider will Janet aber weiterhin mit John zu tun haben und von ihm vermittelt bekommen, daß er mit ihr zu tun haben will. Doch diese Bedürfnisse sind in Johns Augen nicht mehr attraktiv und schmeichelhaft (wie auch Janet sich gesehen hat), sondern irritierend, unklug, plump (wie Janet sich jetzt auch selbst wahrnimmt).

Wenn du die Person beschreibst, die du tatsächlich oder in deiner Phantasie begehrst (als warm, verständnisvoll und sinnlich), beschreibst du, was du als Begehrende dir wünschst (Wärme, Verständnis und Sinnlichkeit). Das heißt nicht, daß die andere Person keine eigene Existenz hat. Die steht außer Frage. Ihr Lächeln, ihre Energie, die Art, wie sie sich bewegt und auf dich reagiert, ihre Interessen, die Eigenschaften an ihr, die dich an andere Menschen erinnern, die du in der Vergangenheit geliebt hast – all diese Faktoren und viele mehr, die dir nicht so bewußt werden, spielen eine Rolle. Dennoch hängst du dieser Person, *wie sie ist und wie sie sich selbst erlebt*, deine Bedürfnisse an, ob sie nun passen oder nicht.

Wenn du Glück hast, entspricht dein Wunsch, wie diese Person sein soll, mehr oder weniger dem Bild, das sie von sich hat.

Du kannst auch Glück haben und deine Begierde ist ein angenehmer Zustand für dich. Du mußt nicht in obsessive Selbstbezogenheit verfallen. (Ich muß immer an meine Geliebte denken. *Ich muß immer an mich denken, und daran, daß ich meine Geliebte begehre.*) Wenn dies Begehren für dich angenehm ist, brauchst du auch nicht das begehrte Objekt (die Person, die du begehrst) in ein schlechtes Objekt (die Person, die du nicht mehr begehrst) zu verwandeln, um die Intaktheit deines emotionalen Selbstbilds zu bewahren.

Doch was kommt nach dem heißen Begehren?

Du weißt, daß die Auswirkungen deines Begehrens nicht vorhersehbar sind, es sei denn, dein Leben steht unter einem guten Stern. Die Begehrte möchte vielleicht von dir begehrt werden, vielleicht aber auch nicht. Dein Begehren erreicht womöglich unverzüglich sein Ziel; vielleicht wirst du glücklich, vielleicht endet alles wieder einmal in Tränen, wie schon so oft. Wer weiß das schon?

Es ist jedoch vorhersehbar, daß dein Begehren immer eine verschlüsselte Botschaft enthält, *was du willst* und, noch wichtiger, *welche Bedürfnisse hinter deinem Begehren stecken.* (Ich brauche Wärme. Ich brauche Verständnis. Ich will vor dem Gefühl der Einsamkeit bewahrt werden.) Das ist immer der Fall, egal ob dein Begehren gezielt ist (ich will die oder den) oder abstrakt (ich möchte geliebt werden).

Wir sollten an dieser Erkenntnis festhalten, besonders dann, wenn dein Begehren nicht den gewünschten Erfolg gebracht hat und du dich in Selbstbezichtigungen (oder Schuldzuweisungen) verstrickst. Jede Situation des Begehrens, *ganz gleich, welches Resultat sie bringt,* sagt etwas Wichtiges darüber aus, was du in dein Leben einzubringen wünschst.

Wenn du die Bedürfnisse hinter deinem Begehren entschlüsselst, lernst du auch, daß dein Leben in deiner Hand liegt und du nicht darauf warten mußt, daß jemand kommt und die Dinge für dich in Bewegung setzt.

Ich möchte, daß sie oder er mich mehr liebt, ist ein Ziel, das nicht mit einfacher Willenskraft zu erreichen ist. *Ich brauche mehr Verständnis und Zuneigung in meinem Leben,* ist viel allgemeiner gefaßt und läßt dir auch die Möglichkeit, die Initiative zu ergreifen.

Ich möchte, daß du abhaust, kann heißen: *Ich brauche Zeit für mich –* um mich zu erholen, um mein Selbstgefühl wiederherzustellen, um mein Leben zu leben, ohne meine Aufmerksamkeit auf jemand richten zu müssen.

Dein Verlangen – sein Ausmaß, sein Muster, seine Unwägbarkeit und Zögerlichkeit – ist ein äußeres Zeichen für innere Dramen, die in ihrer Kombination einzigartig für dich sind:

Warum wünsche ich mir Geld dringender als Bestätigung?

Warum wünsche ich mir Sicherheit und Geborgenheit mehr als Aufregung?

Warum ist vertrauter Sex mir nur erträglich, wenn ich mit meinen Gedanken woanders bin?

Warum begehre ich nur aus der Entfernung?

Warum ist Begehren soviel wichtiger für mich als das Ziel des Begehrens?

Warum ist es mir wichtiger zu begehren, als begehrt zu werden?

Warum ist Begehren für mich nicht möglich?

Wenn du weißt, daß das Begehren der Ausdruck deiner inneren Bedürfnisse ist, stehst du nicht mehr so unter Druck, dies Begehren umsetzen zu müssen. Zum Teil gibt es bereits ein Ergebnis: Du wirst mit deinen Bedürfnissen vertraut.

Candys Erfahrung veranschaulicht, was ich meine. „Meine Ehe bestand aus der üblichen Aneinanderreihung von Aktivitäten, die für eine Ehe in der städtischen Mittelschicht scheinbar typisch sind.

Ich stand als Organisatorin und Vermittlerin im Zentrum, doch kaum eine der Aktivitäten, die ich organisierte, hatte direkt mit mir zu tun. Ich sorgte dafür, daß das Leben für Neil angenehm verlief, organisierte Unternehmungen für meine beiden Kinder, Bella und Archie. Es war nicht richtig unangenehm, aber ich hatte Angst, als selbstverständlich hingenommen zu werden, und wußte nicht, wie ich damit umgehen sollte.

Als ich mich in Pablo verliebte, der zu allem Überfluß auch noch Archies Musiklehrer war, war ich bereit, Neil und unser Haus zu verlassen und mit den Kindern zu Pablo zu ziehen. Ich hatte das Gefühl, daß für mich ein neues Leben anfing.

Neil reagierte sehr gut. Er schlug vor, ich solle ein Jahr abwarten, die Affäre mit Pablo weiterlaufen lassen, aber in unserem Haus wohnen. Ich habe mich auf sechs Monate eingelassen, und in der Zeit haben wir einen Modus vivendi gefunden, der anscheinend allen gut paßt.

Wenn ich mit Pablo zusammen bin, entspanne ich mich und bin zu einer Spontaneität fähig, die ich in meinem Familienleben nicht erreiche. Ich liebe Pablo, schon deswegen, weil ich bei ihm mein Bedürfnis, eine effiziente Mutter sein zu wollen, abschalten kann.

Ich glaube, es ist nur eine Phase. Ich glaube nicht, daß es immer so weitergehen wird. Doch es war eine solche Befreiung, Pablo kennenzulernen, es hat mir meinen inneren Frieden und meine Selbstachtung wiedergegeben und mir gezeigt, wie wirr und hektisch mein Leben geworden war und daß es eigentlich gar nicht meinem Temperament entsprach."

Es läßt sich unmöglich vorhersagen, was das Ergebnis dieses Balanceakts sein wird. Der funktioniert so lange, wie Neil, Candy und Pablo damit einverstanden sind, doch sobald einer der drei Erwachsenen die Kooperation aufkündigt, wird es das Leben aller durcheinanderbringen. Candy wird jedoch die Einsicht gewonnen haben, daß sie mehr Ruhe braucht, als das Familienleben ihr bieten kann, und daß sie als eigenständiger Mensch anerkannt werden möchte: nicht als Neils Frau und auch nicht als die Mutter ihrer Kinder, sondern als Candy, eine Frau mit einem deutlichen Bedürfnis nach Alleinsein und dem Gefühl eines erneuerten Selbst, das das Alleinsein bringt.

Ihr Alleinsein mit Pablo ist nicht das, was die meisten Menschen als Alleinsein definieren würden, doch für meine Begriffe veranschaulicht es sehr gut Winnicotts Beschreibung der Fähigkeit, sich „mit sich selbst und seiner Umgebung eins zu fühlen".

Die Innenwelt

Wenn du dich nach Nähe oder nach Alleinsein sehnst, versetzt du dich in Gedanken irgendwohin, wo du zur Zeit nicht bist. Das Verlangen entsteht aus dir selbst und macht sich außerhalb deiner selbst fest, an einem Menschen oder einer Sache, die du nicht hast. Du kannst nicht das begehren, was du bereits hast; wenn du es hast, brauchst du es nicht mehr zu begehren. Du kannst natürlich eine Erneuerung deines Verlangens für jemanden erfahren, den du „hast" oder gerade „gehabt" hast: Gute Langzeitbeziehungen zeigen das.

Begehren ist eine der Sprachen deiner Innenwelt, die – wie ein Pfeil – auf die Innenwelt eines anderen gerichtet ist. Ich will... hinein. In den Köpfen der meisten bedeutet das: Ich will Sex.

Sex ist tatsächlich eine Möglichkeit, die psychische und körperliche Innenwelt eines anderen zu erreichen. Mit sexuellen PartnerInnen kannst du die Maske des Alltagslebens ablegen, vor oder nach dem Sex intime Gespräche führen und in der Körpersprache intime Dinge austauschen. Jedoch gibt es auch die andere Möglichkeit: daß Sex zutiefst berührungsarm ist.

Durch körperliche Nähe wird allerdings die potentielle Verletzbarkeit erhöht, was sehr intensiv, manchmal fast unerträglich sein kann. Wenn du dich „sexuell hingibst", öffnest du dich viel mehr für Angriffe, Fehleinschätzungen oder Zurückweisung als in einer Beziehung, in der die Kleider anbehalten und die Grenzen aufrechterhalten werden. Das Vertrauen, *loslassen zu können*, entsteht in sexuellen Beziehungen nur schwer. Fast jedesmal, wenn ich mit Menschen über sexuelle Nähe sprach, wurde mir das schmerzhaft bewußt.

Auch Zurückweisung wird in einer sexuellen Situation häufig doppelt verletzend empfunden. Da ist einerseits der aktuelle Verlust. Darüber hinaus ist da auch der Verlust dessen, das sich die meisten von einer sexuellen Beziehung versprechen: sich darauf zu verlassen, daß du du selbst sein kannst; daß die oder der andere in deiner Gesellschaft sie selbst sein können; daß beide für einen kurzen Moment der Isolation entkommen sind.

Francesca erinnert sich: „Der erste Junge, in den ich mich verliebte, war Simon. Er wohnte mit meinem älteren Bruder Kit und noch zwei Jungen zusammen. In meinen Augen war Simon ungeheuer weltgewandt, obwohl ich mir jetzt sicher bin, daß er sich selbst nicht so gesehen hat. Er war bei den Mädchen beliebt, und damals, Ende der sechziger Jahre, so cool, wie es die Jugendkultur forderte. Ich denke, ich bin ihm nachgelaufen, und eines Nachmittags sagte er, er wolle mit mir schlafen. Ich war unglaublich nervös, aber wild entschlossen. Ich war fest davon überzeugt, daß ich diesen Jungen liebte, und wollte unbedingt als seine Freundin gelten.

Wir waren im Haus von Freunden, im Wintergarten, und mußten die Vorhänge zuziehen. Er stand da und sagte, ich solle mich ausziehen. Ich wußte nicht, wo ich meine Sachen hinlegen sollte. Während ich mich auszog, stand er einfach nur da. Ich legte sie alle auf einen Haufen auf den Boden. Er war komplett angezogen und stand einfach nur still da und strich sich übers Kinn. Als ich nackt vor ihm stand, sagte er, ich solle mich wieder anziehen. Er hätte es sich anders überlegt. Jedenfalls sagte er das. Wir haben nicht miteinander geschlafen. Ich werde das nie vergessen."

Vielleicht war Simon ein Sadist, dem Francescas Verlegenheit und Scham Lust bereitete. Wahrscheinlicher aber ist, daß er sie gar nicht begehrte und nur sehen wollte, „wie weit sie gehen würde", womit er seine Männlichkeit auf Kosten ihrer Weiblichkeit grausam bestätigte. Vielleicht bedeutete für Simon sein Verlangen nach Francesca auch einen Konflikt, den er nicht überwinden konnte, so daß er *Begehren selbst als Konflikt* erfuhr.

Vielleicht hatte er eine andere Freundin und wollte Francesca zwar, aber gleichzeitig seine Freundin weder verlieren noch verletzen.

Vielleicht wollte er mit Francesca schlafen, um sich etwas zu beweisen, dann kamen ihm Zweifel, die ihn lähmten.

Vielleicht wollte er mit Francescas Bruder Kit schlafen, doch der Gedanke allein gefährdete sein Selbstgefühl.

Wenn das Begehren aufhört oder verloren geht, ist das häufig ein natürliches Ende: Beide haben sich ein Bild geschaffen, das sich dann als so anders als die Wirklichkeit herausstellt, daß es nicht erträglich war. Begehren kann auch enden, wenn das Paar durch Konflikte auseinandergerissen wurde. Durch innere Konflikte, wie auch Simon sie erlebt hatte, oder eine Mischung aus inneren und äußeren Konflikten, die auftreten, wenn zwei Menschen ihre gegensätzlichen und nicht immer miteinander zu vereinbarenden Bedürfnisse durchzusetzen versuchen. *Ich will das eine, aber auch das andere.*

Die Woge des Begehrens, die zwei Menschen über alle Konflikte hinweghebt, gibt es nur selten. Wenn sie aber anrollt, wenn sie von innen heranwächst und von außen erwidert wird, wundert es nicht, wenn die Menschen alle Vorsicht in den Wind schießen.

Dann schenkt uns das Begehren einen dieser seltenen Augenblicke, in dem wir von den Unschlüssigkeiten der Vergangenheit befreit sind.

Das angenehme Gesicht des Begehrens

Weil sexuelles Begehren immer an Tabus stößt und weil es ein Bereich ist, in dem sich die meisten ungeschützt fühlen, liegt die Versuchung nahe, das eigene Begehren oder das anderer Menschen mit moralischen Urteilen zu befrachten. „Dieses Gefühl hätte ich nicht gehabt." „Wie kannst du nur so etwas empfinden?"

Doch hinter dem Begehren stecken immer Bedürfnisse – in der Erfahrung der einzelnen Psyche sind sie wahrscheinlich ganz legitim –, so daß moralische Urteile nur selten weiterhelfen. Begehren ist nicht schon deshalb „gut", wenn oder weil es frei und offen ausgelebt wird. Noch ist es unbedingt „schlecht", wenn jemand es nicht klar erkennt oder danach handelt, oder wenn es sich auf Menschen, Dinge oder Handlungen richtet, die unangemessen oder gesellschaftlich inakzeptabel sind.

Nehmen wir an, ich bin eine verheiratete Frau und verliebe mich heftig in meine Schwägerin. Aus einer Reihe von Gründen ist das eine sehr schwierige Situation. Mein Mann ist entsetzt und ängstlich und eifersüchtig obendrein. Meine Schwiegermutter ist zutiefst verunsichert. Der Mann meiner Schwägerin ist wütend und könnte bei der Verteidigung seiner Familie und seines Glücks gewalttätig werden. Die Kinder beider Familien empfinden ihre Beziehungen als bedroht.

Alle diese empfindlichen Punkte machen sich bemerkbar, bevor ich mir überhaupt überlegt habe, welche Wirkung mein Begehren auf meine Schwägerin oder auf mich haben könnte.

Mein Mann, meine Schwiegermutter, meine beste Freundin, der Eheberater empfehlen mir, Vernunft anzunehmen. Vielleicht wollen sie mir sogar weismachen, daß ich die Gefühle, die ich habe, gar nicht habe. Oder wenn ich sie habe, sollte ich aufhören, sie zu haben und mich auf meine Rolle als Ehefrau eines durch und durch anständigen Mannes und als Mutter meiner reizenden Kinder besinnen.

Ob ich ihren Ratschlägen folge, hängt von vielen Faktoren ab. Die Stärke meines Verlangens und die Geschichte meiner dahinter liegenden Bedürfnisse gehören dazu; das Gefühl, mein eigenes Leben gestalten zu wollen; die Verantwortung, die ich meinem Mann und meinen Kindern gegenüber empfinde; die bestehenden Muster, nach denen ich mich an erster, zweiter oder letzter Stelle ansiedele.

Vielleicht hängt viel davon ab, wie weit mein Gefühl der inneren Sicherheit aus mir selbst oder von außen kommt. (Brauche ich ein Gegenüber, das mir sagt, wer ich bin? Brauche ich dich, damit du mir meinen Lebenswert bestätigst? Brauche ich dich, damit du mir sagst, was ich denken, tun und fühlen soll?)

Ob ich mein Verlangen in die Tat umsetze und wie, hängt sicherlich auch von der Reaktion der Person ab, auf die es sich richtet, nämlich von meiner Schwägerin. Nehmen wir an, auch sie ist entsetzt. Wenn ich nicht völlig in meinen Illusionen verhaftet bin, werde ich mich wahrscheinlich zurückziehen und mich eine Zeitlang schmerzlich allein fühlen. Nach einiger Zeit werde ich vermutlich verstehen, daß mein Begehren „wirklich" war, daß aber die, die das Verlangen in mir erweckt hat, „unwirklich" war, zumindest die Rolle, in der ich sie gesehen habe. Sie wollte meine Schwägerin und meine Freundin sein, nicht meine Geliebte. In meiner Wahrnehmung ihres Andersseins habe ich sie *aufgrund meiner Bedürfnisse* in einer falschen Rolle gesehen.

Wenn ich diesen Punkt erreicht habe, werde ich vielleicht Hilfe von außen suchen, um meine Bedürfnisse in den Griff zu bekommen und mich zu dem Menschen zu formen, den mein Mann und meine Kinder brauchen. Vielleicht aber beschließe ich, daß ich andere Frauen kennenlernen möchte, deren Wünsche und Bedürfnisse den meinen näher kommen, als es die meiner Schwägerin je sein könnten.

Was auch immer tatsächlich geschieht, diese Erfahrung – meine Schwägerin zu begehren – hat mir eine wichtige Erkenntnis über meine inneren Bedürfnisse vermittelt. Ihre Befriedigung erhoffte ich mir von einer außerhalb meiner selbst, die ich in meine Innenwelt holen wollte, in einer Begegnung der sexuellen Nähe und Intimität.

In anderen Worten läßt sich dieser wichtige Gedanke so formulieren: Die Auslöser – der Mensch, der die Gefühle von Verlangen und Begehren in mir auslöst, und die Gefühle selbst – lehren mich etwas über mich, über meine Wünsche und über mein Gefühl, ob ich ein Recht auf sie habe.

Ich will dich ganz für mich

Durch dein Begehren kannst du den Wunsch kundtun, jemanden für dich vereinnahmen, ja ihn verschlingen zu wollen. Das hat mit einer Beziehung zwischen Selbst und Anderem nur wenig zu tun, es ist nur eine Variante des *Ich will*, ohne gleichzeitig nach den Bedürfnissen des anderen zu fragen.

Der dreiundfünfzigjährige Dennis Hopper ist, soweit bekannt, weder besonders verrückt noch ein besonders schlechter Mensch, doch in einem Interview fiel auf, wie er über seine zweiundzwanzig Jahre alte Frau Katherine La Nasa sprach, eine Ballettänzerin, die er bei einer Vorstellung in New York kennengelernt hatte.

„Ich verstehe nichts von Ballett. Tatsache ist, daß ich noch nie in meinem Leben eins gesehen hatte, aber ich habe mir aus den Ballettröckchen den besten Arsch herausgepickt und ihm soviel wie möglich zugeschaut. Anschließend gab es für die Truppe eine große Party, und ich schlängelte mich zu dem Arsch, der mir gefallen hatte, durch. Ich war mit einer jungen Frau zusammen, die ich kaum kannte, und sie hielt mich für etwas merkwürdig, weil ich zu Katherine sagte: ‚Es ist mir peinlich, aber Sie haben wirklich einen großartigen Arsch!‘ In dieser Art ging es weiter, und am nächsten Abend war ich wieder im Ballett.“

Kurz darauf heiratete Hopper diesen „Arsch“ und, wie wir annehmen dürfen, die dazugehörige Frau.

Daß dieser Mann über einen Mitmenschen in Einzelteilen spricht, sagt nicht unbedingt etwas Schlechtes über Hopper, der einfach nur ein Mensch mit Fehlern und einem besonderen Berühmtheitsgrad ist, sondern über unsere Gesellschaft, in der Teile von Menschen oder gar der Besitz dieser Teile für das Ganze gehalten werden. „Was für ein Wagen!“ „Phantastische Titten!“

Sich für das eigene Aussehen oder den eigenen Besitz oder das Aussehen und den Besitz anderer obsessiv zu interessieren, weist im allgemeinen auf einen Mangel an stabilem Selbstgefühl und der damit zusammenhängenden inneren Stärke. Wenn du den Reichtum, das Aussehen oder die Intelligenz eines anderen begehrst, drückst du damit auch Neid aus oder die Überzeugung, daß dein Leben mit diesen Zusätzen sicherer und bewundernswerter wäre als alles, was du aus eigener Kraft schaffen kannst.

Richtest du dein Verlangen auf eine Person, die dies alles – Arsch, Titten, Brieftasche – hat, und begehrst sie *deswegen*, so ist das ein Akt der Vereinnahmung. „Ich will haben, was du hast. Es soll mir gehören. Ich möchte buchstäblich ein Stück von deinem Arsch besitzen.“ Das ist nicht Nähe, sondern der nunmehr hinreichend bekannte Schrei des kindlichen Narzismus: Fülle meine Leere, ergieße dich in mein Inneres, denn ich bin leer.

Ob sich nun jemand mehr für einen Hintern oder Brüste oder die Brieftasche interessiert, wandelt das Szenario nur geringfügig ab und verleiht ihm eine Spur Individualität, aber eigentlich bleibt das Spiel das gleiche. Weil ich nicht ganz bin, richte ich meine Aufmerksamkeit auf einen Teil von dir und mache daraus einen Fetisch.

Melanie Klein vertrat die Auffassung, daß sich für den Säugling in einer kurzen, aber wesentlichen Phase die Mutter in der Mutterbrust und in des Säuglings Beziehung dazu manifestiert. Ähnlich, wenngleich weniger angemessen, kann für einen Erwachsenen, dem es schwerfällt, das Risiko einer zwischenmenschlichen Bezie-

hung einzugehen, ein Teil eines anderen die oder den „Geliebten"
darstellen.

Natürlich sind wir stolz auf die Schönheit oder den Erfolg
unserer Geliebten. Daran ist nichts auszusetzen, besonders nicht,
wenn Toleranz und Gelassenheit hinzukommen. Probleme entstehen erst, wenn dein Verlangen an Bedingungen geknüpft ist. Wenn
du dich beispielsweise in den erfolgreichsten Mann in deiner Firma
verliebst, ihn heiratest, feststellst, daß er zu Hause eine „Niete" ist,
und daran die Beziehung zu Bruch geht. Du hattest dich in den
Erfolg, nicht in den Mann verliebt, nur war der Erfolg äußerlich und
nicht von Dauer. Einen Menschen für das, was er ist, zu lieben, ist
die einzige Chance für Dauerhaftigkeit. Einerseits ist es zwar eine
illusorische Dauerhaftigkeit, denn du wirst sterben und die/der
andere auch, andererseits liegt nur darin die Authentizität, die das
Wesen zwischenmenschlicher Beziehungen ausmacht.

Die Ganzheit einer Person auf einen Einzelaspekt zu reduzieren,
kann auch das Ergebnis offener Feindseligkeit sein oder von
Situationen, in denen Feindseligkeit und Neid von Bewunderung
nur verschleiert werden. Die Person, die dir in den Rücken gefallen
ist, dich zusammengestaucht hat, dich anwidert, ist in deinen
Augen plötzlich nur noch diese Tat. „Mein Chef hat mich entlassen,
der Hund!"

Menschen mit körperlichen Behinderungen oder Menschen, die
dick, häßlich oder alt sind, erleben häufig, daß sie nur im Hinblick
auf dies eine Merkmal gesehen werden. Das kann ihre Erfahrung
von ihrem Selbst, die ja ständig durch Interaktionen mit anderen
auf den neuesten Stand gebracht wird, dramatisch beeinflussen.
Wenn also ein Mensch befürchten muß, von seiner Umwelt auf
einen Teilaspekt seiner Persönlichkeit reduziert zu werden, kann
es nicht überraschen, wenn er sich in die Sicherheit einiger weniger
enger Beziehungen zurückzieht, auch wenn diese nur zum Teil
befriedigend sind.

Mehr als andere Erfahrungen des Selbst ist das Begehren nicht
wertfrei. Wohlhabende, im landläufigen Sinn gutaussehende oder
selbstsicher auftretende Menschen sind nicht unbedingt begehrenswerter als andere. Im Gegenteil, häufig sind sie maßlos mit sich

selbst beschäftigt. Dennoch erscheinen sie begehrenswerter als Arme, Häßliche oder Schüchterne.

Das Begehren ist ein Ausdruck des Selbst, der besonders stark von den Sitten, Gebräuchen und Gepflogenheiten, den Privilegien und Prioritäten der Gesellschaft, in der wir leben, beeinflußt ist. Das erklärt auch, warum wir auf die gleichen Stereotypen hereinfallen, ja warum schon unser Verlangen stereotyp genannt werden kann.

Dich in deine Schwägerin zu verlieben, ist vermutlich ein Begehren, das in den Augen der Gesellschaft nicht als passend oder „wünschenswert" gilt. Von deinem Standpunkt hängt es ab, ob du dein Aufbegehren gegen die gängigen Vorstellungen als Bestätigung deines Selbst ansiehst oder als egoistisch und zerstörerisch.

In diesem speziellen Fall gegen die Stereotypen der Gesellschaft aufzubegehren, ist schon kompliziert genug. Was sollen wir erst von Menschen halten, die überzeugt sind, sie „begehrten" ihre eigenen Kinder und hätten deshalb das Recht, sie sexuell zu mißbrauchen? Oder von Menschen, deren „Begehren" mit dem Anspruch daherkommt, die Menschen, die sie zu begehren behaupten, zu erniedrigen, zu demütigen, zu unterdrücken oder zu versklaven?

Selbst in relativ normalen Beziehungen kann eine Person die andere „versklaven", nicht einmal aus Grausamkeit, sondern angeblich aus Liebe, indem sie ihr verbietet, mit anderen Menschen zusammenzukommen, oder ihr das Recht auf ein eigenes Leben abspricht, das nicht in den Bedürfnissen der Beziehung, so wie die eine Seite sie interpretiert, aufgeht.

„Was wir von solchen Menschen halten", hängt von vielen Faktoren ab, nicht zuletzt von unserer Betroffenheit durch solche Situationen. Und sofort erhebt sich die Frage, ob Begehren – diese komplizierte Mischung von Gefühlen – kontrolliert werden sollte oder kann. Vielleicht läßt sich Begehren wirklich nicht kontrollieren. Zumindest nicht in dem Sinn, den Gefühlen den Befehl zur Kehrtwendung zu erteilen.

Doch *Begehren ist nicht Handeln.*

Begehren zu erkennen, zu begreifen, woher es kommt und wohin es führen kann, ist eine Selbsterfahrung, die von einem anderen oder von deinen Phantasien über diesen anderen ausgelöst wird. Eine Erfahrung, die dir die Möglichkeit gibt, dich selbst und deine Bedürfnisse besser zu verstehen.

Begehren auszuagieren, bezieht einen anderen Menschen mit ein. Dann muß gewissermaßen verhandelt werden. Viele Menschen können das, zumindest kurzfristig, relativ unbefangen. Auf längere Sicht kann das Beghren unter der Last äußerer wie innerer Konflikte verschwinden.

Andere Menschen haben damit sofort Probleme. Das sind Menschen, deren Selbstbezogenheit es ihnen schwer macht zu erkennen, daß, was sie wollen, du vielleicht nicht willst; die nicht begreifen, daß, was sie wünschen, du nicht zu geben bereit bist. Wenn ihre Wünsche mit denen des anderen übereinstimmen, sind sie hingerissen; wenn nicht, stimmen sie großes Wehgeschrei an.

Konflikte positiv nutzen

Am leichtesten läßt sich die Spannung zwischen Begehren und Handeln – oder Nicht-Handeln – lösen, wenn du nicht zwei miteinander im Widerspruch stehende Dinge auf einmal willst. Zumindest denkt Alexander Lowen so.

„Ich persönlich treffe ungern Entscheidungen. Ich fühle mich dabei in die Enge getrieben. Ich habe in meinem Leben nur selten die richtige Entscheidung getroffen. Alle guten Entwicklungen, die eine konstruktive Wirkung auf mein Leben hatten, waren nicht das Ergebnis bewußter Entscheidungen. Ich habe gehandelt, weil mein Verlangen so stark war, daß mir keine andere Wahl blieb."

Die Fähigkeit, so sicher zu sein, ist vor allem eine Frage des Temperaments. An bestimmten Wendepunkten in meinem Leben habe ich mich von Träumen leiten lassen, die sich in ihrem „Gewicht" so eindeutig von normalen Träumen unterschieden, daß ich den Eindruck hatte, sie enthielten eine wesentliche Wahrheit.

In meinem Alltagsleben muß ich unter weniger dramatischen Umständen ebenfalls ständig Entscheidungen treffen, fast immer mit einer gewissen Unsicherheit, denn ohne Konflikt geht es selten ab. Konflikte bestimmen unser Leben.

Jedoch müssen wir Konflikte nicht einfach erdulden; wir können auch mit ihnen und durch sie wachsen. Zumindest lehren sie uns, unsere Grenzen zu erkennen und uns diesen Grenzen nicht einfach zu unterwerfen. Konflikte gehören zum Leben. Sie können aber auch lähmen und hemmen.

Wenn du zwei oder mehr nicht zu vereinbarende Dinge gleichzeitig willst, wird der Konflikt zum Problem. Manchmal ist es schon schwer genug, überhaupt zu erkennen, welche Dinge das sind. Wir bauen ungeheuere Lügengeschichten auf, um unser wackliges Selbstbild zu stützen. Doch wenn du in einer ruhigen Stunde in dich gehst, werden dir die Konflikte deutlich.

Ich möchte geliebt werden; ich möchte frei sein.

Ich brauche Sicherheit; ich brauche Abenteuer.

Ich möchte zu dir aufsehen; ich möchte wissen, wie du wirklich bist.

Ich habe Angst, dich zu verlassen; ich möchte dich verlassen.

Ich möchte allein sein; ich ertrage es nicht, allein zu sein.

Ich möchte reich sein; ich möchte nicht beneidet werden.

Ich möchte arbeiten; ich möchte zu Hause bei meinen Kindern sein.

Ich möchte Nähe; ich möchte Distanz.

Diese sich gegenseitig ausschließenden Wünsche kennen wir alle. Sie machen jeden emotionalen Ausdruck zur potentiellen Gefahr. Bronwyn Hocking veranschaulicht dies in ihrem Buch *Little Boy Lost*: „Ich hatte das Gefühl, daß alles, was ich wollte oder brauchte, unvereinbar mit einer anderen Sache war, die für mich die gleiche Bedeutung hatte... Je mehr ich meine Gefühle unter Kontrolle hielt, desto mehr befürchtete ich, für immer im Würgegriff meiner unterdrückten Gefühle gefangen zu sein... Doch wenn man zu vermeiden versucht, auf diese Weise verletzt zu werden, bezahlt man mit dem Verlust des lebendigen Kontakts mit der Welt. Spontaneität und Kreativität werden so unmöglich."

Allgemein ist es eher so, daß hartnäckige, unerkannte Konflikte in einem Zustand tiefster Unzufriedenheit und in Sehnsucht nach dem, was nicht ist, erstarren.

Ich ertrage es nicht, allein zu sein; ich brauche Liebe.

Diese Liebe schnürt mir die Luft ab; ich will allein sein.

Ich ertrage mich nicht; jemand muß sich um mich kümmern.

Deine Bedürfnisse sind zuviel für mich; ich brauche jemand anderes.

Roberto Assagioli sagt: Zwei nicht miteinander zu vereinbarende Dinge gleichzeitig zu wollen, raubt dir den Seelenfrieden, stürzt dein Leben ins Chaos, kann deine geistige Stabilität gefährden, weil es so schwierig ist zu verstehen, was eigentlich geschieht. Du fühlst dich festgefahren, verunsichert, verwirrt, gelähmt.

Um die schlimmsten Auswüchse deiner inneren Verwirrung einzudämmen, braucht es keine besondere Erleuchtung. *Es reicht schon, wenn du die Konflikte in deinem Leben benennen kannst – Bedürfnisse, die unmöglich alle gleichzeitig befriedigt werden können – und sie in eine Hierarchie der Bedürfnisse, wie Assagioli das nennt, ordnest.*

Das heißt möglicherweise:

- Du hörst deiner Partnerin zu, die sich über ihre Arbeit beschwert, und weißt, daß du später Ruhe und Alleinsein genießen kannst.
- Du erkennst, daß dein größter Wunsch ist, ein Kind zu haben, und daß du deinen Beruf zurückstellen mußt.
- Du begreifst, daß du dich nicht auf einen Menschen festlegen kannst, solange die Vergangenheit dich nicht losläßt. Du brauchst Hilfe.
- Du nimmst eine Stelle an, die hohe Anforderungen an dich stellt, und versuchst deine Angst vor dem Versagen mit Hilfe eines Therapeuten oder eines Freundes zu meistern.
- Dein Bedürfnis nach Sex muß zurückstehen, solange deine Partnerin oder dein Partner krank ist, aber dein Bedürfnis nach Freundschaft kann von deinen FreundInnen erfüllt werden.

Wer sich der individuellen „Hierarchie der Bedürfnisse" nicht bewußt ist und sich mit seinen inneren Konflikten unwohl fühlt, hadert mit der Welt – oder einer Person, die die Welt vertritt. Mit der Welt hadern, ist eine mögliche Reaktion; sich handlungsunfähig zurückzuziehen, eine andere.

Assagioli warnt davor, die eigenen Konflikte auf andere zu projizieren, auch wenn wir dazu tendieren, „Einstellungen, Impulse, Gefühle und Ideen, die in uns vorhanden sind, auf andere zu übertragen".

Nicht nur im Privaten führt diese Haltung zu Auseinandersetzungen; auch in der größeren Gemeinschaft ruft sie Konflikte hervor.

Es hilft weiter, wenn du erkennst, daß diese Projektionen ein Verteidigungsmechanismus sind, der dich von der Eigenverantwortung und dem Gefühl der eigenen Stärke wegführt, statt darauf hin.

Die Projizierung unserer Konflikte nach außen geschieht auf zweierlei Weise.

Die Reaktionen anderer Menschen auf dich, positive wie negative, sind manchmal ebenso schwer zu ertragen wie die eigenen Gefühle, die du gern leugnen würdest.

Vielleicht reagiert jemand mit Zorn, Feindseligkeit oder Verachtung auf dich. Vielleicht hast du dieses Verhalten provoziert, bewußt oder unbewußt. Andererseits ist aber auch denkbar, daß dein Gegenüber Konflikte, die in ihrer/seiner Psyche toben, ausagiert. Und du gerätst nur zufällig dazwischen.

Ob du dich wehrst oder mit Empörung reagierst, zutiefst getroffen bist oder den Angriff achselzuckend abtust, hängt davon ab, wie sicher du dich in dem Moment fühlst, aber auch von deiner nicht immer gleichen Fähigkeit zu unterscheiden, was an der Attacke dir persönlich galt und was ein Zornesausbruch gegen die Welt ist, deren Stelle du gerade vetrittst.

Am meisten hilft dir, wenn du bedenkst, daß die Attacke den inneren Zustand des anderen spiegelt und nichts über dich aussagt. Deine *Reaktion* hingegen spiegelt *deinen* Zustand und macht sichtbar, welche Aspekte deiner Innenwelt deiner Aufmerksamkeit bedürfen.

23. Kapitel

Mehr als nur wünschen

Die Begriffe *Begehren* und *Wünschen* scheinen auf den ersten Blick austauschbar. Dennoch sind sie unterschieden: Begehren schließt Wünschen mit ein, ist aber mehr als das.

Ich wünsche mir zum Beispiel schönes Wetter, damit die Wäsche trocknet. Oder ich wünsche mir einen besseren Verdienst, damit ich mehr Zeit zum Schreiben habe. Diese „Wünsche" sind für mich keineswegs trivial, aber sie sind kein Begehren. Wenn ich mir dies oder jenes wünsche und es bekomme, oder auch nicht, gerät mein Selbstgefühl nicht in Gefahr.

Begehren ist für mein Gefühl, wer ich für mich selbst und für andere bin, weitaus gefährlicher. Es ist deswegen so gefährlich, *weil es mir deutlich macht, was ich nicht habe.* Es erinnert mich an meine Bedürftigkeit und daran, daß andere Menschen mir verweigern könnten, wonach ich verlange. Mein Begehren gibt mir die Chance, mich selbst zu erkennen; es macht mich auch verletzbar.

Um auf das Wetter zurückzukommen: Wenn ich über Begehren nachdenke, bin ich plötzlich wieder in England, wo ich von 1967 bis 1983 gelebt habe. In London leben meine besten Freundinnen und Freunde, doch wenn ich mich in die frühen achtziger Jahre zurückversetze, sehnte ich mich nach Wärme, Licht, einem Gefühl von Raum und Weite, wie sie im Südpazifik zu finden sind. In diesem Bild sind Bedeutungen aus meinen ersten Lebensjahren enthalten, die ich nicht entschlüsseln kann und auch nicht will. Die Sehnsucht nach besserem Wetter als dem in London war nur ein Teil davon. Das Wetter, der Himmel, das Licht, die Farben: All das stand für etwas, das für mich das Gegenteil von England bedeutete und darüber hinaus einen Ort, an dem ich mich mehr ich selbst, mehr zu Hause fühlen könnte.

Wenn ich über Geld nachdenke und über meine Sehnsucht zu

schreiben, erinnere ich mich an die Zeit, als ich ganz sicher war, mir Schreiben nicht leisten zu können. Diese Sicherheit wurde von einer Freundin durchbrochen. „Schreib", sagte sie. „Wenn du wirklich schreiben willst und nur das fehlende Geld dich daran hindert, gebe ich dir das Geld für den Anfang."

Damit war meinen Ausflüchten (die verhinderten, daß meine Sehnsucht in Taten umgesetzt werden mußte) der Wind aus den Segeln genommen, und ich begann zu schreiben – mit Zaudern und Zagen und erst später mit dem Gefühl innerer Notwendigkeit. Beim Schreiben konnte ich einen Teil von mir selbst freisetzen, den ich bis dahin nicht kennengelernt hatte, so sehr war ich mit meiner Verlagsarbeit beschäftigt.

Der Unterschied zwischen Wünschen und Begehren ist hier besonder kraß. Kein vernünftiger Mensch wünscht sich zu schreiben. Die Arbeit ist einsam, stellt hohe Ansprüche und zahlt sich finanziell nicht aus. Doch ähnlich wie bei anderen Menschen, deren Arbeit ihre Berufung ist, drängt mich mein *Begehren* zu schreiben und zu verstehen, was auf andere Weise nicht verstanden werden kann, auch wenn meine *Wünsche* – nach einem geselligeren Leben, nach einem Leben mit weniger Risiken und ohne die Gefahr des Scheiterns – ganz klar in meinem Kopf weiterbestehen.

Begehren kann als Antrieb wirken – meist tut es das. Manchmal ist es nur schwer zu identifizieren, oder das Risiko, es zuzulassen, ist zu groß. Manchmal geht sogar das Begehren nach dem Begehren verloren. Angst, Anpassung, Scheu, Verzweiflung verhindern, daß sich das Selbst durchsetzt und sein *Ich will* klar fomuliert.

Begehren kann unerträglich verletzbar machen. Du streckst die Hand aus und riskierst, daß niemand da ist, die Bedürfnisse zu befriedigen, die dicht unter der Sehnsucht liegen.

Die Angst, niemanden zu finden, läßt sich in die Kindheit zurückverfolgen, als das Bedürfnis, gehalten und akzeptiert und nicht verlassen zu werden, zum Überleben ebenso wichtig war wie Schlaf oder Nahrung.

Angst, Anpassung, Scheu und Verzweiflung – damit sind wir fast alle irgendwann in Berührung gekommen. Deshalb ist es verständlich, warum du dein Begehren auf überschaubare Situationen beschränken willst oder dein ganzes Verlangen auf etwas richtest, das dir die Illusion von Kontrolle gibt: Geld, Macht, mehr Geld, mehr Macht. Oder warum du es soweit zügelst, daß du nur noch nach dem verlangst, was auch zu verwirklichen ist.

Vielleicht bist du froh, wenn du nicht begehrst. Dir bleiben Enttäuschung, Frustration und ein Gefühl von Leere erspart, die sich einstellen, wenn dein Verlangen sich als unerfüllbar herausstellt oder wenn es erfüllt und dann schal wird.

Kein Verlangen zu haben, kann auf tiefe Zufriedenheit deuten. Wer nichts mehr begehrt, kann sich aber auch tot und leer fühlen. *Und so wird dieser Mensch auch seine Mitmenschen erleben.*

Gregory hat keine Sehnsucht. „Wenn du damit meinst, daß ich mir etwas so sehr wünsche, daß ich es unbedingt haben muß. Ich möchte, daß in meinem Beruf etwas zuwege gebracht wird. Ich arbeite einen Plan aus, was ich in den nächsten sechs Monaten erreichen will. Aber das ist völlig realistisch. Natürlich will ich beim Squash gewinnen. Ich wollte in der Schule und an der Universität gut abschließen, und das ist mir auch gelungen. Aber wenn du meinst, ob ich vor Sehnsucht nach jemand vergehe oder Rosen schicke in der Hoffnung, bemerkt zu werden, dann nein. Das ist nicht mein Stil. Ich würde das verachten. Ich kann mir nicht vorstellen, etwas zu wollen, das ich nicht auch verwirklichen könnte. Das ist doch komplette Energieverschwendung."

Sich seiner Gefühle, Bedürfnisse, Sehnsüchte bewußt zu werden, kann für jeden von uns problematisch sein; doch Angst, etwas zu fühlen und sich nach etwas zu sehnen, und unfähig zu sein, die Verletzbarkeit anzunehmen, die zur Sehnsucht gehört, erscheint mir schlimmer. Genau diese Angst und Unfähigkeit bestimmen das Leben vieler Menschen, für die in der Kindheit Sehnsucht eine schmerzliche und enttäuschende Erfahrung war.

Ist es Schicksal? „Tatsachen sind nicht Schicksal", betont Victor Frankl. „Wichtig ist, wie wir uns ihnen stellen."

Auch hier ist es möglich, kleine Risiken eingehen zu lernen, gerade dann, wenn jemand erkennt, daß *das, was ihn am meisten ängstigt, bereits Vergangenheit ist.*

Laura hat das erkannt und ist frei, sich ein Leben zu schaffen, das sie befriedigt – im Gegensatz zu Gregory, den mangelnde Selbsterkenntnis und Distanz zu sich und anderen daran hindern.

Laura hat eine atemlose und etwas entschuldigende Art zu sprechen, ist aber eine tatkräftige Frau. „In emotionaler Hinsicht war ich immer vorsichtig. Ich würde sagen, ich war fast krankhaft schüchtern, und wenn sich jemand mir näherte mit der Absicht, mich besser kennenzulernen, spürte ich buchstäblich, wie ich zusammenschrumpfte.

Ich verbrachte viel Zeit mit meinem Bruder und bei der Arbeit. Ich bin Chemikerin. Allein zu sein, machte mir nichts aus. Ich war stolz auf meine Selbstgenügsamkeit.

Murray habe ich bei der Arbeit kennengelernt. Er gefiel mir von Anfang an. Er ist auch schüchtern, aber er verliebte sich in mich und blieb hartnäckig. Ich war entsetzt, denn für mich bedeutete das, daß ich mich zurückziehen mußte, sobald er sich mir näherte. Ich war richtig sauer. ‚Wie kann er unsere Freundschaft in Gefahr bringen?' dachte ich.

Dann wurde mein Bruder mit einem Gehirntumor ins Krankenhaus eingeliefert, und ich war sehr verzweifelt. Deshalb ließ ich es zu, daß Murray mir half und mich zum Krankenhaus fuhr und so. Nichts weiter, er ist keiner von der aufdringlichen Sorte.

Damals erfuhr Murray, daß mein Bruder und ich keine weitere Familie haben, ich erzählte ihm, daß wir bei Pflegeeltern aufgewachsen waren, bei denen wir es nicht besonders gut hatten. Monate später, als wir nach der Arbeit spazierengingen, sagte er plötzlich: ‚Deine Eltern sind tot. Du kannst sie nicht noch einmal verlieren. Ich glaube, du hast solche Angst, dich mit jemandem einzulassen, weil du damit riskierst, ihn zu verlieren. Das wäre schrecklich, das ist klar, aber nicht so schrecklich wie der Verlust der Eltern als Kind. Das schlimmste Ereignis überhaupt ist bereits eingetreten. Das kannst du nicht mehr verhindern. Es ist schon gewesen.'

Als ich nach Hause kam, hatte ich heftige Kopfschmerzen. Sie dauerten zwei Tage, und ich dachte schon, ich hätte auch einen Gehirntumor und müßte sterben.

Ich lag mit schlimmen Schmerzen im Bett und hatte merkwürdige Träume, und zwischen den Träumen und den Schmerzen hatte ich das Gefühl von Wasser, von Meer, als ob ich auf dem Wasser getragen würde und Wasser durch mich hindurchrann. Die zwei Tage haben mein Leben erschüttert, und danach dachte ich: ‚Murray hat recht. Nichts kann je wieder so schlimm sein, und vielleicht muß ich nicht lebendig begraben sein. Schließlich wird es die, die sowieso schon tot sind, nicht wieder zum Leben erwecken.'

Danach ging nicht alles glatt, aber ich hatte eine andere Einstellung gewonnen. Natürlich hatte ich Glück. Ich kann Murray völlig vertrauen und habe nie das Gefühl, daß er mich vereinnahmt. Mein Bruder ist immer noch in der Vergangenheit verhaftet. Er ist wieder gesund, aber emotional ist er noch in der alten Situation."

Lauras Familiengeschichte ergibt eigentlich keine gute emotionale Prognose. Doch sie fühlt sich lebendig, ist in ihrer Beziehung mit Murray glücklich, kann allein sein, ohne das als Verteidigungsstrategie zu erleben, und hat Freude am Umgang mit anderen.

Das Wunderbare an den Menschen ist, daß sie sich nicht in Kategorien einordnen lassen. Manche wachsen ungestört und sicher auf und werden zu gierigen, unsolidarischen Erwachsenen; andere haben als Kinder alles entbehrt, das Sicherheit und Stabilität verleiht, und werden zu liebevollen und großzügigen Menschen.

Das soll nicht moralisch überheblich klingen; ich spreche von Glück, denn die Fähigkeit, fröhlich und liebevoll zu sein, zu vertrauen und andere zuzulassen, ist eine glückliche Disposition – und die ist nicht allen gegeben.

24. KAPITEL

Fragen der Einstellung

In deinem Begehren und der Art, wie du es auslebst, zeigst du, wie du deine Geschlechtsrolle verstehst. Gleichzeitig bist du für die gängigen Vorstellungen anfällig, die sagen, wie weibliches bzw. männliches Begehren aussehen soll.

Frauen fällt es schwerer als Männern, ihr Begehren anzuerkennen und auf direktem Weg dessen Erfüllung zu betreiben. Um zu wissen, was du willst, mußt du dich als eine erleben, die in der Lage ist, *wählen zu können*, und gleichzeitig andere und deren Bedürfnisse wahrnimmt, ohne von deren Bedürfnissen oder von der Frage, wie sie am besten mit den eigenen Bedürfnissen in Einklang bringen zu sind, überrannt zu werden.

Um einfühlsam auf die Bedürfnisse anderer zu reagieren, ohne das Gefühl zu bekommen, von ihnen an den Rand gedrängt oder verfolgt zu werden, brauchst du ein stabiles Selbstgefühl und das Vertrauen, daß auch deine Bedürfnisse befriedigt werden können.

Für Frauen, die von klein auf angehalten wurden, sich auf die Bedürfnisse anderer einzustellen, jedoch nicht die Verantwortung für das eigene Leben zu übernehmen, kann das schwierig sein. Was das Begehren angeht, sehen sich viele eher in der passiven Rolle. „Ich möchte begehrt werden." Unausweichlich entsteht dadurch zwischen ihnen und denen, die die Macht haben, sie zu begehren, eine ungleichgewichtige Beziehung.

Manipulieren, indirektes Verhalten, sich klein machen, wird eher mit Frauen als mit Männern assoziiert; es ist das Ergebnis von Machtlosigkeit. Ohne das Gefühl innerer Stärke ist es sehr schwer, mit anderen offen und großzügig umzugehen.

Im allgemeinen haben Männer weniger Schwierigkeiten, ihre Wünsche direkt auszudrücken (ich halte das für einen Vorzug), und auch weniger Skrupel, ihre Wünsche über die anderer Menschen zu setzen (alles andere als ein Vorzug). Vielleicht haben sie weniger Probleme, zu internalisieren, daß sie und nicht jemand anders ihr Leben in der Hand haben.

Männern fällt es schwerer, sich auf sich selbst oder auf andere Menschen einzustellen und zu erkennen, was sie oder die anderen emotional brauchen. Das gilt besonders, wenn diese Bedürfnisse auch Verletzlichkeit signalisieren.

Männern scheint der Gedanke fremd, daß Entscheidungen – soweit das möglich ist – die ganze Person und nicht nur einen Teil von ihr einbeziehen sollten. Nur mit dem Kopf zu entscheiden oder nur seine sexuellen Bedürfnisse im Sinn zu haben und dabei die eigenen Gefühle oder die der anderen zu mißachten, kann sehr zerstörerisch sein.

Für Männer ist es verwirrend und frustrierend, daß Frauen es unmöglich finden, sich auf ein „sexuelles Abenteuer einzulassen, ohne es gleich mit Bindung zu verwechseln", wie ein Mann es ausdrückte. Manche Frauen empfinden weder sexuelle Erregung noch Befriedigung, wenn zum körperlichen Begehren nicht Gefühle der Zuneigung kommen.

Lisa Alther schreibt und trifft damit den Punkt: „Es war die immer gleiche Zwickmühle. Er brauchte Sex, um sich ihr verbunden zu fühlen, und sie mußte eine Verbindung zu ihm spüren, um Sex mit ihm zu genießen."

Für die meisten Frauen besteht zwischen dem, was der Körper will, und dem, was Kopf und Herz wollen, Übereinstimmung. Indem ihr Körper sich öffnet oder verschließt, spricht er eine beredte Sprache, auch wenn es schwer ist, zu bitten oder abzulehnen.

Die Anpassung des Begehrens

Daß Frauen sexuelles Verlangen verspüren, gehört heute, am Ende des zwanzigsten Jahrhunderts, zum Allgemeinwissen. Daß Frauen entsprechend ihrem Verlangen auch handeln – ihrem Begehren, einen ihnen entsprechenden Platz in der Welt zu finden, ihrem Begehren nach sexueller Nähe und Intimität –, gilt immer noch als unangemessen. Das gilt besonders, wenn ihre Wünsche nicht mit den Vorstellungen des Mannes, welche Wünsche sich für Frauen gehören, übereinstimmen.

Wenn eine Frau einem Mann „nachläuft", riskiert sie nicht nur, von ihm zurückgewiesen zu werden; sie wird auch von eigenen inneren Stimmen kritisiert, die auf seine stereotypen Urteile über sie antworten. Selbst in einer langen heterosexuellen Beziehung wird von der Frau erwartet, daß sie ihre sexuellen Wünsche zurückhaltend äußert. Damit paßt sie sich ihrer Position der Begehrten an, der Passiven, statt der aktiv Begehrenden.

Natalie ist Krankenschwester und in ihrer Freizeit Tänzerin. Sie ist Ende zwanzig und seit vier Jahren mit Paddy, einem Bauunternehmer, verheiratet, der acht Jahre älter ist als sie. Sie ist sehr lebhaft und läßt sich nicht gern von anderen Menschen in ihren Gefühlsäußerungen einschränken.

„Paddy mag Sex, und ich auch. In unserer Ehe ist Sex sehr, sehr wichtig, und Paddy hat es immer sehr gefallen, daß ich offen dafür bin. Ich glaube, seine erste Frau hatte keine große Lust auf Sex mit ihm. Aber es hat immer wieder schwierige Momente gegeben, wenn er mit seiner Arbeit oder sonst etwas sehr beschäftigt war und ich mich ihm genähert habe. Dann hat er mir unmißverständlich zu verstehen gegeben, daß ich die Situation falsch eingeschätzt habe, daß es mir an Takt fehlt, daß ich mich hätte zurückhalten sollen. Aber die paar Male, wenn ich ihn zurückweisen wollte, wenn ich Kopfschmerzen hatte oder Menstruationsbeschwerden, hat er das nicht akzeptiert. Seine Bedürfnisse und Wünsche müssen erfüllt werden. Er meint dann, ich solle kein Spielverderber sein und ihm einen blasen, und ich tue das dann auch."

Dahinter steckt mehr als gute emotionale Umgangsformen. Wenn ein Mann müde und Geschlechtsverkehr ein wichtiger Bestandteil der sexuellen Beziehung ist, ist er vielleicht besorgt, daß seine „Leistung" aufgrund seiner Müdigkeit nachläßt. Doch auch wenn wir das berücksichtigen, bleibt die Tatsache, daß Frauen sich immer darüber beklagen, daß die Bedürfnisse der Männer – häufig ausschließlich auf Geschlechtsverkehr gerichtet – in der Beziehung Priorität haben.

Noch einmal Natalie: „Es hat Situationen gegeben, wo ich keine Lust zum Ficken hatte, oder nicht für ein zweites Mal. Es gibt Momente, da möchte ich schmusen und knutschen und reden, aber wenn Paddy ficken möchte, dann machen wir das. Zum Glück macht es mir ja meistens Spaß, aber ich wünschte, ich könnte auch einmal entscheiden, was wir tun, ohne daß das zu einer riesigen Sache ausartet oder auf bürokratische Weise entschieden werden muß. Nach dem Motto: ‚Mittwochs entscheidet immer Natalie.' Das fände ich unerträglich, also bestimmen Paddys Bedürfnisse unseren Rhythmus."

Natalie klagt nur wenig, denn im allgemeinen werden ihre Bedürfnisse nach Nähe und sexueller Befriedigung von Paddy erfüllt, ohne daß er sich sehr anstrengen müßte. Häufiger aber, besonders wenn die Flitterwochen einer Beziehung vorbei sind, stellen zwei Menschen fest, daß sie *zwei* sind und unterschiedliche Sehnsüchte, Bedürfnisse und Vorstellungen haben, wie sexuelle Nähe erreicht werden „sollte".

Das kann schmerzhaft sein, insbesondere, wenn eine der beiden der Auffassung ist, daß Sex und Nähe ein und dasselbe ist, während die andere Person darunter verschiedenes versteht.

Mary Gordon schreibt in ihrer Kurzgeschichte „The Other Woman": „Wie seltsam es doch ist, dachte sie, während sie ihren Mann betrachtete, daß ihr Körper ihn erregen konnte, so daß er sein Buch hinlegte und sich zu ihr umdrehte, die Hände auf ihren Arschbacken, weil er sie so wollte. Ihr Gefühl, daß doch alles sehr merkwürdig war, distanzierte sie von ihm, doch sie spürte, wie sein Verlangen sie beruhigte; es war wie ein Gebäude, in dem sie ruhen konnte, und als sie seinem Verlangen mit ihrem vertrauten Körper begegnete, dachte sie: Wie leicht es doch ist, treu zu sein! Denn es war nicht sein Körper, der sie erregte (nie war es der Körper eines Mannes gewesen, der sie erregte), sondern die Vorstellung von ihm, von dem, was er war und für sie war, die sie für ihn öffnete; Verlangen begegnet Verlangen. Es war alles sehr seltsam und sehr vertraut."

Das Zitat macht deutlich, daß jede Person in ihrem Verlangen ihre Individualität auf eine Weise ausdrückt, die der Partner selbst nach vielen Jahren nicht erkennt.

Natürlich gibt es viele verschiedene Arten, sexuelles Begehren zu verspüren, auch wenn das manchmal schwer zu ertragen ist. Leidenschaftliches Verlangen, warmes und vertrautes Verlangen, beruhigendes Verlangen, Verlangen nach dem, was jemand anders hat, Verlangen zu zerstören: Diese verschiedenen Gesichter des Begehrens werden selten in Reinform erlebt. Unser Verlangen scheint zwar manchmal sehr schlicht, es ist aber fast nie ganz offen.

Wie zwei Menschen mit diesen unterschiedlichen Vorstellungen, was Begehren bedeutet und was es bringt, umgehen, ist Sache ihrer Beziehung. Vielleicht ist es auch die Beziehung selbst; das Begehren – sich nah zu sein und allein zu sein; geliebt zu werden und selbst zu sein – geht weit über eine Bettgeschichte hinaus.

Menschen mit ausgeprägtem Selbstgefühl kommen mit diesen weitgehend unbewußt ablaufenden Annäherungsprozessen am besten zurecht. Es kann auch sein, daß sie die Zumutung, aus einer Vielzahl von Rollen auswählen zu müssen, weniger irritiert – vielleicht weil sie sich am ehesten in sozial festgeschriebenen Rollen (der Ehefrau/des Ehemanns) sehen. Indem sie diese Rollen ohne zu zögern „ausleben", fühlen sie sich ganz bei sich. Aber auch weniger konventionell orientierten Paaren gelingt es, das Verlangen der Partnerin oder des Partners mit dem eigenen zu vereinbaren und einigermaßen glücklich zu werden.

Und der Rest? Es gibt kaum Patentlösungen. Es gibt allerdings ein paar (mittlerweile vertraute) Aktivposten, die den Kontakt zu anderen erleichtern:

- Selbstgefühl;
- Flexibilität in Haltung und Reaktion;
- Vertrautheit mit den eigenen Bedürfnissen – und Kreativität bei ihrer Befriedigung;
- Selbstvertrauen, die Bedürfnisse der anderen zu erkennen und sich ihnen öffnen zu können;
- Respekt für die Unterschiede zwischen den Menschen;
- Klarheit darüber, was du nicht tolerieren kannst;
- Distanz von dem, das du nicht ändern kannst;
- der Wunsch, voll in der Gegenwart zu leben.

Diese Merkmale nützen vielleicht nicht unmittelbar, wenn du liebst, aber kein sexuelles Verlangen mehr empfindest; auch nicht, wenn du zwar jedermanns Kumpel bist, aber von niemand geliebt wirst – sie sind dennoch hilfreich. Sie helfen, weil sie dazugehören, sich lebendig zu fühlen und wirkliche Beziehungen mit anderen Menschen zu haben. Mit ihrer Hilfe kannst du die Wirklichkeit der anderen akzeptieren und mußt nicht davon abhängig sein.

Elizabeth Watson, eine amerikanische Quäkerin, sieht das als Beitrag zum lebenslangen Streben nach Ganzheit. „Wir alle sollen daran arbeiten, ganz zu werden. Wenn unser Leben interessant und befriedigend ist, wird Sex einen angemessenen Platz darin haben, ohne zur Obsession zu werden. In unseren Beziehungen soll genügend Alleinsein Platz haben, damit die Entwicklung zur Ganzheit für alle möglich ist."

Hier wird das Thema dieses Buches wieder ganz deutlich: Je wohler du dich mit dir selbst fühlst, desto weniger brauchst du andere und desto leichter kannst du sie in die Arme schließen; nicht nur eine spezielle Person als Erweiterung deiner Selbstbezogenheit, sondern viele Menschen auf verschiedene Weise, deren Ähnlichkeit und deren Unterschiedlichkeit du als Teil der Nähe mit ihnen und als Teil deines Wissens von dir selbst erlebst.

Über Begehren verhandeln

Es ist kaum vorstellbar, daß zwei Menschen in einer dauerhaften Beziehung immer identische Wünsche empfinden und ausdrücken. Vielleicht ist es noch nicht einmal ein gutes Zeichen, denn höchstwahrscheinlich hat sich einer der beiden (eher die Frau als der Mann) dem Ideal eines gemeinsamen Selbst untergeordnet. In der Tat ist es ein viel deutlicheres Zeichen für eine gesunde Beziehung, wenn die Unterschiede in den Bedürfnissen und im Umgang damit toleriert werden können.

Innerhalb jeder dauerhaften Beziehung gibt es Zeiten, in denen eine Person Nähe sucht, während die andere allein sein möchte; die eine Sex möchte, die andere schlafen oder lesen; eine reden möchte und die andere nicht zuhören mag; eine Veränderungen sehen möchte und die andere sich dem widersetzt.

Was davon am Ende geschieht, ist oft kaum schwieriger zu lösen als die Bedürfnisse des anderen und die Rechtmäßigkeit der Unterschiede zwischen zwei eigenständigen Menschen anzuerkennen.

Zu wissen, daß dein Bedürfnis gehört und verstanden wurde, ist noch nicht die Befriedigung des Bedürfnisses, doch oft genügt es zunächst einmal. Das gilt für Kinder wie für Erwachsene – insbesondere dann, wenn die Bedürfnisse zu einem anderen Zeitpunkt befriedigt werden können. „Ich weiß, daß du mit mir schlafen möchtest, aber heute abend bin ich zu müde." „Ich weiß, daß du unbedingt darüber reden möchtest, aber ich kann dir jetzt nicht zuhören." „Ich weiß, daß du mehr mit anderen Leuten unternehmen willst. Aber das mußt du ohne mich machen, es interessiert mich nicht so sehr."

Viele, besonders wir Frauen, haben das starke Bedürfnis, Ersatz anzubieten, wenn wir jemandem einen Wunsch abschlagen. „Es tut mir leid, ich will jetzt nicht mit dir schlafen. Morgen vielleicht..." „Natürlich rede ich mit dir darüber. Ich nehme nur schnell eine Kopfschmerztablette." „Du willst dich mit Leuten treffen? Ich ziehe mich nur schnell um."

Wir tun in Beziehungen gelegentlich etwas, das uns nicht besonders liegt, um die Dinge am Laufen zu halten. Zugeständnisse, Übereinkünfte und Kompromisse gehören nicht in eine romantische Liebesgeschichte, aber sie machen das Überleben vieler Beziehungen möglich.

Doch es gibt Zeiten, in denen dabei deine Eigenständigkeit in Gefahr gerät. Immer mit jemandem schlafen, nur um ihm den Gefallen zu tun; immer zuhören, obwohl dir nie jemand zuhört; den Wohnort wechseln, obwohl dich das von deinen FreundInnen trennt; sich um erwachsene Kinder kümmern, die auf sich selbst gestellt sein sollten: So etwas untergräbt das Selbstgefühl und ist gleichzeitig Ausdruck von Angst – der Angst vor Verlust und der Angst, überflüssig zu sein.

Diese Angst und die auf sie folgende Selbstverleugnung können das lebenswichtige Gefühl, wer du bist, zerstören: *Ich will...* wird zu *Ich will... was du willst*; daraus wird *Ich will gebraucht werden*. Und wenn du mich nicht mehr willst? Wenn ich mich ausgeleert habe, um mich mit dem zu füllen, was du willst – und du hintergehst mich? Dann werde ich meine Leere mit Haß gegen dich füllen.

Zorn, Neid, Zerstörung

Wo Begehren ist, zeigen sich auch Neid und Feindseligkeit und säen Zwietracht. Die anderen wollen nicht mit dir teilen, was sie

327

haben. Du willst das kaputtmachen, was sie haben und du nicht haben kannst. Was du hast, könnten die anderen dir nehmen. Wenn du dich angreifbar fühlst, möchtest du zerstören – vor allem die Beziehung, die dir besonders wichtig ist, den Menschen, den du am meisten liebst. Wenn du verletzt worden bist, möchtest du töten – vielleicht nicht den Menschen, aber eure Beziehung.

Winnicott nennt es ein Zeichen von Reife und großer persönlicher Integrität, die eigenen zerstörerischen Gefühle zu akzeptieren und die Verantwortung dafür zu übernehmen, d.h. zu wissen, daß sie zum Leben dazugehören. Doch viele von uns wollen diese Schattenseiten ihrer Persönlichkeit nicht wahrhaben. Zorn, Neid, Feindseligkeit – das sind die Gefühle anderer. Wenn sie in uns auftauchen, kommt gleich unser Verteidigungsmechanismus: die Projektion.

Kinder tun das sehr direkt. „Ich wollte Rashid nicht kneifen. Harry hat gesagt, ich soll es tun."

Doch nicht nur Kinder sind kreativ, wenn sie den aufkommenden Ärger ihrer Eltern ahnen. Auch Erwachsene erhalten mit großem Geschick ihr kostbares Selbstbild aufrecht: frei von Haß, Neid, Frustration und Zorn. „Ich hätte mich nie betrunken, wenn du dich nicht verspätet hättest." „Bevor wir uns kannten, war ich nie so gemein." „Ich werde nur wütend, weil du mich so auf die Palme bringst." „Ich kann nicht liebevoll sein, wenn du so kalt bist."

In fast jeder Beziehung gibt es Variationen zu diesem Thema. Sie bedeuten immer dasselbe: Beide wollen die volle Verantwortung für ihre Gefühle, Gedanken, Taten und ihre menschlichen Fehler nicht übernehmen.

Es ist ein Zeichen von Selbstverantwortung, wenn du zugeben kannst, daß du Neid, Haß, Zorn und Angst empfindest. Und daß diese Gefühle auch in den Menschen existieren, die du liebst, und daß sie zu lieben auch bedeutet, sie mit ihren Fehlern zu akzeptieren.

Natürlich ist das nicht leicht, wenn die Versuchung in dir gärt, anderen die Schuld zu geben: deiner Partnerin/deinem Partner, deinem Kind, deinem Chef oder dem Teufel. „Ich konnte nicht anders." Oder du sie vor die Tür setzen möchtest, weil sie das Bild, das du von ihnen geschaffen und in das du dich verliebt hast, zerstört haben.

Es ist nicht nur dein Neid auf andere, den du nicht gern zugibst. Auch die Folgen, die der Neid anderer Menschen für dich haben kann, sind schwer zu ertragen. *Wird sich niemand mehr um dich kümmern*, wenn du Erfolg hast? Wenn du für deine Arbeit gelobt wirst, *wird dir dann jemand einen Dämpfer versetzen?* Wenn du mir dein wunderschönes Haus zeigst, *bin ich dann noch von deiner Unsicherheit überzeugt?*

Der Neid der anderen äußert sich nicht immer offen. Im Gegenteil, hinter Bewunderung und exzessiver Aufmerksamkeit, selbst hinter der ewig lächelnden Fassade eines hübschen Gesichts verbirgt sich oft ein gehöriges Quantum an Neid und Feindschaft.

Neiden oder beneidet zu werden – beides ist unangenehm und gehört doch zum Leben. Für deine Beziehungen mit anderen Menschen ist es nicht wichtig, daß du zur Liebe wie zur Feindschaft fähig bist und Neid ebenso spürst wie Großherzigkeit, sondern daß du dir diese Gefühle eingestehst.

Wichtig ist, den Haß auszudrücken und dann zur Liebe zurückzukehren, meint Nancy Friday.

Wahrscheinlich reicht es, den Haß in kleinen Dosen auszudrücken. Die meisten von uns brauchen eine sichere Basis der Liebe, um den Schmerz des Hasses ertragen zu können. Und es empfiehlt sich, den Haß zu spezifizieren – „Mir mißfällt es, wenn du mich vor anderen kritisierst" –, statt ihn global zu äußern – „Du mißfällst mir".

„Die Beobachtung, daß wir Haß und Liebe gleichermaßen empfinden können, ist das erste Gesetz der Nähe", sagt Nancy Friday. „Am leichtesten lernt sich das in der Kindheit im Umgang mit den Geschwistern. Wenn wir da nicht die Ambivalenz der Liebe begreifen, wird es später fast unmöglich, damit fertigzuwerden."

Und warum nicht? Weil wir nicht erkennen, daß unsere Wut sich gegen die Macht der Geliebten, uns zu verletzen, richtet. „Wir erkennen nicht das andere Gesicht der Liebe", sagt Friday.

Wut, Gier und Dummheit sind die drei Feinde der Wirklichkeit, lehrt der Zen-Buddhismus. Sie verzerren unser Bewußtsein und unterlaufen „die Ganzheit unserer Erfahrung". Je mehr du deine Wut, deine Gier, deine Dummheit durchschaust, desto „zufriedener ist dein Leben".

Am Anfang einer Beziehung versteht deine Geliebte Eifersucht und Besitzanspruch möglicherweise als Zeichen deines Interesses. Verächtliche Bemerkungen über vergangene Lieben bestätigen nur, wie gut es dir jetzt geht. Solange Konflikte durch gegenseitige Idealisierung ausgespart werden können, gibt es keinen Grund für Zorn, Frustration, Feindseligkeit und Wut.

Doch diese Phase geht vorüber.

Wenn die begehrte Person zu einer wirklichen Person wird, wird zwischen Phantasiebild und Wirklichkeit ein Ausgleich nötig. Andere für das, was sie nicht sind, zu hassen; andere abzulehnen, weil sie etwas nicht sind oder nicht tun, von dem du willst, daß sie es tun; wütend zu werden, weil die Kröte nur in deiner Vorstellung ein Prinz war: Das sind Ausdrucksformen kindlicher Wut, nicht persönlicher Reife.

Natürlich ist es nicht immer richtig, die komplizierte Wirklichkeit der/des anderen zu ertragen. Es ist vielleicht einfach die falsche Beziehung für dich, und du tätest gut daran, sie aufzugeben. Auch Nähe kann absterben, und selbst Mund-zu-Mund-Beatmung macht sie nicht wieder lebendig. Das bedeutet nicht, daß jemand versagt hat.

Aber für die Menschen, mit denen du länger zusammen bist, ist ein Mindestmaß an Bewußtsein nötig – Bewußtsein für das komplexe Selbst (dein Selbst), das haßt, zurückweist, wütet und zerstören will, aber warum? Hinter dem Wüten, Hassen und Zerstörenwollen liegen häufig andere Emotionen, *die zuzugeben sehr viel gefährlicher sein kann:* Verletzbarkeit und die Angst, unwichtig zu sein. Sie zu akzeptieren, ist nicht nur einer der schwierigsten Aspekt des Reifens, sondern auch einer der wichtigsten.

Manche Menschen kommen an diese Gefühle in sich heran, indem sie sich an die Stelle der anderen versetzen und sich mit deren Schmerz und Verletzbarkeit identifizieren. Das können ihre Kinder sein, eine enge Freundin oder Geliebte. Die Angst und den Schmerz der anderen als legitim zu akzeptieren, macht es möglicherweise leichter, diese Gefühle auch in sich selbst anzuerkennen und mit Anteilnahme darauf zu reagieren.

Bei anderen erzeugt emotionaler Schmerz keine Anteilnahme, sondern bloß Verachtung, Ekel oder Hilflosigkeit. Sie können deshalb auch den eigenen verborgenen Schmerz nicht durch Identifikation erkennen und so lernen, sich mit ihm zurechtzufinden. Erst wenn sie das Bedürfnis nach Veränderung verspüren, erlangen sie vielleicht ein deutlicheres Gespür dafür, daß sie die Gefühle der Menschen um sich her nur soweit akzeptieren und tolerieren können, wie sie auch ihre eigenen Gefühle annehmen.

Trauer um das, was wir nicht haben

Deine Gedanken kreisen schon seit längerem um etwas, das du haben möchtest, aber nicht haben kannst. „Ich möchte ein Kind." „Ich will geliebt werden." Und es fällt dir schwer, dich mit der Vorstellung, daß du etwas nicht haben kannst, auszusöhnen. Vielleicht brauchst du vor allem die Chance zu trauern.

Eine Trauerbegleitung kann denen, die aus welchen Gründen auch immer kein Kind bekommen können, ebenso wirkungsvoll helfen wie denen, deren Kind gestorben ist. Auch der Schmerz, nicht geliebt zu werden oder vielleicht nie einen Menschen für dich zu haben, braucht eine Zeit der Trauer, um, wenn es gutgeht, dies anzunehmen – was nichts mit Resignation oder Niederlage zu tun hat.

Vor ein paar Jahren habe ich in einer Therapiegruppe mit Ian gearbeitet, einem schwulen Mann Anfang fünfzig. Er war an flüchtigen sexuellen Abenteuern nicht interessiert, doch in der kleinen, eher konservativen Stadt, in der er lebte, schienen seine Chancen, einen Partner für eine dauerhafte Beziehung kennenzulernen, minimal.

Ian hatte überlegt, in eine größere Stadt zu ziehen; die Bindung an seine Familie und die Umwälzung, die ein solcher Umzug für sie und für ihn bedeuten würde, ließen ihn zögern.

Jemand in der Gruppe schlug vor, Ian solle alles, das sein Idealpartner in sein Leben bringen würde, auf Karteikarten notieren, ohne zwischen „gut" und „schlecht" oder Dingen, auf die er ein Recht oder kein Recht zu haben glaubte, zu unterscheiden.

Zwei Wochen später traf sich die Gruppe wieder, und Ian brachte die Karten mit. Er hatte sie je nach der Stimmung der Eigenschaft ausgewählt. Wörter wie „Liebe" „Engagement" und

„Verständnis" waren mit klaren, kräftigen Buchstaben auf leuchtend bunte Karten geschrieben. Die Karten mit Wörtern wie „gemeinsam lachen" oder „Spaziergänge" oder „Haustiere" waren mit kleinen Zeichnungen versehen. Als er uns die Karten mit den Wörtern „sexuelle Zärtlichkeit", „Leidenschaft" und „keine Hemmungen" zeigte, empfanden wir alle den Stimmungswechsel. Die Karten waren schmucklos, die Buchstaben klar, ohne jedes dekorative Beiwerk.

Ians Haltung war genauso positiv. Er hatte die Absicht, die Karten praktisch zu nutzen. Eine oder zwei Karten würden ihm jede Woche als Anhaltspunkt für eine Meditation dienen, während der er über die jeweilige Eigenschaft nachdenken würde. Dann sollte ihn die „Energie meiner Karten" durch die Woche begleiten. Die Karte, die das Motto für die Woche abgab, würde er sich ans Notizbrett hängen, wo sie ihn daran erinnern würde, daß auch sein Leben diese Eigenschaften enthielt: Liebe, Zärtlichkeit, Humor, Freundschaft, selbst sexuelle Leidenschaft, wenn auch nicht so, wie er es sich einst vorgestellt hatte.

Während er darüber sprach, spiegelte sich auf seinem Gesicht eine Lebendigkeit, die offensichtlich von ganz innen kam. Das Leben ging an Ian nicht vorbei. *Er traf die Entscheidung.* Mit jeder Faser seines Wesens machte er das klar.

Ians Optimismus kann als Reaktion auf eine Situation verstanden werden, in der das, was er sich eigentlich wünscht (einen liebevollen Partner und eine dauerhafte Beziehung), noch in der Zukunft liegt. Optimismus fällt schwerer, wenn du dein Leben mit einer Person teilst, für die du kein Begehren mehr spürst.

Wenn das sexuelle Begehren erloschen ist, vermuten Eheberater gewöhnlich, daß die Ehe oder die Beziehung zu Ende geht, es sei denn, es gibt andere Zwänge. Die Zwänge können wirtschaftlicher Art sein, religiöse oder moralische Überlegungen können eine Trennung verhindern, oder die Eltern sind (vielleicht unbewußt) der Meinung, daß die Kinder nicht auf einen Elternteil verzichten können.

Es gibt keinen Anlaß, in einer solchen Situation moralisch zu argumentieren, schon deshalb nicht, weil Sex so individuell bewertet wird. Für manche Menschen ist es verheerend, wenn der Partner sexuellen Kontakt verweigert, denn durch Sex zeigen sie ihre Liebe, fühlen sich sicher, halten ihre Selbstachtung aufrecht. Ohne Sex fühlen sie sich niedergeschlagen, sogar entwurzelt. Für andere Menschen hat Sex einen ganz anderen Stellenwert: schön, wenn du es hast, nicht so schlimm, wenn du es nicht hast.

Welchen Stellenwert Sex in einer Beziehung hat, zeigt sich erst dann, wenn das sexuelle Begehren abnimmt oder erlischt. Dann muß gefragt werden, welche Bedürfnisse hinter dem sexuellen Verlangen der einzelnen stehen und wie sie unterschiedlich und kreativ befriedigt werden können. Wenn ein Paar eine sexuelle Beziehung hat oder wenn es ihr ausweicht, kann Querdenken sehr hilfreich sein.

Ein Paar kann beispielsweise beschließen, daß der Teil, der Sex „braucht", andere sexuelle Beziehungen eingehen darf. Ein anderes Paar einigt sich vielleicht, die Zeit ohne Sex zu begrenzen, damit niemand sich wie in einer Falle fühlt. Zärtlichkeit, Massage oder gemeinsamer Sport sind für die einen Ersatz, während für andere völlige körperliche Distanz die beste Lösung ist.

Bei meinen Gesprächen und meinem Nachdenken über sexuelles Begehren stand ich immer wieder vor dem Rätsel: Warum erlischt sexuelles Verlangen? „Vor einem Jahr konnte ich es kaum abwarten, mit dir ins Bett zu kommen. Heute bleibe ich länger im Büro und denke mir Entschuldigungen aus."

Wieder einmal treffen wir auf die Subjektivität des Individuums. Die Vertrautheit des täglichen Umgangs erhöht für manche Menschen das Verlangen, eine Beziehung zu festigen, in der beide Partner Geborgenheit fühlen, Vertrauen haben und „sie selbst" sein können – und in der sie „loslassen" können, eben *weil* sie vertrauen, angenommen werden und „sie selbst" sind.

Für andere haben diese angenehmen und bestätigenden Impulse mit Begehren nichts zu tun. Sie stellen vielleicht fest, daß die Erregung und die körperlichen Reize, die sie in einer vertrauten Umgebung erleben, ihnen nicht reichen. Schon diese beiden Ausgangssituationen lassen ahnen, daß auch die Schlußfolgerungen, wenn das Verlangen erloschen ist, sehr unterschiedlich sein werden.

Sexuelles Begehren zu empfinden, während unterschwellig Wut, Feindseligkeit und Ablehnung toben, ist gewöhnlich schwierig, obwohl es Paare gibt, die ihre Wut und ihre Feindseligkeit offen austragen und dennoch stürmischen Sex haben. Was „begehren" sie? Aufregung, Verbundenheit, Erleichterung, daß sie trotz ihrer Schimpftiraden und körperlichen Übergriffe nicht zurückgewiesen, verschmäht werden?

Einige Menschen stellen Verbindung über Gefühle *und* Körper her. Andere verschaffen sich körperliche Erleichterung mit PartnerInnen, mit denen sie emotional nichts verbindet. Die Vorstellung von Sex als körperlicher Entladung erregt sie, auch wenn die Beziehung selbst schon lange nicht mehr besteht und die emotionalen Belange des anderen sie nicht mehr kümmern.

Es gibt keine Regeln. Wenn deine Art, Begehren auszudrücken, nicht mehr stimmt, gibt es im besten Fall die Möglichkeit der Veränderung.

Seltenheitswert belebt in der Regel das sexuelle Verlangen. Wenn zwei sich getrennt haben oder vorhaben, sich zu trennen, verspüren beide häufig eine neue Welle der Leidenschaft. Angst, Sorge, Neid, sogar Feindseligkeit können eine kräftige aphrodisische Wirkung haben, wenn du den Verlust des Menschen befürchtest, der ein Teil deiner Sicherheit war.

Das, was wir sexuelles Begehren nennen, ist befrachtet mit einer Vielzahl von Emotionen und Bedürfnissen, zu denen auch das Bedürfnis, begehrt zu werden, gehört. *Sag mir, daß ich wichtig bin.* Für manche Menschen ist das so wichtig, daß es der Antrieb für ihr Leben ist – und sie von einem Bett ins nächste treibt, zumindest so lange, bis sie darauf vertrauen können, daß sie für sich selbst wichtig sind.

Für andere hingegen ist es völlig unwichtig, ob sie sexuell begehrt werden. Sie suchen eher die Achtung und Wertschätzung der anderen oder Augenblicke des Verständnisses und des Wohlwollens – oder einfach bloß jede Menge Spaß und einen Gewinn im Lotto.

25. KAPITEL

Alleinsein und Nähe zusammenbringen

Wenn du allein bist, kannst du sehr intensive Momente der sexuellen Nähe erleben: mit dir selbst oder mit Phantasiefiguren und Idealbildern, die in jeder Hinsicht dem entsprechen, was du dir wünschst.

Deine Phantasien zu erkunden und dich mit deinem Körper vertraut zu machen, befreit dein begehrendes Selbst und macht dir bewußt, was du willst und brauchst. Wie angenehm dir diese Erfahrung ist, hängt davon ab, ob sie in dein Bild von dir selbst paßt und ob für dich das Ausleben sexueller Gefühle mit dir allein akzeptabel oder erst mit einer Partnerin/einem Partner „korrekt" ist.

Alice beschreibt ihr begehrendes Selbst; sie stockt bei dem Gedanken, daß ihr sexuelles Verlangen in realen Begegnungen ausgelebt werden könnte. Ihr inneres Leben jedoch, das ihre Gefühle des Begehrens unmittelbar ausdrückt, ist vielseitig und voller Überraschungen. Alice erlebt, sagt sie, eine Diskrepanz zwischen ihrem Verlangen nach realen Menschen und dem nach realen Körpern.

„Wenn die Menschen, die du begehrst, nicht verfügbar sind, mußt du damit irgendwie umgehen. Sie zu haben, ist offenbar nicht möglich. Wenn du eine Person außerhalb einer Beziehung begehrst, einfach weil sie dir gefällt oder weil sie gut aussieht oder ihr Körper dich anmacht, dann brauchst du das gar nicht weiter zu verfolgen, denn du willst ja nicht *die Person*. Es war ja nicht die Person, die dein Begehren ausgelöst hat."

Daß die Person und der Auslöser des Begehrens nicht identisch sind – wie Alice es erlebt –, führt zum Zusammenbruch vieler, vor allem kurzfristiger Beziehungen.

Findet Alicia, daß ihr Körper nicht genügend Beachtung findet, weil es an realen Geliebten fehlt? Sie sagt nein.

„Mein Körper findet zwar nicht viel Beachtung durch andere,

aber er bekommt viel Beachtung von mir. Und auch die, mit denen ich mich gerade beschäftige, schenken ihm viel Beachtung. Ich spüre häufig sexuelles Verlangen, aber ich belasse es im Reich der Träume und erfülle es in Masturbationsphantasien.

Ich verbringe Stunden mit meinen Tagträumen. Sie sind wie Filme oder Romane und von den verschiedensten Charakteren bevölkert, die reine Fiktion sind.

In einem meiner Dauerbrenner komme ich in verschiedenen Gestalten vor. Ich sehe mich zum Beispiel als ein lesbisches Paar, das verschiedene Probleme hat. Ich bin beide Frauen gleichzeitig, sowohl der Anlaß für die Probleme als auch die, die darunter leidet. In diesem Traum geht es hauptsächlich darum, Gefühle von Zurückweisung und Selbstzweifel oder unerfüllter Liebe zu bewältigen.

Manchmal werde ich in meinem wachen Leben mit Gefühlen wie Verlust der Selbstachtung, Zurückweisung oder Angst vor dem Verlust einer sexuellen Beziehung konfrontiert, und irgendwann greife ich dann das Thema in meinen Tagträumen auf. Manchmal habe ich nicht die geringste Lust, mich mit Menschen aus Fleisch und Blut zu beschäftigen, weil das die Träume nur stört."

Über ihre Kindheit sagt Alice: „Ich habe immer solche Tagträume gehabt, schon als kleines Kind. Damals war ich die Tochter eines Gottes, die von den anderen Töchtern nicht verstanden wurde..."

In gewisser Weise ist Alices inneres Leben ein Segen: Es erlaubt ihr, viele Emotionen bewußt, aber gleichzeitig nicht überkontrolliert zu bewältigen. Außerdem hat sie so ein abwechslungsreiches und größtenteils befriedigendes Sexualleben. Andererseits kann sie es sich, weil ihr Innenleben so bevölkert ist, „leisten", vorsichtig zu sein und sich auf sexuelle Kontakte außer mit sich selbst nicht einzulassen. Sie geht das Risiko, Bedürfnisse zu äußern, etwas zu wollen – und möglicherweise zurückgewiesen zu werden –, nicht ein.

Kann Alice sich vorstellen, daß irgendwann ein wirklicher Mensch den Platz ihrer Phantasiegestalten einnimmt? Oder hält sie hartnäckig an diesem Zustand der Nicht-Bereitschaft fest?

„Das würde die Bedeutung meiner Phantasien verändern. Meine Einstellung ist, daß ich noch keine Menschen gefunden habe, die gut genug sind, ich meine gut genug für Alice. Andererseits möchte ich schon dahinterkommen, wie man seine Passivität loswird. Wenn du fast ständig passiv bist, bist du auch immer von der Meinung anderer Menschen abhängig bzw. von dem, was du glaubst, daß sie denken, und das heißt, daß ein Teil deiner Selbstachtung von den anderen kommt, du gibst ihnen das Recht zu entscheiden, ob sie dir deine Selbstachtung zubilligen."

Vielleicht ist sexueller Kontakt mit wirklichen Menschen für Alice gefährlich, oder die Kombination von Liebe und Sex, denn sie hat sehr intensive, liebevolle nicht-sexuelle Freundschaften. Es scheint, als löste die Kombination von realen Menschen mit sexuellen Gefühlen Warnsignale in ihr aus, die ihr Unbewußtes nicht einfach ignorieren kann.

Sich auf Sex mit wirklichen, lebendigen Personen einzulassen, ist für manche Menschen so gut wie risikofrei. (Ich meine nicht das Risiko, sich mit AIDS oder Geschlechtskrankheiten zu infizieren, sondern emotionale Risiken: sich bedroht oder überwältigt, gelangweilt oder distanziert, benutzt oder unter Druck gesetzt zu fühlen.) Für sie ist sexueller Kontakt auf eine Funktion reduziert und hat mit Gefühlen nichts zu tun. Sex kann sogar wie eine Barriere Nähe verhindern. Louis beschreibt diese Verteidigungsstrategie.

„Eine sexuelle Beziehung mit einer Frau oder einem Mann dauert für mich nie länger als zwei Monate. Dann fange ich an mich zu langweilen. Ich liebe Abwechslung. Für mich ist es beim ersten Mal immer am besten, oder vielleicht die ersten paar Male. Es erregt mich, wenn sie verrückt danach sind, mit mir ins Bett zu gehen. Es macht mich an, und die Frau oder der Mann werden dadurch auch ganz wild. Das macht mir Spaß, nicht der Sex für Mummy und Daddy, unter der Decke und Licht aus. Das ist was für alte Leute und solche, die nicht bekommen, was ich kriege.

Eigentlich ist es bei Männern und Frauen dasselbe, aber Männer können besser damit umgehen, wenn ich sage: ‚Es war ganz toll, aber...' Ein Mann macht mir in der Regel keine Szene. Statt dessen kommt es häufig zu einem ganz tollen Abschiedsfick. Aber die Frauen weinen und machen großes Theater.

Ich vergleiche mich mit der Rolle, die Richard Gere in *American*

Gigolo spielt. Ich habe mir sogar das Video gekauft, so sehr gefällt mir der Film. Sie wissen schon, der Typ, der fickt wie ein Engel, und die Frauen, die ihn dafür bezahlen, haben ihren Spaß daran, wahrscheinlich deshalb, weil er nicht richtig beteiligt ist. Es ist toll für sie, aber er ist nie richtig dabei. Und es macht sie ganz wild. Es ist unwiderstehlich, ich sag's Ihnen."

Vielleicht widert dich an, was Louis erzählt, oder empfindest du Neid? Louis zuzuhören, fällt schwer, aber es ist ebenso schwer, ihn nicht zu mögen. Er ist Lehrer, Mitte dreißig und sieht gut aus. Er kreist um sich selbst, kann aber sehr lustig sein, wenn er nicht über Sex spricht; manchmal auch dann – vorausgesetzt, du bist nicht sein letzter, gegenwärtiger oder nächster Partner.

Louis kann, wie er selbst sagt, mit Nähe „nicht umgehen", zumindest nicht mit der Nähe, wie sie in diesem Buch besprochen wird: *Eine Person ist bereit, sich auf die Wirklichkeit einer anderen einzulassen – und riskiert, durch diese Erfahrung verändert zu werden.*

Für Louis wäre Nähe, in der Gefühle ebenso wichtig sind wie der Körper, ein weitaus größeres Risiko als seine Rolle als Gigolo. Er müßte mehr von sich preisgeben und akzeptieren, daß seine Partner mehr in die Beziehung einbringen, als von Bettgefährten erwartet wird. Wenn dieser Punkt in einer Beziehung erreicht ist, macht Louis sich aus dem Staub.

Louis braucht viel Bewunderung. Sein und seiner Liebhaber Pech ist, daß er Bewunderung nicht zurückgeben kann – außer für die Aspekte eines anderen, die ihm gerade in den Kram passen.

Warum ist er dazu nicht fähig? Vielleicht fühlt er sich nicht sicher genug, „sich selbst zu vergessen".

Als ich Louis fragte, ob er nicht neugierig sei, die Ganzheit eines Menschen kennenzulernen, schüttelte er den Kopf und grinste; sein Charme läßt ihn nie in Stich.

„Das ist nichts für mich. Ficken reicht mir. Manchmal, meistens mit Männern, denke ich: ‚Ich möchte in diesen Kerl hineinkriechen und da bleiben', aber wenn ich so weit hineingekrochen bin, wie das menschenmöglich ist, vergeht das Gefühl wieder. Zum Glück!"

Louis braucht die Erfahrung von immer neuem Sex, um sich lebendig zu fühlen. Sein Leben ist durch das zwanghafte Bedürfnis nach Wiederholung jedoch auf wenige emotionale Erfahrungen begrenzt. Kaum geht ein Sexpartner, kommt schon der nächste, und Louis nimmt sie nicht als individuelle Persönlichkeiten wahr.

Louis fühlt sich durch die Anonymität des Sex lebendig, bewundert, sexuell befriedigt – er kommt auf seine Kosten. Doch er erlebt keine echte Beziehung. Vertrauen, was heißt, sich und anderen zu vertrauen, ist ihm zu gefährlich, so daß er auch in seinen sexuellen Kontakten seine Barrieren aufrechterhalten muß. Seine Liebesabenteuer sind vielleicht hemmungslos, aber sie spielen sich zwischen zwei Fremden ab, die wenig Interesse füreinander haben und das Menschliche an einer Beziehung für unwichtig halten. Louis begehrt nicht Kontakt, nicht Nähe, nicht die Veränderung, die sexuelle Berührung in zwei Menschen erzeugt. Er begehrt einen attraktiven Körper, der ihn erregt und ihm eine körperliche Erfahrung möglich macht, die – wie jedes andere Betäubungsmittel – seine Angst unterdrückt. Angst vor Isolation, Bedeutungslosigkeit und Tod.

Wenn ein Körper ihn nicht mehr erregt, muß er entfernt werden, und die Person, der er gehört, auch.

Heterosexuell? Lesbisch/schwul? Ist das wichtig?

Menschen, deren sexuelle Orientierung eindeutig heterosexuell oder homosexuell ist, haben immer gewisse Vorurteile gegen die Wünsche und sexuellen Praktiken der „anderen" Gruppe. Vor allem Heterosexuelle verhalten sich gegenüber Homosexuellen feindselig.

Die meisten Lesben und Schwule wissen sehr viel mehr über Heterosexuelle als umgekehrt: Schließlich sind sie in heterosexuellen Familien groß geworden und leben in einer Welt, in der Heterosexualität als Norm gilt.

Obwohl die dominierende Kultur auf „ihrer Seite" ist, stützen Heterosexuelle ihre Vorurteile durch selbstgerechte Überzeugtheit ab. Homophobie ist in unserer Gesellschaft sehr ausgeprägt und bestimmt auch unsere Fähigkeit, frei zu begehren.

Bestimmte Arten, Begehren auszudrücken, bestimmte Objekte des Begehrens, bestimmte Handlungen: Nichts davon ist zufällig. Wie auch immer du dein Verlangen ausdrückst, es ist die Sprache deiner Innenwelt.

Vielleicht findest du Sicherheit und Geborgenheit, wenn du dich mit einem Leben im von der dominanten Kultur gesteckten Rahmen identifizierst – heterosexuell, verheiratet... Oder du erfährst Sicherheit und Anregung als „Angehörige einer Minderheit" und fühlst dich „anders, aber wohl". Doch ob du eine heterosexuelle, eine homosexuelle, eine Mehrfach- oder gar keine Beziehung hast, *du bist immer du selbst.* Deine PartnerInnen oder die Lebensart, die für dich „richtig" ist, können dir helfen zu erfahren und auszudrücken, *wer ich bin,* doch die essentielle Aufgabe, Sicherheit in dir selbst zu finden, bleibt dir.

Sie bewahren dich auch nicht vor der Versuchung, deine sexuelle Beziehung mit Bedürfnissen aus deiner Vergangenheit und deinen gegenwärtigen Wünschen nach Sicherheit und Schutz zu belasten.

In jeder Beziehung wirst du anders wahrgenommen, so daß sich auch dein Selbstgefühl wandelt. Eine Person bestärkt dich in deinem Bild von dir, eine andere reduziert dich; eine Lebensweise tut dir gut, die andere schwächt dich.

Die Qualität deiner Beziehungen wird sehr viel weniger dadurch beeinflußt, ob sie heterosexuell oder homosexuell, polygam oder monogam ist, als dadurch, ob du mit deiner Innenwelt im Einklang stehst. *Nur wenn du frei bist, kannst du dich selbst bejahen und sich gegenseitig bestätigende Beziehungen mit anderen eingehen.*

Wenn ich mit heterosexuellen Männern über sexuelle Beziehungen homosexueller Männer sprach, äußerten sie immer wieder, daß homosexuelle Männer „nur ficken". Sexuelle Nähe könnten sie nicht zulassen.

Meiner Ansicht nach ist das eine Projektion, in der vielleicht sogar Neid mitschwingt. Natürlich gibt es schwule Männer, die „nur ficken", genauso gibt es heterosexuelle Männer, die auch „nur ficken" oder „nur ficken" würden, wenn die Frauen das zuließen.

Theo weist diese Unterstellung energisch zurück und sagt über schwule Sexualität: „Selbst beim Sex zum Zeitvertreib entsteht Nähe. Auch in einer flüchtigen sexuellen Begegnung kann Nähe entstehen, die eine große Leere zurückläßt. Die sexuelle Anziehung ist für einen Mann ungeheuer wichtig, besonders in jungen Jahren. Ich habe nie zwischen Sex und Liebe unterschieden, und mein Bedürfnis nach Nähe gehört zum Sex dazu."

Theo fügt einige interessante Beobachtungen über heterosexuelle Männer und deren Einstellung zu ihren Partnerinnen an.

„Ein Unterschied zwischen schwulen und heterosexuellen Männern besteht darin, daß Sex für heterosexuelle Männer Macht bedeutet. Für Schwule ist es Ekstase und Liebe. Heterosexuelle Männer sprechen nie darüber, wie toll es für sie war und was die Frau alles mit ihnen gemacht hat. Wenn Schwule über Sex reden, sprechen sie über Lust und Sinnlichkeit. Selbst in den anonymen sexuellen Kontakten meiner Erfahrung gab es immer Momente von *Geben* und *Umarmen*. Ich glaube, das heißt, daß heterosexuelle Männer sich nicht auf dieselbe Weise *fallenlassen*. Schwule kennen diese sexuelle Zurückhaltung nicht."

Nur wenige heterosexuelle Männer geben zu, daß sie homosexuelle Männer beneiden, dabei spricht ihre beharrliche Ablehnung der homosexuellen Promiskuität von tiefsitzendem, uneingestandenem Neid. „Ich will nicht sein wie er, aber ich will haben, was er hat." Wäre die hart erkämpfte Männlichkeit heterosexueller Männer bedroht, wenn sie sich diesen Neid eingestehen würden? Ich weiß es nicht. Allerdings weiß ich aus meinen Gesprächen mit Schwulen, daß viele heterosexuelle Männer Berührungen mit schwulem Sex haben, in Schwulenbars gehen und sich auf flüchtige homosexuelle Abenteuer einlassen. Wie paßt das zu dem Bild des Mannes mit seinen sexuellen Wünschen, wenn er einen Teil seines Begehrens abtrennen und verbergen muß, sogar vor sich selbst?

Jeder Mann sieht das für sich anders. Ein gemeinsames Element könnte aber die Fähigkeit sein, Bedürfnisse und Gefühle zu teilen und abzutrennen. Das ist nicht einfach, und es hat seinen Preis. Frauen scheint diese Fähigkeit zumindest nicht besonders erstrebenswert zu sein.

Die Phantasievorstellungen heterosexueller Frauen über Lesben sind viel offener neidisch als die heterosexueller Männer. Jedoch richtet sich der Neid weniger auf den Sex als auf die Vorstellung,

daß in den Augen vieler heterosexueller Frauen emotionale Bedürfnisse in einer lesbischen Beziehung eher Erfüllung finden.

Heathers Ansichten zu diesem Thema sind typisch. „Es macht
mich oft wütend, wenn ich den Eindruck habe, daß mein Mann,
obwohl ich offen und ehrlich über meine Wünsche und Vorstellungen spreche, keine Ahnung hat, wovon ich eigentlich rede. Ich
habe mir oft gesagt: ‚Wenn ich ein Mann wäre und eine Frau lieben
würde, wäre ich anders‘, und ich glaube, zwei Frauen können das
miteinander verwirklichen. Sie wissen, was die andere will und wie
diese Bedürfnisse befriedigt werden.“

*Doch in Beziehungen, in die alle Ängste der Vergangenheit und
alle Hoffnungen auf Erlösung eingehen, werden Fragen der Nähe
nicht allein durch Verständnis gelöst. Möglicherweise versteht dich
niemand besser als deine Therapeutin, aber die Bedürfnisse, die wir
in unsere intimen sexuellen Beziehungen hineintragen, gehen über
das Bedürfnis nach Verständnis hinaus.*

Das Gefühl, verstanden zu werden

Roger besteht darauf, daß er verstanden werden will, „aber ich will
auch rätselhaft und geheimnisvoll sein. Damit kann ich einerseits
kontrollieren und andererseits meinen Bereich für mich sichern.
Das Konzept, voll und ganz zu verstehen, ist für mich bedeutungslos.“

Catherine sagt über eine frühere Beziehung, in der der Austausch intimer Gedanken und Gefühlen einen hohen Stellenwert
hatte: „Jonathan hat mich auf jeden Fall verstanden, aber deswegen
hatte ich noch lange nicht das Gefühl, daß er mich erkannte oder
daß ‚meine Seele sich laben‘ konnte. Trotz all des Verständnisses
konnte ich keine Seelenwärme zulassen. Ich hätte mich dadurch
vereinnahmt gefühlt. Verständnis kann wunderbar sein, aber es
kann auch Machtausübung sein.“

Jemanden verstehen, jemandem etwas zu Gefallen tun, mitfühlen – das sind anscheinend wichtige Aspekte sexueller Nähe.
Aber dafür müssen die psychischen Grenzen der PartnerInnen
intakt sein. Ist das nicht der Fall, fühlst du dich schnell vereinnahmt,
leer, verwirrt und gelähmt. „Je mehr ich Jonathan gefallen wollte,

desto weniger war ich bei mir selbst", sagte Catherine. „Und um so mehr brauchte ich ihn, um mich wieder aufzubauen."

Ich will hier beileibe nicht gegen gegenseitiges Verständnis in einer Beziehung argumentieren. Ich bin aber der Auffassung, daß die Entstehung von Nähe behindert oder unmöglich wird, wenn die Grenzen zwischen zwei Menschen unklar sind und sie nicht sicher wissen, wo die Selbstverantwortung anfängt und aufhört.

Elizabeth und Kim erzählen eine Geschichte von Sehnsüchten und Enttäuschungen, die dies deutlich macht. Sie sind begabt, ihre beruflichen Tätigkeiten ergänzen sich, ihre Freundinnen und Freunde finden, sie seien ein schönes Paar. Aber Kim kommt nicht zur Ruhe. Pläne, gemeinsam ein Haus zu kaufen, schiebt sie immer wieder hinaus, und wenn sie beide allein und ohne Publikum zu Hause sind, ist sie oft gereizt.

Kim ist überzeugt, daß sie die Beziehung will. Wenn überhaupt eine Beziehung für sie möglich ist, dann die mit Elizabeth. Manchmal denkt sie allerdings etwas anderes. Mißtraut sie Elizabeth? Oder ist Elizabeth doch nicht die Richtige für sie? Elizabeth ist klug und hat Humor, sie ist charmant und freundlich, aber... irgend etwas regt sich in Kim, ein Gefühl der Unsicherheit, das sie nicht erklären kann und das sich in ihrer Reizbarkeit und der Unlust, sich in Liebe hinzugeben, äußert.

Elizabeth zerbricht sich den Kopf und überlegt, was sie falsch macht. Wenn Kim nicht glücklich ist, muß sie doch daran schuld sein. Sollte sie Kim nicht glücklich machen können? Sie hat nie einen Menschen mehr geliebt als Kim. Warum gelingt es ihr nicht?

Je mehr Elizabeth versucht, die zu sein, die Kim „glücklich macht", desto unerreichbarer empfindet sie Kim und Kims Glück. Merkwürdigerweise gilt das auch für Kim. Sie fühlt sich für sich selbst ebenso unerreichbar wie für Elizabeth. Der Zustand gefällt keiner von beiden; sie sind beide nicht glücklich. Das „ideale Paar" fällt auseinander.

Kim erinnert sich nicht daran, und niemand hat es ihr erzählt, aber als sie klein war, litt ihre Mutter unter Depressionen. Sie schaffte es, sich um die körperlichen Belange der drei Kinder zu kümmern, aber Kim war besonders anstrengend. Sie wollte Kim nicht schlagen, also sperrte sie sie in ein Zimmer und ließ sie erst wieder heraus, wenn Kims Vater nach Hause kam. Niemand in der Familie konnte der Mutter aus ihrem emotionalen Kummer heraushelfen, und als sie sich endlich erholte, wollte sich natürlich auch niemand an die unglücklichen Zeiten erinnern.

Indem Kim sich auf Elizabeth einläßt und sich ihr hingibt, einer, die sie liebt, die aber die Macht hat, sie abzuweisen, tritt das Kind Kim, die vergessene Kim, in das Leben der erwachsenen Kim.

Es liegt auf der Hand: Je angestrengter Elizabeth versucht, Kim zu „helfen" oder sie zu „erreichen", desto eher treibt sie Kim davon. An ihr Bemühen heften sich Kims gegenwärtige Schuldgefühle und ihre Hilflosigkeit in der Vergangenheit. Die Kombination ist mehr, als Kim ertragen kann. Kim wird aus der Beziehung fliehen und eine Partnerin wählen, die weniger „präsent" ist als Elizabeth, nah, aber nicht zu nah, die sie nicht „hält", sondern „sexy" findet, für die sie witzig und nicht verletzlich ist. Und Elizabeth wird mit dem Gefühl des Verlusts, Bedauerns und Versagens zurückbleiben.

Elizabeth könnte Kim helfen, aber nur, *indem sie sich selbst hilft*.

Sie könnte – eventuell mit fremder Hilfe – erkennen, daß alles, was Kim in der Gegenwart widerfährt, *nicht aufgrund ihrer Beziehung entsteht*.

Sie könnte akzeptieren, daß sie, Elizabeth, in den Dramen, die sich in Kim abspielen, nicht vorkommt – es sei denn als auslösender Faktor.

Wenn Elizabeth erkennt, daß Kim etwas beunruhigt, könnte sie sich entscheiden, sich nicht als Mittelpunkt des Problems zu sehen – „Was habe ich falsch gemacht? Was soll ich jetzt tun?" –, sondern Kim in Ruhe lassen.

So hätte Kim die Chance, auf Elizabeth *zuzugehen*, statt das Gefühl zu haben, sie von sich wegschieben zu müssen, wenn sie nicht innerlich ersticken soll. Vielleicht könnte Kim auch entdekken, daß jemanden zu lieben, nicht bedeuten muß, daß sie in einen – bildlich gesprochen – abgeschlossenen Raum gesteckt wird.

Was würde für Elizabeth dabei herauskommen? Das Überleben einer für sie sehr wichtigen Beziehung wäre ein Ergebnis. Und sie wäre frei von dem Gemisch aus Demütigung und Selbstüberschätzung, das ihr einredet, *sie sei schuld*, und wenn sie schon nicht schuld ist, *müsse sie wenigstens helfen können*.

Lucy Goodison hat Nähe als „starken Energieaustausch zwischen zwei Menschen" definiert. Doch wenn Nähe bestehen und nicht überwältigen soll, brauchst du auch die Kehrseite der Medaille – Distanz –, die Lucy Goodison als „starke Verbindung mit der Energie deines Körpers" beschrieben hat. Auch wenn das nicht unbedingt deiner Erfahrung entspricht, das Bedürfnis nach einer Verbindung mit anderen Menschen und gleichzeitig der Verbindung zu dir selbst wirst du als für dich wichtig erkennen.

Wenn eine Beziehung erfolgreich sein soll, brauchst du Nähe und Akzeptanz einerseits und Unabhängigkeit, Eigenständigkeit und Raum für dich andererseits. Du mußt dir deiner Gefühle bewußt sein, dir klar sein, wie die Erfahrungen der Vergangenheit diese Gefühle geprägt haben und jetzt deine Beziehung prägen.

Das zerbrechliche Gleichgewicht zwischen Nähe und Distanz zu erreichen oder zu erhalten, ist nicht einfach. Wenn du für dein Leben dieses Gleichgewicht herstellen *und* eine Beziehung leben möchtest, werden PartnerInnen, die deine Eigenständigkeit respektieren, wie sie die Verbundenheit mit dir genießen, dir dabei helfen. Ob sie dasselbe Geschlecht wie du oder das entgegengesetzte Geschlecht haben, hat dabei keine Bedeutung. Es wird sich auf dich auswirken, das ist klar: wie du dich siehst und wie andere dich sehen. Aber das doppelte Begehren nach Nähe und Distanz steht über Fragen der gesellschaftlichen Konformität, es trifft direkt ins Zentrum menschlichen Strebens.

26. KAPITEL

Amors Pfeile

Wie die meisten Jungen im Alter von sechs Jahren konnte mein Sohn Gabriel Küssen in der Öffentlichkeit nicht ausstehen. Um mich zu rächen, erzählte ich ihm die Geschichte von Amor, dem fetten kleinen Engel mit dem Köcher voller Pfeile: Einer dieser Pfeile durchbohrt heimlich dein Herz, du weißt gar nicht, daß er da steckt. Aber du wirst dich in die erstbeste Person, der du begegnest, verlieben und sie küssen, auch in der Öffentlichkeit.

Gabriel reagierte so entsetzt, daß ich nachgeben und gestehen mußte, ich hätte einen Scherz gemacht. Oder zumindest einen halben Scherz. Denn manchmal trifft dich die Lust – oder die Liebe – so unvermittelt und überraschend, daß es durchaus Amors Werk gewesen sein könnte. Rückblickend geben die meisten zu, daß sie irgendwann – bewußt oder unbewußt – für den Moment bereit waren, in dem Amors Pfeil den Lauf ihres Lebens änderte.

Francesca ist Mitte vierzig und erkennt rückblickend, daß sie in den wichtigen Liebesgeschichten in ihrem Leben „so vorangetrieben wurde, wie ich es brauchte".

„Der erste Mann, in den ich ernsthaft verliebt war, war geradezu eine Befreiung für mich. Er war ein Intellektueller, und ich war mir nicht sicher, ob ich an intellektuellen Fragen ein echtes Interesse hatte. Er gab mir das Gefühl, daß ich ein Recht hatte, mich dafür zu interessieren. Ich fühlte mich von ihm oft eingeschüchtert, aber er hat mich ermutigt und mich ernst genommen, was ziemlich erstaunlich war, denn ich nahm mich damals selbst nicht wirklich ernst.

Was brauchte ich von ihm? Zusätzlich zu seiner Wertschätzung brauchte ich Liebe. Die gab er mir. Und ich konnte sie akzeptieren und im großen und ganzen glauben, daß ich sie auch verdiente. Aber er hatte auch etwas von einem Hypnotiseur. Er wollte mich der Welt erklären, aber auch mir selbst. Deswegen fiel es mir mit der Zeit schwer, in der Beziehung überhaupt frei zu atmen. Zunächst habe ich mich körperlich zurückgezogen und mich sexuell immer mehr von ihm ferngehalten. Wir haben zwar miteinander geschlafen, aber ich war innerlich nicht beteiligt oder sehr unglücklich dabei.

Dieser sexuelle Rückzug machte ihn so unglücklich, daß ich keinen anderen Ausweg sah, als die Beziehung abzubrechen, obwohl da noch ganz viel Liebe war. Es war unwahrscheinlich schwer, mich zu trennen. Ich brauchte seine Unterstützung und Liebe noch viele Jahre lang. Außerdem wollte ich weiterhin glauben, daß er mehr über mich wußte als ich selbst. Ich konnte seiner Sicherheit nichts entgegensetzen, doch seltsamerweise war er sehr unsicher, was ihn selbst betraf, so daß er beruflich nicht besonders erfolgreich war, während ich wenigstens den Erfolg gehabt habe, den er mir zugetraut hat.

Meine zweite wichtige Affäre hatte ich mit einer Frau. Ich hatte verschiedene Affären mit Frauen und ein großes Bedürfnis nach sexueller Zärtlichkeit mit Frauen, aber in Caro habe ich mich heftig verliebt. Ich erinnere mich noch ganz deutlich, wie unglaublich schön es war, in diese ungewöhnliche Frau verliebt zu sein, mich ihrem Körper und ihrem Verstand zu nähern und von ihr geliebt zu werden. Ich fühlte mich monatelang wie im siebten Himmel. Ich war in einer Therapie, die ich aufgab, denn ich glaubte, ich hätte mein Leben fest in der Hand, und das würde auch so bleiben. Der sexuelle Teil der Beziehung endete sehr schmerzlich, aber für zwei Jahre war es wunderbar.

Mir taten die heterosexuellen Frauen leid, die niemals erfuhren, welche intensive Freundschaft zwischen zwei Frauen möglich war, dazu diese unglaubliche Erotik und sexuelle Befriedigung. Doch dann verlor die Beziehung ihre innere Sicherheit, und ich zog mich wieder einmal sexuell zurück, war nicht immer bereit und suchte nach Entschuldigungen. Irgendwie mußte ich mich entfernen, weil ich nicht ausdrücken konnte, was zwischen uns geschah. Aber ich glaube, völliger Rückzug ist nicht die Lösung, vielleicht nie. Das, woraus du dich zurückziehst, verfolgt dich wie ein treuer Hund.

Warum Caro? Sie war liebenswert. Bewundernswert, witzig. Natürlich war sie auch schwierig und stachelig – und fordernd.

Mehr, als sie selbst merkte. Wer ist das nicht? Ich glaube, rückblikkend ist mir klar, daß ich mir damals nicht sicher war, ob ich überhaupt intensiv lieben konnte, und feststellte, daß ich es konnte, und dann auch noch eine Frau – es hat mir fast den Verstand geraubt.

Die Beziehung ging dann auseinander, weil ich mich in eine wesentlich jüngere Frau verliebt hatte und Caro damit nicht zurechtkam. Das kann ich ihr nicht verdenken. Ich habe mich übel verhalten, zumindest egoistisch. Ich war Anfang dreißig und Janie erst zwanzig. Sie war wunderbar, und ich war völlig verrückt vor Lust, aber es hatte auch damit zu tun, daß sie so jung war, und in mir wuchs mehr und mehr der Wunsch nach einem Kind.

Es klingt irre, weil meine Gefühle eindeutig sexueller Art waren, aber manchmal, wenn sie schlief – sie sah dann wie zwölf aus –, spürte ich keine Lust, sondern eine unglaubliche Zärtlichkeit und das Bedürfnis – das ich damals für unerfüllbar hielt –, ein Kind zu haben.

Die Beziehung mit Janie ging auch in die Brüche. Ich fühlte mich ihren Forderungen nicht gewachsen. Außerdem hatte ich mich nicht wirklich von Caro getrennt, und von Luca auch nicht. Vielleicht hat das Janie verunsichert. Und ich hatte das intensive Bedürfnis, ihre Geliebte und gleichzeitig ihre Mutter zu sein.

Danach war ich eine Zeitlang halbwegs allein. Ich fühlte mich wund und für große Beziehungen nicht bereit. Allmählich ließ ich mich dann auf eine eher konventionelle Beziehung ein, mit Dave, dem Vater meiner drei Kinder.

Ich brauchte die Kinder und vielleicht auch eine weniger überwältigende Beziehung als die vorangegangenen. Konventioneller und nicht so eng vielleicht? Er bewunderte und brauchte mich, und dann stellte sich heraus, daß er die Kinder auch brauchte, obwohl er mich jetzt nicht mehr so sehr braucht. Oder vielleicht habe ich mich weniger zur Verfügung gestellt.

Wir sind immer noch zusammen und lieben unsere Jungen sehr, doch unsere Beziehung ist nicht ideal. Aber wenn du glaubst, daß du wächst, indem du dich veränderst, dann läßt sich das Wort ‚ideal' sowieso nur eine begrenzte Zeit verwenden.

Mein sexuelles Begehren hat immer wie ein Katapult gewirkt und mich mit der richtigen Person zur richtigen Zeit zusammengeführt, die wesentliche Veränderungen, wie ich mich gesehen und wie ich gehandelt habe, ausgelöst hat. Leider kommt diese Einsicht immer zu spät. Aber es war jedesmal auch sehr viel Liebe dabei, Wohlwollen und Zärtlichkeit und aufregende Ideen, und all das hat mich zu der gemacht, die ich heute bin. Die kurzfristigen Bettgeschichten hingegen sind fast spurlos in der Vergangenheit versunken."

Francescas Gefühl, daß ihr sexuelles Verlangen als Auslöser für die emotionalen und geistigen Veränderungen in ihrem Leben gewirkt hat, wird von vielen Menschen, mit denen ich gesprochen habe, bestätigt. Auch in meinem Leben erkenne ich dieses Muster.

Wenn du einer Person nahe bist, nimmst du mehr oder weniger bewußt und mit Dankbarkeit, was sie zu geben hat. Manchmal merkst du kaum, daß das neue Erkenntnisse über dich sein können, die die Begrenzungen der Vergangenheit auflösen und dir die Möglichkeit zukünftiger Ganzheit eröffnen.

Veränderungen können auf die unterschiedlichste Weise eingeleitet werden. Und wann sie aufhören, außer im Tod, weißt du nicht. Aber das Begehren – das Verlangen nach einem Menschen oder einer Sache, auch das Verlangen, im Mittelpunkt deines Lebens zu stehen und zu wissen, was du willst – zeigt dir am deutlichsten, wo Veränderungen möglich sind und wie dein Leben in neue Bahnen kommt, auf denen du nicht nur neue Menschen und Dinge entdeckst, sondern auch Neues über dich selbst.

Dante sprach mit großer Wärme von einem „intellektuellen Leben voller Liebe". Ich stelle mir darunter ein Leben vor, in dem das Nachdenken (über Menschen, über unsere Art zu leben, über die Bedeutung des Lebens für uns und andere) von Liebe durchflutet wird, die zu Verbundenheit führt, zu spontanen Gefühlen und von da zum Handeln, wo das angemessen ist.

In Dantes Worten werden die Bedürfnisse anderer ernst genommen und mit meinen Bedürfnissen zusammengebracht.

Wie der Untergang der Sonne und der Mondaufgang; wie das Fallen des Laubes und die berstenden Knospen; wie das immerwährende Rollen der Wellen an den Strand; wie das Wiedererkennen von uns selbst in anderen und die Entdeckung unserer Einzigartigkeit – das Bild eines Kreislaufs taucht auf.

Wenn wir uns vertrauen, fühlen wir uns lebendig; wenn wir uns lebendig fühlen, können wir auf andere zugehen und ihnen vertrauen. Wenn wir anderen vertrauen, können wir das, was sie uns geben, achten. Wenn wir annehmen, was sie uns zu geben haben, fühlen wir uns lebendig.

ADELMAN, Marcy (Hg.), *Long Time Passing. Lives of Older Lesbians*, Boston 1986.

ADLER, Alfred, *Der Sinn des Lebens*, 16. Auflage, Frankfurt a.M. 1992.

ADLER, Gerhard, *Dynamics of the Self*, London 1979.

ALTHER, Lisa, *Bedrock*, New York 1990.

ASSAGIOLI, Roberto, *Die Schulung des Willens. Methoden der Psychoanalyse und der Selbsttherapie*, Paderborn 1982.

ders., *Psychosynthese. Handbuch der Methoden und Techniken*, Reinbek 1993.

BALINT, Michael, *The Basic Fault*, London 1968.

BECKER, Ernest, *The Denial of Death*, New York 1973.

BILDEN, Helga (Hg.), *Das Frauentherapie-Handbuch*, München 1992.

BOWEN, Murray, *Family Therapy in Clinical Practice*, New York 1978.

BOWLBY, John, *Attachment and Loss*, 3 Bde., London 1963ff.

ders., *Das Glück und die Trauer*, Stuttgart 1982.

BRYERS, Paul, *Coming First*, London 1987.

CAPLAN, Pat (Hg.), *The Cultural Construction of Sexuality*, London 1987.

CARTLEDGE, Sue/Ryan, Joanna (Hg.), *Sex and Love*, London 1983.

CHAPMAN, Rowena/Rutherford, Jonathan, *Male Order. Unwrapping Masculinity*, London 1988.

CHODOROW, Nancy, *Das Erbe der Mütter*, München 1985.

CLARK, Ronald W., *Sigmund Freud*, Frankfurt a.M. 1990.

DAVIS, Madeline/Wallbridge, David, *Eine Einführung in das Werk von D. W. Winnicott*, Stuttgart 1983.

DEIKMAN, Arthur J., *Therapie und Erleuchtung. Die Erweiterung des menschlichen Bewußtseins*, Reinbek 1986.

DEMETRAKOPOULOS, Stephanie, *Listening to Our Bodies*, Boston 1983.

DICKS, Henry V., *Marital Tensions. Clinical Studies towards a Psychological Theory of Interaction*, London 1967.

DINNERSTEIN, Dorothy, *Das Arrangement der Geschlechter*, Stuttgart 1979.

DÜRMEIER, Waltraud, u.a. (Hg.), *Wenn Frauen Frauen lieben und sich für Selbsthilfe und Therapie interessieren*, München 1990.

EICHENBAUM, Luise/Orbach, Susie, *Feministische Psychotherapie*, München 1985.

ERNST, Sheila/Goodison, Lucy, *Selbsthilfe Therapie*, München 1981.

FAIRBAIRN, W. R. D., *An Object Relations Theory of Personality*, New York 1954.

FERRUCCI, Piero, *Werde, was du bist. Selbstverwirklichung durch Psychosynthese*, Reinbek 1986.

FRAIBERG, Selma H., *Die magischen Jahre in der Persönlichkeitsentwicklung des Vorschulkindes*, Reinbek 1972.

FRANKL, Victor E., *Der Wille zum Sinn*, Göttingen 1982.

ders., *Der Mensch vor der Frage nach dem Sinn*, München 1990.

FRANZ, Marie Louise von, *Spiegelungen der Seele. Projektion und innere Sammlung in der Psychologie C. G. Jungs*, München 1988.

FREUD, Sigmund, *Das Ich und das Es,* Frankfurt a.M. 1992.

FRIDAY, Nancy, *Eifersucht. Die dunkle Seite der Liebe*, München 1986.

GARNER, Helen, *Honour and Other People's Children*, Melbourne 1980.

GARNER, Shirley/Kahane, Claire/Sprengnether, Madelon (Hg.), *The (M)other Tongue. Essays in Feminist Psychoanalytic Interpretation*, London 1985.

GILLIGAN, Carol, *Die andere Stimme. Lebenskonflikte und Moral der Frau*, München 1985.

GOODISON, Lucy, *Moving Heaven and Earth. Sexuality, Spirituality and Social Change*, London 1990.

GORDON, Mary, *Temporary Shelter*, London 1987.

GOSSKURTH, Phyllis, *Melanie Klein. Her World and Her Work*, London 1986.

GUNTRIP, Harry, *Psychoanalytic Theory, Therapy and the Self*, New York 1971.

HOCKING, Bronwyn, *Sam. Mein Sohn ist autistisch*, München 1992.

HORNEY, Karen, *Die Psychologie der Frau*, Frankfurt a.M. 1992.
JOSEPH, Gloria/Lewis, Jill, *Common Differences. Conflicts in Black and White Feminist Perspectives*, Boston 1981.
JUNG, Carl Gustav, *Erinnerungen, Träume, Gedanken*, Düsseldorf 1987.
ders., *Symbole der Wandlung*, 2 Bde., Düsseldorf 1984.
KAGAN, Jerome, *The Nature of the Child*, New York 1985.
KAUFMAN, Michael (Hg.), *Beyond Patriarchy*, Toronto 1987.
KING, Michael (Hg.), *One of the Boys? Changing Views of Masculinity*, Auckland 1988.
KLEIN, Melanie, *Envy and Gratitude*, New York 1975.
dies., *Die Psychoanalyse des Kindes*, Frankfurt a.M. 1991.
KOHUT, Heinz, *Die Heilung des Selbst*, Frankfurt a.M. 1981.
ders., *Narzißmus. Eine Theorie der psychoanalytischen Behandlung narzißtischer Persönlichkeitsstörungen*, Frankfurt a.M. 1976.
LACAN, Jacques, *Die vier Grundbegriffe der Psychoanalyse*, Weinheim 1987.
LAING, R.D., *Das geteilte Selbst*, München 1987.
ders., *Das Selbst und die Anderen*, Köln 1976.
LASCH, Christopher, *The Culture of Narcism. American Life in an Age of Diminishing Expectations*, New York 1979.
ders., *The Minimal Self. Psychic Survival in Troubled Times*, New York 1984.
LOWEN, Alexander, *Angst vor dem Leben. Über den Ursprung seelischen Leidens und den Weg zu einem reicheren Dasein*, München 1986.
ders., *Narzißmus. Die Verleugnung des wahren Selbst*, München 1992.
MCDOUGALL, Joyce, *Theatres of the Mind. Illusion and Truth on the Psychoanalytic Stage*, London 1986.
MAKEBA, Miriam/Hall, James, *Homelandblues*, München 1990.
MAHLER, Margaret S./Pines, Fred/Bergman, Anni, *Studien über die drei ersten Lebensjahre*, Frankfurt a.M. 1992.
MALONE, Thomas P./Malone, Patrick T., *The Art of Intimacy*, New York 1987.
MASLOW, Abraham, *Motivation und Persönlichkeit*, Reinbek 1981.
METCALF, Andy/Humphries, Martin, *The Sexuality of Men*, London 1985.

MILLER, Alice, *Das Drama des begabten Kindes und die Suche nach dem wahren Selbst*, Frankfurt a.M. 1979.

dies., *Am Anfang war Erziehung*, Frankfurt a.M. 1980.

dies., *Du sollst nicht merken. Variationen über das Paradies-Thema*, Frankfurt a.M. 1981.

MORSE, Carl/Larkin, Joan (Hg.) *Gay and Lesbian Poetry in Our Time*, New York 1988.

MÜHLEN ACHS, Gitta, *Wie Katz und Hund. Die Körpersprache der Geschlechter*, München 1993.

NAPIER, Augustus Y./Whitacker, Carl A., *Die Bergers. Beispiel einer erfolgreichen Familientherapie*, Reinbek 1982.

NEW, Caroline/David, Miriam, *For the Children's Sake*, Harmondsworth 1985.

NIN, Anaïs, *Tagebücher*, Frankfurt a.M. 1981.

NORWOOD, Robin, *Wenn Frauen zu sehr lieben. Die heimliche Sucht, gebraucht zu werden*, Reinbek 1986.

O'CONNOR, Peter, *Dreams and the Search for Meaning*, Sydney 1986.

ders., *Innere Welten. C. G. Jung verstehen – sich selbst verstehen*, Reinbek 1988.

ORBACH, Susie, *Antidiät-Buch*, München 1978.

dies., *Antidiät-Buch II*, München 1983.

PIERCY, Marge, *Stone, Paper, Knife*, London 1983.

PINCUS, Lily/Dare, Christopher, *Secrets in the Family*, London 1978.

POST, Laurens v. d., *Jung and the Story of Our Time*, London 1976.

RICH, Adrienne, *Der Traum einer gemeinsamen Sprache*, München 1981.

ROWAN, John, *The Horned God. Feminism and Men as Wounding and Healing*, London 1987.

RUBIN, Lillian, *Intimate Strangers*, New York 1983.

RYCROFT, Charles, *Anxiety and Neurosis*, London 1968.

ders., *Critical Dictionary of Psychoanalysis*, Harmondsworth 1979.

SAMUELS, Andrew, *Jung und seine Nachfolger*, Stuttgart 1989.

ders./Shorter, Bani/Palut, Fred, *Wörterbuch Jungscher Psychologie*, München 1991.

SANFORD, John A., *Unsere unsichtbaren Partner. Von den verborgenen Quellen des Verliebtseins und der Liebe*, Interlaken 1990.

SANGER, Sirgay/Kelly, John, *The Woman Who Works, the Parent Who Cares*, New York 1988.

SCARF, Maggie, *Autonomie und Nähe. Grundkonflikte der Partnerschaft*, Zürich 1991.

SCHNEIDERMAN, Stuart, *Jacques Lacan. The Death of an Intellectual Hero*, Cambridge, Mass., 1983.

SEGAL, Hanna, *Introduction to the Works of Melanie Klein*, London 1975.

SKYNNER, Robin, *Explorations with Families. Group Analysis and Family Therapy*, London 1987.

SLATER, Philip, *The Pursuit of Loneliness*, Boston 1970.

STERN, Daniel N., *Die Lebenserfahrung des Säuglings*, Stuttgart 1992.

STOLLER, Robert J., *Sex and Gender*, New York 1968.

ders., *Presentations of Gender*, New Haven 1985.

STROUSE, Jean (Hg.), *Women & Analysis*, New York 1974.

SUTHERLAND, Stuart, *Breakdown*, London 1977.

SYMINGTON, Neville, *The Analytic Experience*, London 1986.

VIORST, Judith, *Mut zur Trennung*, München 1989.

WELWOOD, John (Hg.), *Challenge of the Heart*, Boston 1985.

WHITACKER, Carl, *Das David-und-Goliath-Syndrom. Manifeste eines Familientherapeuten*, Paderborn 1991.

WICKES, Frances G., *The Inner World of Choice*, London 1977.

WILBER, Ken, *Wege zum Selbst. Östliche und westliche Ansätze zu persönlichem Wachstum*, München 1991.

WINNICOTT, Donald W., *Bruchstück einer Psychoanalyse*, Stuttgart 1982.

ders., *Familie und individuelle Entwicklung*, Frankfurt a.M. 1984.

ders., *Der Anfang ist unsere Heimat. Essays zur gesellschaftlichen Entwicklung des Individuums*, Stuttgart 1990.

ders., *Das Baby und seine Mutter*, Stuttgart 1990.

ders., *Reifungsprozesse und fördernde Umwelt*, Frankfurt a.M. 1990.

ders., *Von der Kinderheilung zur Psychoanalyse*, Frankfurt a.M. 1991.

WOLFF, Charlotte, *Innenwelt und Außenwelt*, München 1971.

YALOM, Irvin D., *Existentielle Psychotherapie*, München 1989.

ders., *Theorie und Praxis der Gruppenpsychotherapie*, München 1992.

Zum Weiterlesen

Gitta Mühlen Achs

Wie Katz und Hund
Die Körpersprache der Geschlechter

ISBN 3-88104-241-5
260 Seiten

Dies Buch ist die erste umfassende und gründliche Analyse der Körpersprache der Geschlechter. Frauen und Männer benutzen heutzutage ihre Körpersprache in der Regel zu unterschiedlichen Zwecken und in unterschiedlicher Weise. Bedürfnisse nach identitätsstiftender Abgrenzung und Respekt einerseits und nach Unterwerfung und Schutz andererseits kennzeichnen den männlichen und weiblichen Körperdialekt.
Dabei verwandelt sich das wichtigste und ursprünglichste Mittel zur Kommunikation von Liebe, gleichwertiger Anerkennung und gegenseitiger Bindung in ein Herrschaftsinstrument.

Frauenoffensive

Zum Weiterlesen

Nancy Chodorow

Das Erbe der Mütter
Psychoanalyse und Soziologie der Geschlechter

ISBN 3-88104-145-1
320 Seiten

Was sind die Ursachen einer Entstehung qualitativer Unterschiede der „Geschlechterpersönlichkeit"?
Wie sehen diese Unterschiede aus, und in welchem Zusammenhang stehen sie zur Beziehung zwischen den Geschlechtern, zu der Ideologie über Frauen, zur Ungleichwertigkeit von Mann und Frau und zur Familienstruktur?
Diesen Fragen geht Nancy Chodorow in ihrer Weiterentwicklung der psychoanalytischen Theorie nach, vor allem der Kernfrage: Welche Folgen hat es für Frauen und Männer, daß die erste Liebesbeziehung eines jeden Menschen eine Frau – die Mutter – ist?
Daraus entstand ein sehr fundiertes und genaues Buch, das in seiner Verbindung psychoanalytischer Theorie – besonders der Objektbeziehungs-Theorie – mit soziologischen Aspekten einmalig ist und eine breite Diskussion ausgelöst hat.

Frauenoffensive

Zum Weiterlesen

Helga Bilden (Hg.in)

Das Frauentherapie-Handbuch

ISBN 3-88104-227-X
300 Seiten, gebunden

Die Psychologin und Hochschullehrerin Helga Bilden hat
in Zusammenarbeit mit Psychologinnen und Therapeutinnen aus der Frauentherapiebewegung ein umfangrei-
ches Handbuch in Schlüsselbegriffen herausgegeben.
Informationen über die Entwicklung und den gegenwärtigen Stand der Diskussion, über Streitpunkte und Tenden-
zen sind in vier Hauptbereiche gegliedert: Frauenbewegung und Feministische Therapie – Problembereiche und
Klientinnengruppen – Therapeutische Richtungen und Methoden – Organisation Feministischer Therapie.
Ein unverzichtbares Handbuch für praktizierende und an-
gehende TherapeutInnen und für alle Frauen, die eine
Therapie machen oder machen wollen.

Frauenoffensive